농업커뮤니케이션 이론과 실제

# 농업커뮤니케이션 어떻게 할 것인가

• 이종순 지음 •

우리 농축산물의 우수성과 농업 · 농촌의 중요성을 효율적으로
홍보 · 마케팅하는 방법을 농업과 커뮤니케이션의 융합으로 제시!

농업도
커뮤니케이션 시대
**개정판**

**농민신문사**

신문이나 방송과 같은 대중매체가 제공하는 공공 문제와 관련된 내용은 국민에게 정보를 제공함과 동시에 관심을 유발한다. 국민은 주로 매스미디어(mass media) 뉴스를 통해 주위 현실에 대한 정보를 습득하고, 습득한 정보를 통해 수용자의 인지작용을 바탕으로 현실을 재구성한다. 뉴스(news)에서 제공하는 정보 자체가 매우 중요한 의미를 가진다는 점에서 뉴스 보도는 현실을 정의하는 강력한 도구일 정도로 커뮤니케이션(communication · 의사소통) 효과를 나타내기 때문이다.

그래서 매스미디어는 현대인이 세계를 인식하는 창(窓)이다. 이러한 매스미디어를 통해 전달되는 뉴스는 세상을 바라보는 창이고, 뉴스 수용자는 그 창을 통해 자신과 타인에 관해 배운다는 관점에서 커뮤니케이션이 주는 영향력은 커진다. 다시 말해 미디어는 사회를 자유롭게 할 수 있는 동시에 통합할 수도 있고, 사회 변화를 촉진할 수 있는 동시에 변화를 막을 수도 있는 힘을 갖고 있다는 것이다.

하지만 언론의 도시중심 보도 성향은 확산하는 추세다. 이에 따라 농업·농촌 관련 이슈가 축소되거나 보도되지 않는 경향이 현저해지고 있다. 이런 언론의 보도 태도는 여러 가지 현상을 파생시킨다. 농업·농촌에 대한 국민의 의식변화에서도 알 수 있다. 농업·농촌의 중요성에 대한 국민의 인식이 하락하고 있기 때문이다. 일반적으로 언론보도의 프레임(frame)은 현안 또는 쟁점 등의 현실을 사회적으로 재구성한다는 관점에서 볼 때도 농업·농촌에 대한 언론의 보도 태도는 국민의 농업·농촌을 보는 태도에도 복합적으로 영향을 주기 마련이다. 또 저널리즘은 사회의 다양한 욕구를 드러내 주며, 이해관계를 조정하는 포럼(공론장)을 제공하고, 공동체(community)가 되게 하는 역할을 한다.

따라서 농업·농촌의 중요성을 국민에게 제대로 홍보하려면 이제 농업도 커뮤니케이션과 융합(融合·convergence)할 필요가 있다. 정치

커뮤니케이션, 설득커뮤니케이션, 인간커뮤니케이션, 국제커뮤니케이션, 스포츠커뮤니케이션 등처럼 농업 커뮤니케이션이 필요한 시대가 되었다. 특히 우루과이라운드(UR)에 이어 FTA(자유무역협정) 확산과 DDA(도하개발어젠더) 협상 등으로 농축산물시장 개방 확대가 불가피해졌다. 국내 농축산물이 수입 농축산물과 본격적으로 경쟁해야 하는 시대가 되면서 농업 커뮤니케이션의 중요성이 더 커지고 있는 것이다.

농업·농촌은 국민에게 식량을 안정적으로 공급하는 식량안보 기능을 비롯해 환경보전 기능, 사회·문화적 기능 등 다원적(多元的) 기능을 갖고 있다. 농업·농촌이 없어졌을 때를 생각해 보라. 국민에게 누가 안정적으로 식량을 공급해 주고, 다원적 기능을 유지해 줄 것인가.

이제부터라도 농업·농촌의 중요성을 객관적으로 보고, 이를 국민에게 제대로 알릴 필요가 있다. 이를 위해 언론 등에서 농업·농촌이 소외되지 않도록 농업인을 비롯한 농업 관련 주체들이 농업 커뮤니케이션 마인드(mind)를 갖고 나서야 할 때다. 농업과 커뮤니케이션을 융합한 이 책은 부족하지만 농업 커뮤니케이션 영역을 국내에서 처음으로 개척한 데 의미가 있다 할 것이다.

이 책은 삼성언론재단의 언론인 저술지원을 받아 출간한 『농업도 커뮤니케이션 시대』를 토대로 보완·개정한 것으로 모두 10장으로 구성했다. 제1장은 커뮤니케이션 사회 도래, 제2장은 농업·농촌의 이해와 유지 필요성, 제3장은 언론과 언론 산업에 대한 이해, 제4장은 미디어에 영향을 주는 요인, 제5장은 농업·농촌 관련 언론보도의 뉴스 프레임 연구 결과, 제6장은 농업·농촌 커뮤니케이션의 필요성, 제7장은 농업·농촌 커뮤니케이션 사례에는 어떤 것이 있는지, 제8장은 미디어를 활용한 농업·농촌 커뮤니케이션, 제9장은 농업·농촌 커뮤니케이션의 방향, 제10장은 미디어 융합이 농업·농촌 커뮤니케이션에 주는 시사점으로 구성하였다.

아무쪼록 이 책이 농업·농촌에도 커뮤니케이션이 활발하게 이루어져 국민에게 우리 농업·농촌의 중요성과 우리 농축산물을 충분히 인식시키는 데 조금이나마 기여했으면 하는 바람이다.

끝으로 이 책이 나오기까지 많은 도움을 주신 분들께 감사드린다. 특히 농업 관련 신문기자 가운데 최초로 언론인 저술지원자로 선정해 주신 삼성언론재단에 감사드리고, 책 출간을 허락해 준 농민신문사 서인석 사장님과 김상철 전무이사님을 비롯한 농민신문사 임직원님들, 자료를 협조해 준 농촌진흥청의 박사님들께도 감사드린다. 무엇보다 일선 중학교 선생님으로 바쁜 생활 가운데에서도 자료 정리 등에 도움을 준 사랑하는 아내, 원광대 한의대에 재학 중인 딸 동하, 씩씩하게 자라는 아들 동현에게도 고맙다는 말을 전한다.

2012년 10월
경기 안양 평촌의 집에서
언론학박사(Ph.D) 이종순

# CONTENTS

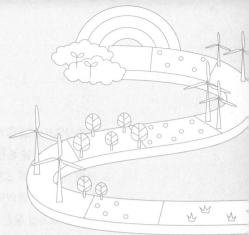

# 커뮤니케이션 사회 도래

# 농업커뮤니케이션
# 어떻게 할 것인가

# 커뮤니케이션 사회 도래

## 1. 커뮤니케이션이란

인간이 사회 속에서 삶을 영위하는 과정은 커뮤니케이션에 의해 이뤄진다. 인간이 살아가는 사회 과정은 개인과 개인, 집단과 집단, 개인과 집단 사이의 상호작용이며, 이 같은 상호작용은 커뮤니케이션에 의해 가능하기 때문이다.

인간의 사회생활은 단지 생존 차원에 머물지 않고 자신의 생각을 상대방과 공유함에 따라 원활하게 이뤄진다. 다시 말해 서로의 생각과 감정을 나누며 살아간다. 그래서 사람들은 커뮤니케이션이 없이는 원활한 사회생활을 하기가 힘들다.

"인간은 사회적 동물이다"라는 아리스토텔레스의 말이 인간의 사회성을 보여준다. 이러한 인간이 사회의 일원으로 살아가는 데 필수불가결한 것이 바로 커뮤니케이션이다.

커뮤니케이션(communication)의 어원은 라틴어 'communis'에서 유래한다. communis는 '공통되는' 또는 '공유한다'라는 뜻을 갖고 있다. 커뮤니케이션은 결국 의사소통이다. 의사소통은 '마음먹은 바의 뜻을 막힘없이 서로 통하게 하는 것'이다. 소통은 '트일' 소(疏) 자와 '통할' 통(通) 자로 구성되어 있다. 이는 통하려면 먼저 트여야 한다는 것을 암시한다. 다시 말해 '트임(疏)'이 '통함(通)'의 조건으로 작용하는 셈이다. 하지만 상대방과 마주할 때 자신의 마음이 트이도록 하는 일은 쉽지 않다. 더구나 상대방이 나와 다른 의견을 갖고 있을 때는 더욱 그러하다. 따라서 트인 마음을 지니려면 스스로 자세를 낮추거나, 자신의 마음을 비워야 하는 것 같은 일정 정도의 인격이 전제되어야 한다.[1]

커뮤니케이션과 관련해 오래전부터 전해 내려오는 일화가 있다. B. C. 490년 페르시아제국이 아테네를 공격하기 위해 마라톤 평원에 상륙했다. 병력 규모로 볼 때 패배가 당연해 보였던 그리스는 과감한 전략으로 승리를 거두었다. 이때 그리스 용사 페이디피데스(Pheidippides)가 전장에서 40여 ㎞ 떨어진 아테네까지 쉬지 않고 달려 승전보를 전하고 숨을 거두었다는 고사가 그것이다. 이 고사가 시공(時空)을 뛰어넘어 수많은 사람에게 전달된 것도 커뮤니케이션 효과로 볼 수 있다. 커뮤니케이션은 세상과의 관계를 형성하는데, 이에 많은 기여를 하고

---

1) 김정탁, 『다산과 소통』, 관훈클럽·다산연구소, p.12.

있는 것이 매스미디어다. 매스미디어로 인해 발생하는 커뮤니케이션을
매스커뮤니케이션이라고 한다.[2]

결국 커뮤니케이션은 의사표현 등의 방법을 통해 사람의 생각과 의
견, 태도를 움직이는 것이다. 홍보도 어떤 의미에서는 커뮤니케이션을
통해 문제를 해결해 나가는 과정이다.


## 2. 커뮤니케이션의 힘

커뮤니케이션의 힘은 결국 의사소통을 통해 문제를 해결하는 데서 나온다.
강미은(2005)은 커뮤니케이션의 중요성을 '내 뜻을·내 의사를·내 말
을·내 마음을' 제대로 전하고, 내 메시지를 다른 사람에게 제대로 통
(通)하고, 통(通)하지 못하면 아무 일도 안 된다는 점을 들어 강조한다.

다시 말해 마음을 움직이는 메시지(messages)는 △마음에서 만들어
진다 △커뮤니케이션을 못하는 사람은 리더가 될 수 없다 △메시지를
통한 마음의 소통(疏通)이 일어나야 한다 △커뮤니케이션 능력은 타고
나는 것만이 아닌 만큼 훈련과 노력이 필요하다는 것이다. 마음속으로
승복하지 않으면 설득은 없다면서 마음을 열게 만드는 커뮤니케이션이
진정한 힘이라고 한다. 따라서 마음의 소통이 없고 겉으로만 하는 커뮤

---

2) 오미영·정인숙, 『커뮤니케이션 핵심이론』, 커뮤니케이션북스, p.3~9.

니케이션으로는 진정한 교류가 없어진다면서 메시지의 힘은 메시지의 핵심에서 나오며, 커뮤니케이션은 단순히 '화술'의 문제가 아니라 내용과 포장이 다 좋아야 한다고 밝힌다.[3]

## 3. 커뮤니케이션 요소와 매스미디어의 등장

커뮤니케이션 과정을 설명하는 데 가장 오래되고 가장 많이 인용되는 것이 △누가 △무엇을 △어떤 채널을 통해서 △누구에게 △어떤 효과를 가지고 말했나 등이다(김원용, 1997). 이러한 커뮤니케이션 상황에는 여러 가지 요소가 개입한다. 송신자와 수신자, 메시지, 채널, 피드백, 잡음 등이 있다. 커뮤니케이션은 자신이 전하고자 하는 신호의 의미를 상대방이 이해할 때 성립된다고 볼 수 있다. 여기서 메시지를 보내는 자가 송신자(sender)이고, 메시지를 받는 자는 수신자(receivers)라 한다.

메시지(messages)는 '상대방을 이해시키려는 의도에서 만들어 내는 신호'라고 할 수 있다. 메시지는 문자(편지·신문·광고전단 등)를 사용하기도 하고, 음성전달기술(전화·라디오·음악 등)을 이용하기도 한다. 최근에는 정보통신기술(IT) 발달로 영상과 컴퓨터기술을 동원한 메시

༺༺༺༺༺༺༺

3) 강미은(2005), 『마음이 통하는 커뮤니케이션』, 한국편집기자협회 주최 제7회 전국 일간신문·통신 편집부장 세미나.

지가 많이 만들어지고 있다. 특히 미디어 메시지는 소비자에게는 사용가치가 있고, 미디어 시장에서는 교환가치를 지닌 생산물이다(양승찬·이강형 역, 2011).

채널은 메시지가 여행하는 통로라고 할 수 있다. 송신자가 수신자에게 메시지를 도달하게 하는 방법인 것이다. 신문, 라디오, TV, CD, 잡지 등이 이에 해당한다. 잡음은 메시지를 정확히 이해하는 데 방해가 되는 것을 말하고, 피드백(feedback)은 송신자와 수신자가 서로에게 반응하는 것을 말한다. 누군가가 농담을 하면 웃음을 띠게 되는 것과 같은 것이다.[4]

이러한 커뮤니케이션 요소는 미디어를 통해 그 영향력이 확대되고 재생산되기도 한다. 미디어(media)가 커뮤니케이션을 하는 당사자 중간에 위치해 메시지를 실어 나르는 도구 역할을 하는 것이다. 가령 콘텐츠(메시지)를 담는다 하더라도 미디어의 보도 태도(프레임)에 따라 모양과 영향력이 달라질 수 있기 때문에 그 역할은 매우 중요하다. 정보이론에 따르면, 정보원이 메시지를 선택하고, 신호 형태로 이 메시지가 커뮤니케이션 채널을 통해 목적지인 수신자에게 전송된다(양승찬·이강형 역, 2011).

그래서 미디어 내용도 중요하다. 미디어 내용이란 매스미디어에 의해 전달되는 모든 양적·질적인 언어정보와 시각정보 등 매스미디어에 나타나는 모든 것을 뜻한다. 여기서 매스커뮤니케이션은 전문적 집단

---

4) 오미영·정인숙, 『커뮤니케이션핵심이론』, 커뮤니케이션북스. p.10~17.

이 기술적 장치나 방식(신문 등)을 이용해서 상징적 콘텐츠를 광범위하게 흩어진 다수의 이질적 수용자들에게 전달하는 제도나 기술을 의미한다. 일반적으로 이러한 매스커뮤니케이션은 현실과 이에 대한 우리의 지각 및 지식을 연결시킨다(양승찬 · 이강형 역, 2011).


## 4. 사회 곳곳에 확산한 커뮤니케이션

이러한 커뮤니케이션은 매스미디어의 발달 등에 따라 사회 곳곳으로 확산하고 있다. 미디어 사회는 미디어가 사회 핵심영역의 하나가 되었을 뿐만 아니라 사회 모든 영역의 행위에 미디어가 중대한 영향을 미치는 사회를 말한다.이에 따라 커뮤니케이션이 다른 영역과 융합(convergence)을 통해 다양한 효과를 나타낸이에 따라 커뮤니케이션이 다른 영역과 융합을 통해 다양한 효과를 나타낸다. 커뮤니케이션과 정치가 융합해 정치커뮤니케이션의 영역을 만들어 냈고, 조직커뮤니케이션, 인간커뮤니케이션, 마케팅커뮤니케이션, 영상커뮤니케이션, 스포츠커뮤니케이션, 스피치커뮤니케이션, 비판커뮤니케이션, 예술커뮤니케이션, 과학커뮤니케이션, 환경커뮤니케이션, 설득과 융합한 설득커뮤니케이션 등이 있다. 최근에는 위험관리와 결합한 위험커뮤니케이션, 건강과 연계한 헬스커뮤니케이션이 등장하는 등 커뮤니케이션은 사회 각 영역으로 더욱 확산하는 추세다.

또 사상체질 이론을 언론학과 연계해 연구하고 있다. 구한말 한의학자였던 이제마(李濟馬)가 주창한 사상체질(四象體質) 이론을 수용자 연구에 접목시킴으로써 한국적 수용자 이론의 가능성과 한계, 그리고 전망을 살펴보는 연구가 등장했다. 이제마는 사람은 태양인과 태음인, 소양인, 소음인 등 네 가지 체질 중 한 가지 체질로 태어나며, 체질에 따라 장기(臟器)의 강약은 물론 체형과 성격, 태도, 행동이 다르다고 주장한다.[5]

이러한 네 가지 체질의 특징을 도표로 정리하면 〈표1-1〉과 같다.

[ 표1-1 사상체질(四象體質)의 특성 ]

| 체질 | 장기특성 | 성격 |
|------|----------|------|
| 태양인 | 폐대간소 | 진취적이고, 창의적이며, 과감하고, 자존심이 강함.<br>반면 공격적이며, 독선적이고, 감정기복이 심해 쉽게 분노함. |
| 태음인 | 간대폐소 | 인내심이 강하고, 포용력이 크며, 의젓하고, 과묵함.<br>반면 욕심을 부리고, 음흉하게 보이기도 하며, 주변상황에 둔감함. |
| 소양인 | 비대신소 | 활동적이고, 판단력이 빠르며, 적극적이고, 이타적임.<br>반면 성격이 급하고, 비계획적이며, 감정기복이 심해 쉽게 흥분함. |
| 소음인 | 신비대소 | 외유내강형이고, 세심하며, 조직적이고, 분석적이며, 책임감이 강함.<br>반면 내성적이고, 소심하고, 과민하며, 심리적으로 불안정함. |

출처: 최현철 · 최현주 · 양문희, 「사상체질이론과 언론학연구 : 가능성과 한계 및 전망. 사상체질과 대중매체 및 뉴미디어 이용형태」,
　　　한국언론학회 봄철학술대회. 2012.

네트워크 사회의 복잡성이 강화되고 있지만, 커뮤니케이션의 이론과 연구는 △누가 누구에게 커뮤니케이션을 하는가?(정보원과 수용자) △왜 커뮤니케이션을 하는가?(기능과 목적) △어떻게 커뮤니케이션이 발

---

5) 최현철 · 최현주 · 양문희, 「사상체질이론과 언론학연구: 가능성과 한계 및 전망. 사상체질과 대중매체 및
　　뉴미디어 이용형태」, 한국언론학회 봄철학술대회. 2012.

생하는가?(체널, 언어, 코드) △어떤 내용이 커뮤니케이션 되는가?(콘텐츠, 정보의 유형) △의도된 의도되지 않은 커뮤니케이션 결과는 무엇인가?(아이디어, 이해, 행동) 등으로 관심사가 공유되고 있다.[6]

이 가운데 농업·농촌에서는 설득커뮤니케이션을 주목할 필요가 있다. 국민에게 농업·농촌의 중요성을 어떻게 설득할 것인가가 중요한 화두로 떠올랐기 때문이다. 설득이란 자신의 논리로 상대방에게 영향을 주려는 시도이지만, 강압적 수단을 사용하지 않고 커뮤니케이션을 통해 한다는 점이 주목할 부분이다. 상대방으로부터 원하는 것을 얻어내기 위해 커뮤니케이션을 통해 상대방을 설득하고 동기를 유발시키는 것이다.

설득은 보통 5단계 과정을 거쳐 나타난다. 1단계는 주의(attention), 2단계는 이해(comprehension), 3단계는 수용(acceptance), 4단계는 보유(retention), 5단계는 행동(action)이다. 백악관에서 이미지관리, 브랜드 만들기, 연설기법, 언론 인터뷰기법, 위기관리커뮤니케이션, 의전 및 매너교육 등 다양한 대통령 만들기 프로그램을 운영하고 있다[7]는 데서도 커뮤니케이션의 광범위한 확산을 알 수 있다.

다음은 인간커뮤니케이션의 한 사례이다. 필자가 성균관대학교 언론정보대학원 총학생회장 시 〈OKNO〉란 계간지에 기고한 글이다.

---

6) McQuail's Mass Communication Theory,5th edition; 양승찬·이강형 공역(2011), 『매스커뮤니케이션 이론』, 서울: 나남. p.41.
7) 국정홍보처(2003), 『홍보가 일의 절반이다』.

# 눈물의 의미

이종순 (성대 언론정보대학원 총학생회장)

"당신은 참 눈물도 많아요. TV를 보면서 그렇게 많은 눈물을 흘리니 말이어요."

지난 8월 15일 광복절에 TV로 생중계된 이산가족들간의 만남을 보고 한참동안 눈물을 흘린 후 눈이 빨개져 베란다로 나가는 나를 보고 아내가 하는 말이다.

나는 아내의 말대로 눈물이 많은 남자인가. 내 인생 서른 아홉 해를 살아오면서 흘린 눈물은 얼마나 될까. 베란다에서 담배를 피워 문 나는 내 인생에 있어서 눈물의 의미를 되돌아 보았다.

내가 가장 많은 눈물을 흘렸던 때는 아내와 연애기간 중 이별을 할 때로 기억난다. 그때 나는 육군 학사장교로 군에 입대, 사관후보생의 교육을 마친 후 일선 군부대에서 수색소대장으로 근무하고 있었다. 지방 국립 사범대학을 졸업한 아내는 경기 북부지역의 한 중학교에서 교편을 잡고 있었다.

대학을 다닐 때부터 연애를 했던 우리는 그때 서로 떨어져 있었고 내가 전역 때까지는 많은 기간을 기다려야 하는 상황이었다. 그 때 아내는 광주의 부모님 품을 떠나 한적한 농촌지역 어느 집의 문간방에서 혼자 자취를 하고 있었다. 나는 군대에서, 아내는 문간방에서 서로를 생각하는 시간, 즉 사랑(Love)에 대한 사량(思量)은 많았지만 만남의 기회는 점차 줄어있고 나는 눈물을 머금고 '사랑하기 때문에 너를 보낸다'는 신파조의 말을 남기고 헤어질 수밖에 없었다. 그리고 나는 여러 날 밤을 장교숙소(BOQ)에서 병사들 몰래 울었다. 군용침낭을 적시도록···. 그때 내가 흘린 눈물은 한 남자가 한 여자를 진정으로 사랑하는 의미의 표현으로 흘린 눈물이었다. 지금 우리가 결혼해서 초등학교 3학년인 딸과 이제 세살배기인 아들을 낳고 살고 있는 것은 그때의 눈물이 토대가 되지 않았을까.

가장 서럽게 울었던 때는 대학 4학년 때로 생각된다. 곡성군의 산골에서 올라와 광주시에 있는 지방 국립대에 다니고 있던 나는 1학년부터 3학년까지는 방을 얻어 동생과 자취를 했다. 그러나 동생이 서울의 대학으로 진학한 후 4학년 때는 경제적인 이유 때문에 시골의 집에서 통학을 해야했다. 가을즈음으로 기억된다. 그 때 학교에서 어떤 행사를 마치고 막차를 타고 면소재지인 석곡에 내렸다. 짙게 깔린 어둠 속에서 겨울을 재촉하는 늦가을비가 내리고 있었다. 그곳에서 집까지는 보성강 다리를 건너 난 비포장도로와 공동묘지, 처녀가 목매 자

살했다는 전설이 내려오는 각시바위 등을 지나야만 했다. 여름철 수해로 다리는 두 동강이 나 있었고 비 내리는 어두운 길을 공포체험 같은 미로(?)를 기어왔는다는 두려움에 나는 집으로 가는 길을 포기하고 어느 집 처마 밑에 맨손으로 새벽까지 기다릴 수밖에 앉았다. 춥고 배고픈 상태에서 몇 개월 앞으로 다가온 졸업 후 미래에 대한 불안감과 가난에 대한 원망까지 겹쳐 나는 처마 밑으로 내리는 빗줄기를 보며 서럽게 서럽게 울었다.

내 인생에도 슬픔과 서러움의 눈물만 있었던 것은 아니다. 기쁨의 아니 환희의 눈물도 있었다. 지난해 분양 받은 새 아파트에 입주했을 때 아내와 함께 부동켜안고 기쁨의 눈물을 흘렸었다. 지금 살고 있는 경기 안양의 아파트에 입주하기까지는 중도금 마련을 위한 내핍생활은 물론 IMF이후 공사중단에 따른 불안감, 전세금을 줄이기 위해 작은 평수의 집으로 이사하기 등을 극복해 내야 했었다. 이러한 어려움을 당하되(?) 이겨내고 새 아파트에 입주하는 날, 그날은 5월의 따뜻한 봄날이었다. 이삿짐 정리를 끝내고 잠자리에 들기 전에 어려웠던 신혼생활이 떠오르고 더 이상 원치 않는 이사를 하지 않아도 되는 데다 우리가 해냈다는 가슴 벅찬 감동에 부둥켜 안고 기쁨의 눈물을 흘렸었다.

나 뿐만 아니라 많은 사람들이 인생을 살아가면서 눈물을 흘렸고 흘릴 것이다. 기쁨의 눈물이든, 슬픔의 눈물이든, 우리보다 먼저 인생을 살았던 사람들도 많은 눈물을 흘렸다. 시성(詩聖)이라 불려지는 두보(杜甫)의 시에는 유난히 많은 눈물(淚·涕)이 등장한다. 〈感時花濺〉〈軒漏碗乱〉〈天涯涕淚一身遙〉 등.

나는 '학문의 길도 고독한 축제 끝에 흐르는 눈물로 결실을 맺는다'고 생각한다. 방학(放學)이 끝나고 이제 새 천년 2학기가 깊은 산 속에서 솟아나는 맑은 생물처럼 향기롭게 시작됐다. 더불어 고독한 학문의 길을 외롭지 않게 같이 갈 여러 산입 원우님들도 합류했다.

풍성한 결실의 계절, 이 가을의 길목에서 성균관대학교 언론정보대학원 모든 원우(院友)님들이 학문의 길과 직장에서 또 가정에서 성취와 보람으로 기쁨의 눈물을 마음껏 흘리는 날이 많기를 기대해 본다.

방송의 큰아들로 태어난 글쓴이는 전남대 법대를 졸업했고, 이땅의 부농(?)실현을 위해 〈농민신문〉에 입사했다. 현재 〈농민신문〉 산업경제부 차장이며 성대 언론정보대학원 총학생회장이기도 하며 글쓰기를 좋아하는 편인데 폰트 '만남 사랑 이별 그리고…'가 있다.

## 5. 알기 쉬운 커뮤니케이션이론

농업·농촌의 커뮤니케이션을 이해하기 위해 우선 그동안에 나타난 커뮤니케이션 이론을 살펴볼 필요가 있다. 커뮤니케이션 이론도 시대에 따라 다양하게 영향을 주고 있기 때문이다.

### 1) 미디어결정론

미디어결정론은 간단히 말해서 커뮤니케이션 기술인 미디어 테크놀로지가 사회변화를 이끄는 견인차 역할을 한다는 이론이다. 그래서 미디어결정론을 흔히 기술결정론(technological determinism)이라고 부르며, 기술이 아닌 문화가 사회변화를 주도한다는 문화결정론(cultural determinism)과 대척점을 이루고 있다.

미디어결정론을 발전시킨 캐나다의 커뮤니케이션학자인 마샬 맥루한(Marshall McLuhan)은 "미디어는 메시지다(The medium is the message)"라고 했다. 맥루한은 미디어는 감각기관의 연장으로서 책은 눈의 확장이고, 옷은 피부의 확장이며, 컴퓨터는 중추신경 체계의 확장 등이라고 설명한다. 미디어는 우리의 범위를 확장시키고 효율성을 증대시킬 뿐만 아니라 우리의 사회적 존재를 조직하고 설명하는 필터로서도 기능한다.[8]

---

8) 오미영·정인숙, 『커뮤니케이션 핵심이론』, 커뮤니케이션북스, 2005. p.181~185.

이 이론은 특정한 미디어 테크놀로지가 이끌어 내는 사회 변화의 잠재력에 중점을 두고 있다. 그래서 미디어 테크놀로지의 발명과 적용 과정은 사회변화에 영향을 주고, 커뮤니케이션 혁명은 사회혁명으로 연결된다고 설명한다. 역사적으로도 미디어 테크놀로지는 정보를 더 빠르고 폭 넓게 확산시키고 정보처리에 유연성을 가져오는 방향으로 진화하고 있다(양승찬 · 이강형 역, 2011).

### 2) 이용과 충족이론

이용과 충족이론은 '미디어가 사람들에게 무엇을 하는가?'라는 관점보다 '사람들은 미디어를 가지고 무엇을 하는가?'라는 측면에서 미디어 효과를 규명하자는 차원에서 접근하고 있다. 다시 말해 사람들은 현명하고 합리적이어서 자신이 원하는 것을 잘 알고 있기 때문에 미디어를 이용하고 만족을 얻었다면 그것이 미디어 효과가 되는 것이다(유재천 외, 2004).

그래서 이용과 충족이론(uses and gratification theory)은 왜 사람들은 미디어를 이용하며, 미디어 이용을 하도록 사람들에게 동기 부여 하는 것은 무엇이며, 그로 인해 충족되는 것은 무엇인가를 설명하는 이론이다. 이용은 특정 미디어를 선택하는 행위이고, 충족은 미디어 이용을 통해 원래 가졌던 욕구가 얼마나 충족됐는가의 정도를 말한다.

이 이론은 커뮤니케이션 이론 가운데 가장 폭넓게 적용되는 이론으로, TV 시청자 조사나 광고 이용 행태 조사 등에서 활용되고 있다.[9]

### 3) 의제설정이론

의제설정이란 선거 캠페인을 배경으로 오랫동안 관심사가 되었던 현상을 기술하려고 맥콤스와 쇼(McCombs & Shaw)가 만들어 낸 용어이다. 미디어가 대중에게 하루에 가장 중요한 이슈가 무엇인지를 보여주고, 대중은 이에 따라 무엇이 중요한지 지각하게 된다는 것이 의제설정과 관련된 핵심 아이디어이다(양승찬 · 이강형 역, 2011).

의제설정이론(agenda setting theory)은 매스미디어에서 강조하는 이슈와 독자나 시청자 등 수용자가 중요하다고 여기는 이슈 간의 인과관계를 가리키는 개념으로, 미디어가 대중에게 무엇을 생각할까(what to think)를 제공하는 것이 아니라, 무엇에 관해 생각할까(what to think about)를 제공함으로써 사건 의제를 강조하는 잠재적 설득 인식효과를 가진다는 것이다. 그래서 의제설정은 '이슈를 구조화하는 힘'으로 묘사되기도 한다. 다시 말해 매스미디어가 반복된 뉴스 보도를 통해 대중의 마음에 이슈의 중요성을 부각시키는 능력이 있다는 것이다. 특정 주제에 관해 미디어가 주목하고 많이 다루면 대중이 그 이슈를 중요하게 평가하도록 한다는 것이다(오미영 · 정인숙, 2005). 그동안의 연구결과를 보면, 미디어가 중요하게 다룬 이슈의 순서와 정치인들과 대중이 중요하게 생각하는 이슈의 순서는 비슷하거나 일치하는 경향을 보였다(양승찬 · 이강형 역, 2011).

---

9) 오미영 · 정인숙, 『커뮤니케이션 핵심이론』, 커뮤니케이션북스, 2005, p.197~204.

## 4) 침묵의 나선이론

침묵의 나선(spiral of silence)은 노엘레 노이만(Noelle Neumann)이 수년에 걸쳐 검증하고 발전시킨 여론 과정에 관한 이론에서 제시하는 개념이다.

침묵의 나선이론은 사람들은 새로운 생각에 당면했을 때 각자 재빠른 판단을 하는데, 이때 사람들이 가지고 있는 감각기관에 의해 자신이 판단한 생각이 그 의견을 지지하는 것이면 더욱 자신 있게 말하고, 그렇지 않으면 침묵해 양방의 결속이 침묵의 나선효과를 가져온다는 이론이다. 즉 사람들은 의견을 개진할 때 다른 사람의 의견이 어떠한가를 알아보고, 이와 다른 의견을 개진할 때에는 고립될 것을 우려해 침묵한다는 것이다. 이때 의견(여론)을 파악하는 통로는 미디어이다. 다시 말해 자신의 의견이 다수이면 적극적으로 개진하고, 자신의 의견이 소수이면 고립을 우려해 의견 개진을 회피한다는 것이다.

독일의 여성커뮤니케이션 학자인 노엘레 노이만(Noelle Neumann)에 따르면 침묵하는 이유는 고립의 두려움과 동조성, 타인의 판단능력에 대한 의심 때문이라는 것이다. 이 가운데 고립의 두려움은 침묵의 나선효과를 가속화시키는 원심력이라고 설명한다.[10]

이 이론의 주요 가정은 △사회는 일탈자에게 고립의 위협을 느끼게 한다 △개인은 고립의 두려움을 지속적으로 경험한다 △개인은 고립되

---

10) 오미영 · 정인숙, 『커뮤니케이션핵심이론』, 커뮤니케이션북스, p.273~277.

지 않으려고 사회의 여론 분위기를 지속적으로 살핀다 △여론 분위기에 대한 개인의 지각은 공개적 행동에 영향을 미치는데, 특히 특정 의견에 대한 공개적 표현과 침묵에 영향을 미친다 등이다.[11]

## 5) 프레임 이론

프레임 이론(frame theory)은 뉴스 수용자가 인식하는 주관적 현실은 미디어가 보도하는 상징적 현실의 영향을 받고, 이러한 상징적 현실이 사건이나 현상을 이해하는 하나의 틀이 된다는 것을 설명한다. 즉 사람들은 모든 정보를 갖고 판단하는 것이 아니라 가장 중요하고 현저한 정보를 바탕으로 판단한다는 것이다. 언론의 프레이밍 효과란 뉴스 프레임이 구성되는 방식에 따라 뉴스에 대한 개인의 해석과 의견이 달라지는 효과를 의미한다.

언론학자들은 프레임(frame)을 이야기의 틀, 해석의 도식, 현실에 대한 인식 · 해석 · 제시 · 선택 · 강조 · 배제 등의 수단을 지속적으로 패턴화해 언어 또는 영상담론을 조직한 것이라고 정의한다. 그래서 뉴스 프레임은 단순히 어떤 문제를 공중 담론의 전면에 위치시키고 다른 것을 뒤로 밀치는 것뿐만 아니라 그 문제에 대해 생각하는 방법까지 제시해 수용자의 판단에 영향을 준다는 주장도 나온다.

---

11) McQuail's Mass Communication Theory,5th edition; 양승찬 · 이강형 공역(2011), 『매스커뮤니케이션 이론』, 서울: 나남. p.624~625.

틀 짓기 이론은 언론이 제공하는 틀에 따라 수용자가 뉴스를 학습하게 된다고 주장한다. 또 수용자는 언론에서 제공하는 틀 자체를 배우게 된다고 가정한다(양승찬 · 이강형 역, 2011).

예를 들어 1993년 한 여성이 남편에게 성폭행을 당한 후 남편의 성기(penis)를 잘라 버렸는데, 이에 대해 각 신문의 제목(headline)들은 다음과 같이 각양각색으로 나타났다. 워싱턴포스트(Washington Post)는 "버지니아 주의 한 여성이 남편에게 성폭행당한 후에 남편을 불구로 만들어 버렸다고 경찰에서 진술", 워싱턴 타임스(Washington Times)는 "한 여성이 남편의 성기(penis)를 잘라", 가디언(The Guardian)은 "성폭행당한 아내가 손수 잘라 낸 뒤에 다시 붙여진 지각없는 물건", Free Lance Star는 "남편에게 성폭행당했다고 주장하는 한 여성이 비위에 거슬린 신체기관을 절단" 등으로 제목을 뽑았다.[12]

미디어 프레임 연구는 최근에는 미디어 텍스트 구성이 선택적으로 실제의 특정 부분을 강조하고, 다른 부분은 무시 또는 격하함으로써 개인의 인지에 영향을 주는 방식에 초점을 맞추고 있다.

## 6) 미디어가 수용자에게 미치는 영향

미디어가 수용자에게 미치는 효과와 관련해 1920~1940년대 유행했던 탄환이론(bullet theory)은 미디어 수용자에 관한 강력한 영향력을

---

12) Shoemker, p. & Reese, S. D.(1996) Mediating Message; Theories of Influences on Mass Media Contents. New York: Long Man; 김원용(1997). 『매스미디어 사회학』. 서울: 나남.

주장했고, 1950년대에 유행했던 소효과이론 또는 제한효과이론 (limited effects theory)은 미디어의 수용자에 관한 극히 제한된 효과만을 주장한다. 이어 1960년에 부각된 중효과이론(moderate effects theory)이나 1970년대의 강효과이론(powerful effects theory)은 다시 미디어의 강한 영향력을 강조한다. 1980년대 이후 등장한 스키마이론(schema theory)은 미디어의 영향력이 스키마의 존재로 인해 제한된 수준에 머무른다는 점을 강조한다. [13]

뉴스는 외부 세계나 사회적 현실에 대한 개인의 현실구성에 많은 영향을 주는데, 이 같은 개인의 현실구성에는 세 가지 유형이 있다.

첫째, 한 개인의 외부에 존재하는 사회적 현실로서 일상 감각을 통해 지각·경험하게 되는 객관적 사회현실(objective social reality)이고, 둘째, 매체내용 또는 예술이나 문학과 같이 객관적 현실에 대한 상징적 표현을 뜻하는 상징적 현실(symbolic social reality)이며, 셋째, 객관적 현실과 상징적 현실이 개인의 현실적 이미지에 투입되어 이뤄지는 주관적 현실(subjective social reality)이다(노광준, 2006).

그래서 미디어의 내용은 객관적 현실이 아닌 사회적으로 구성된 제작물이며, 기사의 자료는 다른 사회 정보원을 통해 측정 가능한 현실 세계의 사건 또는 문제이나, 무엇이 전달되고 어떻게 다루어질 것인가를 결정하는 다수의 요인이 존재하고 있다.

---

13) 김병철 외(2009). 미디어 유행어의 여론과 그랜저 인과관계. 『한국언론학보』53권 1호. 서울: 나남. p.624~625.

# 농업 · 농촌의
# 이해와 유지 필요성

## 농업커뮤니케이션
## 어떻게 할 것인가

# 농업 · 농촌의 이해와
# 유지 필요성

농업 커뮤니케이션을 제대로 하려면 우선 농업 · 농촌을 올바로 이해할 필요가 있다.
농업은 사용하는 맥락에 따라 여러 가지 의미로 쓰이고 있기 때문이다.

## 1. 농업 · 농촌의 이해

### 1) 농업

농업은 생명의 근원으로서 우리에게 먹을거리를 제공하기 때문에
'생명산업'이라고 부르는 중요한 산업이다. 이 땅을 잘 가꾸고 다스려
우리가 먹을 농축산물을 안전하게 생산 · 공급하는 기능은 매우 중요
하다.

김성수 등(2007)은 농업(農業, agriculture)을 식물성 및 동물성 물
질을 생산하거나 이와 관련된 산업을 의미한다고 정의한다. 즉 좁은
의미에서 농업은 벼 · 보리 · 콩 등과 같은 곡물을 재배해 인간에게 필

요한 식량을 생산하는 산업을 의미하고, 좀 더 넓은 의미에서는 과일·채소·꽃 등을 생산하는 원예, 가축을 생산하는 축산, 목재를 생산하는 임업이나 고치를 생산하는 잠업까지 농업으로 보고 있다.

특히 최근에는 농업의 범위를 농업 관련 산업으로까지 확대해 농산물의 가공, 저장, 유통과 판매, 비료·농약·농기계 제조 등과 같은 농업 관련 2차, 3차 산업까지도 포함하는 경향을 보이고 있다. 이처럼 농업은 곡물생산이라는 좁은 의미에서 발전해 잠업, 임업, 축산 등이 포함됐고, 최근에는 농업토목, 농약, 비료, 농기계, 유통과 판매, 교육과 연구 등으로 범위가 점차 확대되고 있다(김성수 외, 2007).

다시 말해 현대의 농업은 생물의 생산과 이와 관련된 모든 산업분야라고 정의할 수 있다. 즉 농업은 작물이나 가축을 생산하는 1차 산업으로 분류하고 있으나, 2차 산업으로 분류되는 농업토목·농업기계·비료·농약, 3차 산업으로 분류되는 농산물 유통·정책·교육 등을 포괄하고 있어 단순한 1차 산업이 아니라 복합산업이다. 농업은 그 영역이 확대되어 작물 및 가축 생산과 이와 관련된 농기계·비료·농약 생산, 상품의 가공·유통·판매, 교육·정보 등과 같은 분야를 포괄하게 됐다(교육부·농촌진흥청, 2006).

김성수 등(2007)은 이러한 농업의 생산을 다른 산업과 비교해 다음과 같은 특징을 갖고 있다고 정리했다.

첫째, 농업은 기본적으로 태양에너지를 이용한 식물의 광합성 능력을 활용하는 산업이다.

둘째, 농업은 토지 요소의 영향을 크게 받는다. 작물은 토지를 기반으로 생산되기 때문에 토지 자체가 지니고 있는 토양의 이화학적 성질뿐만 아니라 경사의 정도, 관개, 수리 등 여러 조건에 따라서 그 생산성이 달라진다.

셋째, 농업은 자연환경의 영향을 크게 받는다. 작물은 보통 자연환경 속에서 영향을 받으며 자라기 때문에 온도, 강우, 바람, 광조건 등의 기상 요소의 영향을 받는다.

넷째, 농업은 생산 과정이 순환적이다. 농업에서는 수확물이나 새로 육성된 것의 일부는 종자, 두엄 또는 어린 가축의 사육 등에 이용된다.

다섯째, 농업은 증식률이 매우 높다. 농업에서는 한 알의 종자가 여러 알의 종자를 형성하므로 그 증식률이 매우 높다.

여섯째, 농업은 계절성이 강하다. 시설하우스 작물 등을 제외하곤 계절과 밀접한 관계를 가지고 생산된다.

일곱째, 농업은 지역성이 강하다. 농업은 토지를 생산수단으로 이용하기 때문에 기상 및 토지 요소에 적응된 생산이 이뤄진다. 따라서 지역성이 강해 적절한 장소에서 적합한 작물을 생산하는 경우에는 그 지역의 특산물이 형성된다(김성수 외, 2007).

## 2) 농업인

농업인은 누구인가? 과거에는 농업인을 지칭하는 용어로 농부, 농민

등이 많이 사용되다가 최근에는 농업인 또는 농업경영자 등의 용어가
많이 사용되고 있다. 즉 전통적으로 많이 사용돼 오던 농민이라는 용어가
농업인으로, 농업의 기업경영 측면을 강조하는 입장에서는 농업경영자 또
는 농업경영이라는 용어가 사용되고 있는 것이다(김성수 외, 2007).

우리나라에서 법적으로 농업인은 〈농업·농촌기본법령〉에 규정하고 있
다. 이 법령에는 농업인을 '1,000㎡ 이상의 농지를 경작하거나, 농업경
영을 통한 농산물·축산물의 연간 판매액이 100만 원 이상인 자 및 1
년 중 90일 이상 농업에 종사한 자'로 정의하고 있다.

>> 농업인이 한우에게 먹이를 주는 모습

## 3) 농촌

농촌은 1차 산업인 농업을 직업으로 하는 사람들이 다수를 차지하는 지역사회(地域社會)를 의미한다. 다시 말해 농업을 영위하는 사람들이 주로 모여 사는 곳을 일컫는다. 농촌은 또 도시와 대비되는 지역사회로 농촌 부락이라는 의미로도 사용된다. 행정적으로 보면 군이나 도농복합시의 읍·면 지역을 말한다.

도시와 농촌을 나누는 것은 쉬운 일이 아니다. 점차 도시적인 측면이 농촌에 증가하면서 그 특성이 혼합적으로 나타나고 있기 때문이다. 김성수 등(2007)은 전통적인 시각에서 도시와 농촌의 특성을 구분해 다음과 같이 정리했다.

첫째, 인구 규모와 밀도 면에서 농촌은 도시에 비해 인구가 적고, 인구밀도 역시 낮은 특징을 갖고 있다.

둘째, 직업구성 면에서 농촌은 1차 산업인 농업에 종사하는 인구가 큰 부분을 차지한다면 도시는 2차 및 3차 산업 종사인구가 대부분을 차지한다.

셋째, 인간관계 측면에서 농촌이 1차적인 인간관계, 즉 인격적이고 비공식적인 접촉을 많이 하는 반면 도시에서는 계약적이고 공식화된 관계를 주로 맺게 된다.

넷째, 사회변동 측면에서는 농촌이 도시에 비해 완만하며, 주민의식도 보수적이고 폐쇄적인 특성을 갖고 있다.

다섯째, 사회계층구성 면에서 농촌이 귀속적 지위를 강조하고, 계층

간 격차가 적은 반면 도시에서는 성취지위를 강조하고 계층 간 격차가 상대적으로 큰 편이다.

여섯째, 인간과 환경관계 측면에서 농촌이 지역 환경에 적응하고 조화를 추구하는 것과는 대조적으로 도시는 자연환경을 극복하고 지배하려는 특징을 갖고 있다.

그러나 농촌이 가지고 있는 이러한 특성은 시대와 지역에 따라 빠르게 변화하고 있다. 최근에는 교통과 통신의 발달, 이동성 증가 등으로 전통적인 특성이 변화해 과거 도시적 특성으로 파악되던 부분들이 농촌에서도 확산되고 있기 때문이다(김성수 외, 2007).

## 2. 농업·농촌 유지, 왜 필요한가

### 1) 농업·농촌과 다원적 기능

　농업의 다원적 기능(多元的 機能, multifunctionality)에 대해 교육인적자원부·농촌진흥청(2006)은 '국민생활에서 필수적인 식량안보, 농촌지역사회 유지, 농촌경관 및 문화적 전통, 농촌 환경 등 농업 비상품재(시장을 통해 거래될 수 없는 재화)를 생산하는 것'으로, 오세익 등(2004)은 '농업생산 과정에서 여러 가지 시장적 산출(commodity output), 비시장적 재화가 결합적으로 생산되는 것'으로 각각 정의했다. 또 권오상(2006)은 농업의 추가적 비시장적 기능을 농업의 다원적 기능으로 보았다. 이러한 농업의 다원적 기능을 일본·노르웨이·스위스 등 농산물 수입국들은 광의로 해석해 자국의 농업보호를 위한 논리로 활용하고 있는 반면, 미국·호주·캐나다 등 농산물 수출국들은 다원적 기능을 빌미로 국제교역이 왜곡돼서는 안 된다는 주장을 펴고 있다(오세익 외, 2004). 그 종류로는 가족농 보존, 농촌인력 고용 유지, 농촌 문화유산 보전, 농촌사회 유지, 생물적·생태적 다양성 보전, 농업·농촌을 이용한 여가선용 제공, 농촌 관광자원 공급, 토양과 물과 공기의 정화, 관개시설 보전, 생물에너지 보존, 음식의 질과 안전성 향상, 농촌경관, 식량안보, 동물복지의 함양 등을 들고 있다(교육인적자원부·농촌진흥청, 2006). 따라서 '농업은 국민의 식량을 안정적으로 공급하고, 국토환경 보전에 이바지하는 경제적 · 공익적 기능을 수행하는 기간산업으로서 국가경제의 조화로운 발전 기반이 되도록 하고, 농업인은 자율과 창의를 바탕으로 다른 산업 종사자와 균형 잡힌 소득을 실현하는 경제주체로 성장해 나가도록 하며, 농촌은 고유한 전통과 풍요로운 산업 · 생활공간으로 발전시켜 나가야한다'는 점이 강조된다.

이러한 농업의 다원적 기능에 대한 논의는 UR(우루과이라운드)협상 당시 농산물 수입국을 중심으로 농업의 비교역적 기능을 비교역적 관심사항(non-trade concerns, NTC)[14]이라 명명하고 이 기능이 유지될 필요가 있다는 주장이 제기되면서 부상했다. 하지만 다원적 기능에 대한 논의가 가장 포괄적이고 전문적으로 진행된 곳은 OECD 농업위원회라고 할 수 있다. OECD는 약 3년에 걸친 농업위원회의 논의 결과를 2000년 말 최종보고서 형식으로 발표했다(농림부, 2001).

WTO 농업협정 서문 및 제20조는 농산물 무역자유화 협상 과정에서 식량안보, 환경보전 등 비교역적 기능(NTC)을 고려해야 한다고 명시했고, 이는 2001년 DDA(Doha Development Agenda)에서 계승되고 있다. 또 우리나라도 농업 · 농촌기본법에 식량안보, 환경보전, 전통문화, 생활공간 등 경제적 · 공익적 기능이 농업에 의해 제공됨을 인정하고 그의 지속적인 개발을 천명하고 있다(오세익 외, 2004).

농업의 다원적 기능은 어떤 특성을 갖고 있을까? 이상영(2009)은 다

---

14) NTC는 농업의 비교역적 기능으로, 교역을 통해 성취할 수 없는 농업 고유의 기능이나 역할을 말한다. 우루과이라운드(UR) 농업협정 서문은 식량안보와 환경보전을 NTC로 명시하고 있고, UR협상 때 일부 회원국들은 식량안보와 환경보전 이외에도 농촌활력(rural viability)을 NTC의 한 요소로 주장하기도 했다.

원적 기능의 특성을 △시장재인 농산물과 비시장재인 공공재가 함께 생산되는 결합생산물 △외부경제(편익) 제공 △불특정 다수인 공공의 효용이 증가하는 공익적 가치 △공공재 등으로 정리했다.[15]

## 2) 농업의 다원적 기능의 종류

### (1) 식량안보 기능

기본적인 식량안보 개념은 건강하고 활력 넘치는 삶을 위해 모든 사람들이, 언제든지, 경제적·물리적으로 충분하고, 안전하고, 영양가 있는 식량을 구할 수 있는 것(FAO, 1996)으로 정의하고 있기 때문에 결국 '모든 사람이 활동적이고 건강한 삶을 위해 충분한 식량에 접근하는 것'으로 정의할 수 있다. 따라서 이러한 식량안보를 확립하려면 가용할 식량 확보(availability), 식량 공급의 안정성(stability) 및 식량에 대한 접근성(accessibility)이 매우 중요하다(오세익 외, 2004). 다시 말해 식량안보의 개념은 충분한 식량 공급, 식량에 대한 접근성 보장, 식량에 대한 활용 등 세 가지 구성 요소로 세분화할 수 있다.

특히 '식량은 시장에서 거래되는 상품 가운데 하나이지만 사람의 생존과 직결되어 사회 안정과 국가안보에 영향을 미치는 중요한 공공재이기도 하다'라는 점을 강조한다.

---

15) 이상영(2009), 「농촌의 다원성과 어메니티」, HM연구소, p.33~34.

## (2) 환경 및 생태계 보전 기능

농업 환경에 대한 공익 기능으로는 홍수 조절·수자원 함양·수질 정화·대기 정화·기후 순화·유기물 소화·생물다양성 보전·경관 기능 등이 있다. 논과 밭은 강우 시 빗물을 지하로 침투시켜 지하수를 함양하고, 집중호우 시 발생하는 밭 등의 유실된 토양을 논이 받아 토양 유실을 방지한다. 농업과 산림은 광합성을 통해 탄산가스를 흡수하고 산소를 배출해 대기를 정화하고, 음식찌꺼기 등을 퇴비로 만들어 소비해 폐기물 처리기능도 수행한다.

농촌은 온난화를 완화시키는 역할도 한다. 농촌진흥청이 1973년부터 2007년까지 60개소의 기상관측지역을 도시지역 25개소, 농촌지역 24개소, 산촌지역 9개소로 구분해 평균기온 변화를 분석한 결과, 전국적으로 0.95℃가 상승했고 이 가운데 도시지역은 1.23℃, 농촌지역은 0.81℃, 산촌지역은 0.63℃가 각각 상승했다. 이에 따라 우리나라 온난화의 주범은 도시지역의 인구집중, 산업 발달에 기인하고 있으며, 농촌지역이 온난화를 완화시키는 역할을 하고 있다는 것을 알 수 있다(이덕배 외, 2009).

>> 농촌 어메니티 홍보 모습

### (3) 사회·문화적 기능

농촌의 사회·문화적 기능은 '농업생산활동이 영위됨으로써 농촌과 농촌에 살고 있는 사람에 의해서 생성되는 국민정서 함양기능, 전통문화 유지기능, 지역사회 유지기능 및 지역적 영농특성에 의해서 형성되는 농촌경관 등 공익성이 있는 유무형의 비시장재화를 생산하는 농촌에서의 사회·문화적 순기능'이라고 정의할 수 있다.

이러한 농촌의 사회·문화적 기능은 농촌 인구를 유지함으로써 도시로 인구가 집중하는 현상을 완화시켜 주고, 논농사에 기반을 두고 발전한 전통적인 고유문화를 유지·계승시키며, 도시민에게 심신의 피로와 스트레스를 해소할 수 있는 레크리에이션 장소를 제공해 준다(교육부·농촌진흥청, 2006).

따라서 농업과 농촌은 녹색경관, 도시인의 휴식 및 레크리에이션 공간 제공, 도시 어린이의 정서 함양 등 자연적·문화적·심미적 기능을 갖고 있다. 농업은 전통문화의 계승·발전에도 기여한다. 특히 국민에게 농촌의 사회·문화적 기능의 가치를 알게 하고, 그 원천이 농업과 농촌에 있으며 도시민이 동참해야 함을 적극 인지시켜야 한다.

### (4) 농촌 어메니티(amenity)

어메니티(amenity)라는 용어는 라틴어로 '친근하다' 또는 '쾌적하다'라는 의미를 지닌 말로 농촌 어메니티는 '우리에게 친근감을 주는 농촌 공간의 모든 특성'을 말한다. 따라서 농촌 어메니티 자원이란 야생

(wild-life), 즉 특별한 생태시스템, 여가·오락 공간과 농업생산활동으로 만들어진 작물이 경작되는 풍경, 주거·정주 형태, 역사 유적지, 사회·문화적 전통 등과 같은 농촌지역에 광범위하게 존재하는 자연적인 또는 인공적인 모습이나 소재를 가리키는 것이다.

이러한 농촌 어메니티의 가치는 다음과 같은 네 가지 형태로 나타난다. 첫째, 이용가치(use value)이다. 이는 어메니티가 위치한 장소에 거주하거나 방문함으로써 발생하는 가치이다. 둘째, 선택가치(option value)이다. 이는 장래에 어메니티를 방문할 수 있다는 사실을 인지하는 것으로부터 발생하는 가치이다. 셋째, 존재가치(existence value)이다. 이는 어메니티가 존재함으로 인지하는 것으로부터 발생하는 가치이다. 넷째, 유산가치(bequest value)이다. 이는 어메니티를 미래 세대에 전승시킬 수 있다는 가능성으로부터 발생하는 가치이다(교육부·농촌진흥청, 2006).

## 3) 농촌의 활력증진과 지역 균형발전

농업은 농촌에 일자리를 제공함으로써 소득을 창출하고 농촌에 사람이 살게 함으로써 지역경제 활성화, 지역 SOC 유지·보전 등 국토의 균형발전에 기여한다. 농촌은 도시에 비해 고용기회가 적기 때문에 농업의 고용효과는 매우 중요한 다원적 기능이다. 농업은 또 인구를 전 국토에 분산시켜 지역경제를 활성화하는데, 이러한 기능이 없어진다면 도시 과밀화로 인한 교통·주택 등의 문제뿐만 아니라 지역사회 공동화로 많은 사회적 비용이 발생할 것이다.

>> 전남 구례의 다랑논은 농업·농촌의 다원적 기능을 상징적으로 보여 준다.
〈사진제공: 농민신문〉

## 4) 다원적 기능과 관련된 정책

우리나라의 다원적 기능과 관련된 정책은 선별적, 비생산 연계적으로 전환되고 있다. 이에 따라 다원적 기능을 보상함에 있어 가격지지나 시장개입에 의한 방식의 비중은 크게 줄어들고, 대신 각종 직접지불제에 대한 의존도가 커지고 있다. 가장 비중이 큰 쌀의 경우에도 가격지지제도 대신 공공비축제를 통한 수급조절과 논농업직불제 및 쌀소득보전직불제와 같은 직불제를 통해 그 소득이 유지되도록 하고 있다.

이와 함께 다원적 기능에 대한 직접보상을 목적으로 하는 선별적 정책으로 친환경농업 직불제, 조건불리지역 직불제, 친환경축산 직불제, 경관보전 직불제 등이 도입되고 있다.

친환경농업 직불제는 유기 · 전환유기, 무농약 · 저농약 등의 친환경 경작을 하는 농민에게 지불하는 직불제이고, 조건불리지역 직불제는 농업생산 및 정주 여건이 불리하고 침체된 농촌마을에 대해 지불하는 직불제로 가구당 최대 200만 원까지 지급되기 때문에 농가가 제공하는 다원적 기능에 대한 실질적 지원효과를 거둘 수 있는 직불제이다. 경관보전 직불제는 지자체와 농촌마을 간에 경관협약이 체결되고, 농지에 일반작물 대신 경관보전작물을 재배하는 경우 이로 인해 발생하는 추가비용 및 소득손실에 대해 보조금을 지급하는 제도이다(권오상, 2006).

[ 표2-1 다원적 기능의 가치 평가 연구 ]

| 연구자 | 분석대상 | 분석방법 | 분석결과(연간 가치) |
|--------|----------|----------|---------------------|
| 오세익 외 (1995) | 논의 환경보호기능 | 대체비용법 | · 홍수조절: 1,060억 원<br>· 수자원함양: 5,880억 원<br>· 수질정화: 4,980억 원<br>· 토양보존: 530억 원<br>· 폐기물처리: 390억 원<br>· 대기정화: 1조 8,620억 원<br>· 총 가치: 3조 1,460억 원 |
| 농촌진흥청 (2001) | 논의 환경보호기능 | 대체비용법 | · 홍수조절: 1조 5,198억 원<br>· 수몰방지효과: 73억 원<br>· 수자원함양: 1조 5,475억 원<br>· 수질정화: 2조 881억 원<br>· 토양보존: 9,012억 원<br>· 폐기물처리: 7,051억 원<br>· 대기정화: 2조 400억 원<br>· 여름철 냉방효과: 1조 4,853억 원 |

| 연구자 | 분석대상 | 분석방법 | 분석결과(연간 가치) |
|---|---|---|---|
| 농협중앙회 (1993) | 논의 환경보호기능 | 대체비용법 | · 홍수조절: 8,180억 원 · 수자원함양: 8,200억 원 |
| 오세익 외 (1995) | 쌀농업의 식량안보 및 환경보호 기능 | CVM | · 현재 국내 가격보다 15% 더 지불의사 있음 |
| 김종숙 · 민상기 (1994) | 다원적 기능의 총 가치 | CVM | · 다원적 기능 제고를 위한 농업부문 재정 지출을 현재보다 늘리는 데 대해 도시민 83.1% 찬성 |
| 박대식 · 김정호 (1999) | 다원적 기능의 총 가치 | CVM[16) | · 다원적 기능 제고를 위한 농업부문 재정 지출을 현재보다 늘리는 데 대해 도시민 80% 찬성 |
| 권오상 (2000) | 농지의 경관가치 | CRM[17) | · 농지 1km²당 경제적 가치가 가구당 44,400원으로 임야 가치보다 높음 |
| 오세익 외 (2001) | 다원적 기능의 총 가치 | CRM.CVM, 대체비용법 | · 6조 5,000억 원~10조 673억 원 |

출처: 권오상 외, 『농업 · 농촌의 이해』, 박영률출판사, 2006, p.420.

## 5) 농업 · 농촌의 가치와 역할

농업은 경제 및 산업적 측면뿐만 아니라 인간의 생활, 문화, 사회 및 자연적 특성 등 모든 측면과 연관돼 있다. 농업은 우리에게 식량 이외에 목재 등의 원재료를 제공함으로써 생활 및 생존에 필수적인 것을 공급한다.

농업은 또 산림, 호수, 늪지, 토양, 지하수와 같은 자연환경을 유지

---

16) CVM(Contingent Valuation Method · 가상가치평가법)은 비시장재의 시장이 실제로 존재하지 않으나 마치 존재하는 것처럼 인위적으로 가상시장을 설정하고 소비자에 대한 설문조사 또는 실험실적 조사를 통해 소비자에게 최대지불의사를 묻고 이를 기초로 해당 비시장재의 가치를 산출하는 방법이다.
17) CRM(Contingent Ranking Method)은 가상순위선택모형이라고 부른다.

하는 데 공헌해 왔다. 농업은 이처럼 농촌사회의 형성을 통해 자연과 인간 사이의 조화롭고 지속 가능한 상호 교류를 가능케 해 왔다(김성수 외, 2007).

농업의 이러한 가치와 역할에 대한 논의는 경제적인 측면에서뿐만 아니라 비경제적 기능, 즉 사회·문화적 기능을 포함한 다원적 기능으로 확대되면서 재조명되고 있다. 농림부와 농협(2002)은 농업·농촌에 대한 기능을 먹을거리 공급 기능, 홍수방지 및 환경보전 기능, 고유 전통문화를 계승·발전시키는 문화적 기능, 농촌 지역사회 유지 기능으로 소개하고 있다. 김진현(2001)은 산업적 기능과 공익적 기능으로 구분하고, 산업적 기능으로는 국민식량의 안정적 공급, 농촌인력의 고용 및 소득기회의 제공을, 공익적 기능으로는 국토자원의 보호와 환경보전, 지역사회의 유지와 전통문화보전을 제시하고 있다. 구로야나기 토시오(2001)는 농업·농촌의 가치와 기능을 사용가치와 비사용가치로 구분하고, 비사용가치는 옵션가치·유증가치·존재가치로 구분하고 있다(김성수 외, 2007에서 재인용).

오세익 등(2004)은 이러한 농업의 다원적 가치를 연간 28조 3,700억 원 내외로 추산했다. 구체적으로 대기정화 5조 5,889억 원, 지하수 함양 4조 1,572억 원, 농촌경관 4조 316억 원, 홍수예방 2조 2,814억 원, 수질정화 2조 1,910억 원, 정서함양 2조 1,514억 원, 지역균형발전 1조 6,676억 원, 전통문화 1조 6,093억 원 등이다. 이는 농업 GDP의 1.4배, 재배업 GDP의 1.7배에 달하는 것으로, 농업의 경제외적 효과가 경제적 효과보다 훨씬 크다는 점을 의미한다.

그렇다면 우리나라 사람들이 농업과 농촌에 기대하는 역할은 무엇일까? 대내외 여건이 빠르게 변화하는 상황을 반영해 앞으로 농업·농촌이 담당해야 할 기능과 역할에 대한 국민의식 조사 내용을 요약하면 다음과 같다.

농협중앙회 조사부(1997)가 도시 성인남녀 1,044명을 대상으로 농업·농촌 역할에 대해 전화조사 한 결과에 의하면, 농업과 농촌이 담당해야 할 중요한 기능으로 국민 식량공급, 국토균형발전, 자연환경보전 등의 순서로 응답했다. 한국농촌경제연구원(1999)이 전국의 성인남녀 1,000명을 대상으로 농업과 농촌의 역할에 관한 여론조사를 실시한 결과, 농업·농촌의 국민적 역할에 대해 식량안보, 자연환경보전, 국토균형발전 등을 중요하게 생각했으며, 특히 대부분 국민이 식량안보의 중요성을 이해하고 있음을 확인했다. 또한 미래 농업·농촌에 기대되는 역할에 대해서는 식량 안정공급(37%), 자연환경보전(21%), 국토균형발전(14%), 전원생활 공간(13%), 전통문화 계승(11%), 관광과 휴식의 장(3%) 등의 순으로 나타났다(김성수 외, 2007에서 재인용).

농촌진흥청 농촌자원개발연구소(2000)의 연구에 의하면 농촌의 공익적 기능 10대 순위는 식량생산, 아름다운 자연경관 제공, 대기정화, 홍수조절 및 지하수 함양, 생태계 유지, 그린벨트 효과, 정서·심리적 안정감, 토사유출 방지, 환경교육의 장, 농토조성의 기능으로 분석됐다. 이처럼 농업·농촌에 거는 국민의 기대는 농업의 기본적 기능인

식량공급뿐만 아니라 환경보전, 홍수조절, 전통문화 계승, 심리적 안정감 제공 등 다양한 다원적 기능에 대한 기대가 높은 것으로 나타났다(김성수 외, 2007에서 재인용).

또 농촌정보문화센터가 2008년 도시민·농업인 등을 대상으로 농업·농촌에 대한 인식 및 태도 등을 조사한 결과, '농업·농촌의 다원적 가치'를 인지하는 비율은 도시민이 6%, 농업인이 3.2%로 대부분 인지하지 못하고 있었다. 농업·농촌의 이미지에 대해서는 도시민은 '도시에 비해 주거환경이 열악한 곳'(22.4%), '인정이 풍부하고 전통적인 풍속이 남아 있는 곳'(21.8%), '자연과 전원풍경이 보전되고 휴양에 도움이 되는 곳'(16.7%), '조용하고 전원생활을 할 수 있는 곳'(16.6%) 등 주거환경은 열악하지만 전통, 자연, 조용함 등 문화적인 환경에 관한 사항이 높았다. 농축산물 구매 시 도시민이 고려하는 요소는 생산지, 품질(맛), 안전성 등의 순이었다. 국가경제에서 농업이 차지하는 중요성에 대해 도시민(72.6%)과 농업인(66.6%) 모두 '지금까지 중요했고, 앞으로도 중요할 것'이라고 인식하고 있었다. 도시민은 관심을 갖고 있는 농업·농촌정책은 농산물소비분야(45.3%), 정주공간(18.2%), 농촌체험(13.1%), 농업환경(12.5%) 등이다.[18]

---

18) 농촌정보문화센터(2008), 「농업·농촌·농정홍보에 대한 국민의식 조사보고서」 p.4~5.

[ 표2-2 농업·농촌 역할에 대한 국민의식 ]

| 농협중앙회<br>조사부(1997년) | 한국농촌경제연구원<br>박대식·김정호(1999) | 농촌진흥청 농촌자원개발<br>연구소(2000) |
|---|---|---|
| · 국민 식량 공급(37.4%)<br>· 국토 균형 발전(27.3%)<br>· 자연 환경 보전(16.8%)<br>· 전통 문화 계승(5.5%)<br>· 전원생활 공간(4.7%)<br>· 타 산업에 노동력 공급(4.6%)<br>· 기타(2.3%) | · 식량 안전 공급(30.7%)<br>· 자연 환경 보전(24.1%)<br>· 국토 균형 발전(15.2%)<br>· 전원생활 공간(13.4%)<br>· 전통 문화 계승(8.7%)<br>· 관광과 휴식의 장(6.8%)<br>· 기타(0.7%) | · 식량생산<br>· 아름다운 자연경관 제공<br>· 대기 정화<br>· 홍수 조절 및 지하수 함양<br>· 생태계 유지<br>· 그린벨트 효과<br>· 정서·심리적 안정감<br>· 토사유출 방지<br>· 환경교육의 장<br>· 농토조성 기능 |

출처: 농협중앙회조사부(1997), "도시민의 농업·농촌에 대한 인식조사보고서", 한국농촌경제연구원(1999), "농업·농촌의 역할에 관한 국민의식 조사연구", 김성수 외(2007), 농업·농촌의 이해, 한국방송통신대학교 출판부, 30쪽에서 재인용.

이에 따라 김진현(2000)은 미래의 농업은 산업에서 차지하는 비중은 감소하겠지만, 사회 공동체 삶에 대한 총체적인 기여라는 측면에서 보면 그 가치는 커질 것이며, 이러한 패러다임의 전환 속에서 한국농업은 다음과 같은 비전을 가지고 발전해야 한다고 밝혔다.

첫째, 값싸고 질 좋은 국민식량을 안정적으로 안전하게(safe and secure) 공급하는 생명산업으로 발전해야 한다. 둘째, 국토환경을 아름답고 안전하게 보전하는 역할을 담당해야 한다. 셋째, 역도시화 현상을 수용할 수 있는 기능을 농촌이 중심이 되어 담당해야 한다. 넷째, 지속적으로 국민경제 성장과 안정에 기여하는 역할을 해 나가야 한다. 다섯째, 농업 역시 미래지향적 지식산업으로 변모해 나가야 한다.

## 6) 논이 없어질 때의 문제점

역으로 논이 논 구실을 하지 않으면 어떤 문제가 발생할까? 엄기철 (1995)은 논은 천연적인 만능댐 기능으로 홍수 조절 능력, 지하수 함양, 여름철 고온기 대기 냉방 효과 등이 있고, 환경보전 기능으로 토양 유실 방지, 수질·대기 정화 기능이 있고, 생태계 보존 기능으로 자연경관 유지 효과, 농약과 비료 공해의 감소 효과 등뿐만 아니라 토양산성화 완화 기능, 천연제초제 기능 등을 갖고 있다고 분석했다. 따라서 이러한 논이 없어지는 경우를 벼농사를 짓지 않고 그냥 내버려 두는 경우와 공업시설 등의 용도로 바뀌는 경우로 나눠 살펴보았다. 논을 그대로 내버려 두는 경우에는 홍수 조절 능력이 거의 없어질 것이며, 지하수 함양 기능을 잃게 돼 지하수 부족 문제를 불러오고, 여름철 논의 대기 냉방 효과를 상실하게 될 것이다. 또 논을 밭으로 바꾼다면 홍수 조절 기능, 지하수 함양 기능, 질소의 지하수 오염 방지 기능, 수질 정화 기능 등이 거의 없어진다는 것이다(엄기철, 1995).

농업커뮤니케이션
어떻게 할 것인가

# 언론과 언론산업에
## 대한 이해

언론산업은 이제 개별산업으로 논의될 만큼 성장했다. 특히 언론산업은 기술 발달로 그 영역
도 확장되고 있다. 언론산업의 범위는 크게 신문, 방송, 인터넷신문 등이다.
커뮤니케이션은 신문·방송 등 언론을 통해 주로 이뤄진다. 따라서 농업·농촌의 원활한
커뮤니케이션을 위해서는 언론과 언론산업에 관한 이해가 필요하다. 언론의 종류에는 무엇
이 있고, 언론산업을 둘러싼 환경은 어떻게 변하고 있는지를 알 필요가 있다.

## 1. 신문산업의 역사

전통적인 매체인 종이를 기반으로 하는 신문저널리즘은 18세기 태동
기와 19세기 도약기 및 20세기 성숙기 등을 거쳐 현재에 이르고 있다.
우리나라에서 최초로 신문을 발행한 주체는 정부였다. 고종의 명으로
통리아문 박문국에서 1883년 한성순보를 낸 것이 시초다.

정부는 한성순보를 1년여간 발행하다 갑신정변 직후 종간했다. 그 뒤
한성주보를 내다 재정난으로 발행을 포기했다. 이후 조정에서는 관보
를 발행하다 1910년 8월에 폐간했다. 정부가 신문사업에서 손을 뗀 후
1896년 서재필 선생이 미국에서 돌아와 독립신문을 발행했다.

독립신문의 뒤를 이어 신지식층에 의해 여러 신문이 등장했다. 황성

신문, 제국신문, 대한매일신보 등이 대표적이다. 1919년에는 동아일보와 조선일보 발행을 허가한 이후 이들 신문이 총독부와 대립하고 또는 협조하면서 우리 사회의 주된 언로(言路)를 형성한 1940년까지를 민영신문의 활동기, 그리고 1940년 총독부가 서울의 민영지를 모두 폐간시킨 이후 1945년까지를 민영지 소멸기로 규정할 수 있다.[19]

우리나라의 신문산업은 정부의 개입과 통제, 특혜로 정상적으로 성장·발전하지 못했다는 지적이다. 신문의 정치적 기능 때문에 역대 정권은 신문시장에 자율성을 부여하지 않았던 것이다. 이러한 정부의 통제가 신문기업에게는 특혜로 변질됐다. 1960년대 이후부터 1980년대 말까지 한국의 신문기업은 정부의 규제와 보호 속에서 급성장할 수 있었다. 이는 교육 수준 향상, 급속한 경제성장, 교통과 통신 발전, 인구도시 집중 등으로 신문에 대한 수요가 크게 늘었기 때문이다. 그러나 1980년대 후반 들어 한국 신문시장에도 정부의 규제가 완화되면서 양상이 달라지기 시작했다. 신문사의 숫자가 크게 늘어나 경쟁은 치열해졌지만 신문시장 수요는 예전처럼 크게 늘어나지 않았기 때문이다.

방송시장 팽창은 신문 광고시장을 위협했고 인터넷 보편화도 영향을 주고 있다. 특히 IMF(국제통화기금) 경제위기를 맞아 한국의 신문산업은 역사상 유례없는 시장위축을 경험해야 했다. 2000년대 들어서도

19) 김민환, 『한국언론사』, 나남출판, 2004년, p.106~109.
20) 장호순 외, 『신문의 위기?-진단과 처방』, 한국언론재단, 2003년, p.32.

한국의 신문산업은 부진을 면치 못하고 있다. 지난 10년 동안 과당경쟁으로 인해 신문사들의 경영 및 재무상태가 매우 부실해졌기 때문이다.[20]


## 2. 신문 및 정기 간행물

신문은 인간과 사회에 독특하고 소중한 가치를 지닌다. 신문은 인간사회를 구성하는 요소들 사이에 의미와 관계에 관한 심층정보를 담아내는 능력을 통해 민주적 공동체를 형성하고 발전시켜 왔다. 특히 신문은 공동체 구성원의 '정보와 유대(information & network)'를 위한 중요한 관문으로 기능한다.


### 1) 신문 및 정기간행물의 개념

정기간행물은 일반적으로 신문, 잡지 등 정기적으로 발행되는 간행물을 포괄하는 개념이다. 법률상으로는 〈잡지 등 정기 간행물의 진흥에 관한 법률(잡지법)〉에 따른 잡지, 정보 간행물, 전자 간행물, 기타 간행물은 정기 간행물로 분류되고, 〈신문 등의 진흥에 관한 법률(신문법)〉에 따른 신문, 인터넷신문 및 인터넷뉴스서비스는 별도로 구분하고 있다.

신문법에서는 신문을 '정치·경제·사회·문화·산업·과학·종교·교육·체육 등 전체 분야 또는 특정 분야에 관한 보도·논평·여론 및 정보 등을 전파하기 위해 같은 명칭으로 월 2회 이상 발행하는 간행물'로 정의하고 있다.

언론학자들은 신문은 우리가 살아가는 환경 속에서 일어나고 있는 일들 가운데 중요하거나 흥미 있는 정보를 정확하고 신속하게 대중에게 전달하며 통찰력을 가지고 중요한 공공의 관심사에 관해 논평과 해설을 제공하는 인쇄매체라고 정의한다(유재천 외, 2004).

또 인터넷신문은 '컴퓨터 등 정보처리능력을 가진 장치와 통신망을 이용하여 정치·경제·사회·문화 등에 관한 보도·논평·여론 및 정보 등을 전파하기 위하여 간행하는 전자 간행물로 독자적 기사 생산과 지속적으로 발행하는 것'으로 정의하고 있다.

이와 함께 인터넷뉴스서비스는 '신문, 인터넷신문, 〈뉴스통신진흥에 관한 법률〉에 따른 뉴스통신, 〈방송법〉에 따른 방송 및 〈잡지 등 정기간행물의 진흥에 관한 법률〉에 따른 잡지 등의 기사를 인터넷을 통해 계속적으로 제공하거나 매개하는 전자 간행물'로 정의하고 있다.

## 2) 신문의 종류

신문은 종별에 따라 일반신문과 특수신문으로, 발행주기에 따라 일간과 주간으로 구분된다. 이를 세분화하면 일반일간신문, 특수일간신문, 일반주간신문, 특수주간신문으로 구분된다.

(1) 일간신문

① 일반일간신문

일반일간신문은 '정치 · 경제 · 사회 · 문화 · 산업 · 과학 · 종교 · 교육 · 체육 등에 관한 보도 · 논평 및 여론 등을 전파하기 위해 매일(격일 또는 주 3회 이상 발행 포함) 발행하는 간행물'이다. 일반적으로 종합일간지를 의미한다. 종합일간지는 전국종합일간신문과 지역종합일간신문 등으로 분류된다.

② 특수일간신문

특수일간신문은 '산업 · 과학 · 종교 · 교육 또는 체육 등 특정 분야(정치 제외)에 국한된 사항의 보도 · 논평 및 여론을 전파하기 위하여 매일(격일 또는 주 3회 이상 발행 포함) 발행하는 간행물'이다. 경제지, 스포츠지, 소년 · 학생지, 농민, 전자, 무역, 건설, 환경 등 특정 분야를 전문적으로 다루는 일간신문 등이 있다. 경제일간신문과 스포츠일간신문 등을 들 수 있다.


(2) 주간신문

① 일반주간신문

일반주간신문은 '정치 · 경제 · 사회 · 문화 등에 관한 보도 · 논평 및 여론 등을 전파하기 위하여 매주 1회(주 2회 또는 월 2회 이상 발행 포함) 발행하는 정기 간행물'이다. 여기에는 종합일간지가 자매지로 발행하는 〈시사주간지〉와 주말을 전후해 발행되는 타블로이드판 〈주간신문〉 등이 있다.

② 특수주간신문

특수주간신문은 '산업·과학·종교·교육 또는 체육 등 특정 분야(정치 제외)에 국한된 사항의 보도·논평 및 여론을 전파하기 위하여 매주 1회(주 2회 또는 월 2회 이상 발행 포함) 발행하는 간행물'이다. 여기에는 농업을 주요 콘텐츠로 하는 전문신문을 비롯해 의학·종교·교육계의 전문신문 등과 특정지역을 대상으로 하는 지역신문이 주종을 이루고 있다.

[ 표3-1 신문산업 분류체계 ]

| 대분류 | 중분류 | 소분류 |
|---|---|---|
| 종이신문 | 일간신문 | 전국종합일간신문 |
| | | 지역종합일간신문 |
| | | 경제일간신문 |
| | | 스포츠일간신문 |
| | | 외국어일간신문 |
| | | 기타전문일간신문 |
| | | 무료일간신문 |
| | 주간신문 | 전국종합주간신문 |
| | | 지역종합주간신문 |
| | | 전문주간신문 |
| 인터넷신문 | 인터넷종합신문 | 인터넷종합신문 |
| | 인터넷지역신문 | 인터넷지역신문 |
| | 인터넷전문신문 | 인터넷전문신문 |
| 뉴스통신 | 뉴스통신 | 뉴스통신 |

출처: 한국언론진흥재단, 『2010 신문산업 실태조사』, 2010, p.16.

## (3) 인터넷신문

신문법상 인터넷신문은 '컴퓨터 등 정보처리능력을 가진 장치와 통신망을 이용하여 정치 · 경제 · 사회 · 문화 · 시사 등에 관한 보도 · 논평 및 여론 · 정보 등을 전파하기 위해 간행하는 전자 간행물'로 정의하고 있다.

이러한 인터넷신문은 △독자적인 취재인력 2인 이상을 포함해 취재 및 편집 인력을 3인 이상 상시적으로 고용하고 △주간 게재 기사 건수의 100분의 30 이상을 자체적으로 생산한 기사로 게재하여 독자적인 기사 생산 요건을 갖추고 △주간 단위로 새로운 기사 게재 등의 지속적인 발행 요건을 충족하여야 한다.

다만 신문사업자, 잡지 또는 기타 간행물을 발행하는 자 및 뉴스통신 사업자의 계열회사는 각 사업자가 생산하는 기사를 인터넷을 통하여 일반에 제공하는 경우에는 자체적으로 생산한 기사가 100분의 30 미만인 경우에도 이 기준을 충족한 것으로 본다.

## (4) 인터넷뉴스서비스

인터넷뉴스서비스는 신문, 인터넷신문, 〈뉴스통신진흥에 관한 법률〉에 따른 뉴스통신, 〈방송법〉에 따른 방송 및 〈잡지 등 정기 간행물의 진흥에 관한 법률〉에 따른 잡지 등의 기사를 인터넷을 통하여 계속적으로 제공하거나 매개하는 전자 간행물이다.

## 3. 신문산업의 현황

한국에서 발행되는 일간신문에 관한 종합적 등록현황을 중심으로 신문현황을 살펴본다.

### 1) 정기간행물 등록현황

문화체육관광부의 정기 간행물 등록현황에 따르면 등록된 정기 간행물은 2003년 7,168개에서 2007년은 1만 304개로 1만 개를 돌파했고, 2010년 1만 2,081개, 2011년 1만 2,822개이다. 2010년 말을 기준으로 정기 간행물 가운데 일간신문이 673개이고, 통신사는 연합뉴스 · 뉴시스 등 5개이다.

정기 간행물 등록현황을 살펴보면, 1998년에 비해 1999년에는 현격하게 감소한 사실을 알 수 있다. 이는 1997년 시작된 IMF 위기가 10% 이상 정기 간행물을 퇴출시킨 결과로 분석된다. 그렇지만 2000년부터는 다시 늘기 시작했다.

[ 표3-2 정기 간행물 등록현황(2010년 12월 30일 기준) ]

| 구분 | 일간신문 | 통신 | 기타일간 | 주간 | 월간 | 격월간 | 계간 | 연2회 | 인터넷신문 | 총계 |
|---|---|---|---|---|---|---|---|---|---|---|
| 계 | 673 | 5 | 4 | 2,868 | 3,936 | 542 | 1,161 | 408 | 2,484 | 12,081 |

출처: 문화체육관광부(2010), 정기 간행물 현황.

## 2) 일간신문 현황

2010년을 기준으로 등록된 일간신문은 673개이다. 이 가운데 서울시에 등록된 일간신문이 224개로 가장 많고, 경기 140개, 경남 43개, 광주 31개 등이다. 또 2007년 4월을 기준으로 문화체육관광부가 공개한 일반일간신문의 등록 현황은 〈표3-3〉과 같다.

[ 표3-3 전국 일반일간신문 등록현황[21] ]

(2007년 4월 기준)

| 등록관청 | 매체명 | 계 |
|---|---|---|
| 문화<br>체육<br>관광부 | 경향신문, 동아일보, 서울신문, 조선일보, 한국일보, 중앙일보, 매일경제, 일간스포츠, 한겨레, 세계일보, 국민일보, 문화일보, 수도권일보, 환경일보, 현대일보, 내외대한뉴스, 전국매일, 목포일보, 시대일보, 내일신문, 아시아일보, 메트로, 경기도민일보, 더데일리포커스, 신아일보, 에이엠세븐, 굿모닝서울, 제주타임스, 투데이뉴스, 국법일보, 매일노동뉴스, 국민복지일보, 한반도일보, 무궁화일보, 통일일보, 시사법률일보, 내외일보, 한국경제, 한국국정일보, 일간투데이, 선경일보, 한국매일, 민주일보, 전국일보, 환경시사일보, 수도권신문, 광선일보, 서울일보, 더씨티, 국제일보 | 50 |
| 서울 | 시민일보, 해공일보, 극동경제, 데일리줌, 유티피플, 데일리노컷뉴스, 민족일보, 서울매일신문 | 8 |
| 부산 | 부산일보, 국제신문 | 2 |
| 대구 | 매일신문, 영남일보, 대구신문, 대구일보, 신라일보 | 5 |
| 인천 | 기호일보, 인천일보, 우리일보, 인천신문, 씨티타임즈, 한양일보, 경도신문, 행정일보 | 8 |
| 광주 | 광주일보, 전남매일, 남도일보, 대한매일신문, 대한일보, 광주매일신문, 광주드림, 전남일보, 무등일보, 광남일보, 호남일보, 호남매일, 전남도민일보 | 13 |
| 대전 | 대전일보, 충청투데이, 중도일보, 충남일보, 충남도민일보, 충청신문, 미래일보, 중앙매일, 대전매일, 대전투데이, 서해일보, 세종투데이, 세종일보, 세종매일신문 | 14 |

21) 문화체육관광부, 전국 일간신문 등록 현황, 2007년.

| 울산 | 경상일보, 울산매일, 울산일보, 울산신문, 광역일보 | 5 |
|---|---|---|
| 경기 | 굿모닝일보, 경인일보, 경기일보, 중부일보, 경기신문, 충청도민일보, 평화일보, 일간경기, 경기매일, 경인매일, 양평엔, 수도일보, 서울경기일보, 오늘신문, 경기머니투데이 | 15 |
| 강원 | 강원도민일보, 강원매일, 강원일보 | 3 |
| 충북 | 충청일보, 중부매일, 동양일보, 충청매일, 충북일보, 새충청일보, 충청도민신문, 충청세종일보 | 8 |
| 충남 | | 0 |
| 전북 | 전북일보, 전북도민일보, 전라일보, 새전북신문, 전북매일신문, 전북중앙신문, 전북일간, 전민일보, 전주일보, 전북연합신문, 전북대중일보 | 11 |
| 전남 | 전광일보, 동부사랑방신문, 일간신문 교차로 | 3 |
| 경북 | 경북매일신문, 경북일보, 경북도민일보, 일간경북신문, 대경일보, 경상매일신문, 경북문화일보 | 7 |
| 경남 | 경남도민일보, 경남매일, 경남신문, 경남일보, 조간경남, 뉴스플러스경남 | 6 |
| 제주 | 제주일보, 한라일보, 제민일보 | 3 |
| 합계 | | 161 |

출처: 문화체육관광부, 2007년 4월 현재 전국일간신문 등록현황


이보다 앞선 2001년을 기준으로 한 일반일간신문 현황은 〈표3-4〉와 같다.

[ 표3-4 일반일간신문 현황[22] ]

(2001년 11월 기준)

| 지역별(계) | 매체명 |
|---|---|
| 서울(21) | 조선일보, 동아일보, 중앙일보, 한국일보, 경향신문, 대한매일, 한겨레, 세계일보, 국민일보, 문화일보, 대한일보, 코리아리빙(무가), 현대일보, 노동일보, 펜그리고자유, 내외대한뉴스, 내일신문, 벼룩일보, 신하일보, 한국자치일보, 굿데이 |
| 부산(2) | 부산일보, 국제신문 |
| 대구(5) | 매일신문, 영남일보, 대구신문, 경북도민일보, 대구일보 |
| 인천(3) | 인천일보, 기호일보, 경도일보 |
| 광주(9) | 광주일보, 전남일보, 무등일보, 광주매일, 전남매일, 호남신문, 광주타임즈, 호남매일, 호남일보 |
| 대전(4) | 대전일보, 중도일보, 국도일보, 충남일보 |
| 울산(4) | 경상일보, 울산매일, 울산일보, 울산광역일보 |
| 경기(11) | 경인일보, 경기일보, 중부일보, 경인매일, 수도권일보, 일간전국매일, 고려일보, 시대일보, 조국일보, 서울일보, 경기매일 |
| 강원(2) | 강원일보, 강원도민일보 |
| 충북(4) | 충청일보, 중부매일, 동양일보, 한빛일보 |
| 충남(0) | |
| 전북(6) | 전북일보, 전북도민일보, 전북매일, 전주일보, 전북제일신문, 새전북신문 |
| 전남(2) | 전광일보, 목포일보 |
| 경북(2) | 경북매일,경북일보 |
| 경남(5) | 경남신문, 경남일보, 가야일보, 경남도민일보, 신경남매일 |
| 제주(3) | 제주일보, 한라일보, 제민일보 |

출처: 문화관광부 통계자료.

특수일간신문 분야에서는 최근 몇 년 동안 금융과 정보통신 분야의 신

〰〰〰〰〰〰
22) 문화관광부(2001), 『한국신문산업의 지표 및 통계자료 조사연구』, p.21.

문 증가가 두드러지고 있다. 머니투데이, 디지털타임스 등 새로운 신문들은 특히 인터넷을 이용한 온라인 서비스 분야를 적극 활용하는 공통점을 보이고 있다.

〈표3-5〉는 2007년 4월 현재를 기준으로 등록된 특수일간신문의 현황이다.

[ 표3-5 특수일간신문 현황 ]

(2007년 4월 기준)

| 등록관청 | 매체명 | 계 |
|---|---|---|
| 서울 | 소년한국일보, 소년조선일보, 어린이동아, 스포츠서울, 서울경제, 헤럴드경제, 무역일보, 일간건설신문, 전자신문, 일간보사, 스포츠조선, 농민신문, GGAuction, 파이낸셜뉴스, 디지털타임스, 파이낸셜데일리, 한국경찰일보, 머니투데이, 스포츠한국, 스포츠칸, HK환경일보, 건설일보, 매일환경일보, 데일리스포츠월드, 한국건설일보, 식품의약일보, 스포츠서울PLUS, 법률경찰일보, 일간한국검찰, 에너지일보, 아시아경제, 일간한국경찰 | 32 |
| 부산 | 부산경제신문, 브이타임즈 | 2 |
| 계 | | 34 |

출처 : 문화체육관광부 통계자료.

이에 앞서 2001년 11월을 기준으로 특수일간신문의 현황은 〈표3-6〉과 같다.

[ 표3-6 특수일간신문 현황[23] ]

(2001년 11월 기준)

| 분야별 | 매 체 명 |
|---|---|
| 경제지 | 한국경제, 매일경제, 서울경제, 내외경제신문, 제일경제, 파이낸셜뉴스, 파이낸셜데일리, 머니투데이 |

---

23) 문화관광부, 「한국신문산업의 지표 및 통계자료 조사연구」, 2003년, p.22.

| 스포츠지 | 일간스포츠, 스포츠서울, 스포츠조선, 스포츠투데이 |
| --- | --- |
| 소년지 | 소년동아일보, 소년한국일보, 소년조선일보, 소년대구일보, 소년한라일보, 학생경북일보 |
| 특수지 | 전자신문, 농민신문, 무역일보, 일간건설, 일간보사, 환경일보, 법률일보, 민주경찰일보, 계약경제일보, 입찰일보, 식품일보, 디지털타임스, 아이티데일리, 한국경찰일보 |

출처: 문화관광부 통계자료.

이와 함께 2007년 4월을 기준으로 서울시에 등록된 외국어 일간지는 AWSJ, INTERNATIONAL Herald Tribune, FINANCIAL TIMES, JoongAng Daily, KOREA TIMES, 인민일보 해외판, KOREA HERALD, 韓中日報 등 8개이다(문화체육관광부, 2007년 전국 일간신문 등록현황).

## 3) 통신사, 인터넷신문, 지역신문 현황

기존의 연합뉴스 외에 뉴시스사가 공식 등록함으로써 통신사 부문이 경쟁체제로 전환됐다. 1980년 언론통폐합 후 20여 년 만에 복수통신 체제로 복귀했음을 의미한다.

인터넷신문은 꾸준히 증가하고 있다. 모든 신문이 온라인 서비스를 제공하고 있지는 않지만 거의 대부분 신문들이 온라인 서비스에 참여하고 있다.

지역신문은 대체로 시군 단위, 구 단위에서 주간으로 발행되는 소규모 신문이다. 옥천신문, 군포신문 등이 대표적이다.

이영호 한국지역신문협회 부회장(군포신문사 사장)은 "2012년 8월 현재 한국지역신문협회 회원사로 가입된 지역신문은 153개사"라고 밝혔다.

[ 표3-7 지역신문발전기금 연도별 집행내역 ]

| 연도 | 국고지원금 | 총 집행내역 |
|---|---|---|
| 2005년 | 250억 원 | 253억 4,500만 원 |
| 2006년 | 250억 원 | 443억 4,900만 원 |
| 2007년 | 200억 원 | 543억 8,000만 원 |
| 2008년 | 150억 원 | 593억 3,200만 원 |
| 2009년 | 50억 원 | 512억 3,300만 원 |
| 2010년 | 0원 | 395억 8,000만 원 |
| 2011년 | 40억 원 | 355억 1,600만 원 |
| 2012년 | 0원 | 141억 원(7월 현재) |

출처: 민주통합당 배재정의원실. 한국기자협회보 2012년 8월 16일자 재인용.

## 4) 신문 발행부수

발행부수는 신문인쇄 시 윤전기에서 발생되는 손실분인 파지를 제외한 배달 및 판매 가능한 부수이고, 유료부수는 지국 및 가판업자가 구독자에게 판매한 부수를 말한다. 한국ABC협회는 2011년 12월 29일 전국 153개 일간신문사의 2010년도 발행부수와 유료부수를 발표했다.

이 자료에 따르면 전국일간지 44개지의 발행부수 순위는 조선일보, 중앙일보, 동아일보, 매일경제신문, 한국경제신문, 스포츠조선, 국민일보, 농민신문, 한국일보, 한겨레신문, 경향신문 등으로 나타났다.

발행부수가 100만 부를 넘은 신문은 조선일보 · 중앙일보 · 동아일보이며, 20만 부에서 100만 부 미만의 발행부수를 인증받은 신문은 매일경제신문 · 한국경제신문 · 스포츠조선 · 국민일보 · 농민신문 · 한국일보 · 한겨레신문 · 경향신문 · 일간스포츠 · 스포츠서울 등이다.

[ 표3-8 전국 주요 일간지의 발행부수 인증 현황(기준 2010년) ]

| 발행부수 순위 | 매체명 | 발행부수 |
|---|---|---|
| 1 | 조선일보 | 1,810,112 |
| 2 | 중앙일보 | 1,310,493 |
| 3 | 동아일보 | 1,248,503 |
| 4 | 매일경제 | 881,317 |
| 5 | 한국경제 | 503,525 |
| 6 | 스포츠조선 | 331,965 |
| 7 | 국민일보 | 295,932 |
| 8 | 농민신문 | 292,728 |
| 9 | 한국일보 | 286,684 |
| 10 | 한겨레신문 | 283,143 |
| 11 | 경향신문 | 266,794 |
| 12 | 일간스포츠 | 259,566 |
| 13 | 스포츠서울 | 224,479 |
| 14 | 스포츠동아 | 187,255 |
| 15 | 서울신문 | 172,130 |
| 16 | 문화일보 | 168,607 |
| 17 | 스포츠경향 | 98,122 |
| 18 | 세계일보 | 83,408 |
| 19 | 서울경제 | 80,446 |
| 20 | 머니투데이 | 75,207 |

출처: 한국ABC협회 2011년 12월 29일 발표 보도자료.

유료부수의 순위는 발행부수와 차이가 있다. 전국 일간지 44개지의 유료부수 순위는 조선일보, 중앙일보, 동아일보, 매일경제신문, 한국경제신문, 농민신문, 스포츠조선, 한겨레신문, 국민일보, 한국일보, 경향신문 등의 순이었다. 특히 농민신문은 발행부수 면에서 8위였지만 유료부수에서는 6위를 기록했다.

[표3-9 전국 주요 일간지의 유료부수 인증 현황(기준 2010년) ]

| 유료부수 순위 | 매체명 | 유료부수 |
|---|---|---|
| 1 | 조선일보 | 1,392,547 |
| 2 | 중앙일보 | 983,049 |
| 3 | 동아일보 | 866,665 |
| 4 | 매일경제 | 621,974 |
| 5 | 한국경제 | 394,340 |
| 6 | 농민신문 | 286,523 |
| 7 | 스포츠조선 | 267,998 |
| 8 | 한겨레신문 | 225,102 |
| 9 | 국민일보 | 211,632 |
| 10 | 한국일보 | 203,752 |
| 11 | 경향신문 | 200,158 |

출처: 한국ABC협회 2011년 12월 29일 발표 보도자료.

이보다 앞선 2002년도에 한국ABC협회가 발행부수를 인증한 조선일보 등 3대 일간신문사의 발행부수 합계는 648만 889부였다.[24] 지난 2001년 한국광고주협회가 1만 가구를 대상으로 실시한 인쇄매체수용

24) 장호순 외, 『신문의 위기?—진단과 처방』, 한국언론재단, 2003년, p.34.

자조사에서 조선일보 등 3대 신문을 구독하는 가구는 전체 가구의 47%, 신문 구독 가구 중 72%를 차지했다. 2001년 광고주협회 조사에 나타난 비율로 2002년 가정배달 신문발행부수를 추산할 경우, 한국신문의 총 발행부수는 899만 부다. 한편 세계신문협회가 추산한 2002년도 한국의 신문 발행부수는 1,137만 부였다.

## 5) 언론산업 종사자 수

한국언론진흥재단에 따르면, 2010년 언론산업 종사자 수는 2009년보다 3.4% 증가한 4만 9,544명으로 조사됐다. 매체별로는 종이신문산업 종사자가 2만 5,856명으로 2009년의 2만 5,819명에 비해 약간 증가했다. 방송산업 종사자도 1만 3,974명으로 2009년의 1만 3,896명보다 조금 늘었다. 인터넷신문 종사자는 8,823명으로 2009년 7,300명보다 20.9% 증가했다.

일간신문 종사자는 전체 언론산업에서 33.4%를 차지하며, 2008년 1만 6,942명, 2009년 1만 6,973명, 2010년 1만 6,563명으로 전체적으로 소폭 감소하는 추세다.[25]

이에 앞서 지난 2003년에 신문산업 종사자 수는 1만 4,849명으로 2002년에 비해 290명이 감소했다. 이는 1998년 1만 7,301명에 비해 14%인 2,452명이 감소한 수치다.[26]

25) 한국언론흥재단, 「한국언론연감 2011」, p.110.
26) 장호순 외, 「신문의 위기?―진단과 처방」, 한국언론재단, 2003년, p.34~35.

[ 표3-10 언론산업 종사자 수 변화 ]

| 구분 | | 2008년 | 2009년 | 2010년 |
|---|---|---|---|---|
| 종이<br>신문 | 일간신문 | 16,942 | 16,937 | 16,563 |
| | 주간신문 | 2,722 | 8,882 | 9,293 |
| | 종이신문 계 | 19,664 | 25,819 | 25,856 |
| 방송 | | 14,972 | 13,896 | 13,974 |
| 인터넷신문 | | 6,988 | 7,300 | 8,823 |

출처 : 한국언론진흥재단(2011), 「한국언론연감 2011」

언론종사자와 관련, 언론의 독립성과 다양성은 사상과 관점의 자유 경쟁을 통해 구성원 간의 합의와 자발적 협력을 이끌어 내기 위한 핵심적 전제조건이다. 복수의 다양하고 다원적인 미디어가 존재할 경우 참여민주주의는 더욱 활성화될 수 있고, 공개적인 토론을 통한 건전하고 합리적인 여론을 형성할 수 있기 때문이다.

따라서 다양한 관점과 의제를 공유하기 위해서는 계층, 교육수준, 문화, 지역, 젠더 등이 서로 다른 언론인이 필요하다. 지역편중, 학벌편중, 계층편중 현상을 시정할 수 있는 방안이 필요하며, 언론인 다양성 여부를 조사하고, 이를 언론지원과 연계시키는 방안을 찾아야 한다.[27]

## 6) 신문산업의 광고매출액

신문산업의 축소세는 광고매출액을 통해서도 나타난다. 1997년 2조

27) 한국언론진흥재단, 「한국신문의 미래전략: 디지털 시대의 건강한 뉴스 생태계를 위하여」, p.30.

1,261억 원에 달했던 신문광고비는 IMF 경제위기 이후 크게 축소됐다가 1999년 반등세에 들어섰으나 2002년은 1997년의 수준을 회복하지 못한 채 2조 200억 원에 머물렀다. 반면 전체 광고비는 2002년 4조 9,181억 원으로 IMF 경제위기 이전 수준을 회복했다. 늘어난 광고비는 TV 쪽으로 향했다.[28]

[ 표3-11 1997~2002년 4대 매체 광고비 추이 ]

(단위: 억 원)

| 구분 | 신문 | TV | 라디오 | 잡지 | 계 |
|------|------|------|--------|------|------|
| 1997년 | 21,261 | 15,477 | 2,134 | 2,130 | 41,182 |
| 1998년 | 13,437 | 10,261 | 1,372 | 1,024 | 26,095 |
| 1999년 | 18,055 | 14,921 | 1,751 | 1,300 | 36,027 |
| 2000년 | 21,214 | 20,687 | 2,504 | 1,633 | 46,038 |
| 2001년 | 16,393 | 19,537 | 2,372 | 1,563 | 39,865 |
| 2002년 | 20,200 | 24,394 | 2,780 | 1,807 | 49,181 |

출처: 제일기획, 「광고연감」 1998~2003년 종합. 장호순 외, 「신문의 위기? – 진단과 처방」 한국언론재단, 2003. 37쪽에서 재인용.

최근 들어서도 광고비 증가율은 TV와 라디오가 신문과 잡지를 앞지르고 있다. 2010년의 경우 지상파TV와 라디오는 2009년에 비해 15%나 성장했지만, 신문과 잡지는 각각 9.5%와 11.4%가 증가했기 때문이다.

TV광고비가 큰 폭으로 성장한 것은 대형 국제 스포츠 행사 개최에 따른 광고 수요 창출 외에도 2010년부터 실시된 간접광고와 가상광고 등

---

28) 장호순 외, 「신문의 위기?−진단과 처방」 한국언론재단, 2003년. p.34~38.

새로운 유형의 방송광고 판매가 플러스 요인으로 작용했기 때문이다.

2010년의 경우는 신문광고비도 다른 해에 비해 대폭 증가했는데, 이는 신문의 주요 광고업종인 금융 · 가전 · 정보통신 · 자동차 업종이 광고를 많이 집행했기 때문으로 나타났다.[29]

[ 표3-12  2008~2011년 4대 매체 광고비 추이 ]

(단위: 억 원)

| 구분 | TV | 신문 | 잡지 | 라디오 | 계 |
|------|------|------|------|--------|------|
| 2008년 | 18,997 | 16,581 | 4,804 | 2,769 | 43,151 |
| 2009년 | 16,709 | 15,007 | 4,388 | 2,231 | 38,335 |
| 2010년 | 19,307 | 16,438 | 4,889 | 2,565 | 43,199 |
| 2011년 | 20,775 | 16,753 | 5,142 | 2,604 | 45,274 |

출처: 제일기획 홈페이지(www.cheil.co.kr). 국내 4대 매체 광고시장 현황.

기업별 광고비 순위를 보면 주요 광고주를 알 수 있다. 2010년의 경우 삼성전자가 전년에 이어 1위 자리를 고수했고, KT도 광고비 지출 비중이 증가세를 타고 경쟁사인 SK텔레콤보다 약간 많았다. 기아자동차의 경우 신차 출시 영향으로 광고비 순위가 상승했다. 광고비 상위 브랜드는 주로 이동통신서비스와 단말기 중심의 광고, 기업PR 광고가 주류를 이뤘다.[30]

신문이 광고매체로 갖는 장점을 극대화할 필요가 있다. 신문이 광고

29) 한국언론진흥재단, 「한국언론연감2011」, p.50.
30) 한국언론진흥재단, 「한국언론연감2011」, p.52.

매체로 갖는 경쟁력이나 수월성은 다매체 다플랫폼 시대에도 여전하고, 건강한 민주사회를 유지하고 발전시키는 데 필수적인 사회기반 미디어일 뿐만 아니라 기업 입장에서도 필수불가결한 마케팅 기능을 수행하기 때문이다.

특히 텍스트 매체인 신문은 소비자구매행동에서도 고유한 기능을 수행한다. 소비자 행동은 이성, 감성, 감정 등의 차원이 종합된 결과이며, 신문은 이성적인 측면이 주로 소구하는 매체로 정보제공형 광고에 적합한 매체이다. 따라서 신문광고시장의 비합리성, 불투명성을 개선하고, 신문미디어가 광고매체로서 지닌 장점을 현실화하기 위한 적절한 노력이 뒷받침될 때 신문광고는 경쟁력을 유지할 수 있을 뿐만 아니라 신문산업 위기 극복의 기반으로 작용할 수 있을 것이다.

## 7) 전국종합일간신문의 경영현황

한국언론진흥재단의『2012 신문사 재무분석』에 따르면, 2011년 기준 11개 전국종합일간지는 전년 대비 매출이 5.1% 성장한 1조 6,050억 원을 달성했다. 전년 대비 성장률로만 따진다면 중앙일보(15.2%), 경향신문(14.3%), 세계일보(8.7%), 내일신문(7.6%), 동아일보(5.5%) 순이었다.

2011년 기준 매출액 1위는 3,830억 원으로 중앙일보가 차지했고, 그 뒤를 조선일보(3,761억 원), 동아일보(2,948억 원) 등이 따랐다. 중앙일보가 매출액 1위를 달성한 데는 아파트형 공장(JnK 디지털타워)의

분양사업이 포함됐기 때문이다.

조선일보는 397억 원의 당기순이익을 거둬 가장 내실 있는 경영을 한 것으로 나타났다. 조선일보의 신문 관련(구독료 및 광고수익) 매출은 전체의 92% 정도이며, 이밖에 문화사업, 뉴미디어(모바일 광고 등), 임대수입, 인쇄사업 등으로 매출이 구성된다.[33]

전국종합일간지의 최근 매출액 추이는 〈표3-13〉과 같다.

[ 표3-13 전국종합일간지의 매출액 추이 ]

(단위: 백만 원)

| 구분 | 2007년 | 2008년 | 2009년 | 2010년 | 2011년 |
|---|---|---|---|---|---|
| 경향신문 | 123,141 | 137,127 | 72,090 | 72,565 | 82,952 |
| 국민일보 | 48,819 | 56,211 | 53,826 | 54,180 | 48,237 |
| 내일신문 | 49,788 | 52,101 | 46,451 | 51,652 | 55,597 |
| 동아일보 | 280,257 | 265,873 | 264,825 | 279,544 | 294,777 |
| 문화일보 | 70,487 | 70,125 | 66,463 | 70,191 | 70,635 |
| 서울신문 | 92,000 | 95,495 | 80,827 | 95,393 | 95,213 |
| 세계일보 | 254,729 | 34,404 | 31,845 | 32,803 | 35,641 |
| 조선일보 | 403,148 | 372,160 | 348,126 | 373,866 | 376,063 |
| 중앙일보 | 335,427 | 305,564 | 282,462 | 332,515 | 382,952 |
| 한겨레신문 | 76,286 | 76,420 | 67,509 | 81,116 | 84,147 |
| 한국일보 | 97,723 | 85,144 | 80,287 | 82,784 | 78,817 |
| 합계 | 1,832,165 | 1,550,624 | 1,394,713 | 1,526,610 | 1,605,031 |

출처: 이상기, 『2012 신문사 재무분석』, 한국언론진흥재단, 2012, p.12.

33) 이상기(2012), 『2012 신문사 재무분석』, 한국언론진흥재단, p.10.

## 8) 지역종합일간신문의 경영현황

2011년 기준 11개 지역종합일간지는 전년 대비 3.5% 증가한 2,333억여 원의 총매출을 기록했다. 2011년 성적표만 놓고 평가한다면 국제신문과 경인일보의 경영성과가 탁월했다. 국제신문은 9.9%의 매출액 신장에 당기순이익 증가율은 (비록 그 액수는 6억 원 수준에 불과하지만) 무려 1,461%를 달성했다. 경인일보는 전년 대비 19.8%의 매출액 신장을 기록하면서 당기순이익도 기존의 적자에서 흑자로 돌아섰다.[34]

[ 표3-14 지역종합일간지의 매출액 추이 ]

(단위: 백만 원)

| 구분 | 2007년 | 2008년 | 2009년 | 2010년 | 2011년 |
|---|---|---|---|---|---|
| 강원일보 | 17,435 | 18,554 | 19,954 | 22,830 | 23,502 |
| 경남신문 | 10,039 | 10,846 | 10,719 | 11,313 | 11,802 |
| 경인일보 | 19,551 | 20,127 | 20,211 | 21,936 | 26,279 |
| 광주일보 | 17,740 | 16,085 | 18,617 | 18,377 | 16,460 |
| 국제신문 | 22,493 | 22,423 | 21,086 | 20,768 | 22,833 |
| 대전일보 | 9,837 | 10,393 | 11,085 | 11,519 | 11,312 |
| 매일신문 | 38,327 | 34,021 | 29,341 | 33,175 | 32,794 |
| 부산일보 | 53,365 | 48,871 | 44,364 | 44,525 | 47,758 |
| 영남일보 | 17,584 | 17,951 | 17,613 | 19,959 | 20,219 |
| 전남일보 | 9,224 | 8,612 | 7,580 | 8,453 | 8,000 |
| 제주일보 | 11,040 | 10,880 | 11,848 | 12,619 | 12,317 |
| 합계 | 226,637 | 218,766 | 212,418 | 225,473 | 233,276 |

출처: 이상기, 『2012 신문사 재무분석』, 한국언론진흥재단, 2012, p.14.

---

34) 이상기(2012), 『2012 신문사 재무분석』, 한국언론진흥재단, p.13.

## 9) 신문의 판형

한국언론진흥재단이 2011년 신문산업 실태조사에 따르면, 종이신문의 판형은 대판이 553개(64.3%)로 가장 많았고, 타블로이드는 252개(29.3%), 베를리너판은 18개(2.1%), 변형노르딕판은 5개(0.6%)로 나타났다.

종이신문의 용지 색을 보면 흰색 용지가 717개(83.4%), 살구색 69개(8%), 회색 45개(5.2%), 미색 17개(2%)로 조사됐다. 우리나라 신문 용지는 전주페이퍼, 페이퍼코리아, 보워터코리아, 대한제지가 98% 이상을 공급하고 있다.[35]

[ 표3-15 종이신문 판형의 명칭과 크기 ]

| 판형 | 대판<br>(Broadsheet,Nordic) | 타블로이드<br>(Tabloid,Half nordic) | 베를리너<br>(Berliner) | 변형 노르딕 |
|---|---|---|---|---|
| 크기(mm) | 394×546 | 273×394 | 323×470 | 343×577 |
| 예 | 대다수신문 | 무가지 | 중앙일보 | 국민일보 |

출처: 한국언론진흥재단(2011), 『2011신문산업 실태조사』, p.144.

# 4. 세계 신문산업의 대응전략

---

35) 한국언론진흥재단(2011), 『2011신문산업 실태조사』, p.144, 154.

## 1) 들어가는 말

신문산업을 둘러싼 세계 환경이 급변하고 뉴미디어 등장과 영향력 확대 등으로 미디어 간 경쟁이 치열해지면서 신문사들이 다양한 방법으로 혁신에 나섰다. 필자는 편집기술 진화에서부터 인쇄기술 혁신, 신문사 경영혁신 등의 현장을 2005년 10월 17일부터 21일까지 독일 라이프치히에서 열린 신문산업박람회와 콘퍼런스에서 직접 확인하였다.

신문산업박람회(Ifra Expo 2005)가 열린 라이프치히는 통일 이전 동독지역에 속해 있었고 유명한 음악가 바흐와 작가 괴테가 활동했던 유서 깊은 도시다. 박람회가 열린 컨벤션센터는 통일 이후에 신축된 것으로 보이는데, 규모가 크고 첨단 시설을 갖추고 있었다.

>> Ifra Expo 2005 전시장 입구에서의 필자

박람회장 입구에서부터 세계에서 모여든 신문산업 관계자들로 활기를 띠었다. 박람회장 안으로 들어서자 신문산업의 하드웨어에서부터 소프트웨어까지 다양한 첨단 제품과 기술이 선보였다. 신문 윤전기에서부터 편집시스템까지 다양한 신문제작기술이 총동원돼 자사 제품을 홍보하고 있었다. 필자가 관심이 갔던 부문을 중심으로 신문산업박람회와 독일 신문사 제작 현장 방문을 소개한다.

## 2) 신문 편집시스템

Quark사는 첨단 신문 편집시스템(quark publishing system)을 선보였다. 사진 편집 시 키워드를 검색하면 해당 사진과 함께 촬영한 날짜가 사진설명과 함께 지원된다. 편집자는 강조하고자 하는 부문이 있으면 이를 캡처해서 편집한다.

컬러 지면이 사전에 프로그램에 입력돼 나타난다. 전 지면을 한 화면에 띄워서 볼 수 있도록 돼 있어 편집의 편의성을 도모한다. 사진의 변형편집이 가능해진다. 이미 지난 신문도 PDF로 출력해 볼 수 있다. 신문제작과정을 프로그램에 저장해 놓아 시간이 지난 후에도 찾아보면 신문제작과정을 그대로 알 수 있다.

Quark사 관계자는 "QPS가 위치와 기자, 편집자, 디자이너에 상관없이 같은 시간에 텍스트와 사진 등을 포함해 인쇄나 웹 레이아웃(wep layout) 작업을 할 수 있다"고 밝혔다.

>> Quark사 관계자가 첨단 편집시스템을 설명하고 있다

Softcare사는 자동편집소프트웨어인 'K4 Publishing System'을, Adobe사는 'InDesign CS2'를 선보이며 참석자들에게 홍보에 나섰다. Oce사도 'Digital Newspaper Network'라는 제목을 달고 자사 제품을 선전했다. KRAUSE사는 'CTP Newspaper'를, Kodak사는 'Kodak Polychrome Grapics'를 각각 선보였다. 특히 Ifra가 박람회장에 배포한 'newspaper techniques' 책자에는 우리나라의 오연호 'OhmyNews' 대표가 사진과 함께 'pioneer in citizen journalism'이라는 제목으로 커버스토리를 장식해 관심을 끌었다.

모바일 커뮤니케이션도 등장했다. netsize사는 'Don't miss the

Mobile Internet opportunity!', 'Mobilize your Content' 등의 타이틀로 자사의 모바일 인터넷 기술과 콘텐츠를 소개했다. 이 회사는 앞으로 모바일 인터넷 시장이 급성장할 것으로 전망하면서 "Mobile Internet at your fingertips!"라고 밝혔다. 이 회사는 모바일 콘텐츠가 새로운 독자와 상호작용은 물론 콘텐츠의 가치를 높여 준다고 강조하면서 월드컵 축구 관련 기사를 모바일 콘텐츠로 제공하는 과정을 소개하였다.

이처럼 신문편집기술이 획기적으로 진화하는 모습을 보면서 이제 기사를 쓰는 방식도 변화가 필요하다는 생각이 들었다. 기사의 단락마다 완성도를 높여 기사를 조각으로 분해해도 이해할 수 있도록 작성하는 방법과 인터넷신문 기사에 등장하는 인물을 클릭하면 상세한 인물정보로 연결해 주는 시스템도 필요할 것으로 보인다. 이제 '뉴스도 상품인 시대'가 됐기 때문이다.

## 3) 증가하는 경쟁적 미디어 환경 속에서 신문의 변화 방향

Ifra 콘퍼런스가 'excellence in production'이란 주제로 열렸다. 이 중 Michael Grabner, Georg von Holtzbrinck 부회장의 '증가하는 경쟁적 미디어 환경 속에서 신문의 변화'라는 제목의 주제발표가 관심을 끌었다. 주제발표 내용을 간략히 요약하면 다음과 같다.

독일은 전국지 11개, 지방지 375개가 발행되고 있다. 인구 100만 명당 신문 수를 살펴보면 독일은 5.5개로 미국의 6.9개보다는 적지만 영국의 1개, 일본의 2.1개, 오스트레일리아 3.2개 등보다는 많은 숫자다.

독일 역시 젊은 층의 신문 구독률이 떨어지고 있다. 독일 신문독자들의 연령분포 변화를 보면 14~29세가 1980년의 경우 58%였으나 2004년 35.6%로 줄어들었다. 이는 1980년을 100으로 잡았을 때 2004년에는 61로 추락했음을 의미한다. 30~39세의 경우도 72.2%에서 50.9%로, 40~49세는 72.8%에서 59.8%로 숫자가 줄었다. 그렇지만 60~69세의 경우는 74.9%에서 74.3%로 거의 비슷한 수준을 유지하고 있다.

독일의 신문은 다른 국가보다 신문매체광고 비중이 높다. 독일은 신문광고가 45%를 차지해 잡지 19%, TV 26%, 라디오 4% 등에 비해 크게 높다. 이는 미국의 19%(TV 50%), 영국의 41%(TV 31%), 일본의 19%(TV 35%)에 비하면 신문매체의 광고시장 점유율이 크다는 것을 말해 준다. 다만 국민 1인당 광고 액수를 보면 미국이 498달러, 일본이 428달러, 영국이 372달러, 독일이 224달러 수준을 유지하고 있다.

독일 신문시장의 현황을 보면 신문은 젊은 독자들에게 매력적인 매체가 아닌 것으로 인식되면서 발행부수나 영향력 면에서 하락세에 있다. 그래서 광고시장에서 신문의 우월적 지위가 위기상황을 맞고 있다고 할 수 있다. 독일 신문은 성장과 압력을 경험해 오고 있다.

Michael Grabner 부회장은 "회사는 혁신을 위해 의제를 설정했다"면서 그 내용은 △고객의 요구에 따라 생산품을 발전시킨다 △모든 사람을 위한 생산품이 아니라 우리의 목표그룹을 위한 생산품을 만든다 △혁신능력을 확장시킨다 △연구개발에 투자한다 △시장에서 개념들을 시험한다(시장반응을 알아야 시험제품으로 성공을 이어갈 수 있다) 등이라고 강조했다.

이어 영국 가디언 지(Guardian Newspapers) 발행책임자 Joe Clark가 'It doesn't always have to be tabloid'라는 주제발표를 했다. 그는 파워포인트로 인디펜던트와 타임지의 1면 기사를 보여주면서 "신문이 읽는 신문이 아니라 보는 신문(Viewspaper)으로 변화하고 있다"고 강조했다.

Joe Clark는 "Shouting the news"라는 표현을 동원하며 사진과 제목만으로 거의 1면을 채운 신문편집을 보여 주었다. Joe Clark는 "가디언 지(紙)가 전문가들로 구성된 프로젝트 팀을 만들어 혁신을 단행했다"면서 "프로젝트 팀은 신문 지면에서부터 판매대 디자인에 이르기까지 모든 것을 바꾸는 혁신을 했다"고 밝혔다.

1면은 대형사진으로 독자들의 눈을 잡는 데 주력했고 스포츠, 연예, 재테크 등 특화(特化)된 섹션을 제작했다. 필자가 가디언 지(紙)의 2005년 10월 17일자를 살펴본 결과, 1면부터 인물사진을 크게 편집했고, 3면의 경우 사진이 제목과 함께 전체 지면의 절반을 넘었다.

>> 사진을 크게 사용한 영국 가디언 지 등의 1면 편집 모습

이 날짜의 발행면수는 40면인데, 1부당 값은 2.80유로다. 이 같은 신문값은 디벨트(DIE WELT)지 1.30유로(면수 32면)나 Frantfurter Allgemeine지 1.50유로(면수 86면), 프랑스 르몽드(Le Monde)지 1.20유로보다 높은 값이다. Joe Clark는 "80페이지 풀 컬러 제작이 가능한 가디언 프린트센터에서 칼라 제작한다"면서 "혁신 작업 직후에 판매부수는 34만 부에서 40만 부로 늘어나는 성과를 거둔 것으로 평가됐다"고 말했다.

필자는 가디언 지는 신문사를 대외적으로 홍보하는 데도 엄청나게 노력한다는 느낌을 받았다.

>> 독일 프랑크푸르트 시의 한 서점에 설치된 신문 가판대 모습

## 4) 박람회장 내에 즉석 워크숍과 신문박물관

박람회장 한쪽에서는 워크숍이 다양한 주제로 열려 참석자들의 눈길을 끌었다. 발표되는 주제들은 'Microsoft Connected Services Framework for the Publishing Industry' 등 인터넷 및 통신커뮤니케이션과 관련된 주제들이 많았다.

신문발행 400년을 맞아 부대행사로 마련한 신문박물관도 눈길을 끌었다. 초창기 신문과 인쇄기부터 현재의 각종 신문이 전시돼 있었다. 신문으로 만든 조형 인간이 신문을 들고 있는 모습은 독자를 **빼앗기지**

않으려는 신문산업의 현실을 보여 주는 듯했다.

>> 신문박물관에는 신문을 들고 있는 조형 사람이 많았다

가장 오래된 일간신문을 라이프치히에서 발행했다는데, 1789년의 신문은 순수하고 기본적인 저널리즘이었고 헤드라인이 없었다. 이 당시 신문은 스몰사이즈, 기본저널리즘, 시민저널리즘의 특성을 갖고 있었고, 19세기 중반에 뉴스페이퍼로 변했다.

## 5) 켐니츠 시 소재 프라이프레세 신문사의 사례

독일 작센 주 켐니츠(Chemnitz) 시에 있는 프라이프레세(Freie

Presse) 신문사를 방문했다. 작센 주 지역에서 발행되는 신문은 '프라이프레세', 'Sachsische Zeitung', 'Leipziger Volkszeitung' 등이 있다. 2004년 기준 발행부수를 보면 '프라이프레세'가 34만 부, 'Sachsische Zeitung'가 29만 7,000부, 'Leipziger Volkszeitung'는 27만 4,000부 수준이다. 이 같은 발행부수는 작센 주의 거주 인구 (436만 명)나 신문 독자로 볼 수 있는 14세 이상 인구(370만 명), 그리고 가구 수(200만 호)에 비하면 많은 부수인 셈이다.

'프라이프레세' 사의 직원 수는 772명이다. 구체적으로 보면 출판 (publishing house) 232명, 편집(editorial staff) 218명, 기술 236명, 경영과 행정 86명 등이다. 신문 1부당 값은 0.95유로다.

'프라이프레세' 사는 광고신문을 주2회(수요일과 일요일) 발행한다. 수요일 발행하는 광고신문은 75만 부이고, 일요일은 36만 부로 일주일에 111만 부 수준이다. 광고신문도 기존의 배달망을 활용해 가정으로 배달해 준다. 인쇄시설은 1993년 건설했고 2001년에 개선했다.

CTP[36]로 인쇄하는데, 윤전기 4대와 타워 12대를 갖추고 있다. 이는 48면을 4회 인쇄할 수 있는 시설이다.

비디오를 조정하면서 펀칭하고 밴딩한다. '프라이프레세' 사 역시 광

---

36) 직접 인쇄판을 만들어서 뽑아내는 것. 탁상출판(DTP)에서는 일반적으로 인쇄용 필름을 뽑아낼 때까지만 하는 것이 통례였으나 CTP에서는 이러한 필름 작업을 생략하고 직접 인쇄판을 뽑을 수 있다. 오프셋 인쇄에서는 출판물의 원래 크기의 제판 파일을 만들고 감광제를 씌운 알루미늄 판에 노광(露光)시켜 인쇄기의 인쇄판을 만든다. 그러나 CTP에서는 필름을 사용한 노광 공정이 생략되기 때문에 좀 더 정확한 디지털 데이터를 반영할 수 있어서 설비나 보관 장소가 필요 없는 이점이 있다.

고전단지를 인쇄해 높은 부가가치를 창출하고 있다. 이곳 관계자는 "광고전단지 인쇄부수는 연간 4억 부 정도로 2,000만 유로 매출을 올리고 있다"고 설명했다.

'프라이프레세' 사는 지역별로 19개 지역판을 발행한다. 지역판 신문의 1면에는 '프라이프레세' 바로 밑에 지역 명칭을 별도로 붙인다. 예를 들어 프라이프레세라는 신문 명칭은 위에 두고 그 밑에 'CHEMNITZER ZEITUNG' 등 지방명을 사용한다.

지역판별로 기사 내용은 어떨까? 지역판은 별도 섹션 형식으로 발행하기 때문에 지역판별로 기사내용은 다르고, 종합면의 기사내용은 지역판에 관계없이 동일하다. 섹션 형식으로 발행하는 지역판의 면수는 보통 8개 면에 달해 지역소식을 상세하게 전달해 주고 있다. 이처럼 지역판에 들어가는 기사량이 많다 보니 2,000명에 달하는 객원기자를 두고, 지역판별로 소규모 편집국을 별도로 운영한다고 관계자는 설명했다. 지역판 발행부수는 켐니츠 지역의 경우 6만 2,000부에 달한다. 신문의 판매는 정기구독자가 98%, 가판 등이 2%를 차지한다. 구독료 수입과 광고료 수입의 구성비는 어떨까? 한국 신문이 전반적으로 광고료 수입 비중이 높은 것과 달리 '프라이프레세'의 매출액 중 구독료와 광고 비율은 6대4로 구독료 비중이 높다.

>> IfraExpo 2005 박람회장 내부에 전시된 세계 신문들

# 미디어에 영향을
# 주는 요인

농업커뮤니케이션
어떻게 할 것인가

# 미디어에 영향을 주는 요인

## 1. 언론 차원의 뉴스 내용에 대한 영향요인 모델[37)]

### 1) 권력과 미디어의 관계

권력과 미디어의 관계를 설명하는 이론적 논의는 매우 다양하다. 먼저 규범적 접근은 뉴스미디어가 수행하는 규범적 역할을 바탕으로 언론과 권력의 관계를 살펴보는 연구이다. 미디어가 담당하는 역할이 민주주의 운용과 직결되기 때문에 정책결정과정의 민주적 설득력을 제

---

37) 이 책에서는 뉴스 내용 및 프레임 형성에 영향을 주는 다양한 변인들을 종합하여 영향요인으로 총칭하기로 한다.

고하기 위해서는 미디어가 정부의 과도한 권력남용을 감시하는 역할을 해야 한다(Bennett, 1995)는 주장이 있다. 반면에 킨(Keane, 1991)과 커런(Curran, 1991)은 언론은 공적인 활용과 즐거움을 위해 존재해야 하며 언론에 의해 수행되는 공적대화는 시사보도뿐만 아니라 오락물에서도 다양한 가치관과 입장을 담아야 한다면서 민주주의를 위한 언론 모델로서 언론에 대한 공적인 규제를 허용하는 공공봉사모델을 주창한다(고영신, 2005에서 재인용).

조직적 접근의 주된 연구경향은 기자와 취재원으로서 정부 관료와의 관계를 연구하는 것이다. 기자들과 취재원으로서 정부 관료와 정치인 등이 보도자료를 생산해 배포하거나 공식, 비공식적으로 취재하는 과정에서 주고받는 상호영향력이나 상대에 대해 평가하는 태도 연구들이 이 범주에 속한다(고영신, 2006).

이런 권력과 언론의 관계는 적대모델(adversary model), 교환모델(exchange model), 상호작용모델(transaction model)로 구분된다. 적대모델은 언론과 대통령을 비롯한 주요 정치인·관료들 사이에 이념적·정치적 차이가 드러나면서 서로 의심하고 적대감을 갖게 되며 양자 간에 갈등구조가 형성된다. 그러나 이런 적대관계는 일시적이고 언제든지 서로 협조하고 이해하는 관계로 돌아설 수 있다. 이런 관점에서 나온 것이 교환모델인데, 기자와 취재원의 유착관계에 치중함으로써 양자 간에 벌어지는 긴장관계를 설명하지 못하는 단점이 있다. 적대모델과 교환모델의 문제점을 극복하려는 것이 상호작용모델이다. 이

모델은 앞서 기자와 정치인 사이에 긴장이 존재하고 상호의존과 경쟁·유착 과정이 뉴스제작 과정에서 반복됨을 밝힌다(Blumler & Gurevitch, 1981; 고영신, 2005에서 재인용).

## 2) 기자와 뉴스원의 관계

기버와 존슨(Giber & Johnson, 1961)은 아래의 세 가지 모델로 뉴스원과 기자와의 관계를 개념화했다.

첫째 모델은 기자와 뉴스원의 독립적 관계이다. 기자와 뉴스미디어가 독립적으로 정보를 수집하고 보도를 결정하기 때문에 더 공정하고 객관적인 보도를 유지할 수 있어 가장 이상적인 형태라는 것이다. 그러나 이런 권력(뉴스원)과 언론(기자) 관계는 흔치 않다.

둘째 모델은 기자와 뉴스원 간에 상호협력하면서 공존하는 체제, 즉 상호의존적(inter-dependency) 관계이다. 뉴스의 기능에 대해 서로 의견이 일치하고, 공통 목적을 이루려고 협력한다.

셋째 모델은 기자와 뉴스원 간에 종속적인 관계이다.

시청출입기자와 행정관료 간의 관계에 관한 실증적 연구를 통해 기버와 존슨은 둘째 모델이 가장 보편적이며 양자 간의 기능적 관계가 상호협력하고 공조하도록 만들었다고 밝혔다(Blumler & Gurevitch, 1981; 고영신, 2005에서 재인용).

## 3) 편집국 간부의 뉴스 프레임 영향

편집국 간부는 뉴스 프레임에 영향을 준다. 뉴스 생산과정은 〈계획－취재－선택－구성〉 등의 순서로 진행되는데, 데스크 간부들의 기자 관리 또는 통제는 뉴스 의제설정 등을 통해 프레임에 영향을 주는 요소로 작용한다.

특히 데스크로 불리는 부서장급 간부는 취재기자와 가장 밀접하게 접촉하는 위치에 있으면서 뉴스 생산 전 과정과 취재행위에 1차적 관리와 책임을 진다. 취재계획, 현장취재, 기사작성, 편집 동원 및 조직과 인사관리, 기사품질관리, 마감시간 등 관리를 주 임무로 삼는다(Giles, 1991).

이를 위해 데스크 등 간부는 제도적 권위, 상급자에 대한 존경과 복종, 승진통제, 조직에 대한 충성, 취재활동 지시, 뉴스가치 제시 등 다양한 기제를 활용(Breed, 1995; 김사승, 2009에서 재인용)하고, 뉴스 조직의 이념적·경제적 목적에 합당한 뉴스내용의 생산을 위해 기자들이 제대로 기여하고 있는지를 감시하는 책임이 있다(Napoli, 1997).

뉴스는 시간·지면 제약과 같은 뉴스조직 내부의 여러 제약 요소 사이의 타협을 통해 만들어지는 조직 활동의 결과물이지 개별 기자만의 노동결과는 아니기 때문이다(McNair, 1998; Negrine, 1996; Rock, 1973; 김사승, 2009에서 재인용).

화이트(White, 1950)가 〈사건－뉴스아이템－뉴스선택－수용자〉 순서로 이어지는 뉴스생산 과정에서 핵심적 행위라고 본 게이트키핑(gate keeping)[38]은 뉴스선택 단계에 개입하는 간부에 의해서 이뤄진다. 맥넬리(McNelly, 1959)는 게이트키핑은 한 명의 간부가 아니라 다양한 생산주체들에 의해 이뤄진다고 보았다. 게이트키퍼들의 뉴스선택은 복잡한 기준들이 적용된다. 갈퉁과 루즈(Galtung & Roge, 1965)는 뉴스가치가 선택에 영향을 미치는 요소로서 빈도, 크기, 애매성, 의미, 예측성, 기이성, 계속성, 종합성 등 다양한 기준을 들었는데, 이것들이 게이트키퍼가 뉴스를 선택할 때 적용하는 뉴스가치들이다(김사승, 2009에서 재인용).

바스(Bass, 1969)는 취재기자의 뉴스수집과 구분해 간부 중심의 뉴스조직에 의한 뉴스가공 개념을 제시했다. 여기서 그는 취재기자가 생산한 뉴스스토리에 대해 뉴스조직이 최종상품으로 다듬는 과정에 개입한다는 점에 주목하면서 간부가 뉴스생산의 결정권을 쥐고 있음을 강조했다. 워드(Ward, 2002) 역시 취재기자의 생산행위는 뉴스인지와 정보수집에 제한되고, 뉴스생산의 결정은 정보의 선택 단계에 영향을 미치는 간부가 통제권을 행사함으로써 이뤄진다고 보았다. 라우(Lau,

---

38) 미디어 조직 내에서 기사의 취사선택과 관련된 활동을 지칭한다. 뉴스 수집 과정에서 일정한 권한을 가지고 수용자에게 흐르는 정보의 유통에 관계된 결정을 내리는 행위라고 볼 수 있다. 이러한 게이트키핑이란 용어를 처음 사용하기 시작한 사람은 주부의 식료품 구매에 관한 집단행동 분석을 통해 식품이 생산지에서 가정의 식탁에까지 도달하는 경로를 회로이론(channel theory)으로 설명한 사회학자 레윈(K. Lewin)이다. 그는 식품을 구매하거나 가족의 식성을 변화시키는 결정권을 가진 주부를 '게이트키퍼'라는 용어로 표현하면서 식품이 회로를 따라 이동하는 것은 식품 자체의 원동력이 아니라 회로상의 관문에 작용하는 게이트키퍼의 결정에 따른 것이라고 지적하면서 이러한 메커니즘이 집단이나 조직커뮤니케이션 채널 속에서도 합리적으로 적용된다고 주장했다(조정하, 2004).

2004)는 뉴스를 자기 생성적 의미(self-deriving meaning)의 객관화 과정을 통해 생산된다고 지적했다. 뉴스생산 과정은 현장취재기자의 주관적 판단에 대한 뉴스조직 또는 간부에 의한 객관화 과정이라는 것이다. 바스(Bass, 1969)가 간부가 개입하는 생산단계라고 본 뉴스가공 과정은 바로 뉴스조직에 의한 객관화 과정인 것이다. 이 객관화 과정은 '데스킹'이라고 불리는 데스크간부에 의한 통상적인 뉴스가공의 수준을 넘어 복잡한 메커니즘을 통해 이뤄질 수도 있다. 이처럼 뉴스생산 과정에서 나타나는 선택과 통제의 두 가지 기제를 통해 뉴스조직 간부는 뉴스생산 과정을 관리하는 것이다(김사승, 2009에서 재인용).

## 4) 통신기사의 뉴스 프레임 영향

언론사에 제공되는 통신기사도 뉴스 소스로 뉴스제작 과정에 영향을 준다. 언론사들이 구할 수 있는 소스의 통로는 소스에 대한 접근도 및 공개수준을 기준으로 관행적 소스, 비공식적 소스, 개발 소스 등 다양하다(Sigal, 1973). 이 중에서도 관행적 소스는 취재기자의 접근과 공개수준이 가장 넓은 통신기사가 속한다. 슈메이커와 리즈(Shoemaker & Reese, 1996/1997)는 일반적으로 말하는 개별 취재원 개념과 구분해 조직 취재원으로서의 통신기사 의미를 설명하면서 통신기사가 의제설정자의 기능을 한다는 점을 강조했다. 언론사 간부들이 자신의 뉴스를 편집할 때 통신기사의 내용, 비중과 유사한 형태로 기사를 게재한다는 것이다. 이는 통신기사를 그대로 이용하기 때문이 아니라 간부들의 뉴스 가치에 대한 판단기준이 통신기사와 비슷하기 때문이라고 설명했다.

터크만(Tuchman, 1978)은 통신기사가 그날의 뉴스예정표(days books)와 같은 기능을 한다고 보면서 통신기사는 그 날 무슨 일이 일어날 것인지를 제공하는데, 언론사들은 이를 통해 어떤 사건을 언제 취재할 것인지, 또 그 기사와 관련해 언제 통신기사의 내용을 이용할 것인가를 결정한다는 것이다.

통신기사가 뉴스생산 과정에 어떤 영향을 미치는가를 알아보기 위해 베넷 등(Bennett, et al., 1986)의 뉴스수정이론을 주목할 필요가 있다. 이 이론은 뉴스조직이 외부 영향에 의해 자신의 뉴스를 수정할 수 있다고 말한다.

이러한 뉴스수정은 몇 가지 단계에 걸쳐 일어난다. 첫째 단계는 어떤 이슈를 뉴스로 다룰 것인지, 아니면 아예 다루지 말 것인지 또 어떻게 다룰 것인지를 결정하는 취재의사결정 단계에 관한 것이다. 둘째 단계는 뉴스조직 내부의 통제 과정에서 나타나는데 뉴스 초점을 어디에 둘 것인가를 놓고 기자와 간부 사이의 갈등이 일어나는 단계이다. 셋째 단계는 뉴스화 된 다음 저널리즘 집단으로부터 논란거리의 이슈를 다룰 때 지켜야 하는 관행적 절차를 위반했다는 지적이 일어나는 단계이다. 마지막으로는 뉴스조직의 게이트키핑 과정에 관한 문제제기 단계이다. 정리하면 뉴스수정은 뉴스 이슈에 대한 취재결정의 혼란, 기사작성 과정의 뉴스 시각에 대한 혼란, 뉴스조직의 생산 과정 통제에 관한 혼란,

뉴스의 질적 평가의 혼란 등을 거쳐 이뤄진다 하겠다(김사승, 2009).
이러한 뉴스의 생산 과정을 정리하면 〈표4-1〉과 같다.

[ 표4-1 뉴스생산과정 ]

| 초점 | 뉴스생산과정 | | | | | | 비고 |
|---|---|---|---|---|---|---|---|
| 선택 | 화이트 (White, 1950) | 사건 | 뉴스 아이템 | 뉴스선택 | | 수용자 | 게이트키퍼 |
| | 맥넬리 (McNelly, 1959) | 사건 | | 해외특파원 – 지국편집장 – 국내편집장 – 편집장 | | 수용자 | 다수의 게이트키퍼 |
| | 갈퉁과 루즈 (Galtung & Ruge, 1965) | 사건 | 인지 | 선택 | 뉴스 이미지 | | 뉴스 가치 |
| 선택 | 바스 (Bass, 1969) | 뉴스 원자료 | 뉴스 수집 | 1차 뉴스 – 뉴스가공 | 최종 뉴스 | | 가공단계 간부통제 |
| | 슈드슨 (Schudson, 1996) | 기자–취재원 관계 | | 기자 – 간부 관계 | | | 자율성과 통제의 긴장관계 |
| | 워드 (Ward, 2002) | | 뉴스인지 – 정보수집 | 정보선택 | 제시 | | 선택단계 간부통제 |
| 과정구분 | | 기사구성 전 단계 | | 기사구성 단계 | 기사구성 후 단계 | | |

출처: 김사승 (2009). 편집국 간부의 통신기사 활용에 관한 인식분석. 「한국언론학보」 53권 4호, p.280.

## 2. 미디어 내용(기사)에 영향을 주는 요인

슈메이커와 리즈(Shoemaker & Reese, 1996/1997)는 미디어에 영향을 주는 요소로 계층모델(hierarchical model)을 〈그림4-1〉처럼 제시했다. 이들은 기사에 영향을 미치는 차원을 크게 다섯 가지로 분류했는데, 이것은 언론인 개인적 차원·미디어 관행 차원·미디어 조직 차원·미디어 외적 차원·이데올로기 차원 등이다.

[ 그림4-1 미디어 내용에 미치는 영향요인(계층모델) ]

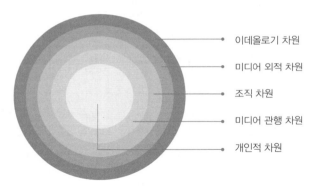

출처: Shoeamker, p, & Reese, S, D.(1996) Mediating Message; Theories of Influences on Mass Media Contents, New York: Long Man; 김원용 역(1997). 『매스미디어 사회학』, 서울: 나남. p.120.

### 1) 기자 개인 차원의 요인

프레임 구축 과정에 영향을 주는 언론인 개인 차원의 요인은 언론인의 성격, 배경, 경험, 정치적 태도, 가치, 신념, 역할 등 기자의 내적 요인과 전문적 규범을 말한다(Gans, 1979; Shoemaker & Reese, 1996/1997). 성 · 인종 등 언론인의 특성과 종교, 부모의 사회 · 경제적 지위 등 개인적 배경 및 경험은 언론인 개인의 태도, 가치, 신념 형성에 중요한 영향을 줄 뿐만 아니라 언론인의 직업적 배경과 경험을 인도해 준다는 것이다. 이와 관련해 슈메이커와 리즈(Shoemaker & Reese, 1996/1997)는 미디어 내용에 영향을 미치는 언론인의 내적 요소의 관계를 〈그림4-2〉처럼 설명하고 있다.

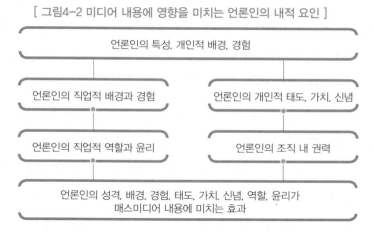

[ 그림4-2 미디어 내용에 영향을 미치는 언론인의 내적 요인 ]

언론인의 특성, 개인적 배경, 경험

언론인의 직업적 배경과 경험

언론인의 개인적 태도, 가치, 신념

언론인의 직업적 역할과 윤리

언론인의 조직 내 권력

언론인의 성격, 배경, 경험, 태도, 가치, 신념, 역할, 윤리가
매스미디어 내용에 미치는 효과

출처 : Shoemaker, p, & Reese, S, D.(1996) Mediating Message: Theories of Influences on Mass Media Contents, New York: Long Man; 김원용 역(1997). 『매스미디어 사회학』, 서울: 나남, p.121.

이처럼 매스미디어의 내용을 연구하는 사람들에게 가장 논쟁적인 여지가 많은 질문 가운데 하나는 기자 개인의 태도, 가치, 신념 등이 어느 정도 기사내용에 영향을 미치는가이다. 어떤 비평가들은 언론인이

의식적으로 그들의 개인적인 태도와 일치하는 뉴스보도를 한다고 주장한다. 슈메이커와 리즈(Shoemaker & Reese, 1996/1997)는 뉴스에 영향을 미치는 첫째 요인으로 언론인의 특성, 개인적 배경, 경험, 태도, 가치, 신념 등 언론인의 개인적 차원을 꼽는다.

뉴스에 영향을 주는 개인적 차원을 좀 더 구체적으로 보면, 언론인 스스로 가지고 있는 도덕관과 가치관, 사물과 사건에 대한 생각, 타고난 성격, 개별적인 성장환경에서 형성된 도덕적 규범, 사건에 대한 분석능력 등을 들 수 있다. 언론인의 배경의 다양성은 그들이 생산하는 기사에 영향을 미친다. 그러나 조직 내의 제한과 직업적 규범이 언론인의 태도와 가치로부터 대부분의 영향력을 효과적으로 제거했다는 지적(Gans, 1987)도 있다.

이와 관련해 "물론 언론인의 태도가 문제시 되는 보도가 있다…그러나 취재기자, 편집기자, 부장을 막론하고 대다수 언론인의 개인적 태도는 특수한 상황을 제외하고는 기사에 영향을 미치지 않는다. 게다가 이들(언론인)은 객관적 입장을 취하기 위해 노력하며, 가치는 집에 두고 출근하는 것이다"라고 했다(Face-off,1987; 김원용 역, 1997에서 재인용).

한편, 기자 개인의 신념과 가치가 뉴스 내용에 주는 영향력을 최소화해야 한다는 지적도 있는 만큼 객관성, 중립성, 균형성 등의 저널리즘 규범은 상대적으로 기자 개인 차원에서 뉴스 내용에 영향을 주는 요인으로 지적된다. 저널리즘 규범은 경우에 따라 뉴스제작관행 차원에서도 다뤄지지만 기자 개인이 해당 뉴스 소재를 이해하고 보도방향을 결정하는 데 있어서 준거 틀로 작용할 수 있다는 점에서 개인 차원의 요인으로 이해되기도 한다.

중요한 것은 저널리즘 규범이 어느 차원에서 다뤄지든 간에 저널리즘 규범은 뉴스 내용에 영향을 주는 요인으로 최근 적극적으로 해석되기도 한다. 즉, 기자의 저널리즘적 가치를 일반론 차원에서는 객관성, 중립성, 균형성 등의 수준에서 논의되지만, 이보다 적극적으로 해석하여 현실에 어느 정도 개입하여 뉴스를 만들어 내는 것이 적절한가에 대한 논의는 전혀 다른 차원의 저널리즘 규범에 대한 논의를 만들어 내고 있는 것이다. 예를 들어 정치적으로 다양한 이해관계와 이데올로기적 해석이 얽힌 사회 이슈의 경우 전통적으로 현실 중립적 차원에서 객관적 정보를 전달하고 해석은 수용자에게 맡겨야 한다는 전통적인 입장에서부터 보다 적극적으로 시시비비를 가려 언론이 해결방향까지 제시해야 한다는 입장까지 논란의 여지가 많다. 이와 관련하여 언론인은 저널리즘 규범 가운데 정확한 사실의 취재 전달을 가장 중요한 역할과 가치로 지적하고 있으며, 중립적 보도자세 역시 높았다. 반면 사회 현안에 대한 기자 개인의 주장과 반영은 상대적으로 낮은 지지를 받아 논란의 여지를 남겨 두고 있다(오수정, 2005).

[ 표4-2 취재보도 원칙의 중요도 및 실행도 ]

| 가치 | 오프라인 | | 온라인 | |
|---|---|---|---|---|
| | 중요도 | 실행도 | 중요도 | 실행도 |
| 사실의 정확한 취재 | 3.64 | 3.28 | 3.70 | 3.26 |
| 근거 없는 소문 기사화하지 않음 | 3.26 | 3.28 | 3.22 | 3.26 |
| 공직자, 기업인 활동 비판적 감시 | 3.11 | 2.84 | 3.16 | 2.82 |
| 중립적 보도자세 | 3.04 | 3.08 | 2.75 | 2.97 |
| 정부정책 비판적 파고들기 | 2.90 | 2.78 | 2.94 | 2.86 |
| 해설과 비평 제공 | 2.88 | 2.76 | 2.96 | 2.79 |
| 뉴스를 보다 빨리 전달 | 2.79 | 3.00 | 2.83 | 2.96 |
| 시민 의견 표출 기회 제공 | 2.77 | 2.57 | 3.01 | 2.69 |
| 수용자가 관심 가질 뉴스 보도 | 2.71 | 2.87 | 2.60 | 2.88 |
| 현안 공개적 토론 제공 | 2.69 | 2.49 | 2.68 | 2.50 |
| 사회 현안에 대한 자기주장 | 2.59 | 2.65 | 2.63 | 2.75 |
| 오락과 휴식 제공 | 2.17 | 2.37 | 1.93 | 2.03 |

출처: 오수정(2005), 언론자유 제한 1순위는 광고주, 『신문과방송』 2005. 6.

하지만 언론사 조직 내의 관행과 제한요소가 언론인의 가치·신념 등이 기사에 영향을 주는 강도를 감소시킬 수 있지만, 언론인의 개인적 차원의 요소는 뉴스에 직간접적으로 영향을 주는 요소임은 분명하다는 것이 대부분의 연구결과이다.

결국 언론인이 자신의 메시지에 큰 힘을 지니고 있거나 제한이 적은 곳에서 일한다면, 언론인의 태도, 가치, 신념이 뉴스 프레임에 영향을 미칠 확률이 커질 수 있지만, 미디어 조직 내의 관행과 제한요소가 기자 개인의 가치, 신념 등으로부터 오는 영향을 감소시켜 버릴 수도 있기 때문에 가치 등 기자 개인의 영향은 언론사 조직의 문화와 연관돼 다르게 나타날 수 있을 것이다. 그런 의미에서 갠스(Gans, 1979)는 뉴스의 결정요인(Deciding What's News)에서 "언론인은 객관적이려고 노력한다. 그러나 언론인뿐만 아니라 어떤 누구도 가치를 지니지 않고는 기사를 작성할 수 없다. 더욱이 현실에 대한 판단은 가치와 분리될 수 없다…뉴스에서 가치관이 명백히 드러나는 경우는 거의 없고 행간에서 그 의미를 찾아야 한다. 즉, 어떤 인물과 활동이 보도 혹은 무시되었으며, 보도되었다면 어떻게 묘사되고 있는가를 찾아야 한다"라고 말했다(김원용 역, 1997).

언론인의 교육도 영향을 주는 요소다. 언론인의 교육은 어떤 기사거리를 채택하고 어떻게 보도할 것인가를 결정하는 데 장기적인 영향을 주게 된다. 이는 전문가적 역할이란 수용자에게 전달할 가치가 있는 것이 무엇이고 그 기사는 어떻게 전개되어야 하는가를 결정하는 요소이기 때문이다.

## 2) 뉴스제작관행 차원의 요인

### (1) 뉴스제작관행

매스미디어에 종사하는 사람들을 더 잘 이해하기 위해서는 그들의 일이 이뤄지는 관행(routine)을 살펴볼 필요가 있다. 취재와 편집의 효율성과 지속성 등을 위해 언론 조직이 쌓아 온 유형화, 관행화, 반복된 습관 등의 노하우로 볼 수 있는 미디어 관행 차원이 기사에 영향을 준다는 것이다. 미디어 결정권자에게 공통적으로 적용되는 게이트키퍼[39]는 엄청난 양의 메시지를 몇 개로 줄여야 한다. 예들 들어 신문 편집자는 1면을 채우기 위해 여러 기사 가운데 1면에 들어갈 기사를 결정해야 하는데, 이러한 결정은 수용자에게 전달되는 미디어 내용에 직간접적인 영향을 미친다. 이러한 미디어의 관행은 무작위로 전개되는 것이 아니고, 조직의 제한된 인적·물적 자원에 무한한 잠재적 뉴스원 등을 고려할 때 미디어 조직과 종사자들의 필요성에 부합해 생긴 실제적인 것이다. 미디어는 원료(뉴스)를 획득하고 가공해야 하는데, 보통 조직 밖에 있는 공급자(공직자 등)로부터 획득하며, 소비자(독자·시청자)에게 전달(Shoemaker & Reese, 1996/1997)하기 때문이다.

뉴스 내용의 표준화되고 반복적인 형식은 관행 문제로 귀결된다. 그래서 이러한 미디어 관행 때문에 언론사 조직은 예측할 수 있는 방향으로 반응하며, 조직이 일관되게 움직인다. 예들 들어 보통 신문기사는 중요한 사실을 먼저 쓰는 역삼각형으로 쓰인다. 이는 독자가 몇 문장만 읽어 봐도 중요한 정보 대부분을 알 수 있고, 지면이 부족할 경우 편집자는 끝 부분부터 삭제하면 되는 것이다. 오래전 전신 교환수들은

---

39) 뉴스 수집 과정에서 일정한 권한을 가지고 수용자에게 흐르는 정보의 유통에 관계된 결정을 내리는 모든 사람 혹은 기관이다. 매체 조직 내에서 기사의 취사선택과 관련된 활동을 지칭한다. 게이트키퍼는 뉴스의 가치성이 높고, 수용자에게 소구할 수 있는 정보를 선택할 뿐만 아니라 수용자의 요구에 부합하는 방법으로 보도한다.

기사를 타전하기 전에 송신이 두절되는 사태에 대비해 가장 중요한 정보를 먼저 보내려고 노력했다. 역삼각형 관행은 조직과 수용자 모두의 필요와 관련된 것이기도 하다.

　미디어 관행은 응집력 있는 규칙을 만들어 내고, 언론이 전문분야가 되기 위한 핵심 부분으로 작용한다(Shoemaker & Reese, 1996/1997). 이들은 언론인에게 관행이란 게이트키핑(gatekeeping), 출입처 제도, 기획기사에서의 균형성, 권위적인 정보원(情報源) 의존 등을 들면서 언론인은 믿을 만한 정보원을 취재하고, 출입처를 제시하고, 공공연하게 지나친 의견표현은 삼간다고 했다. 미디어의 내용이 상징적 환경을 구성하는 데 가장 분명한 방법 가운데 하나는 특정 사건, 인물, 장소 등에 더 긴 시간을 할애하거나 두드러지게 함으로써 더 많은 주의를 기울이게 한다는 것이다. 그래서 미디어 관행은 소비자(수용자) 입장에서 만족할 만한 것은 무엇인가, 조직(미디어)이 가공할 수 있는 것은 무엇인가, 공급자(정보원)로부터 얻을 수 있는 것은 무엇인가를 미디어 조직에 질문하게 만든다는 것이다. 이는 미디어 조직이 수행하는 것은 제한된 시간과 공간 내에서 가장 만족스러운 뉴스를 가장 효과적인 방법으로 소비자에게 전달하는 것이기 때문이다. 터크만(Tuchman, 1979)은 이러한 뉴스제작관행을 습득한 기자들의 전문가적 자질(질문 내용, 뉴스의 처리, 뉴스취재기법)은 높이 평가된다고 지적했고, 홀린 (Hallin, 1992)은 언론인은 뉴스 룸의 관료적 구조와 그에 따르는 전문가적 관행을 받아들여 왔다고 주장했다(김원용, 1997에서 재인용).

## (2) 뉴스 제작의 방어적 관행

미디어의 방어적 관행도 기사 내용에 영향을 주는 요소다. 터크만 (Tuchman, 1977)은 미디어 조직 관점에서 볼 때, 객관성이란 비판으로부터 미디어 조직의 제작물을 방어해 주는 역할을 하는 하나의 의식 (ritual)이라고 주장했다. 즉 뉴스 종사자는 기사의 진실성 여부를 판단할 시간적 여유가 없기 때문에 명예훼손이나 상사로부터 질책과 같은 직업적 위험으로부터 자신을 보호하기 위해 일련의 절차 또는 전략을 필요로 한다는 것이다.

이 절차는 입증할 수 있는 사실에 의존할 것, 기자의 관점을 배제하기 위해 가능한 한 많은 사람의 인용구를 따옴표 안에 넣을 것, 사실임을 입증하는 추가증명을 제시할 것 등을 포함하고 있다. 정보원을 밝히는 것도 객관성의 가장 중요한 요소이며, 기자가 기사를 조직했다는 비난을 막아 준다. 뉴스가 진실(truth) 그 자체는 아니지만 진실성 (truthfulness)을 담고 있어야 하고, 정확성이나 객관성 등이 진실성 주장의 요건이라고 할 수 있기(김사승, 2008) 때문이다. 하지만 최근에 언론인은 완벽한 객관적 입장을 고수하는 것이 점차 어려워지고 있음을 인지하고, 정확성·균형성·공정성과 같은 보다 방어적인 태도로 한 발짝 물러서고 있다.

매체 간 관행도 영향을 주는 요소다. 언론인은 아이디어를 위해 상호 의존하고 있다. 이러한 의존이 중요한 조직적 관행을 만들어 내는데, 이것은 자신의 판단에 확신을 얻기 위해서이다. 시갈(Sigal, 1973)은 뉴스 종사자가 불투명한 현실 세계를 다룰 때 의견이 일치되는 확실한 것을 찾는다고 했다.

정보원(情報源)도 영향요소다. 미디어는 내용을 제작하기 위해 보도자료, 기자회견, 인터뷰, 보고서, 정부 청문회, 단체 등과 같은 외부 공급원에 의존한다. 신뢰할 만한 정보원(情報源)을 인용함으로써 뉴스보도에 정당성을 부여하는 행위는 일반적으로 기존 권위와 관습적인 지혜를 대부분 강화하기 때문이다(양승찬 외, 2011).

시갈(Sigal, 1973)은 기자들이 관행상의 채널(routine channel) 등에 의존하는 경향이 있음을 발견했다. 그는 관행적 채널을 공식적인 절차(소송, 법적인 청문회 등), 보도자료, 기자회견, 의도적인 행사(연설, 기념회 등)로 정의했다. 또 비공식적인 채널은 배경 브리핑, 의도적 정보제공, 전문인협회 모임과 같은 비정부기관의 회의록, 다른 뉴스조직의 기사 등을 말하고, 기획채널은 취재기자가 주도한 인터뷰, 직접 목격할 수 있는 자연적인 사건(화재 등), 독립적인 조사, 기자 자신의 결론 등을 포함한다고 했다. 기업이나 사회 각 계층의 뉴스메이커들은 언론과 관계를 관행화하려고 시도하면서, 기업 실무자는 새로운 상품을 소개하려고 기자간담회를 개최하고, 영화배우는 보도자료를 배포한다. 보도자료와 기자회견은 정보 배포를 통제하도록 해 주며, 모든 사람에게 개별적으로 전달하는 것보다 훨씬 효율적이다. 기자회견 시 관리들은 어려운 질문공세를 겪게 되지만 실제는 기자회견을 주최하는 관리들이 상황을 장악하고 있는 것이다. 질문은 어느 정도 정해져 있고, 적대적인 기자는 무시되고, 호의적인 기자는 인정받고, 어려운 질문을 피할 모호한 답변이 있다는 것이다(Shoemaker & Reese, 1996). 기자들은 여러 가지 이유로 정부의 정보원에 의존하는데, 정부는 권위 있는 정보를 손쉽게 또는 정기적으로 제공하고 있고, 이는 노력이 많이 소모되는 조사에 비해 효과적이라고 할 수 있기 때문이다.

관행적 취재원의 한 요소로 점차 중요시되고 있는 것이 전문가집단이다. 전문가집단은 기자들이 의존하는 취재원으로서 사건들을 맥락 속에서 설명해 주는 역할을 한다. 기자들은 객관성이라는 관행 때문에 전문가집단의 관점을 넘어서서 보도하기가 힘들고, 따라서 뉴스 이벤트의 의미를 이해할 수 있도록 설명해 주는 전문가집단을 찾게 된다는 것이다. 이때 어느 전문가집단을 선택하느냐에 따라 사건의 의미를 형성하는 데 중요한 영향을 미친다고 할 수 있다. 대학 교수나 연구소 박사 등 전문가집단이 기사구성에 코멘트로 자주 등장하는 것도 이와 같은 요소로 볼 수 있겠다.

## 3) 뉴스조직 차원의 요인

뉴스에 영향을 주는 요인 중 하나로 미디어 조직 차원을 들고 있다. 슈메이커와 리즈(Shoemaker & Reese, 1996/1997)는 뉴스에 영향을 주는 요인으로 미디어 조직 차원의 제작관행과 조직 자체의 정치, 경제, 사회, 문화적 가치와 성격 등을 지적했다. 그들은 구체적으로 뉴스에 영향을 주는 제작관행으로 게이트키핑, 정보원, 뉴스가치와 뉴스 구성방식 등을 예로 들었다. 반면 쉐펠(Scheufele, 1999)은 이 가운데 뉴스가치를 포함한 객관성 등의 언론 규범은 언론인 차원 요인으로 보았다.

신문의 1면 제작절차는 조직의 정책이 어떻게 뉴스 내용에 영향을 주는가를 보여주고 있다. 주간들은 여러 데스크에서 나온 기사 가운데서 1면을 장식할 기사를 결정하기 위해 회의를 한다. 주간들은 자신들의 부하직원에 의해 만들어진 기사들을 옹호한다.

언론사 내부에서 작용하는 조직 차원의 영향력은 공식적인 요소와 비공식적인 것이 있다. 공식적인 요소는 편집회의 · 기획취재 회의 · 보도내용에 대한 심의결과 등이다. 비공식적인 요소로는 조직 내의 지위 등 위계질서에 따른 상하관계 · 조직의 가치관과 규범 등이 있는데, 눈에 보이지는 않지만 기자가 취재해 작성하는 기사에 영향을 준다.

또 언론사 조직 그 자체도 기사에 영향을 준다. 대부분 미디어 조직이 추구하는 가장 중요한 목표 가운데 하나는 경제적 이윤이다. 뉴스 조직은 점차 증대되고 있는 경제적 압력에 직면하고, 언론이 결정을 내리는 데 영향을 주고 있다. 물론 조직 차원의 궁극적 힘은 소유자에게 있고 소유권이 기사에 미치는 영향이 중요한 관심의 대상이 되어 왔다. 뉴스 제작부서가 기업의 압력으로부터 보호지역이 될 수도 있지만, 고용 · 승진 · 자기검열을 통해 여전히 직간접적 영향을 받고 있다는 것이다.

기자들이 차지하던 위치에 경영인들이 들어섬에 따라 뉴스내용에 강력한 영향을 미치게 됐고, 이것이 조직 전반적 문화를 변화시켰고, 하나의 가치가 다른 가치들을 지배하게 됐다는 것이다. 갠스(Gans)가 주장했듯이 편집인은 수용자 중심인 반면, 기자들은 정보원 중심으로 생각하고 있다. 편집인들은 기자들처럼 출입처(beat)에 묶여 있지 않기 때문에 기자들이 정보원에 의해 속박당하지 않도록 도와줄 수 있다. 따라서 편집인들은 정보원들에 의해 강화되고 있는 여러 가지 일상적인 관행에 젖어 들지 말 것을 기자들에게 요구하게 되며, 심지어 기자들의 담당 출입처를 윤번제로 바꾸기도 한다(Shoemaker & Reese, 1996/1997).

언론인들은 경험이나 조직이 선택한 기사유형을 관찰함으로써 불문율화 된 조직방침을 배우곤 한다. 눈에 보이는 통제가 없다는 것이 어떠한 통제도 가해지지 않는다는 것을 의미하지는 않는다. 미디어 종사자들 스스로가 그들의 상관이 원하는 바를 찾아내어 바라는 대로 움직여 준다면 실제적인 통제가 이뤄지는 셈이다. 브리드(Breed, 1995)는 "드물게 편집방침에 반하는 기사가 데스크에 올라오면 그 기사는 수정이 가해진다. 시간 또는 지면이 없다는 핑계가 수정의 이유가 된다…"고 했다. 흥미로운 것은 기자들은 가끔 기사를 수정하라는 상관의 지시에 반대하지만, 편집인이 기사를 버리는 것은 합당하게 생각한다. 쓰는 것은 기자들의 일이지만 편집인은 발행을 결정할 수 있다. 기사를 버림으로써 편집인은 기자들이 다음부터는 기사를 스스로 검열하도록 만들 수 있다(Shoemaker & Reese, 1996/1997). 그래서 브리드 (Breed,1960)는 신문기자들의 사회화에 관한 연구에서 언론인들이 관찰과 경험을 통해 조직에서 원하는 바를 배우는 과정을 묘사했고, 신참 언론인은 자신의 지위, 규범, 가치의 권리와 의무를 내재화시킨다고 주장했다(김원용 역, 1997에서 재인용). 다시 말해 이는 기자들이 일반상식에서 벗어난 얘기를 하면 눈에 띄게 되고, 편집인은 이들의 신뢰성을 의심하며 신용할 수 있을지 의문을 갖게 된다는 것이다. 실제로 국내 기자들을 대상으로 실시한 한 조사에서는 오프라인 언론매체의 경우 국장을 포함한 편집·보도국 간부의 영향력이 신문편집 및 방송편집에 가장 큰 영향을 미치는 것으로 나타났다(황치성, 2007). 그 다음이 사주/사장, 평기자, 독자/시청자, 광고주, 사회단체/언론운동단체, 정부/정치권력 등인 것으로 나타났다. 이러한 결과만 보더라도 언론매체의 조직 차원의 요인들이 뉴스 내용에 영향을 미치는 정도가 적지 않음을 알 수 있다.

[ 표4-3 신문편집 및 방송편성에 영향력을 가장 크게 미치는 사람/집단(%) ]

| 매체 | 사주·사장 | 국장 포함 편집 보도국 간부 | 평기자 | 정부·정치 권력 | 광고주 | 이익단체 (각종 협회 등) | 시민단체 및 언론운동 단체 | 독자·시청자 | 기타 |
|---|---|---|---|---|---|---|---|---|---|
| 오프라인 | 12.2 | 61.6 | 11.0 | 0.9 | 4.9 | 0.7 | 1.3 | 6.3 | 0.4 |
| 온라인 | 16.7 | 40.0 | 21.7 | 0.0 | 10.0 | 0.0 | 0.0 | 10.0 | 1.7 |

출처: 황치성(2007), 한국 기자 여러분 무슨 고민하십니까?, 「신문과방송」 2007. 9.

오늘날 미디어 분야는 흔히 말하는 〈벽이 없는 신문〉, 즉 마케팅과 편집 분야 통합에 가까워지도록 강요받고 있다. 신문사 가운데 상당수가 뉴스 부서회의 때 마케팅과 프로모션 매니저를 포함하는 것이 상례화 되어 있다. 최근 통합뉴스 룸도 미디어 내용에 영향을 주고, 소유주의 영향력은 긍정적이거나 부정적일 수 있다. 정리하면, 뉴스 조직은 점차 증대되고 있는 경제적 압력에 직면해 이것이 결정을 내는 데 보다 큰 영향을 차지해 가고 있고, 조직의 구조화된 방식은 언론인의 직업문화에 영향을 줌으로써 뉴스 내용에 영향을 주고 있다는 것이다(Shoemaker & Reese, 1996/1997). 개인적 가치와 조직적 가치 간 충돌을 볼 수 있는데, 조직은 수용자에게 소구하고 수익을 올릴 수 있는 짧은 기사를 중시하는 반면, 기자는 창작성을 발휘할 수 있는 긴 기사를 중시한다는 것이다. 또 비언론적 관행이 편집국에까지 영향을 미침에 따라 언론의 가치는 경영(MBA)의 가치와 때로 충돌하게 된다는 것이다.

## 4) 뉴스조직 외부 차원의 요인

뉴스 내용에 영향을 줄 수 있는 뉴스조직 외부 차원의 요인으로는 미디어 간 경쟁, 광고주의 영향력, 정부의 행정적 규제나 간섭, 수용자, 경제적 환경, 홍보활동 정치 행위자들, 정치 단체를 포함한 각종 이익 집단, 정보원, 사회의 문화 규범과 도덕적 가치 등을 들 수 있다 (Shoemaker & Reese, 1996/1997; Alger, 1989; Tuchman, 1978/1995). 특히 정부 관련 사건과 정치 관련 이슈를 다룬 보도에서는 정치적 압력이 뉴스의 선택과 취재보도에 영향을 줄 수 있다. 이 경우에는 정치적 압력과 이에 따른 소속 언론사의 정치적 입장이 어떻게 연관되는가에 따라 프레임이 달리 형성될 수 있다(Alger, 1989)는 것이다.

### (1) 정보원

뉴스에 영향을 주는 뉴스조직 외부 차원의 요인 가운데 우선 정보원이 있다. 즉, 뉴스 소스로부터의 영향 역시 뉴스에 영향을 주는 중요한 요인(Manning, 2001; Shoemaker & Reese, 1996/1997, Tuchman, 1978/1995; Bennett, 1988)이라는 것이다. 베넷 (Bennett, 1988)은 정치인, 정치단체 등 외부 뉴스 소스로부터 오는 압력이 뉴스의 표준화와 관행적 제작 과정을 만들고 이 때문에 뉴스의 개인화, 극화, 파편화 등이 나타난다고 보았다. 그는 이러한 현상이 나타나는 원인으로 뉴스 소스로부터의 영향 이외에도 미디어 조직 자체의 영향과 동료 언론인의 영향도 포함시켰다. 슈메이커와 리즈 (Shoemaker & Reese, 1996/1997)는 정보원이 자신의 이해관계에 따라 정보의 확산을 활성화하거나 억제할 수 있으며, 정보원에 대한 언론인의 선택이 기사 내용을 조절할 수 있다고 보았다. 이들은 언론 인은 자신이 모르는 것을 기사에 포함시킬 수 없기 때문에, 정보원은 내용에 상당한 영향을 미친다고 분명하게 정보원의 뉴스에 대한 영향 을 밝히고 있다(Shoemaker & Reese, 1996/1997).

하지만 언론인이 모든 정보원을 동등한 수준에서 접촉하는 것은 아 니다. 경제력이나 정치력이 있는 사람들이 그렇지 못한 사람들보다 뉴 스기자들에게 더 많은 영향을 미친다(Gans, 1979)는 것이다. 어떤 정 보원을 선택하느냐에 따라 기사에 영향을 주는 것은 당연한 일이다. 정부·기업·이익단체 등 정보원들은 자신들의 이익이나 이해를 위해 직간접적으로 기사에 영향을 미치려 한다. 이들은 정보를 확산하거나 차단할 수 있고, 이러한 정보원에 대한 언론인의 선택은 기사에 영향 을 준다는 것이다.

슈메이커와 리즈(1996)는 뉴스 미디어는 보도의 정보원을 정부기관 이나 부유층, 기업, 엘리트 관료들로 선택함으로써 권력을 반영하게 되고, 반면 힘없는 사람이나 단체는 극단적 상황에 처했을 때만 뉴스 의 대상이 되는데, 주로 사회에 대한 비판자로 취급되고 있다고 지적 했다. 접근 가능성 여부로 인해 기자들은 개인적 정보원보다 조직적 정부원의 정보를 더 쉽게 이용한다는 것이다. 조직에는 일정한 근무시간과 상근직원이 있기 때문에 언론인이 정보를 얻기 쉽다. 반면에 개인은 하루 중 접촉 가능한 시간이 제한돼 있다. 더구나 개인적 정보원과 조직적 정보원으로부터 정보가 입수됐을 때 언론인은 조직의 정보를 이용할 기능성이 높다는 것이다.

언론인이 정부 관리나 경찰과 같은 공식적 정보원을 선호하는 것은 인터뷰하기 쉬울 뿐만 아니라 언론인과 편집인들은 공식적 정보원이 더 중요한 것을 말하리라고 믿고 있기 때문이며(Paletz& Entman, 1981), 이들이 사실이라고 말한 것을 그대로 받아들이는 경향이 있기 때문이다(Gandy, 1982). 그러므로 공식적 정보원을 인터뷰하는 것은 중요한 정보를 제공해 주는 특정 개인에게 집중할 수 있으며, 사실여부를 재차·삼차 확인해야 할 필요가 없기 때문에 효율적으로 업무를 수행할 수 있다(Hackett,1985; 김원용 역, 1997에서 재인용).

## (2) 홍보조직과 광고주

이익단체도 영향요소다. 이익단체들은 국민의 관심을 끌기 위해 미디어를 이용해 홍보활동을 벌인다. 이 홍보는 성공 정도에 따라 언론의 내용에 직간접적인 영향을 준다. 어떤 이익단체는 그 단체와 이해관계가 있는 주제를 보도할 때 언론에 지침서를 제공해 미디어 내용에 영향을 주고자 한다는 것이다.

여기에 홍보를 전문으로 하는 홍보조직들도 기사에 영향력을 발휘하고, 광고주와 수용자(독자)도 기사에 영향을 주는 요소다(이병종, 2007). 신문의 내용은 주요 광고주에게 영향을 받는다는 것이다. 예를 들어 대부분 지역에서 부동산업이 신문광고 수입의 큰 부분을 차지하는 것으로 나타났다. 미디어의 조직구조가 점차 복합해짐에 따라 언론인의 자율성에 대한 우려도 커지고 있다(Shoemaker & Reese, 1996/1997). 광고주는 언론이 자신과 관련된 기사를 불리하게 보도했다고 판단되면, 이에 대한 항의로 재정적 위협을 행사하게 된다(Jamieson & Campbell, 1983).

언론활동의 자율성은 특히 광고지원이 부족할 때 손상받기 쉽다. 점점 늘어가는 경향 중 하나로 일부 잡지는 적극적으로 광고주와 관련 있는 내용을 끼워서 편집하는 것을 추구하기도 한다(Shoemaker & Reese, 1996). 그래서 알철(Altschull, 1984)은 "언론의 내용은 그 언론에 현금을 지불하는(광고를 하는) 사람의 이해와 직접 상관관계가 있다. 언론은 파이프 연주자이고, 그 파이프 연주자가 연주하는 곡은 연주자에게 자금을 댄 사람들에 의해 작곡 된다"고 이야기를 했다(김원용 역, 1997에서 재인용). 따라서 신문은 광고주의 관심을 끌 수 있는 목표수용자(고소득층 전문직업인 등)에 보다 깊이 침투하기 위해 광범위한 기사를 다루고 있다. 자본의 영향력이 갈수록 커지면서 기자들이 기사 쓰는 것뿐만 아니라 비즈니스모델을 고민해야 하는 상황에

---

40) 한국기자협회보 2012년 8월 16일자. 「창립 48주년 특별좌담」.

와 있는 것이다[40]

## (3) 정부의 통제

정부의 통제도 영향을 준다. 미디어 개인 소유가 허용되고 있는 나라에서는 법, 규제, 면허, 세금 등으로 통제하고, 미디어 제도가 국영인 국가에서는 재정을 통해 통제한다. 미디어 시장 자체도 기사에 영향을 주는 외적 요인이다(이병종, 2007).

또 영향을 주는 외적 요인으로는 미디어의 보도, 경영 등과 관련해 정부 기관이 제정하는 각종 법령 등이 있을 수 있고, 개인이나 다양한 이익단체들이 미디어를 상대로 한 홍보활동, 정정보도 청구나 손해배상 및 명예훼손 고소 등 민형사상 조치도 있다(이병종, 2007). 이 밖에 영향을 주는 요소로는 미디어 시장 경쟁, 기술 등이 있다.

언론사 외적 영향력을 발생원을 기준으로 분류하면, 국가 권력·광고주 등 기업·이해단체 및 압력단체·수용자(독자)·다른 매체의 보도·사회적 공동 가치관 등이 있다(류희림, 2004; 이병종, 2007에서 재인용).

## 5) 이데올로기 차원의 요인

뉴스 내용에는 도덕적 가치, 문화 규범, 정치·경제적 가치들도 영향을 준다(Shoemaker & Reese, 1996/1997; Tuchman, 1978/1995, Hartley, 1982). 터크만에 따르면 뉴스는 개혁 또는 변화를 지향하기

보다는 현상 유지에 더 무게를 두기 때문에 뉴스의 구성방식이 제도적 관행과 형식에 정당성을 부여하는 방향으로 자리 잡는다. 슈메이커와 리즈(Shoemaker & Reese, 1996/1997) 역시 이데올로기의 영향을 설명하고 있다. 이들은 이데올로기가 직접적으로 뉴스에 부여되는 것이 아니라, 매스미디어를 구성하는 조직적·직업적·문화적 관행에 의해 구성된다고 본다. 그리고 매스미디어가 이렇게 도덕적 가치, 문화 규범 등 거시적 차원에서 이데올로기를 강조하는 것은 매스미디어가 가진 사회적 역할에 대한 압력 때문이라고 지적하고 있다.

이렇게 이데올로기 요인들은 뉴스의 내용과 프레임에 영향을 미친다.[41]

예들 들어 미국에서 기초적인 이데올로기는 자본주의 경제체제, 사유재산, 이윤추구, 자유민주주의이고 이러한 가치는 미디어를 통해 표현된다. 미디어의 이데올로기 전파는 수용자가 반향을 불러일으키는 친근한 문화 테마를 통해 묘사됨으로써 작용한다(Shoemaker & Reese, 1996/1997).

국내 언론인 의식조사 결과에서도 이데올로기가 기자가 뉴스 내용을 작성하는 데 영향을 주는 요인으로 나타나고 있다. 중앙일간지, 경제지, 닷컴신문의 경우 회사의 이념 성향과 기자 개인의 이념 성향이 다

---

41) 레이몬드 윌리엄스(Raymond Williams)는 이데올로기를 의미와 가치, 신념, 세계관 또는 계급관으로 추상화할 수 있는 비교적 공식적이며 분명한 체계로 규정하고 있다. 여기서 이데올로기란 사회를 응집·통합하는 힘으로 작용하는 상징적 기제를 의미한다.

른 매체보다 상대적으로 크게 나타나고 있는데, 이는 그 격차만큼 기자가 조직의 이데올로기 성향을 따라가고 있음을 보여주는 것이다(황치성, 2007).

슈메이커와 리즈(Shoemaker & Reese, 1996/1997)는 경제체계의 주요한 부분인 매스미디어는 경제권을 가진 사람들에 의해서는 통제되고, 경제권을 가진 지배자들의 이해관계와 부합되는 이데올로기를 유포한다고 주장했다.

또 알철(Altschull, 1984)은 미디어는 자본가의 이데올로기를 반영한다는 가정에서 출발해 다음과 같은 네 가지 미디어의 재원 형태를 생각했다. 첫째, 공식적 형태로서 미디어는 (공산사회와 같이) 정부에 의해 통제되고, 둘째, 상업적 형태로서 미디어는 광고주와 미디어 소유자의 이데올로기를 반영하고, 셋째, 이해관계의 형태로 미디어 내용은 기금단체, 즉 정당이나 종교단체의 이데올로기를 반영하고, 넷째, 비공식적 형태로서 미디어 내용은 자신들의 입장을 알리고자 하는 개인 기부자의 목표를 반영하게 된다는 것이다(김원용 역, 1997에서 재인용). 이와 같은 미디어의 재원 형태에 의한 이데올로기도 국가에 따라, 같은 국가 내에서도 시간에 따라 변화한다는 것이다.

슈메이커와 리즈(Shoemaker & Reese, 1996/1997)는 미디어 내용에 영향을 주는 다수의 복잡한 요인을 종합적으로 다음과 같이 정리했다. 미디어 내용에 미치는 일부 영향력은 의도된 것이다. 예들 들어 특정 형태의 정보원을 선호함으로써 발생하는 편견은 기업과 같은 정보원이 언론인이 좀 더 쉽게 이용할 수 있도록 보도자료를 미리 준비해 두었기 때문에 발생했다. 미디어 내용에 대한 영향은 이데올로기와 그 밖의 거시적 차원의 요인으로부터 개인 미디어의 종사자라는 미시적인 특성까지 계층적으로 정렬된다. 각 단계에는 나름대로 영향력 범위가 있으나 계층적으로 우위에 있는 단계에 종속되며 이에 한계를 지닌다. 또 언론인의 역할의식을 규명하는 것은 작업관행에 대한 사회화이다. 이러한 언론인의 관행은 조직적 기준과 목표를 달성하기 위해서이고, 이 조직적 기준과 목표의 출처는 광고주, 수용자, 정보원, 시장경제 등 이다. 이러한 미디어의 외적 요인이 미디어와 연관되어 있는 것은 미 디어의 사회적 역할에 대한 이데올로기적 · 문화적 압력 때문이다. 또 미디어 내용에 적합한 모든 것이 미디어에 실리는 것은 아니다. 게이 트키핑이라는 절차가 선택에 관여하고 있다. 미디어 관행은 미디어 종 사자의 직업을 더욱 효과적으로 만드는 방법으로 발전되었고, 미디어 조직의 궁극적 힘은 소유자로부터 나온다. 미디어는 어떤 방법으로든 통제된다는 것이다.

할린(Hallin, 1986)은 뉴스미디어가 이데올로기적 경계를 유지하는 방법을 이해하는 데 유용한 모델을 제시하고 있다. 그는 언론의 세계 를 합법적인 논쟁, 합의, 일탈의 영역으로 구분했다. 합법 영역에서 객 관성과 균형성을 도모할 수 있고, 합의 영역에서 합의된 가치에 대한 옹호자가 되는 것이고, 합법 영역 밖의 일탈의 영역에 있는 사람들이 나 사상은 사회 주류에 들지 못한다는 것이다.

>> 미국의 한 신문사 사옥 앞에 선 필자

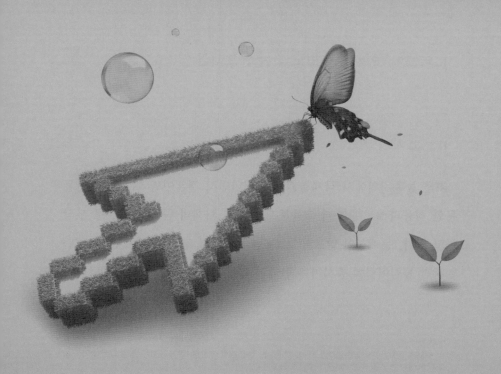

농업커뮤니케이션
어떻게 할 것인가

# 농업·농촌 관련 언론보도의
# 뉴스 프레임 연구 결과

## 1. 농촌 다문화 가족 보도의 뉴스 프레임[42]

### 1) 문제 제기

최근 농촌지역에서 국제결혼이 늘어나면서 결혼이민 여성들의 한국 문화 적응과 2세대 자녀 교육문제가 우리 사회의 중요한 이슈로 부상하고 있다. 통계청이 발표한 '2006년 혼인통계 결과'에 따르면 2006년 결혼한 농림어업에 종사하는 한국인 남성 8,596명 중 41%에 해당하는

---

42) 이 부분은 필자가 한국농촌경제연구원이 발간하는 '농촌경제' 제31권 1호에 게재한 '농촌 다문화 가족 보도의 프레임 연구'를 수정·보완한 것임을 밝혀 둔다.

3,525명이 외국인 여성과 결혼했다. 이는 2006년 외국인 여성과 혼인한 3만 208건에서 11.7%에 해당된다. 특히 시도별 혼인 중 한국인 남성과 외국인 여성의 혼인구성비는 전남(15.1%), 전북(12.9%), 경북(11.7%), 충남(10.8%), 경남(10.8%), 충북(10.3%) 등 주로 농어촌지역인 8개 도가 10%를 초과했다.

최근 농촌에서 다문화가정이 급격히 증가함에 따라 결혼이민자들이 농촌사회의 새로운 구성원으로 등장해 다양한 역할 수행이 기대된다. 이에 다문화가정의 사회 · 문화적 적응과 가족의 안정성 강화, 사회통합이 중요한 사회문제로 부상하고 있다.

2007년에 혼인한 농림어업에 종사하는 한국인 남성 7,930명 가운데 40%에 해당하는 3,172명이 외국인 여성과 결혼했다. 그중 외국인 여성의 국적별 혼인 건수는 베트남, 중국, 캄보디아 순으로 나타났다(통계청, 2008).

이렇게 국제결혼이 증가하면서 문화의 장벽을 넘지 못하고 별거를 하거나 이혼하는 경우도 발생하고 있어 극복해야 할 과제가 되고 있다. 결혼이민 가정의 이혼은 2002년 401건에서 2007년에는 5,794건으로 늘었다(통계청, 2008). 이 같은 결혼이민 가정의 이혼이나 부적응 원인은 언어, 가족생활, 문화적 차이에서 발생하는 가족 간 커뮤니케이션과 이해 부족 등이 원인으로 여겨진다(양순미, 2006).

이처럼 결혼이민 가정이 늘어나면서 문화 차이로 인해 어려움을 겪기도 한다. 어려운 여건 속에서 국적의 장벽을 넘어 결혼한 부부들이 상호

간 이해의 폭을 넓히지 못해 별거를 하거나 이혼하는 경우도 있다.

농촌에서 속속 등장하기 시작한 다문화가정이 언론의 주목을 받으면서 농민의 삶을 재조명해 주는 보도가 늘어나고 있다.

일반적으로 언론보도의 프레임은 현안 또는 쟁점 등의 현실을 사회적으로 재구성한다(Gamson & Modigliani, 1989)는 관점에서 볼 때 농촌 다문화가정에 대한 보도는 농촌과 농민을 보는 태도에 복합적으로 영향을 준다 하겠다.

기틀린(Gitlin, 1980)은 언론보도 프레임의 사회적 현실 재구성은 현실에 대한 인식·해석·선택·강조·배제를 통해 이뤄지는 지속적인 재해석의 패턴이며, 이에 따라 언어적·비언어적 담론, 즉 미디어 담론이 조직화된다고 보았다.

사회적 커뮤니케이션 과정에서 언론매체는 여론 형성과 변화에 영향을 미치므로 언론이 농촌 다문화가정을 살펴 보도하는 것은 농촌과 농민을 바라보는 국민의 시각에 영향을 미칠 것이다. 이는 언론이 보도 대상과 이슈의 특정 측면을 선택·강조·배제함으로써 실존하는 현실을 반영하기보다는 여과된 세상의 모습을 반영하는 언론매체의 사회적 현실구성(construction of reality) 때문이다.


## 2) 농촌 다문화가정

### (1) 다문화 및 다문화가정의 정의

국제결혼한 부부들은 다문화사회를 구성한다. 다문화(multi-culture)란 말 그대로 여러 문화라는 뜻으로 언어, 문화, 관습, 종교, 인종, 계층, 직업 등의 차이에서 비롯되어 발생하는 다양한 문화를 의미한다. 다문화가정은 국제결혼 등을 통해 서로 다른 국적의 배우자를 만나 결합한 가정을 말한다.

## (2) 다문화사회 이론

다문화사회를 설명하는 이론으로는 동화이론(assimilation theory), 용광로론(melting pot theory), 샐러드볼이론(salad bowl theory), 비빔밥문화론 등이 있다(김범수 외, 2007).

동화이론은 이민자들이 '접촉-경쟁-화해-동화'라는 4개 과정을 경험하면서 주류사회에 동화하며 정착하는 것으로 파악하며, 모든 이민자가 주류사회에 동화하면 모든 인종문제가 해결될 수 있다고 본다. 용광로론은 이미 기존에 존재하는 다수집단 또는 사회의 주류가 만들어 둔 기준에 알맞은 형태로 후기 이주민 또는 이주문화가 녹아드는 동화를 의미하는 것으로, 소수집단인 이민자가 다수집단이라는 커다란 주류사회 속으로 녹아서 융해된다고 본다.

샐러드볼이론은 문화다원주의이론으로 이민자는 각자 고유 언어와 문화, 정체성을 유지하면서 기존 사회에 기여할 수 있다고 본다. 샐러드볼에 담긴 샐러드 재료가 각각 고유한 모습을 유지하면서도 섞여서 맛있는 샐러드가 되는 것과 마찬가지로, 여러 인종, 여러 민족이 각자의 특성을 유지하면서 사회에 기여할 수 있다는 것이다.

비빔밥문화론은 우리나라의 비빔밥 문화가 다문화가정과의 융합을 가져올 수 있다고 본다. 비빔밥은 샐러드볼과는 스타일과 먹는 방법이 다르며, 샐러드볼보다는 비빔밥이 더 완전한 혼합과 융합을 가져올 수 있다고 본다. 결국 다문화사회 속에서는 다문화가정과 공존할 수 있는 비빔밥 문화를 정착시키는 것이 중요하다(박대식 외, 2008).

### 3) 뉴스보도의 프레임

#### (1) 뉴스 보도의 프레임 효과(framing effects of news coverage)

사람들의 머릿속에 사회 현안 또는 특정 대상을 이해하거나 수용하는 틀을 프레임(frame)이라고 할 수 있다. 프레임은 '이야기의 틀'이고, 어떻게 제시하는가(presentation)에 따라 판단과 선택에 영향을 미친다.

어떤 사안을 선택하거나 혹은 그 사안에 관한 의견을 물을 때, 그 질문을 어떤 문구로 제시하느냐에 따라 '광범위한 틀 짓기 효과'를 발견할 수 있게 된다. 따라서 미디어가 쏟아내는 뉴스에서도 비슷한 효과를 만날 수 있을 것으로 예상된다.

비판적 경향의 뉴스 연구에서는 뉴스가 '있는 그대로의 현실(the real reality)'이 아닌 '구성된 현실(constructed reality)'이며, 뉴스가 현실을 그대로 기술하는 것이 아니라 이것을 사회의 지배적 가치, 이익 및 관심에 맞추어 재구성하는 역할을 수행하는 이데올로기적 매체라는 신념을 전제로 하고 있기(Wilson& Felix, 1985) 때문이다.

아옌거와 사이먼(Iyengar & Simon,1993)은 뉴스 프레임 분석을 위해 일화중심적 프레임(episodic frame)과 주제중심적 프레임(thematic frame)을 제공했다.


① 일화중심적 뉴스 프레임

일화중심적 프레임은 구체적 사례나 특정 사건을 중심으로 공적 이슈를 틀 짓기 하는 보도방식이다. 보도방식은 구체적 사례를 현장 인터뷰를 통해 극적·시각적·묘사적 요소를 강조한다. 특정 순간을 기준으로 이슈를 묘사한다. 이를테면 테러리스트의 폭격, 집이 없는 사람, 불법 약품 사용 등이 대표적인 사례다.

일화중심적 보도는 본질적으로 이슈를 설명하는 방식이다. 텔레비전 뉴스의 속성과 최근의 뉴스 산업 경쟁 격화 영향으로 정치적 이슈에 대해서는 일화중심적 보도가 늘어나고 있다. 일화중심적 보도는 좋은 그림을 제공하는 경향이 있기 때문이다. 콘텐츠 분석 결과 실제로 방송 뉴스에서는 일화중심적 프레임이 널리 사용되고 있는 것으로 나타났다.


② 주제중심적 뉴스 프레임

주제중심적 프레임은 사회구조, 역사적 배경 등 추상적인 상황에 이슈를 위치시키는 보도의 틀이다. 보도방식은 공공 이슈를 다양한 사회 구조적 맥락과의 관계에 중점을 두어 보도한다. 보다 해석적이고 평가적 심층 분석으로 구조화돼 있다.

정치적 이슈를 적합한 맥락에 위치시킴으로써 좀 더 광범위하고 추상적으로 묘사한다. 이를테면 빈곤에 관해 주제중심적 보도를 할 때는 최근의 빈곤 비율 추세나 가난한 사람들이 가장 많이 몰려 있는 지역을 함께 제시해 준다.

### ③ 혼합 뉴스 프레임

물론 일화중심적, 주제중심적 이슈 중 순수하게 한 가지만 사용하는 사례는 드물다. 어느 실업자를 집중 조명할 경우에는 대개 전국적인 실업률 문제를 함께 다루게 마련이다. 반면 의회의 복지 프로그램 개혁 문제에 관한 뉴스에는 복지정책 수혜자 인터뷰가 보통 포함된다. 하지만 대개의 경우는 두 가지 프레임 중 하나가 지배적인 경향을 보인다.

## (2) 미디어 담론과 프레임의 구성주의적 상관성

미디어 담론은 사회적 언어를 매개로 형성된 공공담론의 텍스트적 반영으로 볼 수 있다. 담론이라는 용어의 다의성과 다원성 때문에 미디어 담론이 언어적 · 비언어적 텍스트 장르를 포괄하는 의미로 사용되기도 하지만, 언론에 연관된 때는 뉴스 담론적 개념에 이용된다(Hartley, 1982).

김원용 · 이동훈(2005)은 하틀리(Hartley)를 포함한 여러 연구자들이 논의한 공통점을 통해 미디어 담론의 속성을 다음과 같이 정리했다.

첫째, 언어를 매개로 한 사회적 상호작용을 토대로 한다.

둘째, 미디어 담론의 텍스트는 그 자체뿐만 아니라 생산과 해석 과정에 주목해야 한다.

셋째, 미디어 담론의 발화점인 텍스트는 공공담론과 구조적 등가성을 가진다. 다시 말해 미디어 담론은 사회적으로 구성된 언어에 의해 사회 현실을 재현하지만, 언어 자체가 사회를 구성한다는 점에서 텍스트적으로 공공담론 형성에 영향을 준다는 것이다.

따라서 구성주의 관점에서 보면 미디어 담론의 텍스트는 단순한 언어조합 이상의 의미를 가진다. 뉴스 담론의 경우 사회 · 문화적 맥락, 주체의 관계 등을 반영한 포괄적 재현구조를 가지기 때문이다.

### (3) 미디어 담론 관점에서 본 텍스트적 프레임 형식의 유형화

#### ① 프레임 형식의 유형화 기준

타당성 있는 보편적 프레임 형식 유형화를 위해서는 먼저 프레임의 텍스트적 속성을 사회 · 문화 배경과 맥락, 주체 간의 관계와 행위 등을 중심으로 정리하는 것이 바람직하다.

김원용 · 이동훈(2005)은 타당성 있는 보편적 프레임 유형화를 위해 기존 연구의 프레임 속성을 다음과 같이 정리했다.

첫째, 주체 사이의 관계에 초점을 두고 있다.

둘째, 행위 중심의 상황에 초점을 두는 경우가 많다.

셋째, 사회규범, 도덕, 보편가치 등의 이데올로기적 프레임의 경우 사회·문화적 맥락을 강조하되, 행위의 발화지점이 아니라 결과에서 프레임을 형성한다.

② 보편적 프레임 형식의 유형화

김원용·이동훈(2005)은 프레임의 속성을 담론관점의 사회·문화적 맥락과 배경, 관련주체 간 행위관계 등을 중심으로 재해석하면 '행위 vs 추상', '발화 vs 결과'의 두 축으로 이뤄진다고 분석하고 다음과 같이 정리했다.

김원용·이동훈(2005)은 '행위 vs 추상'의 축에서 행위는 프레임이 관련주체 간 대립, 갈등 등의 관계형태나 사건행위 자체에 초점을 두고 구성되는 경우를 말하며, 반대로 추상은 행위보다는 사건의 원인과 배경, 해결에 필요한 사회규범과 도덕, 가치 등의 추상적 차원에 해당된다고 보았다.

또 '발화 vs 결과'의 축에서 발화는 사건의 원인과 발단에 초점을 두는 경우이며, 결과는 사건이나 행위의 결과를 부각시키는 경우다. 예를 들어 갈등보도에서 자주 나타나는 관련 주체 간의 극단적 대치로 나타나는 폭력성과 일탈성은 결과에 해당한다고 설명했다.

이에 따라 김원용·이동훈(2005)은 '행위 vs 결과' 차원에서 형성된 프레임은 정황 프레임, '행위 vs 발화' 차원에서 형성된 프레임은 귀인

프레임, '발화 vs 추상' 차원에서 형성된 프레임은 배경 프레임, '추상 vs 결과' 차원에서 형성된 프레임은 가치 프레임으로 정리했다.

[ 그림5-1 프레임 유형화의 차원 ]

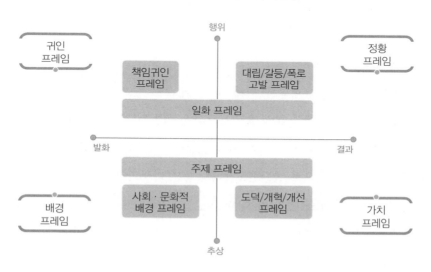

출처 : 김원용 · 이동훈(2005), 언론보도의 프레임 유형화 연구, 한국언론학보, 49권 6호, 175.

## 4) 연구문제 및 연구방법

### (1) 연구문제

주요 신문과 방송의 농촌 다문화가정 보도내용을 프레임으로 분석하고 배경을 살펴본다. 여기에서 선정된 프레임은 앞서 제시한 기본 프레임의 유형을 적용해 분석한다. 구체적인 연구문제는 다음과 같다.

△연구문제1: 농촌 다문화가정 관련 보도의 시기별 보도 건수는 어떻게 변화해 왔는가? △연구문제2: 농촌 다문화가정 보도의 프레임을 유형화하면 어떤 형태와 특성을 보이는가?

## (2) 연구방법

프레임 형식의 유형화를 위해 분석대상으로 삼은 보도주제는 농촌 다문화가정이다. 이를 분석대상으로 삼은 이유는 첫째, 농촌사회에 새로 등장한 다문화가정 보도에 사회·문화적 배경을 반영한 다양한 프레임이 형성될 것으로 판단했고 둘째, 농촌 다문화가정 보도를 맥락적 관점에서 관찰해 볼 수 있기 때문이다.

분석매체는 동아일보와 한겨레신문을 선정했다. 이는 선정된 신문의 성향으로 인한 사회·문화적 맥락과 배경, 그리고 이를 토대로 한 담론주체들의 행위관계에 대한 다양한 프레임이 형성될 것으로 보았기 때문이다. 분석 시기는 2004년부터 2007년까지다.

분석 방송은 KBS '러브인아시아' 프로그램을 선정했다. 이는 농촌의 다문화가정을 주제로 프로그램을 구성해 농촌 다문화가정과 관련된 다양한 문화가 형성될 것으로 판단했기 때문이다.

분석 기간에 따라 한국언론재단 뉴스 검색 사이트인 카인즈(www.kinds.or.kr)를 통해 기사 제목과 본문에 '국제결혼', '농촌+국제결혼', '다문화', '농촌+다문화'를 키워드로 검색했다. KBS '러브인아시아'는

KBS 홈페이지(http://www.kbs.co.kr/1tv/sisa/loveasia) 프로그램 내용을 분석했다.

### (3) 분석방법

본 연구에서는 가능한 한 보도형식의 프레임 코딩 과정에서 기사들을 일화중심적 프레임이나 주제중심적 프레임 유형으로 분류하고자 했다. 이는 분석 유용성을 높이려는 것이다.

보도형식이 다양한 사회구조적 맥락 속에서 농촌 국제결혼과 관련된 쟁점의 심층적 원인진단 및 대안제공이 포함된 기사의 경우 주제중심적 프레임으로 간주했다.

반면 보도형식이 사안에 관한 단순한 보고, 과정에 대한 기술적 설명, 실태에 대한 단순한 정보제공에 머물고 있는 기사 등은 일화중심적 프레임에 포함했다.

이와 함께 혼합 프레임에는 주제중심 또는 사건중심의 어느 한쪽으로 선명하게 구분되지 않고 두 가지 유형이 혼재하는 경우를 포함시켰다.

### 5) 연구결과

특정한 프레임을 사용해 구성된 스토리는 수용자의 인식에 영향력을 행사해 주어진 사건이나 쟁점에 관해 일정한 유형의 판단이나 의견을 유발시킨다고 많은 연구가 지적하고 있다. 갈등보도에서 특정 뉴스 프

레임 사용은 한 집단의 정통성 획득을 촉진시킬 수도 있고, 장애물로
작용할 수도 있다.

(1) 농촌 다문화와 관련한 보도 건수가 점차 늘고 있다

기사 제목과 본문에 키워드 '국제결혼'으로 검색한 결과, 동아일보와
한겨레신문 모두 보도 건수가 〈표5-1〉과 같이 해마다 늘어나는 추세
를 보였다.

[ 표5-1 '국제결혼'으로 검색한 연도별 보도 건수 ]

| 구 분 | 동아일보 | 한겨레신문 |
|-------|----------|------------|
| 2004년 | 7건 | 13건 |
| 2005년 | 26건 | 30건 |
| 2006년 | 58건 | 62건 |
| 2007년 | 42건 | 62건 |

이어 좀 더 구체적으로 농촌 다문화와 관련된 보도 건수를 알아보기
위해 기사 제목과 본문에 '농촌+국제결혼'으로 검색한 결과, 역시 연도
별 보도 건수는 〈표5-2〉에 나타난 것처럼 증가추세가 뚜렷했다. 신문
사별로 동아일보는 2005년 7건에 불과했으나 2006년은 13건, 2007
년은 14건이었다. 한겨레신문은 2004년 3건에서 2005년 5건, 2006
년 14건, 2007년은 26건에 달해 동아일보보다 보도 건수가 많았다.

[ 표5-2 '농촌+국제결혼'으로 검색한 연도별 보도 건수 ]

| 구 분 | 동아일보 | 한겨레신문 |
|---|---|---|
| 2004년 | 0건 | 3건 |
| 2005년 | 7건 | 5건 |
| 2006년 | 13건 | 14건 |
| 2007년 | 14건 | 26건 |

기사 제목과 본문에 키워드로 '다문화'를 검색한 결과, 역시 연도별도 증가추세가 〈표5-3〉에서처럼 뚜렷해 다문화가 보도의 한 형태로 확산하고 있음을 알 수 있다.

[ 표5-3 '다문화'로 검색한 연도별 보도 건수 ]

| 구 분 | 동아일보 | 한겨레신문 |
|---|---|---|
| 2004년 | 6건 | 11건 |
| 2005년 | 14건 | 14건 |
| 2006년 | 29건 | 39건 |
| 2007년 | 68건 | 108건 |

농촌과 관련된 다문화 보도 건수를 알아보기 위해 '농촌+다문화'로 검색한 결과, 보도 건수는 '다문화'에 비해 크게 줄었지만, 연도별로는 〈표5-4〉에 보여주듯 증가추세를 보이고 있다. 농촌의 다문화와 관련된 보도 건수는 동아일보와 한겨레신문 모두 2007년에 많았다.

[ 표5-4 '농촌+다문화'로 검색한 연도별 보도 건수 ]

| 구 분 | 동아일보 | 한겨레신문 |
|---|---|---|
| 2004년 | 0건 | 0건 |
| 2005년 | 1건 | 0건 |
| 2006년 | 0건 | 3건 |
| 2007년 | 12건 | 14건 |

## (2) 농촌 다문화와 관련한 보도내용 분석

'농촌+국제결혼'을 키워드로 기사 제목과 본문 내용을 검색해 나온 내용을 분석해 본 결과, 〈표5-5〉, 〈표5-6〉, 〈표5-7〉, 〈표5-8〉, 〈표5-9〉, 〈표5-10〉에서처럼 과거 일반기사 중심에서 최근은 일반기사·특집기사·기획기사·사설·칼럼·전문가 기고 등으로 농촌 국제결혼을 다양한 형태로 보도하고 있다.

기사 내용도 다문화가족에 대한 단순 사실보도 중심에서 다문화가족의 국내 정착을 위한 지원과 대안 제시 등으로 이동하고 있다.

[ 표5-5 '농촌+국제결혼'으로 검색한 동아일보 2005년 보도내용 ]

| 기사 종류 | 일자 | 기사 제목 | 기사 내용 |
|---|---|---|---|
| 칼럼 | 7.9 | 국제가족 | 농촌 총각 국제결혼 증가 추세. 한국에서 혼혈인 삶은 고통의 연속. 그들의 딱한 처지에 눈을 돌려야 |
| 기획기사 | 7.15 | 한국에 시집 왔어요. 농촌의 외국인 신부들 〈상〉 30·40대 6쌍 중 절반이 국제결혼 | 국제결혼이 농촌에서 낯선 풍경이 아니다. 절반이 넘는 여성 이민자가 한국어 의사소통, 가치관 차이로 어려움 호소 |

| 기획기사 | 7.16 | 한국에 시집 왔어요. 농촌의 외국인 신부들 〈하〉 이방인 새댁 힘겨운 뿌리내리기 | 고통받는 농촌의 외국인 신부. 외국인 신부 4명 중 1명이 남편에게 구타당해 |
|---|---|---|---|
| 칼럼 (기자의 눈) | 7.18 | 농어촌 '코시안'에게 희망을 | 외국인 신부들은 농촌에서 더 이상 낯설지 않은 이웃. 외국에 가서 신부를 데려올 수밖에 없는 한국 농촌 남성, 부모 형제를 떠나 먼 나라로 시집온 외국 여성. 그 사이에 태어난 코시안들이 두루 행복한 사회 |
| 일반기사 | 8.25 | 동남아 외국 여성 국제결혼시 신랑 재력, 가족 꼼꼼히 따져 | 필리핀, 베트남 등 동남아시아 국가들이 자국 여성 보호를 위해 국제결혼 절차 강화. 속 끓이는 농촌 남성 증가 |
| 독자 편지 | 11.4 | 외국인 이주 여성들 배려를 | 국제결혼 남편이 아내를 학대하거나 폭행해 도움을 요청하는 건수 증가 |
| 특집기사 | 11.25 | 日 야마기타 현에 부는 '한류김치바람' | 한국 며느리들이 농촌에서 제2의 삶 증가 |

[ 표5-6 '농촌+국제결혼'으로 검색한 동아일보 2006년 보도 내용 ]

| 기사 종류 | 일자 | 기사 제목 | 기사 내용 |
|---|---|---|---|
| 일반기사 | 2.26 | 전북 장수 천천초등학교 92명 중 20명이 혼혈학생 | 농촌 총각들이 국내에서 신부를 구하기 어려워 동남아시아 여성과 결혼하는 사례가 늘면서 농어촌 소재 학교에 코시안 급증 |
| 전문가 기고 | 2.28 | 국내 70만 외국인 전담 기구 만들자 | 국제결혼 여성 증가로 이들의 사회적응 및 통합문제 사회적 이슈 |
| 일반기사 | 3.9 | 중국인 신부 얻기 힘들 듯… 中 외국인 남성 재산 증명 제출 의무 촉진 | 한국 농촌 총각이 중국 여성을 아내로 맞이하기 쉽지 않을 듯. 중국인민정치협상회의가 국제결혼 법규 대폭 강화 추진 |

| 일반기사 | 4.18 | 경북 거주 외국인 1%선<br>2만 4천 명 | 국제결혼을 통한 이주자 2,834명, 국제결혼으로 태어난 자녀 1,573명 |
|---|---|---|---|
| 일반기사 | 5.29 | 지방선거 D-2, 유권자 시<br>선끌기 총력전 | 전북 남원시장 선거에 출마한 후보는 농촌 총각 장가보내기 위한 맞선 주선과 비용지원 등 국제결혼사업 추진 공약 |
| 일반기사 | 6.9 | 경북, 결혼이민자 지원센터 설립 | 국제결혼으로 정착한 여성을 위한 결혼이민자 가족지원센터를 설립 |
| 인터뷰<br>기사 | 9.4 | 이 사람 – 중부대 한국어학과 최태호 교수 | 농촌 국제결혼 여성들에게 한국 적응 지원 소개 |
| 일반기사 | 10.2 | 외국인 주부여성 이젠 울지 말아요! | 지자체와 농협이 농어촌으로 시집온 외국 여성들을 위해 교육, 친정어머니 인연 맺어주기 사업 추진 |
| 일반기사 | 10.12 | 경북 영천, 농촌 총각<br>장가보내기 | 국제결혼 농촌 총각 1인당 500만 원 지원 |
| 일반기사 | 11.10 | 예천, 농촌 총각 장가<br>보내기 무산 위기 | 베트남의 결혼 강화 절차로 농촌 총각 결혼 주선 사업 위기 |
| 일반기사 | 12.8 | 왜 팔려온 여자 취급하나 – 선정적 국제결혼 현수막에 분노 | 지역여성단체가 국제결혼 알선업체들이 내건 현수막 폐기 |
| 칼럼 | 12.9 | 외국인 신부 | 농촌 총각과 외국인 처녀 결혼 과정에서 반인격적 행위 |
| 일반기사 | 12.20 | 지자체 이색 지원 2제 | 전북 임실군이 국제결혼 하는 농촌 총각에 결혼비용 지원 |

[ 표5-7 '농촌+국제결혼'으로 검색한 동아일보 2007년 보도내용 ]

| 기사 종류 | 일자 | 기사 제목 | 기사 내용 |
|---|---|---|---|
| 일반기사 | 1.19 | 충북 괴산군, 농촌 총각 국제결혼 땐 500만 원 지급 | 농촌의 고령화와 총각들의 결혼문제 해결 위해 국제결혼 하는 미혼 남성에게 1인당 500만 원 지원 |
| 일반기사 | 1.22 | 아모레 퍼시픽, 외국인 이주 여성 국내 정착 지원 | 이주 여성 대상 메이크업 강좌 |
| 칼럼 | 2.21 | 국사와 한국사 | 탈민족주의를 둘러싼 논쟁, 과잉민족주의를 넘어서지 못하면 선진국 일원이 될 수 없다 주장 |
| 일반기사 | 2.22 | 단체장·광역의원 재산 중앙정부서 심사 | 행자부, 외국인 배려 위해 지자체에 보통교부세 내려 보낼 때 그 지역에 거주하는 외국인 수를 반영해 산정 |
| 일반기사 | 3.6 | 국제결혼 가정 자녀, 폐교 위기 농어촌 초등교 희망으로, '제가 섬마을 학교 복덩이래요!' | 경남 통영시 산양초등학교 학림분교 사례 소개. 전교생 8명 중 4명이 국제결혼 자녀 |
| 일반기사 | 4.16 | 농촌 '묻지마 국제결혼' 이혼 급증 | 대법원, 국제결혼 이혼 건수 분석자료 인용해 외국인 배우자와 이혼한 건수는 618건으로 2005년에 비해 47% 급증 |
| 사설 | 4.21 | 결혼이민자 가정에 길잡이 될 'e배움' | 국제결혼 증가로 가정 형태가 바뀌고 있으나 인식과 제도는 변화를 따라가지 못해 가정의 불안정과 결혼 이민자의 고통이 크다 |
| 칼럼 | 4.24 | 한국 속의 버지니아 | 자신뿐만 아니라 타자를 존중하는 태도가 다인종, 다민족, 다문화, 다종교라는 문명이 가능하게 했다 |
| 일반기사 | 6.15 | 전북 국제결혼 가정 학생 1년 새 32% 늘어 | 전북도교육청, 국제결혼 자녀 초중고교생 1,080명 |

| 일반<br>기사 | 8.8 | 외국인 이주 여성 14명,<br>'고마워요 농협' | 충북농협이 농촌이주 여성가족에 '여성 결<br>혼이민자 모국 방문 항공권 기증식' 가져 |
|---|---|---|---|
| 칼럼 | 8.13 | 유엔 도마 위에 오른 한<br>국 혼혈 문제 | 농촌 중심으로 국제결혼 크게 늘고 있어<br>순수 혈통 강조하다 보면 2세들에 대한 차<br>별로 이어질 수 있다 |
| 칼럼 | 8.21 | 단일민족 집착에 상처받<br>는 외국인 부부 | 농촌지역 국제결혼 차별사례 예를 든 후<br>한국문화에 충격 없이 적응할 수 있도록<br>도와줘야 한다고 주장 |
| 특집<br>기사 | 9.15 | 아시아, 다인종 융합사회<br>로 당신을 환영합니다. 우<br>리 함께 손잡아요 | 순혈주의와 단일민족의 고정관념에서 벗<br>어나 다민족사회를 받아들일 수 있는 자<br>세와 인식전환 필요 |
| 일반<br>기사 | 12.25 | 경남 농촌 총각 국제결혼<br>내용 600만 원 지원 | 만 35세 이상 농촌 총각의 국제결혼 비용<br>지원금 500만 원에서 600만 원으로 인상 |

[ 표5-8 '농촌+국제결혼'으로 검색한 한겨레신문 2005년 보도내용 ]

| 기사 종류 | 일자 | 기사 제목 | 기사 내용 |
|---|---|---|---|
| 일반기사 | 6.28 | 농어촌 총각 27% 외국<br>인 각시 | 2004년 결혼 농어민 남자 4명 중 1명이 국<br>제결혼. 남자의 직업이 농어업이라는 이유<br>로 이혼율도 특별히 높지 않아 |
| 독자<br>기자석 | 7.6 | 외국인 농촌 주부 배려를 | 농촌 주부들을 이상한 시선으로 보지 말고<br>진정 우리의 이웃으로 배려를 |
| 독자<br>기자석 | 8.13 | 농촌 총각 국제결혼 배<br>려를 | 국제결혼 이후 외국인 주부가 가출 잠적.<br>정책적 배려를 |
| 일반기사 | 10.29 | KBS스페셜, 국제결혼을<br>보고서-나는 한국인으로<br>살고 싶다 | 외국인 며느리 25% 우울증 등 |
| 일반기사 | 11.10 | 당신도 만나보실래요 | 한국방송 '러브인아시아' 농촌 남성과 결<br>혼해 그릇된 선입견과 싸우며 살고 있는<br>외국인 여성들 |

[ 표5-9 '농촌+국제결혼'으로 검색한 한겨레신문 2006년 보도내용]

| 기사 종류 | 일자 | 기사 제목 | 기사 내용 |
|---|---|---|---|
| 칼럼 | 2.9 | 하인즈워드, 한국엔 없다 | 국가와 지자체는 이 땅에서 태어나고 자란 혼혈인이 차별받지 않고 제대로 교육받고 성장할 수 있도록 지원해야 |
| 일반기사 | 2.16 | 하인즈워드에 열광하는 한국, 정작 교육현장에서… 단군자손 순혈주의만 강조 | 교육현장, 열린 민족교육보다 단일민족 강조하는 배타적 민족교육 관성 이어져 |
| 사설 | 4.10 | 법 제정으로 끝낼 일 아닌 혼혈인 대책 | 정부여당이 국제결혼가정 차별금지법 만들기로 |
| 특집기사 | 5.15 | 대학, 세계로 도약으로 | 국제결혼 아이들에게 미술수업 |
| 일반기사 | 5.23 | 한국에서 새 삶에 자신감 얻었죠 | 전북 장수군 논실마을학교, 국제결혼가족을 위한 프로그램 성과 |
| 사설 | 5.27 | 진전 있으나 미진한 정책 | 농촌을 중심으로 급속하게 확대되고 있는 국제결혼도 다문화 시대를 대비한 정책의 시급성을 보여 준다 |
| 일반기사 | 6.29 | 지자체 국제결혼 지원 사업 시끌 | 지자체가 예산을 들여 농어촌 총각들의 국제결혼을 주선하는 과정에서 갖가지 부작용 |
| 일반기사 | 8.31 | 이 사람–필리핀 부인 정착에 애쓰는 공무원 | 갈수록 국제결혼 늘어 외국인 아내와 2, 3세의 문제가 예상되는 만큼 외국인 아내 등에 대한 대책 시급 |
| 독자 칼럼 | 10.21 | 코시안이라 말하지 말자 | 한국인과 외국인 사이에 태어난 아이들을 코시안이라고 구별해 버리면 그들은 '우리'가 될 수 없다 |
| 일반기사 | 11.11 | 지자체들 정착 지원 활기, 마음의 벽 허물기 '한국 아줌마 다 됐어요' | 한국으로 시집온 이주여성 등 외국인 이주자의 정착을 돕는 사회단체의 활동과 정부 정책이 늘면서 다문화사회가 빠르게 자리 잡아가 |

| 사설 | 11.13 | 결혼 이주 여성 대책 중간 점검이 필요하다 | 정부가 마련한 여성 결혼이민자 및 혼혈인, 이주자 사회통합 대책 중간 점검하고 추가 대책 마련해야 |
|---|---|---|---|
| 일반기사 | 11.15 | 농촌 국제결혼 세미나 | 농촌진흥청, 농촌 국제결혼가족 정착방안 세미나 |
| 일반기사 | 12.8 | 우리는 사고파는 물건이 아닙니다 | 충남 홍성 시민단체, 국제결혼 알선업자들이 내건 펼침막을 떼어내 찢었다 |
| 일반기사 | 12.20 | 짝 맺기, 아이 낳기, 팔 걷는 지자체 | 전북 임실군, 농촌 총각 국제혼인 사업지원 조례안 상정 |

[ 표5-10 '농촌+국제결혼'으로 검색한 한겨레신문 2007년 보도내용 ]

| 기사 종류 | 일자 | 기사 제목 | 기사 내용 |
|---|---|---|---|
| 일반기사 | 1.6 | 결혼이민 여성들 걱정 덜어 드립니다 | 경북도 여성 결혼이민자 종합지원대책 발표 |
| 칼럼 | 1.8 | 이주여성도 소중한 우리 가족 | 이주여성들이 이 땅에서 마음을 열고 정을 나누며 살 수 있도록 구체적이고 현실적인 도움을 줘야 |
| 특집기사 | 2.2 | 국제결혼 이주자 다문화 사회 디딤돌 준비 없는 도전자들 | 결혼이주자들은 누구이고 어떤 어려움을 겪고 있으며 해결한 방안은 무엇인지 결혼이민자 주요 배출국인 베트남 등을 취재 |
| 일반기사 | 3.22 | 농촌 총각 장가비용 500만 원 드려요 | 충북 괴산군 농촌총각 결혼비용 500만 원씩 지원 |
| 일반기사 | 4.16 | 국제이혼 작년 6,187건 해마다 30~40% 늘어 | 농촌 총각 10명 중 4명이 외국인과 결혼하는 등 국제결혼 급증 속에서 국제이혼도 늘어나 |
| 사설 | 4.17 | 국제결혼, 이제 내실에 힘쓰자 | 지자체들은 국제결혼가정이 잘 정착할 수 있도록 돕는 일에 힘써야 |

| 일반<br>기사 | 4.19 | 55살 이상 황혼이혼 급증 | 국제결혼 증가에 따라 외국인 배우자와 이혼 급증 주로 농촌 지역에서 이혼이 많아 |
|---|---|---|---|
| 일반<br>기사 | 5.10 | 결혼이민자 심포지엄 온 일본공무원 | 외국인 이민자들도 정책 결정에 참여할 수 있는 길 열어 줘야 |
| 일반<br>기사 | 6.8 | 지자체, 농촌총각장가보내기사업/결혼알선업체만 배불린다 | 농촌 총각 장가보내기 사업으로 총각 1인 당 500만 원씩 지원했지만 대부분이 중개 업체 통장에 들어가 |
| 일반<br>기사 | 6.20 | 경북 결혼이민가구 42%, 최저생계비 이하 | 결혼이민 전체 가구의 41.9%가 최저생계비 이하 소득 |
| 일반<br>기사 | 7.4 | 국제결혼하면 300만 원 준다? | 청원군의회, 국제결혼하면 결혼비용 300만 원 지원 |
| 인터뷰<br>기사 | 7.17 | 국제결혼여성총연합회장, 국제결혼여성 차별금지법제정 | 한국에서 차별금지법이 빨리 제정돼야 한다 |
| 일반<br>기사 | 7.24 | 다문화가정 행복,<br>남편 하기 나름이라고요 | 국제결혼 한 한국남성들을 대상으로 이주여성과 행복한 결혼생활을 위한 프로그램 운영 |
| 일반<br>기사 | 7.31 | 국제결혼 농촌 노총각에 지원금 | 경남 함양군, 농촌 총각 가정이루기 사업 지원금 신청받아 |
| 칼럼 | 10.17 | 다민족사회 '새가족'에 투자를 | 외국인에게 시급한 한국어 교육을 각 지방자치단체의 책임 아래 시행을 |
| 칼럼 | 10.31 | 다문화는 부르짖는 게 아니다 | 우리가 추구해야 할 다문화는 인간 중심의 문화이다 |
| 일반<br>기사 | 12.4 | 경북 농어민 남성 절반이 국제결혼 | 지난해 경북에서 혼인 신고한 남성 농어민 2명 중 1명이 외국인 여성과 결혼 |
| 일반<br>기사 | 12.14 | "여성 비정규직 차별 등 사회인식이 제도 못 따라" | 베트남 정부에서 국제결혼중개업을 금지하는 와중에도 국내 지자체들은… |

※ 농촌의 국제결혼과 직접 관련 없는 기사는 분석대상에서 제외.

(3) 농촌 다문화 관련된 보도의 뉴스 프레임 분석 결과

① 일화중심적 뉴스 프레임에서 주제중심적 뉴스 프레임으로 이동

농촌 다문화와 관련된 보도의 프레임을 분석한 결과, 일화중심적 사건보도에서 벗어나 시간이 지나면서 주제중심적 긍정 프레임이 증가하고 있는 것으로 나타났다. 동아일보의 경우 〈표5-11〉에서처럼 '농촌+국제결혼' 보도 중 2006년은 일화중심적 뉴스 프레임이 많았지만, 2007년은 주제중심적 뉴스 프레임이 많은 것으로 나타났다.

[ 표5-11 '농촌+국제결혼' 보도 프레임 분석(동아일보) ]

| 구 분 | 일화중심 | 주제중심 | 혼합 | 계 |
|---|---|---|---|---|
| 2005년 | 2건(28.5%) | 3건(43%) | 2건(28.5%) | 7건 |
| 2006년 | 9건(69%) | 4건(31%) | 0건 | 13건 |
| 2007년 | 6건(42.9%) | 7건(50%) | 1건(7.1%) | 14건 |

한겨레신문의 경우도 〈표5-12〉에서처럼 2005년은 일화중심이 압도적으로 많았지만, 2006년과 2007년은 주제중심이 더 많아졌다.

[ 표5-12 '농촌+국제결혼' 보도 프레임 분석(한겨레신문) ]

| 구 분 | 일화중심 | 주제중심 | 혼합 | 계 |
|---|---|---|---|---|
| 2005년 | 4건(80%) | 1건(20%) | 0건 | 5건 |
| 2006년 | 4건(30.8%) | 8건(61.5%) | 1건(7.7%) | 13건 |
| 2007년 | 8건(44.4%) | 10건(55.6%) | 0건 | 18건 |

② 공론장 수행의 역할로 나아가

주제중심적 뉴스 프레임이 많아짐에 따라 배경과 맥락을 제공함으로써 농촌 국제결혼 문제에 대한 언론의 공론장 역할 수행도 점차 늘어나고 있다. 이러한 보도는 '하인즈 워드'가 모국인 한국을 방문한 2006년 이후에 더욱 두드러지게 나타났음을 알 수 있다. 동아일보와 한겨레신문 모두 2006년 이후에 주제중심적 뉴스 프레임이 늘어났기 때문이다.

따라서 이제 농촌 국제결혼과 관련된 보도는 그때그때 발생하는 사건에 주목하는 사건중심 프레임으로 농촌 국제결혼의 본질을 이해하고 판단할 수 있는 내용이 배제되거나 전체적인 맥락과 연결되지 않은 형태로 제시되던 형태에서 벗어나 공론장 역할 수행으로 확산하고 있음을 보여 준다.

### (4) KBS '러브인아시아' 내용분석

#### ① 첫 회 방영분 내용 분석

첫 회는 2005년 11월 5일 토요일 오후 5시 10분부터 방송됐다. 출연자는 필리핀에서 한국 농촌으로 시집온 아나벨 수미레카스트로(당시 38세)와 그 가족이다. 내용은 다음과 같다.

아나벨이 10년 전 3년 동안 주고받은 연애편지의 추억을 들고 생면부지인 한국을 찾아왔다. 10년 동안의 한국생활은 그녀를 전라도 아줌마보다 억척스러운 농부의 아내로 바꿔 놓았다. 농사지으랴, 삼 남매 키우랴, 시어머니 극진히 모시랴, 하루해가 짧다는 대한민국 모범주부 아나벨의 사연을 소개했다.

② 첫 회 방영분 스토리 구성

• 1단계: 그녀는 이렇게 살았다

재연과 인터뷰 방식을 동원, 필리핀에서 한국까지 시집오게 된 사연과 한국 문화에 적응하기 위한 아나벨의 좌충우돌 한국 적응기를 담고 있다. 편지 한 통으로 시작된 아나벨 부부의 러브스토리 및 남편이 벌인 3년간의 핑크빛 구애작전, 남편 정씨 집안의 떳떳한 안주인이 되기까지의 사연을 주인공의 생생한 인터뷰와 코믹 재연을 통해 풀어가고 있다.

• 2단계: 통(痛)아시아

마을 사람들이 아나벨의 고향인 필리핀에 대해 알아보고 서로가 화합하는 장을 마련한다. 이를 통해 아나벨이 지역사회 구성원으로 인정받는 계기를 마련하고자 한다. '도전 아나벨', '씨네마을 아나벨', '아나벨의 고향, 필리핀에 대한 릴레이 퀴즈', '아나벨의 필리핀 음식 접대' 등 4개 코너로 구성됐다.

먼저 '도전 아나벨' 코너에서는 도전 골든벨 형식으로 아나벨에 대한 마을 사람들의 인지도를 조사한다. '씨네마을 아나벨' 코너에서는 아나벨이 살던 필리핀 고향 마을 사람들과 친구들의 이야기를 통해 아나벨의 젊은 시절을 들려주는 영상편지로 구성됐다.

• 3단계: 고향에서 온 편지-필리핀 편

제작팀이 직접 아나벨의 한국생활 근황과 가족 인사말을 담아 필리핀 고향에 있는 아나벨 친정 가족을 만난다. 친정 부모의 반응과 형제들이 보내는 영상 메시지를 아나벨에게 선물한다.

- 4단계: LOVE IS…

한국에서의 행복한 삶을 위해 부부의 사랑과 믿음을 재확인하는
코너다.

- 5단계: 마지막 단계

프로그램에 참여한 외국인 며느리 가정에 특별한 선물을 제공한다.
친정으로 가는 항공권을 가족 모두에게 제공한다.

③ 분석 결과

KBS가 '러브인아시아'의 기획의도를 통해 밝힌 것처럼 국경을 넘어
꿈과 사랑을 이루고자 한국 땅을 찾은 아시아인들을 따뜻한 시각으로
조명하고, 그들의 삶에 바짝 다가가서 한 가정의 구성원과 지역사회의
일원으로 인정받는 계기를 마련하고 있다. 따라서 '러브인아시아'는 주
제중심적 뉴스 프레임을 사용하고 있다고 볼 수 있다.

## 6) 결론 및 제언

본 연구는 언론보도가 현실을 반영하는 데 그치지 않고 선택과 배제
를 통해 사회현실을 구성하고 특정한 이데올로기를 생산한다는 데 인
식을 두고 출발했다. 따라서 농촌 국제결혼과 관련된 보도가 다문화가
정에 대한 인식의 틀을 제공할 것이라는 점을 전제로 했다.

연구 결과, 농촌지역의 국제결혼이 증가함에 따라 농촌 다문화와 관련된 언론보도 건수가 해마다 늘어나면서 농촌 다문화가 언론보도의 한 형태로 자리 잡아가고 있음을 알 수 있다. 또 기사 형태도 과거 일반기사(스트레이트기사) 중심에서 최근에는 일반기사 외에도 기획기사·특집기사·사설·칼럼·전문가기고 등으로 다양화되고 있다.

특히 농촌 다문화와 관련된 언론보도 프레임 연구 결과, 분석 기간 중 초창기인 2005년에는 단순보도 형태의 일화중심적 뉴스 프레임(episodic frame)이 주를 이뤘지만, 2006년 이후부터는 주제중심적 뉴스 프레임(thematic frame)으로 이동하고 있는 것으로 나타났다.

이에 따라 언론의 농촌 다문화가정 보도 프레임이 단순한 사안 보고나 과정에 대한 기술적 설명, 실태에 대한 단순 정보 제공에서 벗어나 다양한 사회구조적 맥락 속에서 농촌 국제결혼과 관련된 쟁점의 심층적 원인진단 및 대안제공으로 확산하고 있다.

이는 농촌 다문화가정에 관한 이해를 높이고 국내 정착에 필요한 지원 등을 이끌어 내는 데 영향을 주고 있어, 농촌 다문화가정 보도에 관해 언론이 공론장 역할을 일정 부분 수행하는 것으로 판단된다.

그럼에도 사회·문화적 배경으로 발생한 현안 보도 프레임을 보편형식의 프레임으로 설명하는 것이 상황적 특수성에 따른 맥락 차이에 의한 프레임의 내용적 특성을 포괄할 수는 없다는 한계를 갖고 있다.

농촌사회는 앞으로도 국제결혼이 계속되고 이에 따라 국제결혼 한 부부 사이에 태어난 자녀 수는 더욱 늘어 본격적인 다인종·다문화 사회로 접어들 것으로 전망된다. 이 같은 농촌 다문화사회에 대한 언론 보도를 토대로 몇 가지 제언을 하고자 한다.

단일민족과 문화로 구성된 우리 사회도 이제 인종과 문화적 다양성을 받아들이는 열린 마음이 필요하다. 특히 이질적인 인종과 문화에 대해 배타성이 상대적으로 강한 농촌사회에서는 공생을 위한 본격적인 준비가 시급함을 예고하고 있다.

첫째, 다인종 · 다문화 시대에는 상호 차이를 인정하는 것이 중요하다. 서로 차이를 인정하고 이를 사회 발전의 힘으로 끌어내는 지혜를 갖는 게 무엇보다 중요하다. 차별과 배제를 정당화하는 제도와 관행을 개선하는 것은 하루도 미룰 수 없는 시대적 사명이다.

둘째, 다양한 프로그램 제공이 필요하다. 국제결혼 부부를 대상으로 언론, 가족생활, 문화 격차를 해소하고 적응을 지원하는 프로그램이 매우 필요하다.

셋째, 국제결혼 부부의 자녀 교육에 관심을 쏟아야 한다. 농어촌지역 초등학교에는 이미 국제결혼 자녀가 많이 진학하고 있는 만큼 학교교육도 달라져야 한다. 국제결혼에 관한 올바른 인식에서부터 국제결혼을 희망하는 외국인에 대한 체계적인 한글 · 전통문화 교육, 상담, 복지지원 등이 종합적으로 이뤄져야 한다.

넷째, 범정부 차원의 국제결혼 여성 종합대책 마련이 중요하다. 외국 신부를 대상으로 한국어와 문화, 2세 교육 등에 정부와 지자체가 적극 나서야 한다. 국제결혼 한 외국 여성들에게 범정부 차원의 종합지원

대책이 필요하다.


## 2. 한미 자유무역협정 관련 농업보도의 프레임 연구[43]

농업 이슈 관련 언론보도의 뉴스 프레임은 어떻게 나타나고 그 형성에는 어떠한 요인이 영향을 미치고 있을까. 특히 한미 FTA와 관련해서도 일반 수용자는 언론 이외에는 해당 이슈에 대한 정보를 접할 방법이 마땅치 않기 때문에 언론의 영향력은 당연히 높을 수밖에 없다. 농업 이슈에 대한 언론의 해석방식은 수용자의 현실 인지 방향에 영향을 주게 된다. 이러한 역할을 하는 것이 바로 프레임이다. 따라서 한미 FTA 관련 농업 이슈 보도의 뉴스 프레임이 어떻게 나타나고 그 형성 과정에 어떠한 요인들이 영향을 주었는가를 살펴보는 것은 언론의 뉴스 프레임 형성과정을 보다 심도 있게 살펴볼 수 있는 계기가 될 것이다.


### 1) 분석대상 및 분석기간

먼저 농업 이슈 보도의 분석대상으로는 조선일보, 한겨레신문, 매일경제신문, 농민신문 등 4개를 선정했다. 그 이유는 조선일보, 한겨레

---

43) 이 부분은 필자의 성균관대 대학원 신문방송학과 박사학위 논문 〈한미 자유무역협정 관련 농업보도의 프레임 연구: 매체별 비교와 프레임 형성 배경을 중심으로〉를 요약·정리한 것임을 밝혀 둔다.

신문, 매일경제신문, 농민신문은 각각 보수와 진보, 제조업과 농업 등 해당산업을 대표하는 신문으로서 보도 프레임이 다를 것으로 판단했기 때문이다. 즉 이들 매체는 사회·문화적 맥락과 배경, 그리고 이를 토대로 한 담론 주체의 행위관계에 대한 다양한 프레임이 형성될 것으로 예상됐기 때문이다. 또 보도 프레임 관련 연구의 외연을 확장하고 텍스트 중심 연구의 이론적 토대를 다지기 위해서는 매체 간 프레임 차이에도 주목할 필요가 있다. 특히 농업 이슈 보도에서 사회·문화적 성격 차이가 큰 종합일간지와 경제신문, 농업전문신문의 프레임 차이를 밝히는 것은 프레임 형성 과정과 수용자 과정 관련 연구의 이론적 체계성을 강화하는 데 유용할 것이다.

본 연구대상에서 농업 이슈는 농민·농업·농촌에서 커다란 관심사이면서 큰 영향을 주는 취재대상으로 언론에 집중 보도됐고, 이 보도로 인해 수용자의 현실인식에 많은 영향을 주는 것으로 정했다. 이 가운데 정치적 이슈가 포함된 한미 FTA 농업협상 보도를 연구 테마로 정했다. 이는 한미 FTA 농업협상이 농민·농업·농촌뿐만 아니라 수용자인 국민에게도 큰 관심사이므로 다양한 뉴스 프레임이 형성될 것으로 예상되고, 이러한 뉴스 프레임 형성된 배경도 다양할 것으로 판단했기 때문이다. 또 뉴스 프레임 유형에 따라 수용자의 현실인식에 큰 영향을 주었을 것으로 판단했기 때문이다.

본 연구의 분석을 위한 자료 분석기간은 한미 FTA 협상을 개시한 전후부터 협상이 타결된 전후인 2006년 2월 1일부터 2007년 4월 30일까지로 정했다. 이는 협상타결 후에는 국회 비준 등 정치적으로 이슈화되면서 농업보도 프레임을 분석하는 데는 유용하지 않을 것으로 판단한 데다 협상기간 중에 농업분야의 협상이 중요 뉴스로 등장했기 때문이다.

기사는 전수조사를 위해 한국언론재단 뉴스검색DB 카인즈(www.kinds.or.kr)와 개별 신문사의 홈페이지에서 1차 분석대상을 수집했다. 검색은 기사 제목과 본문에 '한미 FTA+농업'을 키워드로 검색했다. 한겨레신문과 매일경제신문은 한국언론재단 카인즈를 통해서 수집하였고, 한국언론재단 카인즈에서 기사 검색이 안 되는 조선일보와 농민신문은 각각 해당 언론 사이트 'www.chousn.com'과 'www.nongmin.com'을 통해 분석대상을 수집했다.[44)]

## 2) 한미 FTA 관련 농업보도의 프레임 유형과 내용

한미 FTA 관련 농업보도에서 추출된 기사 가운데 중복 뉴스를 제외하고 분석자료를 선정했다. 또한 분석은 수집된 개별기사 단위로 실시

---

44) 조선일보와 농민신문은 카인즈에 포함되지 않아 자사 사이트에서 검색했다. 분석대상 신문의 검색은 2009년 8월 1일~10월 9일 사이에 이뤄졌고, 최종 검색 기준일은 10월 5~9일 사이였음을 밝혀 둔다.
45) 신문사별 프레임 특성을 신문방송학과 대학원생 2명에게 의뢰해 분석한 결과, 다음과 같이 나타났다. 코더 간(코더 A와 B)의 신뢰도를 검증한 결과, 0.91 수준의 신뢰도가 나왔다. 분석결과 총 10개 프레임으로 유형화되었으며, 10개 유형의 프레임에 포함시키기 어려운 경우는 기타 프레임으로 유형화했다. 2명의 신문방송학과 대학원생 코더가 분석했고, 코더 간 신뢰도(inter-coder reliability)를 높이기 위해 연구배경과 목적을 충분히 설명했다. 본격적으로 연구하기 위하여 홀스티(holsty) 방식으로 코더 간 신뢰도를 검증한 결과 0.91 수준으로 신뢰도가 나왔다. 이에 신뢰도가 유의미하여 이를 바탕으로 분석을 실시했다. 코더 간 신뢰도 평가를 위해 먼저 신뢰도 검증에 필요한 내용단위들의 신문기사를 정했다. 그리고 n=((N-1)*(SE)^2 +PQN)/((N-1)(SE)^2 +PQ) 공식을 적용했다.

했고, 정확한 프레임 추출을 위해 일차적으로 전체 기사의 주요쟁점과 주제를 밝혀 낸 다음 이를 토대로 각 기사의 주제 분석을 통해 귀납적으로 개별 프레임을 추출했다. 그런 다음 본 연구에서는 뉴스 분석의 유용성을 높이기 위해 프레임을 유형화했다. [45)

① 가치중립 프레임

한미 FTA 농업협상 관련 보도에서 사실을 근거로 중립적 보도내용을 가치중립적인 프레임으로 유형화했다. 가치중립 프레임의 특성은 절차와 진행상황에 무게중심을 둔 프레임을 말하는 것으로, 예를 들면 〈코메리카 경제시대 오나, 11개월 시한부 협상 끝내야 美 의회 인정〉(조선일보), 〈한미 FTA 밀려온다/미국발 시장격변 '양날의 칼'〉(한겨레신문), 〈CEO 10명 중 7명, 한미 FTA 시간 갖고 협상을〉(매일경제), 〈농림부, 한미 FTA 농업협상 전담기구 설치〉(농민신문) 등이다. 가치중립 프레임의 대표 기사와 칼럼의 내용은 다음과 같다.

---

**코메리카 경제시대 오나, 11개월 시한부 협상 끝내야 美 의회 인정**

미국과의 자유무역협정(FTA) 협상은 오는 5월 초부터 시작되며 11개월 안에 끝내야 한다는 조건이 붙어 있는 협상이다. 미국 의회가 부시 행정부에 위임한 신속협상권(TPA)에 따라 내년 3월까지 협상을 끝내야 미 의회의 인정을 받을 수 있기 때문이다. FTA는 당사국 사정에 따라 민감한 물품은 관세 인하·철폐 대상에서 예외로 인정받을 수 있다. 하지만 통상 전체 교역상품의 90% 이상은 관세를 없애거나 대폭 인하하는 것이 국제 관례다. 세계 최대 경제대국인 미국과 11개월 안에 이런 방대한 협상을 끝내기엔 시한이 촉박하다.

(조선일보, 2006. 2. 3.)

---

**미국발 시장격변 '양날의 칼'**

한미 자유무역협정(FTA)이 눈앞에 다가왔다. 정부는 2일 협정 공청회와 대외경제장관 회의를 잇달아 열고 협상 개시를 공식선언할 것으로 보인다. 이 협정에 대해 한쪽에선 수출 증대를 언급하며 장밋빛 전망을 앞세우고, 또 다른 한편에선 국내 농업 황폐화와 양극화 심화 등을 이유로 체결 반대를 주장하기도 한다. 그러나 한미 자유무역협정은 체결 여부보다 오히려 협상을 어떻게 맺느냐가 더욱 중요하다는 게 찬반양론 전문가들의 일치된 견해다. 협정이 체결되면 두 나라 간 관세가 철폐 또는 축소돼 소비자로서는 그만큼 수입품 가격이 싸지는 효과를 가져온다. 공산품 수출도 늘어 전체 산업생산이 확대된다. 서비스 시장이 개방되면 소비자는 미국에 가지 않고도 미국 소비자와 마찬가지로 질 높은 서비스를 누릴 수 있고, 관련 분야 일자리도 늘어난다…서비스 시장에서도 교육·의료 분야가 일반인에게 큰 영향을 주겠지만, 두 분야는 반발여론이 만만치 않아 초기에는 극히 제한적으로 운용될 전망이다…그러나 서비스 분야 일자리가 비정규직·저임금 직종이 많다는 점에서 고용의 질이 악화될 가능성을 걱정하는 목소리도 나오고 있다.

(한겨레신문, 2006. 2. 1.)

---

② 득실갈등 프레임

슈메이커와 리즈(1996)는 언론인의 말을 인용해 갈등적 요소야말로 언론에서 어떤 사건이 뉴스가치가 있는가를 규정하는 기준이라고 할 수 있다고 밝힌다. 한미 FTA 농업협상은 협상 자체의 특성상 다양한 계층의 이해득실에 따른 갈등관계를 내포하고 있다. 한국과 미국 정부 간 이해득실 갈등, 한국 정부와 농민단체 및 농업인 간 이해득실 갈등, 한국 농업과 미국 농업 간 이해득실 갈등, 한국의 농림부와 다른 부처와의 갈등, 한국 정부와 정당 간 갈등, 이익단체 간 갈등 등을 주제로 보도한 내용은 득실갈등 프레임으로 유형화했다.

득실갈등 프레임의 특성은 〈與 내부서도 FTA 반대기류 심상치 않아〉(조선일보), 〈한미 '농업개방' 동상이몽〉(한겨레신문), 〈韓美 FTA 협상, 개성공단 제품 한국산 여부 최대 쟁점〉(매일경제), 〈한미 FTA 대해부, 쌀 빼고 입맛대로 '만지작'〉(농민신문) 등이다. 득실갈등 프레임의 대표 기사와 칼럼의 내용은 다음과 같다.

---

**與 내부서도 FTA 반대기류 심상치 않아**

열린우리당은 10일 국회에서 한미 FTA 토론회를 열었다. 최근 한미 FTA 추진에 대해 노무현 대통령을 비판한 정태인 전 국민경제비서관과 김영호 언론개혁시민연대 공동대표가 주제 발표자로 초청받아, '한미 FTA 반대론'을 폈다. 정 전 비서관은 "한미 FTA는 한나라당이나 보수진영에서 하는 게 맞는데 왜 현 정부가 총대를 메느냐. 열린우리당과도 맞지 않는 일"이라고 했다. 그는 "시간이 촉박한 상태에서 왜 서두르느냐. 협상절차를 공개하고 국민적 합의를 거쳐야 정치적 부담을 줄일 수 있다"고 했다. 김 공동대표는 "한미 FTA가 되면 농업·방송·의료·영화 등 다방면에서 피해가 클 것이므로 국익적 차원에서 도저히 받아들일 수 없다"고 했다.

(조선일보, 2006. 4. 11.)

**한미 '농업개방' 동상이몽**

3일 한미 자유무역협정(FTA) 협상 개시가 선언되면서 농업 부문의 개방 정도가 관심을 끌고 있는 가운데, 미국이 상당한 수준의 농업 개방을 요구하겠다는 뜻을 내비쳤다. 한미 자유무역협정의 미국 쪽 협상 파트너인 미국 무역대표부(USTR) 고위관리는 2일 오후(한국시각 3일 새벽) 워싱턴에서 한국 특파원들과 만나, "한미 자유무역협정은 미국이 지금까지 맺은 것 중 '가장 포괄적이고 가장 높은 수준'의 협정이 될 것"이라고 밝혔다. 이 관리는 이어 "우리는 (두 나라 내부의) 정치적 도전을 예상하고 있다"고 덧붙였다. 이는 미국이 한국과의 협상에서 (농업 부문 등) 예외 규정을 최대한 인정하지 않고, 모든 분야에서 완전한 무역장벽 철폐를 추구하겠다는 강력한 뜻으로 해석돼 주목된다…이에 반해 한국 쪽은 상대적으로 농업 부문의 개방 폭을 줄인다는 자세여서 협상과정이 험난할 전망이다…그러나 김현종 본부장은 워싱턴에서 "일부 분야는 피해를 볼 것이고 한국의 경우엔 농민이 될 것"이라면서도 "(한미 자유무역협정에는) 지정학적 요소도 있다. 미국과의 동맹관계 중요성도 잊지 않을 것"이라고 말해 경제적 요인 이외에 정치·안보적 요인이 협상과정에서 상당한 영향을 끼칠 것임을 시사했다. 조지 부시 대통령은 이날 환영성명을 내고 "자유무역협정은 양쪽 두루 경제·정치·전략적 이익을 주고, 미국의 아시아 개입을 확대할 것"이라고 말했다.

(한겨레신문, 2006. 2. 4.)

③ 농업피해 프레임

한미 FTA 농업협상은 본질적으로 개방 폭을 확대하기 때문에 미국의 농업에 비해 경쟁력이 약한 한국 농업은 피해가 발생할 수밖에 없다. 보도의 주된 내용이 한미 FTA 협상에 따라 농업분야의 피해를 우려한 기사 등은 농업피해 프레임으로 유형화했다. 농업피해 프레임의 특성은 〈섬유·車 부품은 웃고 농업은 타격〉(조선일보), 〈미국산 오렌지·감귤 제주산의 78%/"FTA 감귤농가 큰 타격"〉(한겨레신문), 〈FTA 체결 시 축산물 수입 1조 1,488억 원 증가〉(농민신문) 등이다. 농업피해 프레임의 대표 기사와 칼럼의 내용은 다음과 같다.

**섬유·車부품은 웃고 농업은 타격**

한국과 미국의 자유무역협정(FTA)이 체결되면 대구·경북지역에서는 자동차부품, 전자제품, 섬유 등 주력업종의 대(對)미 수출이 크게 늘어나는 반면, 경북지역의 농업과 서비스업이 타격을 입을 전망이다…특히 경북의 농축수산물과 낙농제품 등 농업부분과 금융업, 의료업, 환경, 교육 등 서비스업종은 큰 타격이 예상된다. 대구상공회의소는 "FTA를 오히려 적극 활용해 주요 도시와 자매결연을 하거나 통상사절단을 파견하는 등 전략적인 접근이 필요하다"며 "농업과 일부 서비스분야는 피해를 최소화하려면 경쟁력을 키우는 방안을 강구해야 한다"고 했다.

(조선일보, 2006. 2. 17.)

**FTA 감귤농가 큰 타격/미국산 오렌지·감귤 제주산의 78%**

한미 자유무역협정이 체결돼 2008년부터 발효되면 제주지역의 농업이 상당한 타격을 받을 것으로 분석됐다. 제주도 감귤경쟁력강화혁신연구단은 8일 오후 제주도청에서 열린 경쟁력강화 혁신정책 보고회에서 '감귤 민감품목 지정 추진상황'을 통해 한미 자유무역협정이 발효되면 지역경제를 유지하는 기간산업인 제주 농업의 큰 피해가 우려된다고 밝혔다…이와 함께 관세 인하나 철폐 등 시장 개방 때 민감하게 반응해 국내 농업에 큰 영향을 끼치는 농산물은 민감품목으로 지정할 수 있는 만큼 이를 활용해야 한다고 밝혔다. 이밖에 연구단은 △수입 오렌지 등 감귤류에 대한 특별관세제도 △특별긴급수입제한 조처 △일반 감귤의 생산시기 등을 고려한 계절관세 등 탄력관세 부과의 제도화 △감귤 관련 수입관세 전액을 제주 감귤산업 진흥에 넣는 기금제도 등의 도입이 필요하다고 말했다.

(한겨레신문, 2006. 2. 9.)

### FTA 체결 시 수입액 4,877억~1조 1,488억 원 증가

미국과 자유무역협정(FTA)이 체결되면 축산물은 곡물과 함께 가장 큰 영향을 받는 품목이 될 것으로 예상된다. 권오복 농경연 연구위원은 지난 2일 열릴 예정이었던 한미 FTA 공청회에 배포한 '한미 FTA의 농업부문 파급영향' 연구에서 생산 감소액이 축산물은 3,380억~9,031억 원, 낙농제품은 142억~1,110억 원에 달하는 것으로 분석했다. 반면 축산물 수입액은 4,877억~1조1,488억 원이 증가할 것으로 예상했다.

(농민신문, 2006. 2. 10.)

④ 농업보호 프레임

한미 FTA는 개방을 확대하는 협상인 만큼 농업분야의 개방으로 농업이 큰 타격과 함께 농업인의 피해가 예상된다. 보도의 주된 내용이 한미 FTA로 많은 피해가 예상되는 농업을 보호하고 배려할 필요가 있다는 기사는 농업보호(배려) 프레임으로 유형화했다. 이 프레임은 농업피해 프레임보다 한발 나아가 식량주권 등 농업의 중요성을 포함하고 있다. 농업보호 프레임의 특성은 〈KORUS FTA 新개방시대, 업종별 기상도 축산농가 큰 피해…쇠고기 생산 연 2000억 감소〉(조선일보), 〈농업 포기하는 자유무역협정은 안 된다〉(한겨레신문), 〈축산농가 "절망밖에 없지요"〉(매일경제), 〈농업피해 최소화 위해 SSG 확보 주력키로〉(농민신문) 등이다. 농업보호 프레임의 대표 뉴스 내용은 다음과 같다.

**농업 피해 '혁명적 대책' 추진**
김현종(金鉉宗) 통상교섭본부장은 4일 한미 FTA(자유무역협정) 협상 타결에 따른 농업부문 피해보상 대책에 대해 "혁명적 대책이 나오도록 최선을 다하겠다"라고 말했다. "농업부문에 대한 혁명적 대책이 필요하다"는 한나라당 김용갑(金容甲) 의원 질의에 "혁명적 대책이라는 표현에 100% 동감한다"며 "저와 박홍수 농림부장관이 나서서 대통령을 설득하겠다"고 말했다.

(조선일보, 2007. 4. 5.)

**농업 포기하는 자유무역협정은 안 된다**
한미 자유무역협정 타결로 당장 벼랑 끝에 서게 된 사람들은 농민이다. 우리는 제조업 분야에서 이득을 얻으려 농산물 분야에서 너무 많은 것을 내줬다…정부의 기본 발상은 이런 것이다. 어차피 농업은 경쟁력이 없다. 그러니까 농업을 포기하고 다른 산업을 키워야 한다. 국가 정책이라고 하기엔 너무 한심한 수준이다. 그런 식이라면 고민할 필요가 없다. 쌀도 포기해야 한다. 국내 쌀값은 국제 가격의 네 배를 넘는다. 국민 정서 때문에 붙잡고 있을 이유가 없다…경쟁력이 없다고 농업을 포기한 나라도 거의 없다. 일본, 프랑스 등 많은 선진국은 오히려 농업을 주요 산업으로 지켜가고 있다. 우리 농업의 구조개혁이 이뤄지지 않고 경쟁력이 강화되지 않는 것은 농업이 갖고 있는 어쩔 수 없는 한계 때문이 아니다…무책임하고 즉흥적인 발상이다. 중국에까지 시장을 열면 우리 농업은 결단날 수밖에 없다. 제조업 수출을 늘리기 위해 농업을 포기하자는 편의주의 발상에서 하루빨리 벗어나야 한다. 의지만 있다면 우리 농업도 어느 정도의 체질 개선과 경쟁력 확충이 가능하다. 경제성장률 조금 높이자고 농업을 포기하는 일이 있어서는 안 된다.

(한겨레신문, 2007. 4. 5.)

### 한미 FTA 농업분야 양보 말라

한미 FTA(자유무역협정) 1차 본 협상이 5~9일 미국 워싱턴에서 막이 올랐다. 우리 농업이 국가경제의 체질개선이라는 명분 아래 또 한 번의 희생을 치를지도 모를 험난한 개방협상의 대장정 앞에 서게 된 것이다. 그간 우리 농업의 붕괴를 가져올지도 모를 한미 FTA 추진에 대해 '선대책 후협상'을 줄기차게 주장해 왔던 우리로서는 이 시점에서 미흡한 선대책에 유감을 갖지 않을 수 없다. 그럼에도 시간은 멈추지 않고 세계 최강국인 미국과의 힘겨운 개방협상에 우리 농업을 밀어 넣고 있음이 안타깝다…미국도 자국 농업에 대한 국내보조금과 수출보조금 축소 문제에서 자유로울 수 없는 점을 최대한 우리의 협상무기로 살려야 한다. 협상이 시작 단계인 만큼 원칙적인 우리의 주장을 견지하면서 이견이 큰 부분은 차후로 넘기는 협상의 묘를 발휘하길 바란다.

(농민신문, 2006. 6. 5.)

⑤ 비판 프레임

한미 FTA 농업협상은 농업 강국인 미국과 FTA 협상을 시작한 것에 대한 비판부터 이해관계에 따른 다양한 비판 프레임이 등장한다. 비판 프레임의 핵심 내용은 협상진행 과정에 발생한 문제점의 귀인에 초점

을 둔다는 점이 앞의 프레임들과의 차이점이다. 보도의 주된 내용이
한국 정부, 미국 정부, 농업, 제조업, 국회 등을 비판하는 기사는 비판
프레임으로 유형화했다. 비판 프레임의 특성은 〈FTA 앞두고 美 업계
공청회서 엉뚱한 요구〉(조선일보), 〈'광우병 조사단' 미국 파견…우리
정부 맞나〉(한겨레신문), 〈한미 FTA에 대비한 농업정책 준비 부족〉(매
일경제), 〈한미 FTA 뒷짐 진 국회〉(농민신문) 등이다. 비판 프레임의
대표 기사와 칼럼의 내용은 다음과 같다.

---

**FTA 앞두고 美 업계 공청회서 엉뚱한 요구 "한국産 쇠고기 수입 막아라"**

오는 6월 초부터 협상이 개시될 한미 자유무역협정(FTA)을 앞두고 미국 무
역대표부(USTR)가 14일 워싱턴에서 공청회를 개최, 미국 내 여론 수집에
나섰다. 이날 공청회에서는 한국 시장의 개방을 주장하는 미국 업계의 요
구사항이 봇물 터지듯 쏟아졌고 일부 터무니없는 주장까지 나왔다…일부
공청회 증인은 한국 시장을 잘 몰라 황당한 주장을 늘어놓기도 했다. 미국
임업협회는 "한국 정부가 목재 산업에 대해 보조금을 지급하고 있다"고 주
장했고, 전국 노조인 AFL-CIO의 테아 리 이사는 "한국 정부가 공무원의
자유로운 노조 결성을 불허하고 있어 한미 FTA를 하면 안 된다"고 주장했
다…미국자동차노조인 UAW의 스티브 벡먼 이사는 "한국이 환율을 조작하
는 나라"라고 주장하기도 했다. 그는 또 "아직도 한국 소비자들은 세무조
사를 겁내 외제차 구입을 꺼리고 있다"고 주장했다. 미 목축협회 더그 잘
레스키 위원장은 "한국산 쇠고기의 갑작스러운 미국 시장 범람을 막기 위
해 세이프가드(긴급수입제한) 조치를 둬야 한다"고 주장해 한국 측 참석자
들을 어리둥절하게 했다

(조선일보, 2006. 3. 16.).

## 광우병 조사단 미국 파견…우리 정부 맞나

미국 농무부가 산하기관인 동식물검역소(APHIS)와 식품안전검사국(FSIS)에 대해 실시한 감사 결과는 미국이 결코 광우병의 안전지대가 아님을 잘 보여 준다…미국 정부는 그럼에도 쇠고기 수입을 하루 빨리 재개하라고 한국을 압박하고 있고, 우리 정부도 수입 재개 수순을 밟고 있다. 시민·사회단체들은 이를 두고 "미국의 압력과 한미 자유무역협정(FTA) 협상에 쫓겨 국민건강을 위협하는 짓"이라고 비판한다…미국 정부의 압력에 밀려 눈치 보기를 한다는 지적이 나올 만하다. 건강권 실현을 위한 보건의료단체연합, 전국농민회총연맹, 한미 FTA 저지 농축산비상대책위, 환경운동연합, 환경정의 등은 이날 오전 기자회견을 열어 "우리 정부가 미국 정부를 대신해서 미국산 쇠고기 수입 재개를 위해 온갖 비과학적인 노력을 기울이고 있는 셈"이라고 비판했다.

(한겨레신문, 2006. 4. 19.)

## 한미 FTA 여론 호도하지 말라

최근 농림부와 국정홍보처가 홈페이지에 연재하고 있는 '한미 FTA와 한국 농업'을 보면 착잡함을 금할 수 없다. 국익 차원의 한미 FTA 추진으로 농업이 영향을 받겠지만, 정부의 119조 원 지원과 농업경쟁력 강화대책이 있어 오히려 선진화를 이룰 기회라는 해괴한 논리를 펴고 있기 때문이다. 한미 FTA의 당위성에 대한 전방위적 홍보에 나선 정부의 입장은 그렇다 치자. 그러나 한미 FTA로 인한 농업 피해를 깎아내리고 선대책 부재를 호도하면서까지 편협한 홍보를 하는 것은 결코 올바른 태도가 아니다. 그것이 한미 FTA를 반대할 수밖에 없는 농민과 농업계의 고통과 진실마저 왜곡해 국민과 농업계 간에 불신과 갈등을 조장하지 않을까 우려된다…한미 FTA를 대세로 몰기 위해 농업 위기를 은폐하고 국민의 눈을 가려 농업 붕괴와 농민 희생을 당연시하는 사회적 분위기를 조장한다면 이야말로 농업은 물론 국가의 미래 또한 절망적일 수밖에 없다. 지금 정부가 해야 할 일은 억

지논리를 꿰맞춘 한미 FTA 홍보가 아니라 농업 피해와 대책 미비를 솔직하게 인정하고, 농업의 미래를 보장하는 실천적인 대책과 비전 제시에 진정성을 보이는 것이다.

(농민신문, 2006. 9. 8.)

⑥ 개방 프레임

한미 FTA는 양국 시장의 개방이 본질이다. 보도의 주된 내용이 한미 FTA 협상 타결을 기대하면서 찬성 쪽에 중심을 두고 타결을 촉구하거나, 농업이 한미 FTA 협상 타결의 걸림돌이 되고 있는 듯한 기사는 개방 프레임으로 유형화했다. 개방 프레임의 특성은 〈"韓美 FTA 속도 더 내야" 버시바우 대사 특강〉(조선일보), 〈韓美 FTA에 힘을 모을 때다〉(매일경제) 등이다. 개방 프레임의 대표 기사와 칼럼의 내용은 다음과 같다.

**韓美 FTA 실익이 더 많다**
FTA가 성공을 거두기 위한 조건은 해외 시장을 확보하여 수출산업을 중심으로 우리 경제 규모를 확대할 수 있다는 점과 이러한 시장 개방 및 경쟁을 통하여 비교우위가 있는 산업에 특화하는 과정에서 경제 효율성과 체질 개선이 이루어진다는 점에서 살펴볼 수 있다. 하지만 멕시코와 캐나다의 FTA 체결을 전후하여 전략적 산업정책에 기초한 산업 구조조정 노력이 부족했던 사례에서 부정적인 측면도 살펴볼 수 있는데 이와 같은 사례를 따르지 않고 성공적으로 협상 효과를 이끌어 내려면 FTA가 우리 경제 재도약의 발판이 될 수 있는가는 고부가가치산업으로의 전환을 위한 전략적이고도 체계적인 산업정책 및 구조조정 노력이 필요하다.

(조선일보, 2007. 1. 19.)

---

**한미 FTA 효과…10년간 1인당 41만 원 혜택**

한미 자유무역협정(FTA)으로 인해 향후 10년간 국민 1인당 후생증가 효과가 41만 3,000원에 달하는 것으로 분석. 향후 10년간 실질 국내총생산(GDP)은 총 6%(약 80조 원) 정도 늘어나고, 일자리는 34만 개 증가할 것으로 예측했다.

(매일경제, 2007. 4. 30.)

---

⑦ 경쟁력강화(농업선진화) 프레임

한국 농업은 미국에 비해 경작 규모나 사육 마릿수가 적기 때문에 경쟁력이 약한 실정이다. 보도의 주된 내용이 한국 농업의 경쟁력 강화를 주문하면서 대책마련과 희망을 제시하는 기사는 경쟁력강화(농업선진화) 프레임으로 유형화했다. 희망과 대책 제시 프레임은 경쟁력강화(농업선진화) 프레임에 포함됐다. 경쟁력강화(농업선진화) 프레임의 특성은 〈농업·농촌·농민 현실 먼저 알고 대책 내놔야〉(조선일보), 〈'먹거리의 지역화'로 세계화 맞장 뜨자〉(한겨레신문), 〈FTA 보완책 '퍼주기식'은 곤란〉(매일경제), 〈칼럼-위기를 기회로〉(농민신문) 등이다. 경쟁력강화(농업선진화) 프레임의 대표 기사 내용은 다음과 같다.

### 기획시론—FTA 시대, 이젠 경쟁력이다

한미 FTA가 주는 대표적 선물이 '경쟁'이다. 한미 양국이 단계적으로 관세를 상호 철폐하게 되면 그동안 우리 기업이 미국 기업에 비해 누려 온 관세 프리미엄이 더 이상 작용하지 않게 된다. 세계 최고의 경쟁력을 갖춘 미국 기업과의 벌거벗은 경쟁이 불가피하다. 치열한 경쟁이 효율성을 증대시켜 경쟁력 증대를 낳는 선순환을 이루기 위해서는 뼈를 깎는 노력이 필요하다…기회를 경쟁력 제고로 연결시켜 생산성을 증대시키고 수출 증대와 고용 증대에 이르는 선순환을 이룰 수 있는지는 결국 미지수이다. 진정한 선진국으로 향하는 문을 연 우리 경제가 이제부터 두어 가는 한판 한판의 바둑이 우리를 키우고 배우게 하는 소중한 것이 되기를 바란다.

(조선일보, 2007. 4. 5.)

---

### '먹거리의 지역화'로 세계화 맞장 뜨자

세계화에 맞서는 대안은 지역화다. 세계를 향한 문을 걸어 잠그자는 억지가 아니다. 문을 열되 안방은 지키자는 이야기다. 한미 자유무역협정(FTA) 체결의 위협 앞에 서 있는 한국 농업의 살 길도 지역화다.

(한겨레신문, 2006. 5. 23.)

---

### 유기농, 소규모 농가들 묶어서 대규모 단지로 만들만

한미 자유무역협정(FTA)과 시장 개방의 파고 속 수입농산물과의 경쟁에서 우리 농업이 살아남기 위해서는 친환경·유기농 산업을 우리 실정에 맞게끔 하나의 산업으로 체계적으로 적극 육성해야 한다는 지적. 유통방안 개선, 체계적 시스템 구축, 롤모델 제시로 유기농 산업의 발전 방향을 제시했다.

(매일경제, 2006. 7. 20.)

⑧ 압력 프레임

한미 FTA 농업협상 과정에서 이해관계단체들의 압력이 나타났다. 보도의 주된 내용이 한미 FTA 협상의 내용에 대한 압력을 통해 당사자의 이익을 관철시키려는 내용의 기사는 압력 프레임으로 유형화했다. 압력 프레임의 특성은 〈FTA 협상서 美, 쌀 첫 제기 "내주 장관급 회담서 논의"〉(조선일보), 〈"쇠고기 수입 안 하면 FTA 반대"/미 상원의원 31명 노 대통령에 서한〉(한겨레신문), 〈韓美 FTA, 박홍수 장관에 달렸다〉(매일경제), 〈참여연대·민변, 한미 FTA 협상내용 공개하라〉(농민신문) 등이다. 압력 프레임의 대표 기사 내용은 다음과 같다.

---

**FTA 협상서 美, 쌀 첫 제기 "내주 장관급회담서 논의"**

미국이 다음 주(26일) 서울 하얏트호텔에서 열리는 한미 자유무역협정(FTA) 통상 장관급 회담에서 쌀 문제도 거론할 것이라고 우리 측에 통보했다…이에 관해 우리 측은 "미국이 쌀 문제를 제기할 경우 FTA 협상 전체를 파국으로 몰고 갈 수 있다"며 강한 유감을 전달했다고 민 차관보는 덧붙였다. 민 차관보는 또 "일부 의견 접근이 이뤄진 품목도 있지만 쇠고기·오렌지·돼지고기 등 대부분 민감 품목에 관해 합의를 이루지 못했다"고 밝혔다.

(조선일보, 2007. 3. 23.)

---

**미 상원의원 노 대통령에 서한, "쇠고기 수입 안 하면 FTA 반대"**

미국 상원의원 31명이 미국산 쇠고기 수입을 즉각 재개하지 않으면 한미 자유무역협정(FTA)에 반대하겠다며 수입재개를 촉구하는 경고성 서한을 지난 4일 노무현 대통령에게 보낸 것으로 확인됐다. 수신인이 노무현 대통령인 이 서한에서 미 연방 상원의원들은 "올해 말로 예정된 한미 자유무역협정 협상 타결에 앞서 쇠고기 무역을 재개하는 것이 협상의 의미 있는 진전과 미 의회의 유보적인 견해를 해소하는 데 필수적"이라며 "우리는 협상 진전에 앞서 쇠고기 무역을 완전히 복원하기를 촉구한다"고 밝혔다. 이들은 "미국의 많은 축산 관련 단체들이 이태식 주미 대사와 미국 의회에 쇠고기 수출이 재개되지 않으면 자유무역협정에 반대한다는 뜻을 알렸다"며 "이 문제가 지속되면 미국 관리들이 한국 정부와 어떤 협상도 타결 짓기가 어려워질 것"이라고 말했다. 이들은 또 "우리는 귀하께서 미국 쇠고기에 대한 한국의 장기간 금수조처를 해결하기 위해 개인적으로 주의를 기울일 것을 요청한다"며 "양국의 보건관리들이 무역을 재개하자는 조건에 동의한 지가 7개월이 넘었고 다른 아시아 국가도 수입을 시작했다"고 불평했다.

(한겨레신문, 2006. 8. 9.)

⑨ 개방반대 프레임

한미 FTA 농업협상은 농축산물의 개방 폭을 협상이 이뤄지기 전보다 확대하는 협상이다. 보도의 주된 내용이 한미 FTA 농업협상으로 인한 농축산물 개방 확대에 반대를 분명히 하면서 주고받기 식으로 농업을 희생양으로 삼아서는 안 된다는 기사 등은 개방반대 프레임으로 유형화했다. 개방반대 프레임의 특성은 〈한미 FTA 결렬 두려워할 필요 없다〉(한겨레신문), 〈美 쇠고기 수입재개, 즉각 철회하라〉(농민신문) 등이다. 개방반대 프레임의 대표 기사와 칼럼의 내용은 다음과 같다.

## 한미 FTA 결렬 두려워할 필요 없다

한미 자유무역협정(FTA) 협상에서 결론을 내릴 시간이 다가왔다. 체결이냐 결렬이냐, 낮은 수준의 협정을 맺느냐 아니면 장기협상으로 가느냐. 무엇이 됐든 이번 주말까지 일차 선택을 해야 한다. 판단 기준은 경제적 실익일 것이다. 그러나 세부적인 득실을 따지기 전에 먼저 분명히 할 것이 있다…미국이 쇠고기 분야에서 막판 총공세를 펴는 까닭도 현실적인 농민의 이해관계 때문이다. 미국산 쇠고기는 광우병 사태가 발생한 2003년에만 8억 2천만 달러나 수입됐다. 미국 요구대로 40% 관세가 철폐되고 뼛조각을 용인한다면 수입액은 10억~20억 달러로 급증할 것임이 분명하다. 한미 자유무역협상은 서로 주고받기 식으로 실리를 챙기는 방식이 될 수밖에 없다. 시장을 개방하면 경쟁력이 강화될 것이란 막연한 발상으로는 성과를 거둘 수 없다. 선택 가능한 방법은 많다. 3월 말 시한을 넘긴다고 큰일이 나는 것도 아니다. 협상 결렬을 두려워하지 말고 마지막까지 당당하게 우리 요구를 관철해야 한다.

(한겨레신문, 2007. 3. 29.)

---

## 美 쇠고기 수입재개, 즉각 철회하라

전국 축협 조합장들이 정부에 미국산 쇠고기 수입 재개 방침을 즉각 철회할 것을 요구하고 나섰다. 전국축협조합장협의회(회장 윤상익·여주축협 조합장)는 16일 성명서를 통해 "미국 내 광우병 발생으로 미국산 쇠고기의 안전성에 많은 허점이 노출된 이상 우리 국민의 건강을 위협할 수 있는 미국산 쇠고기의 수입 절차 진행은 반드시 중단돼야 한다"며 "정부가 우리 축산농가를 보호하고 국민 건강과 식품안전을 책임지는 것은 당연한 의무이자 역할인데도 불구하고, 미국의 통상압력 앞에 굴복해 그릇된 판단을 한다면 우리 축산농가와 소비자들은 결코 용납지 않을 것"이라고 밝혔다.

(농민신문, 2006. 3. 17.)

⑩ 평가 프레임

언론들은 한미 FTA 협상과정과 타결결과에 대한 평가를 다양하게 보도했다. 보도의 주된 내용이 협상과정에 관한 중간평가나 타결 후 이해득실 등에 관한 평가와 전망 등의 기사는 평가 프레임으로 유형화했다. 평가 프레임의 특성은 〈'무엇'을 먹고 '어떻게' 사느냐의 문제〉(조선일보), 〈한미 FTA 타결/대선주자들 반응〉(한겨레신문), 〈양국 실익 비교해 보니〉(매일경제) 등이다. 평가 프레임의 대표 기사와 칼럼의 내용은 다음과 같다.

---

**'무엇'을 먹고 '어떻게' 사느냐의 문제**

그의 논점이 단지 '먹고사는' 문제의 수준에 머물지 않고 '무엇을 먹고 어떻게 사느냐'의 차원으로 올라서는 비전을 제시할 수 있다면 그것이야말로 '이름을 남기는' 일이 될 것이다. 세계시장에서 살아남고 그들과 당당히 겨룰 수 있기 위해서는 우리의 현 산업구조로는 한계가 있다. 우리는 일본·중국과 비슷한 산업구조를 갖고 있다…언제까지 농업 등 1차 산업에 정서적으로 묶여 있을 수 없다. 우리의 정서와 의식을 바꾸고 산업구조를 개혁하는 일은 어렵지만 국가적 대사다. 우리 지도층이 해야 할 것은 우리가 무엇을 생산하고 어떤 것을 세계에 내다팔아야 하는지를 냉철히 꿰뚫어보고 이를 국민에게 용감히 설득하는 일이다. 이것이 단순히 먹고사는 데 그치지 않고 제대로 먹고 보람 있게 사는 방향으로 올라서는 길이다. 이번 FTA 타결은 지도층이 지지계층에 묶이지 않고 그것을 뛰어넘을 때 오히려 국민적 지지가 늘어난다는 것을 실증으로 보여주고 있다. 나는 FTA 내기에서 졌지만 지고도 기분이 나쁘지 않다.

(조선일보, 2007. 4. 9.)

**상경계 교수 90% "한미 FTA 결과에 만족"**

한국무역협회는 서울·수도권 소재 대학 상경계열 교수 100명을 대상으로 한미 자유무역협정(FTA)에 관한 설문조사를 벌인 결과 협상결과에 "만족한다"는 응답자가 89%에 달했다고 16일 밝혔다. 또 한미 FTA가 한국경제 전반에 미치는 영향은 "긍정적일 것"이라는 전망도 87.0%를 차지했다. "부정적일 것"이라는 응답은 11.0%에 그쳤다. 조사는 코리아리서치센터가 맡았다.

(조선일보, 2007. 4. 17.)

## 3) 한미 FTA 관련 농업보도의 특성

### ① 한미 FTA 관련 농업보도의 특성

분석대상 신문인 조선일보, 한겨레신문, 매일경제신문, 농민신문의 한미 FTA 농업협상 관련 보도에서는 모두 10개 프레임이 도출됐다. 이들 프레임에 부합하는 보도는 총 523건이었다.

이 중에서 가치중립 프레임이 111건(21.2%)으로 가장 많은 비중을 차지하였으며, 그다음으로 농업보호 프레임 81건(15.5%), 개방 프레임 78건(14.9%), 득실갈등 프레임 77건(14.7%), 비판 프레임 52건(9.9%), 평가 프레임 24건(4.6%), 개방반대 프레임 19건(3.6%), 농업피해 프레임 15건(2.9%), 압력 프레임 14건(2.7%), 경쟁력강화(농업선진화) 프레임 7건(1.3%) 순으로 많았다.

② 한미 FTA 관련 농업보도의 시기별 뉴스 프레임 특성

한미 FTA 농업협상 시기별로도 협상과정상에 다양한 변수가 등장하면서 프레임별 빈도수 변화가 컸다. 먼저 협상준비기에는 가치중립 프레임이 28건으로 가장 많았으며, 농업보호 프레임(14건), 비판 프레임(12건), 득실갈등 프레임(11건), 농업피해 프레임(7건), 개방 프레임(6건) 순으로 높은 비중을 차지하는 것으로 나타났다.

또 협상진행기에는 보도량이 협상준비기에 비해 3배 이상 늘었으며, 프레임에 있어서는 가치중립 프레임(68건), 개방 프레임(59건), 득실갈등 프레임(56건), 농업보호 프레임(40건)이 경합하는 양상을 보였다. 협상진행기에 접어들면서 각 신문사의 보도량이 증가하는 동시에 매체별로 한미 FTA에 대한 보도태도의 선명성이 드러나기 시작했다.

협상평가기에는 협상진행기에 비해 보도량이 감소하면서 농업보호 프레임(27건)이 가장 많은 비중을 차지하였으며, 평가 프레임과 경쟁력강화(농업선진화) 프레임이 다른 시기에 비해 높은 비중을 나타냈다.

>> 한미 FTA 협상 반대에 나선 농민

## 4) 한미 FTA 관련 농업보도의 뉴스 프레임 형성 관련 영향요인에 대한 언론인 설문조사 결과

한미 FTA 농업협상 보도와 관련, 이 같은 뉴스 프레임이 형성된 배경에 대해 언론인 30명에게 설문조사한 결과 〈취재기자의 경험·신념·가치·사명감 등 개인 차원〉이 가장 많은 영향을 미치는 것으로 나타났고, 그다음으로는 〈신문사가 추구하는 목표와 성향 및 경영층 차원〉, 〈편집간부(데스크 등)의 경험·신념·가치·사명감·게이트키핑 차원〉, 〈뉴스의 가치성·객관성 등 미디어 관행 차원〉, 〈수용자(독자) 차원〉, 〈출입처(보도자료·기자단·전문가집단·제보자 등 정보원 차원〉, 〈진보와 보수 등 신문사의 사회화된 가치 차원〉, 〈정부의 영향 차원〉, 〈광고주 등 경제적 차원〉 등의 순으로 영향을 미치는 것으로 나타났다.

### ① 근무기간별 영향요인 차이

언론인 경력별로 뉴스 프레임이 형성된 배경의 요소에 대한 경중에 차이를 나타냈는데, 15년 이상 언론인 경력을 가진 데스크급 이상의 편집간부들은 이익단체나 기관 등의 홍보활동을 2위로, 경력 15년 미만 기자들은 데스크의 게이트키핑을 3위로 각각 중요한 요소로 지목했다.

[ 표5-13 근무기간별 프레임 형성 영향요인 비교 ]

| 근무기간 | 개인차원 | 게이트키핑 | 미디어관행 | 정보원 | 경영층 | 홍보활동 | 사회화가치 | 수용자 | 경제적차원 | 정부차원 |
|---|---|---|---|---|---|---|---|---|---|---|
| 15년이상 | 103 (18.1%) | 68 (12.0%) | 68 (12.0%) | 51 (9.0%) | 74 (13.0%) | 78 (13.7%) | 20 (3.5%) | 56 (9.8%) | 4 (0.7%) | 47 (8.3%) |
| 15년미만 | 50 (15.2%) | 42 (12.7%) | 35 (10.6%) | 24 (7.3%) | 49 (14.8%) | 29 (8.8%) | 39 (11.8%) | 35 (10.6%) | 9 (2.7%) | 18 (5.5%) |
| 계 | 153 (17.0%) | 110 (12.2%) | 103 (11.5%) | 75 (8.3%) | 123 (13.7%) | 107 (11.9%) | 59 (6.6%) | 91 (10.1%) | 13 (1.4%) | 65 (7.2%) |

② 한미 FTA 농업 협상 취재경험 유무에 따른 영향요인 차이

한미 FTA 취재보도 경험이 있는 기자들은 보도경험이 없는 기자들에 비해 〈이익단체 · 기관 및 단체의 홍보활동 차원〉, 〈취재기자의 경험 · 신념 · 가치 · 사명감 등 개인 차원〉, 〈뉴스의 가치성 · 객관성 등 미디어 관행 차원〉, 〈수용자(독자) 차원〉, 〈출입처(보도자료) · 기자단 · 전문가집단 · 제보자 등 정보원 차원〉 등의 요인이 상대적으로 영향을 많이 받은 것으로 응답해, 한미 FTA 농업협상 관련 보도에서 다른 사안보다 고민을 많이 한 것으로 분석된다.

[ 표5-14 보도경험별 프레임 형성 영향요인 비교 ]

| 보도경험 | 개인차원 | 게이트키핑 | 미디어관행 | 정보원 | 경영층 | 홍보활동 | 사회화가치 | 수용자 | 경제적차원 | 정부차원 | 기타 |
|---|---|---|---|---|---|---|---|---|---|---|---|
| 있음 | 113 (17.9%) | 77 (12.2%) | 76 (12.1%) | 55 (8.7%) | 72 (11.4%) | 84 (13.3%) | 34 (5.4%) | 67 (10.6%) | 6 (1.0%) | 45 (7.1%) | 1 (0.2%) |
| 없음 | 40 (14.8%) | 33 (12.2%) | 27 (10.0%) | 20 (7.4%) | 51 (18.9%) | 23 (8.5%) | 25 (9.3%) | 24 (8.9%) | 7 (2.6%) | 20 (7.4%) | 0 (0.0%) |
| 계 | 153 (17.0%) | 110 (12.2%) | 103 (11.4%) | 75 (8.3%) | 123 (13.7%) | 107 (11.9%) | 59 (6.6%) | 91 (10.1%) | 13 (1.4%) | 65 (7.2%) | 1 (0.1%) |

③ 성장지역에 따른 영향요인 차이

농촌에서 성장한 기자들은 도시에서 성장한 기자들에 비해 〈출입처 (보도자료)·기자단·전문가집단·제보자 등 정보원 차원〉과 〈뉴스의 가치성·객관성 등 미디어 관행 차원〉, 〈수용자(독자) 차원〉, 〈이익단 체·기관 및 단체의 홍보활동 차원〉이 더 많은 영향을 미치는 것으로 응답, 한미 FTA 협상에서 농업이 최대 이슈로 부각되면서 농민 등 정보원과 농민단체 등의 활동에 관심을 가진 것으로 분석된다.

[ 표5-15 성장지역별 프레임 형성 영향요인 비교 ]

| 성장 지역 | 개인 차원 | 게이트 키핑 | 미디어 관행 | 정보원 | 경영층 | 홍보 활동 | 사회화 가치 | 수용자 | 경제적 차원 | 정부 차원 | 기타 |
|---|---|---|---|---|---|---|---|---|---|---|---|
| 도시 | 79 (16.5%) | 71 (14.8%) | 46 (9.6%) | 32 (6.7%) | 67 (14.0%) | 55 (11.5%) | 40 (8.3%) | 47 (9.8%) | 8 (1.7%) | 35 (7.3%) | 0 (0.0%) |
| 농촌 | 74 (17.6%) | 39 (9.3%) | 57 (13.6%) | 43 (10.2%) | 56 (13.3%) | 52 (12.4%) | 19 (4.5%) | 44 (10.5%) | 5 (1.2%) | 30 (7.1%) | 1 (0.2%) |
| 계 | 153 (17.0%) | 110 (12.2%) | 103 (11.4%) | 75 (8.3%) | 123 (13.7%) | 107 (11.9%) | 59 (6.6%) | 91 (10.1%) | 13 (1.4%) | 65 (7.2%) | 1 (0.1%) |

④ 뉴스 프레임별 영향요인 차이

한미 FTA 농업협상에 대한 보도의 프레임 형성에 영향을 미치는 요인을 다음과 같은 다섯 가지 차원으로 분류할 수 있다. 첫째, 기자의 경험·신념·가치·사명감 등의 '개인 차원', 둘째, 편집간부의 경험·신념·가치·사명감 등에 따른 게이트키핑, 뉴스의 가치성·객관성 등에 따른 미디어 관행 차원, 출입처·기자단·전문가집단·제보자 등의 정보원으로 구성된 '뉴스제작관행 차원', 셋째, 신문사가 추구하는 목표와 경영층에 의한 뉴스조직의 속성 차원, 넷째, 이익단체·단체 및 기관의 홍보활동과 수용자, 광고주, 정부의 영향 등으로 구성된 뉴스조직 외부 차원, 다섯째, 보수와 진보 등 신문사의 사회화된 가치 등의 이데올로기 차원으로 분류할 수 있다.

취재기자 경험·신념·가치·사명감 등의 개인적 차원은 한미 FTA 농업협상을 통한 농업부문의 개방에 반대하는 프레임 형성배경의 주요 요인으로 분석된다. 뉴스의 가치성·객관성 등 미디어 보도관행과 편집간부의 게이트키핑, 정보원 등으로 구성된 뉴스제작관행 차원은 신문사의 의견과 논조를 드러내는 것보다는 객관적 사실의 전달 등 가치중립적 입장을 취하는 보도에 영향을 미치는 것으로 나타난 반면, 이익단체·단체 및 기관의 홍보활동과 수용자, 광고주, 정부의 영향 등으로 구성된 뉴스조직 외부 차원과 보수·진보 등 신문사의 이데올로기 차원은 한미 FTA 농업협상에 대한 갈등과 대립의 프레임 형성에 영향을 미치는 요인으로 드러났다. 한편, 신문사가 추구하는 목표와 경영층에 의한 뉴스조직 속성 차원의 영향은 프레임의 선명성에 그다지 큰 영향을 미치지 않는 것으로 나타났다.

또한 언론보도의 내용에 영향을 미치는 다섯 가지 차원의 요인이 한미 FTA 농업협상 보도에 있어서 프레임 형성에 영향을 미치는 취재기자들의 평가를 취합한 결과, 뉴스제작관행 차원(32.0%)이 가장 많은 영향을 미치는 것으로 드러났으며, 그다음으로 뉴스조직 외부 차원(30.7%), 개인 차원(17.0%), 뉴스조직의 속성 차원(13.7%), 이데올로기 차원(6.6%) 순으로 나타났다. 이러한 결과는 한미 FTA 농업협상 보도에 있어서 기자 개인의 경험·신념·가치·사명감이나 신문사가 추구하는 목표나 이데올로기 등과 같은 가치체계보다는 뉴스제작관행과 이해집단의 영향력 등 보다 실질적인 이해관계와 뉴스제작의 현실적 측면이 프레임 형성 배경에 주된 요인으로 작용한 것으로 나타난 것으로 볼 수 있다.

[ 표5-16 프레임 형성 배경요인 평가 ]

| 구분 | 개인 차원 | 뉴스제작 관행 | 뉴스조직의 속성 | 뉴스조직 외부 차원 | 이데올로기 차원 | 계 |
|---|---|---|---|---|---|---|
| 가치중립 프레임 | 21 | 34 | 15 | 16 | 4 | 90 |
| 득실갈등 프레임 | 15 | 28 | 14 | 25 | 8 | 90 |
| 농업피해 프레임 | 21 | 27 | 15 | 24 | 3 | 90 |
| 농업보호 프레임 | 20 | 25 | 13 | 27 | 5 | 90 |
| 비판 프레임 | 19 | 32 | 10 | 22 | 7 | 90 |
| 개방 프레임 | 4 | 22 | 12 | 43 | 8 | 89 |
| 경쟁력강화 프레임 | 12 | 33 | 13 | 27 | 5 | 90 |
| 압력 프레임 | 7 | 21 | 11 | 45 | 6 | 90 |
| 개방반대 프레임 | 18 | 25 | 10 | 28 | 9 | 90 |
| 평가 프레임 | 16 | 41 | 10 | 19 | 4 | 90 |
| 계 | 153 (17.0%) | 288 (32.0%) | 123 (13.7%) | 276 (30.7%) | 59 (6.6%) | 899 (100.0%) |

## 5) 한미 FTA 관련 농업보도의 뉴스 프레임 형성 영향요인에 관한 언론인 심층 인터뷰 결과

한미 FTA 농업보도와 관련해 언론별로 뉴스 프레임이 형성된 배경을 분석하기 위해 분석대상 언론사별로 기자와 데스크급 이상 편집간부를 각 1명씩 선정해 심층 인터뷰를 실시했다.

그 결과, 첫째, 뉴스 프레임 형성에 가치관 등 취재기자 개인 차원이 미친 영향은 언론사별로 차이가 큰 것으로 나타났다. 조선일보는 한미 FTA 이슈에서는 기자 개인 차원의 요인이 뉴스 프레임 형성에 미친 영향이 매우 적지만, 한겨레신문과 매일경제신문·농민신문은 기자 개인 차원의 영향이 신문사가 추구하는 프레임 속에서 어느 정도 영향을 주었다고 대답했다.

둘째, 기자의 가치관 등 개인적 요소가 신문사가 추구하는 논조와 방향 및 성향 등에 맞춰 동화(同化)되고 있는 것으로 나타났다. 이는 데스크의 게이트키핑 등의 과정을 거쳐 해당 신문사가 어떤 사안을 보는 관점 등에 기자가 자연스럽게 맞춰 갈 수밖에 없는 현실 때문으로 분석된다.

셋째, 한미 FTA 농업협상 관련 보도에서는 자사의 논조가 강해지면서 객관성·균형성·중립성 등 저널리즘 규범 차원이 흔들린 것으로 나타났다. 한미 FTA 협상에 대해 보수신문은 대체로 찬성 프레임을, 진보신문은 대체로 반대 프레임을 부각하고, 경제지는 제조업 등의 입장을, 농업전문지는 농업과 농민의 입장을 상대적으로 강하게 대변했기 때문이다. 그렇지만 사실에 근거해 진실을 보도하려는 노력을 멈추지 않았다.

넷째, 각 신문사의 논조와 추구하는 가치는 데스크의 게이트키핑을 거치면서 보다 선명해지고 강해지는 것으로 나타났다. 기자의 정보는 데스크의 게이트키핑을 통해 지면 등에 기사화되기 때문에 데스킹을 통해 방향이 수정되고, 기사가 필터링 되기 때문이다.

다섯째, 취재 정보원도 신문사의 논조에 따라 취사선택하는 것으로 나타났다. 한미 FTA에 대체로 반대 프레임이 많은 진보신문과 농업전문지는 반대 쪽 정보원을 선택해 취재하고, 대체로 찬성 프레임이 많은 보수신문과 경제지는 찬성 쪽 정보원을 취재대상으로 삼은 경우가 많았기 때문이다.

여섯째, 한미 FTA 농업협상 관련 보도에서는 언론사의 정치 성향이 뉴스 프레임 형성에 많은 영향을 준 것으로 나타났다. 경제적 이슈에서 정치적 이슈로 전환되면서 보수신문과 경제지는 대체로 찬성 프레임을, 진보신문과 농업전문지는 대체로 반대 프레임이 부딪히면서 갈등이 이슈화되고, 언론이 공론장 역할을 충분히 하지 못하는 데 영향을 주었다.

일곱째, 한미 FTA 농업협상 보도는 각 신문사의 보도 방향을 예상할 수 있는 프레임 수준에서 벗어나지 않은 것으로 나타났다. 따라서 광고주나 외부 압력집단 등에 의해 각 신문사의 예상 프레임이 흔들림이 없었던 것으로 분석된다. 역설적으로 한미 FTA 농업협상 관련 보도는 다른 사안에 비해 프레임의 일관성과 균질성이 유지된 사례로 볼 수 있다.

여덟째, 신문사별로 농업을 보는 관점(view point)이 한미 FTA 농업협상 관련 보도 뉴스 프레임으로 드러났다. 진보신문과 농업전문지는 농업보호 시각을, 보수신문과 경제지는 농업도 시장경쟁의 원리에서 자유로울 수 없다는 시각을 프레임을 통해 드러냈다.

아홉째, 신문사별로 국가이익과 민주주의를 보는 시각도 프레임 형성에 영향을 준 요소로 분석된다. 특히 진보신문은 한미 FTA에서 이익을 보는 계층과 피해를 보는 계층이 있는 상황인 만큼 국가이익이 뭔지를 다시 생각해 보자는 목소리를 냈다.

열째, 찬반 이분법적 프레임과 이항 대립적 구조에서 탈피해 농업문제를 진지하게 고민하고 해결방안을 찾는 프레임 형성이 필요해 보인다.

>> 미국 농무부 청사 앞에 선 필자

# 농업 · 농촌
# 커뮤니케이션의 필요성

농업커뮤니케이션
어떻게 할 것인가

## 농업·농촌
## 커뮤니케이션의 필요성

언론은 순기능과 함께 때로는 역기능 측면도 갖고 있다. 그동안 상당수 일반 언론의 농업 관련 보도는 농업인 입장에서 볼 때 역기능 측면에 치우쳐 있었음을 부인하기 힘들 것이라는 지적도 있다.

이와 달리 일반 언론이 순기능을 톡톡히 발휘한 사례도 있다. 2003년 당시 서울대 의대 양미희 교수가 발표한 '배를 후식으로 먹으면 발암물질 배출효과가 크다'는 내용을 일제히 보도했다.

이 같은 보도는 배 소비촉진 효과를 가져왔다. 소비가 늘면 당연히 가격지지 효과로 이어지는 법. 그해 배 생산량이 늘고 추석도 9월 하순에 있어 수확기간도 길어지면서 배 값이 급락할 것이라는 당초 예상보다는 높은 수준에서 배가 판매됐다.

여기서 우리는 많은 것을 생각해볼 수 있다. 대부분 산업이 해당 분야가 좋은 방향으로 보도되도록 커뮤니케이션(의사소통)을 한다. 이제 농업분야에서도 영향력이 커진 언론을 활용해 커뮤니케이션을 하는 다양한 방법을 찾고 이를 실천하는 것이 절실하다.

국민의 식량창고인 농업과 농촌의 중요성이 언론 등을 통해 소비자에게 충분히 전달하는 것이 매우 중요하기 때문이다.


## 1. 이슈 해석에 대한 프레이밍 효과

수용자는 뉴스 텍스트의 정보와 활성화된 정보의 통합 과정에서 사건 및 이슈에 대한 상황모델을 형성하면서 이슈를 해석하게 된다. 뉴스 프레임과 수용자의 해석 틀 간의 상호작용과정은 주어진 뉴스 텍스트의 내용을 거부하고 다른 것으로 대체하는 것이 아니라 그것을 수정하고 새롭게 갱신하는 과정이다(Rhee, 1997; 이미현, 2001에서 재인용). 즉, 뉴스 해석은 이전 상황모델에 의존해 그 안에서 새로운 상황모델을 형성해 가는 회귀 과정인 것이다. 따라서 뉴스가 다른 유형의 프레임으로 제공되지 않는 이상 이미 확립된 해석방향을 바꾸는 것은 매우 어려울 수밖에 없다(Gamson, 1992).

뉴스 프레임과 수용자의 인식에 관한 기존 연구들은 뉴스 프레임의 지배적인 영향력을 확인시켜 준다. 리(Rhee, 1997)는 선거뉴스의 프레임 유형이 수용자의 선거 캠페인 해석에 영향을 줌을 밝혀냈다. 그는 선거보도를 전략 프레임과 이슈 프레임으로 구분하고, 매체를 신문과 방송으로 나눠 프레임 효과를 살펴보았다. 그 결과 신문의 경우 전략 프레임을 반복적으로 접한 수용자는 전략위주 관점에서 선거를 묘사했고, 이슈 프레임을 반복적으로 접한 수용자는 이슈위주 관점에서 선거를 묘사했다(이미현, 2001에서 재인용).

주지현(2000)은 여성장관에 대한 뉴스를 차별적 프레임과 통합적 프레임으로 유형화한 후, 이를 일화중심적 프레임과 주제중심적 프레임으로 각각 제작해 여성장관에 대한 인식을 평가했다. 그 결과, 차별적 프레임과 일화중심적 프레임에서 부정적 인식이 두드러지는 것으로 나타났다. 이종은(1999)은 장애인문제에 관한 프레임 효과를 연구했다. 그는 장애인 문제에 관한 미디어 프레임을 인간적 한계 프레임과 다양성 프레임으로 구분한 후 각 프레임이 감정이입, 편견감소, 문제해결의 동기화에 미치는 영향을 살펴보았다. 그 결과 각 영역에서 다양성 프레임이 장애인에 대한 높은 감정이입과 긍정적 인식을 유도한다는 사실을 밝혀냈다.

비슬리 등(Besley · Shanahan, 2005)은 미디어 관심 및 노출과 농업생명 기술에 대한 지원 간 관계를 뉴욕의 성인을 대상으로 한 조사로 연구한 결과, 신문에 대한 노출과 주목이 농업생명기술 지원에 긍정적인 관계를 갖는다는 것을 증명했다(김찬석, 2008에서 재인용).

결국 일화적 뉴스 프레임과 주제적 뉴스 프레임이 갖는 특성은 다른 의미를 전달해 이슈의 해석에 영향을 미칠 것으로 보인다. 일화적 프레임은 행위자 및 구체적인 사례에 초점을 맞추기 때문에 사회 문제를 개인 문제로 축소시키며, 이슈의 해석 범위를 제한할 것으로 예상된다. 반면에 주제적 프레임은 거시적 관점에서 이슈에 대한 배경과 해석을 제시함으로써 이슈에 대한 전체적 조망과 이슈에 대한 보다 폭넓은 이해를 제공할 것으로 예상된다(이미현, 2001).

뉴스 프레임이 판단의 근거에 미치는 영향을 살펴본 연구 가운데에는 아옌거(Iyengar, 1991)의 뉴스 프레임의 유형과 책임소재 인식 간의 관계에 대한 연구가 있다. 그는 범죄, 테러, 가난, 실업, 인종적 불평등이라는 다섯 가지 주제를 대상으로 일화적 프레임은 개인에게, 주제적 프레임은 사회구조적 요인에 책임소재를 귀인시키는 경향이 있음을 보여 주었다(이미현, 2001). 나은경(1998)은 뉴스 프레임과 책임소재 인식에 관한 아옌거(Iyengar, 1991)의 연구를 모델로 과소비 문제를 일화적 프레임과 주제적 프레임으로 조작한 후 각각 개인과 사회구조에 책임을 귀인시키는지를 살펴보았다. 그 결과 일화적 프레임에서는 개인에 귀인시키는 것이 검증됐지만 주제적 프레임에서는 검증되지 않았다.

[ 표6-1 뉴스 프레임 차이가 사회 현실에 관한 태도 및 대응방식에 미치는 영향 ]

출처: 노광준(2006), 한국 농업농촌 뉴스의 현실 구성방식, 서울대학교 대학원 박사학위 논문.

## 2. 기존 농업 이슈 관련 뉴스 보도의 특징

### 1) 한국 농업 · 농촌 뉴스의 현실 구성방식

노광준(2006)은 '한국 농업 · 농촌 뉴스의 현실 구성방식'에서 2004

년 9월 1일부터 2005년 8월 30일까지 1년 동안 방송된 KBS 9시 저녁 뉴스와 SBS 8시 저녁뉴스 중 농업 관련 기사로 분류되는 뉴스 아이템 286건 기사에 대한 텍스트 및 VOD를 보고 내용 분석 및 프레임 분석을 실시했다.

분석 결과, 첫째, TV 방송 뉴스에서는 농업분야에 대해 상대적으로 적은 분량을 배분하고 있고, 둘째, TV 방송 뉴스의 농업분야 보도에 나타난 지배적 뉴스 프레임 유형은 '일화중심 뉴스 프레임(51.4%)'이 '주제중심 뉴스 프레임(48.6%)'보다 약간 우세한 비율로 나타났고, 셋째, 지배적 뉴스 프레임 유형에 따라 농업분야 보도의 형식적·내용적 특성의 차이를 드러냈다. 형식적인 면에서 일화중심 프레임 보도는 기사현장 리포팅(71.7%)과 앵커단신(15.1%)이 많았고, 주제중심 프레임 보도는 기자현장 리포팅(64.6%)이 상대적으로 낮은 반면 집중취재 비율(27.1%)이 높게 나타났다. 넷째, TV 방송 뉴스에 나타난 농민과 농촌의 이미지는 부정적인 이미지가 긍정적인 이미지에 비해 자주 뚜렷하게 등장했고, 다섯째, TV 저녁뉴스 중 농업분야 뉴스에서 농업인과 농촌 주민은 경제분야보다는 사회분야에 더 많이 등장하고 있다고 분석했다.

결론적으로 TV 뉴스의 농업 관련 보도에서는 일화중심적 뉴스 프레임이 우세한 것으로 나타나 TV 뉴스를 통해 농업 현실을 접하는 도시민이 농업·농촌 현실에 대해 '감정적·수동적·개인적 책임귀인'의 정도가 높을 수 있음을 시사하고 있다는 것이다(노광준, 2006).

## 2) 농업개방과 관련된 한국 언론보도의 문제점 분석

박웅진(2004)은 KBS, MBC, SBS 공중파 방송 3사의 주 시청시간대 뉴스 133개의 기사분석을 통해 농업개방과 관련해 언론보도에서 사용된 프레임이 무엇이었는지, 언론사별로 여러 층위의 입장은 어떻게 구성되었는지, 그리고 농업개방과 관련된 언론사의 프레이밍은 어떠하였는지를 분석했다.

그 결과, 첫째, 피상적 보도경향으로 기사의 복합성이 낮고, 둘째, 연관성 없는 파편적 정보 나열로 인해 공론장 역할 수행을 못하고 있고, 셋째, 사건중심 보도로 핵심적 주장을 심도 있게 탐색하지 못하고, 넷째, 사안의 심층보도 부족은 기자의 전문성 부족과도 연관되어 있다고 분석했다.

다시 말해 KBS · MBC · SBS 등 방송 3사의 밤 9시 뉴스에 등장하는 농업개방 관련 기사에 관한 프레임 분석을 통해 농업개방을 분석하는 대세라고 판단하는 개방 프레임과 농민시위의 폭력성을 강조하는 법 · 질서 프레임의 높은 비율을 발견했다(박웅진, 2004).

## 3) 한미 FTA 농업협상 보도에 대한 뉴스 프레이밍 비교 연구

조유미(2007)는 '한미 FTA 농업협상 보도에 대한 뉴스 프레이밍 비교연구'를 통해 뉴스 프레임 분석으로 한미 FTA 농업협상 보도에서 갈등주체들과 이슈들이 언론사와 시기에 따라 어떤 측면을 강조 · 배제하는

지를 고찰해 보았다. 그 결과 이슈에 관한 보도 빈도는 언론사의 이념 또는 대상 계층과 이슈의 부합이 보도 빈도와 관련 있음을 발견했다.

또 연역 프레임 분석 방법을 이용해 한미 FTA 농업협상 보도를 전략과 갈등, 국가적 흥미, 인간적 흥미, 책임 귀인, 경제적 결과의 5가지 프레임으로 나누고 각 프레임으로 나타나는 보도 특성을 분석했다. 그 결과, 농업협상 보도에서는 전략과 갈등 프레임이 가장 우세하게 나타났는데, 이는 협상과 관련된 정치적 갈등과 농민의 시위·집회 보도가 농업협상 보도에서 큰 비중을 차지했기 때문으로 분석했다. 따라서 시위의 원인보다는 대립상황만을 보도하고 있어 갈등 양상이 더욱 부각되는 프레임으로 보도됐다고 분석했다.

특히 행위자 분석 프레임에 관한 분석에서는 농민의 이미지 프레임이 언론사에 개방을 통해 경쟁력 있는 농민으로 거듭나는 농민의 이미지 표상으로 나타나기도 하고, 다른 쪽에서는 한미 FTA 협상의 최대 피해자로 농민을 묘사하고 있어 언론사 간에 농민에 대한 사회적 의미 구성에 큰 차이를 보여 주는 결과로 나타났다고 주장했다. 결국 한미 FTA 농업협상 보도에 있어 정부와 농민 사이의 갈등원인을 파악하기보다는 피상적인 내용을 전달하는 데 그치고 있어 갈등을 조정하고 중재하는 역할을 제대로 수행하지 못하고 있는 것으로 나타났다고 분석했다(조유미, 2007).

## 4) 농민의 폭력시위에 대한 언론보도와 경찰의 위기관리 전략 연구

임호만(2006)은 '농민의 폭력시위에 대한 언론보도와 경찰의 위기관리 전략연구'에서 농민의 폭력시위와 경찰의 제지 과정에서 나타난 농민사망사건에 관해 보수신문에서는 경찰을 옹호한 반면, 진보 측 신문에서는 경찰의 과잉진압을 문제 삼으며 책임자 문책을 요구했다고 분석했다.

## 5) 영국에서 발생한 구제역 관련 보도

Nerlich(2004)는 2001년 영국에서 발생한 구제역에 관한 뉴스 보도 프레임을 분석했다. 그 결과, 영국 언론들은 구제역 발병 초기부터 말기까지 '농촌초토화', '희망 없는 전투' 등 구제역 방역을 바이러스와 전쟁으로 묘사하는 '전쟁 프레임(war frame)'을 수사적으로 사용했고, 이는 결과적으로 '대대적인 도살'이라는 극단적인 행동 프레임(action frame)을 유발해 낸 단초가 됐음을 밝혀냈다(노광준, 2006에서 재인용).

## 6) 과학기술 연구 성과의 뉴스 프레임 연구

농업은 농산물 수입개방과 같은 갈등적 이슈와 함께 생명공학 등 과학기술, 경제, 환경, 다문화 등 사회문화처럼 다양한 프레임 영역이 포괄된 종합산업이다. 따라서 과학기술 연구 성과의 뉴스 프레임도 필요하다.

김찬석(2006)은 과학기술 연구 성과가 일반 공중에게 어떻게 전달되고 인식되는가를 밝히기 위해 과학기술 연구 성과의 뉴스 프레임을 분석했다. 분석은 2005년 3월부터 2006년 2월까지 1년 동안 조선일보, 동아일보, 매일경제신문, 한국경제신문 등 4개 신문을 대상으로 한국 언론재단 카인즈(KINDS) 검색 시스템으로 '과학기술연구성과' 키워드 검색을 실시했다. 그 결과, 첫째, 과학기술 연구 성과에 대한 미디어 프레임은 과학기술 연구 성과의 탁월성에 가장 큰 관심을 두면서 이로 인한 사회적 논란에 대해서도 큰 의미를 부여하는 방식으로 진행되었고, 둘째, 과학기술 연구 성과에 대한 뉴스 프레임은 연구자들의 역할 그 자체보다는 연구자들의 역할로 산출된 결과물, 즉 성과의 본질과 내용에 더 큰 관심을 가지는 것으로 나타났고, 셋째, 과학기술 연구 성과에 대한 프레임은 구체적이고 가치중립적이며 미래지향적 성격을 갖고 있음이 발견했다.

## 3. 농업 이슈 보도와 뉴스 프레임

### 1) 보도량이 적고 하위 이슈화

농업 관련 이슈에서는 적은 보도량이 먼저 지적된다. 박웅진(2004)이 KBS 등 방송 3사의 저녁종합뉴스를 분석한 결과, 농업개방 등과 관련된 기사는 전체기사 건수의 0.2%에 지나지 않았고, 윤석원(2004)

이 조선일보 등 6개의 주요 신문을 대상으로 분석한 결과, 2004년 쌀 재협상과 DDA 협상이 이뤄지는 긴박하고 중요한 시기임에도 쌀 관련 보도 건수는 한 달 평균 38건, 1개 일간지당 한 달 보도 건수는 6~7건에 불과했다는 것이다.

이어 농업 관련 기사의 하위 이슈화도 문제로 지적된다. 권화섭과 최익수(1982)는 중앙지와 지방지의 개괄적 내용을 분석해 본 결과, 지방지에서 주요기사로 다뤄지는 농업 관련 이슈가 중앙일간지에서는 하위 이슈(miner issue)로 취급되고 있음을 밝혀냈다.

이러한 경향은 국내뿐만 아니라 해외에서도 마찬가지다. 1969년 캐나다 일간지 30개에 대한 내용분석 결과, 캐나다 일간지가 가장 많이 다룬 주제분야는 '인간적 흥미'로 15.8%를 차지했고 다음은 스포츠(15%), 정치(12.7%) 순서였고 농업은 1.5%에 그쳤다(Scanlon, 1969; 노광준, 2006에서 재인용).

또 1990년 1월부터 1992년 12월 15일까지 미국의 3대 일간지(뉴욕타임스, 워싱턴포스트, LA타임스)의 농업분야에 대한 GATT 협약 관련 기사에 대한 내용분석 결과, 대부분 기사가 비즈니스 면 하단에 작게 머물렀다(Balter, 1993; 노광준, 2006에서 재인용)는 것이다.

## 2) 심층분석 없이 피상적 단순보도

심층분석 없이 피상적 단순보도가 지적된다. 윤석원(2004)은 2004

년 1월 1일부터 5월 25일까지 조선일보, 중앙일보, 동아일보, 경향신문, 문화일보, 한겨레신문의 쌀개방 관련 기사를 분석한 결과, 중요성에 비해 쌀 관련 보도 자체가 매우 적었고, 그나마 단순보도가 대종을 이루고 있다는 것을 밝혀냈다. 더구나 쌀 생산 농민의 생존권 문제나 애로사항에 관련된 심층보도가 없다는 것이다.

밤 9시 뉴스를 비롯한 TV 방송 뉴스를 분석한 다수의 연구는 한국 방송뉴스가 영국의 BBC, 일본의 NHK, 미국의 네트워크 뉴스에 비교해 구성적으로 단순하고 심층성이 떨어지며 주제가 유독 정치경제와 사건사고에 집중한다는 특징을 발견해 농업 관련 뉴스에 관한 피상적·부정적 보도 성향을 짐작케 한다(노광준, 2006에서 재인용).

이러한 경향은 해외에서도 발견된다. 미국의 주요 언론은 평소에는 농업분야 취재에 인색하다가 특별한 절기나 명절 분위기, 예를 들어 할로윈 축제기간에는 호박재배농가의 기사를, 추수감사절에는 칠면조 농가를, 크리스마스에는 크리스마스트리 생산농가를 조명하는 등 연중행사 식으로 농업을 조명한다(Pawlick, 1998; 노광준, 2006에서 재인용)는 것이다.

따라서 갈등의 근본 원인에 관한 설명 없이 개별사건 중심으로 하는 보도는 갈등을 초기 소수의 문제 제기자의 사려 깊지 못한 즉시적 판단과 행위가 야기한 하나의 사건으로 표상하기 쉽고, 그 결과 문제 제기자나 반대자의 모습은 사회 내에 소수이며 주변 그룹으로 묘사될 수밖에 없다는 것이다(박웅진, 2004).

### 3) 개방중심 프레임

언론의 농업 관련 뉴스에서 개방 프레임 비율이 높게 사용되고 있음이 지적된다. 박웅진(2004)이 KBS 등 방송 3사의 저녁종합뉴스에 등장하는 농업개방 관련 기사를 분석한 결과, 개방 프레임과 반개방 프레임 비율이 2대1로 나타났다.

### 4) 사회 상위층 등 엘리트 중심적 보도 성향

언론매체의 일반적인 엘리트 중심적 보도 성향이 농업 관련 보도에서도 나타나고 있음이 지적된다. 김연종(1994)은 기사작성 시 농업에 대한 포괄적 이해가 부족하고, 농민을 동정의 대상으로 보는 엘리트 중심적 보도 성향이 있음을 분석했다.

## 4. 농업 이슈 보도와 국민의 농업·농촌 현실 인식

언론의 농업이슈 보도와 국민의 농업·농촌 현실 인식 사이에는 어떤 상관관계가 있을까. 대부분 도시민은 미디어를 통해 농업 관련 정보를 획득하는 만큼 밀접한 관계가 있을 수밖에 없다.

### 1) 도시민, 미디어 통해 농업 관련 정보 획득

도시민 가운데 많은 이가 농업 · 농촌을 직접 심도 있게 접할 기회가 별로 없는 상태에서 대부분 농업에 관련된 정보는 미디어를 통해 간접 경험하게 된다. 실제로 한국농촌경제연구원이 2004년 6대 도시 거주민 1,000명을 대상으로 조사한 결과, 도시민이 농업 · 농촌에 관련된 정보를 입수하는 경로는 TV 등 방송이 40%, 중앙일간지 17%, 인터넷 등이 16%, 라디오 5% 등으로 5명 중 4명꼴로 매스미디어를 통해 농업을 접하고 있는 것으로 나타났다(오세익 등, 2004).

또 한국농촌경제연구원이 2008년 9월 5일부터 9월 26일까지 도시민 1,508명을 대상으로 농업 · 농촌에 대한 국민의식을 조사한 결과, 식품의 품질이나 관련 정보를 얻은 주된 경로는 'TV, 신문 등 언론매체'라는 응답이 43.7%로 나타났고, 그다음으로 식품 포장지 표시나 문구(31.4%), 지인 소개(9.7%), 인터넷 검색(9.2%), 판매자 권유(4.7%) 등으로 나타났다(김동원 외, 2008).

## 2) 농업문제를 제대로 인식하지 못하는 결과로 이어짐

사회적 사건을 보도할 때 그 사건이 지니고 있는 역사적 의미나 배경 등을 전혀 고려하지 않고 사건의 표피에만 초점을 맞추는 보도관행이 갖는 이데올로기적 함의는 뉴스가 사건을 피상적으로 보도함으로써 그 사건이 가지는 사회적 · 정치적 의미를 사소한 것으로 만드는 역할을 한다는 데 있다. 즉 사회적으로 중요한 사안을 사회구조적 원인을 밝혀 보도하기보다는 개인의 동기 및 이해관계 문제로 묘사한다면, 뉴스 수용자는 사회적으로 중요한 사안을 사회구조적 문제라기보다 개인의 이해나 인품의 문제로 인식하게 됨으로써, 그 사회문제에 대한 책임을 묻거나 처벌대상을 판단하는 문제에 관해 개인의 행위나 인품을 주로 문제 삼게 된다는 것이다(이준웅, 2001).

1993년 우루과이라운드(UR) 협상보도에 관한 내용 분석과 담론 분석을 한 김연종(1994)은 서울신문, 중앙일보, 동아일보, 조선일보, 한겨레신문 등 5대 일간지가 첫째, UR 협상을 장기적으로 계속되어 온 문제로 인식한 게 아니라 곧 타결이 임박한 하나의 사건으로 인식했고, 둘째, 쌀 문제를 포함한 단지 몇 가지 주제와 협상결과만 비정상적으로 주목함으로써 결과적으로 UR에 대한 포괄적이고 깊이 있는 인식을 제공하지 못했다고 지적하고 있다.

### 3) 농업 · 농촌에 대한 지원 감소로 이어짐

사건중심 보도는 연속적이며 역사적으로 전개되는 사회화 과정이 개별적 사건으로 파편화될 위험이 있고, 사회 내에서 지배적 권력을 행사하는 집단이나 이념이 재생산될 수 있다는 우려를 낳고 있다(박기태, 1993). 언론에서 농업이 처한 현실을 공론화하지 않으니 국민의 관심은 멀어져 정책지원이 이뤄지지 않는다는 것이다(김영호, 2004).

농업 · 농촌의 공익적 가치를 유지하려는 도시민의 지원 의지가 갈수록 약화되고 있는 데서도 알 수 있다. 한국농촌경제연구원이 2008년 도시민 1,508명을 대상으로 농업·농촌에 관한 국민의식을 조사한 결과, 농촌의 공익가치를 유지하기 위한 세금 추가부담 의향을 묻는 질문에 40.5%만이 찬성해 2006년의 52.8%에 비해 12.3%나 감소했다(김동원 외, 2008).

더구나 1990년 미국 캘리포니아 본 선거(General election)에서 발의된 2건의 농업환경분야 법안 발의가 부결되는 과정에서 언론의 보도태도가 미친 영향을 분석한 연구결과(Beal & Halyes, 1991)도 있다(노광준, 2006에서 재인용). 또 많은 문화연구자가 주요 대중매체에 식품 안전성이나 환경 파괴, 정부예산 지원 비리 폭로 등 농업에 관한 부정적인 보도가 지속될 경우 농업과 농민에 대한 일반대중의 지원이 감소할 수 있음을 지적한다(Hall, Connel, &, 1977; Trew, 1979; Protess & McCombs, 1991;노광준, 2006에서 재인용).


## 5. 농업 · 농촌 커뮤니케이션의 필요성

"정부의 해외홍보가 한국축구의 병폐를 답습해 왔다. (치밀한 전략이나 원칙 없이) 공 따라서 이리저리 왔다 갔다 했다."

2009년 3월 12일자 조선일보에 보도된 이창용 금융위원회 부위원장의 인터뷰 내용이다. 그는 한국정부의 해외홍보 방식의 문제점을 신랄하게 비판하면서 "이미 부정적인 기사가 나온 뒤에 대응해 봐야 어차

피 피해는 보고 난 다음"이라고 지적했다. [46)]

이런 측면에서 농업·농촌 커뮤니케이션의 필요성이 제기된다. 농업·농촌 커뮤니케이션이 중요한 이유는 무엇보다 농업에 대한 근본적 인식전환을 통해 농업의 지속 발전을 유도할 필요가 있기 때문이다. 어느 조직이라도 홍보를 최대한 활용해야 성공한다. 홍보란 조직 생존과 불가분의 관계가 있는 공중과 커뮤니케이션을 효과적으로 수행해 조직을 유지·발전시키는 사회과학 경영전략이다. [47)]

농업은 국가발전의 근간을 이루는 기반산업이다. 토양 및 기후 등의 환경과 동식물의 생물학적 특성을 조화해 국민의 먹을거리를 제공한다. 국토의 보전과 국가지원의 관리를 위한 공익적 기능을 제공하고, 민족 고유의 전통과 미풍양속 계승 및 정서함양, 고용창출의 기회를 제공한다. 수요자의 다양한 요구를 충족하는 등 문화, 사회, 경제 전반에 기여한다.

농업은 산업 전반에 원료를 제공하는 다차원산업이다. 2·3차 산업 생산품의 원료를 생산하고 제공한다. 농축산물의 생산에 그치지 않고 기능성의 탐색과 소재화, 가공 등을 통해 2·3차 산업으로 발전하고 변모할 수 있는 다차원산업이다. 특히 첨단 융·복합 기술 접목으로 미래의 국가발전을 선도할 수 있는 산업이다. 이 같은 농업·농촌의 중요성을 국민에게 널리 알려 지속적으로 발전하려면 농업·농촌에도

---

46) 조선일보 2009년 3월 12일자.
47) 신호창, e-비즈니스의 도전과 비전 워크숍, 농촌진흥청 2006년.

커뮤니케이션이 필요하다.

## 1) 국내외 농업환경 변화

농업을 둘러싼 국내외 상황이 급변하고 있다. 다자간 및 지역 간 무역협정에 의해 국제교역 관세장벽이 완화되고 비관세화 노력이 계속 진행 중이다. 시장개방 추세에 따라 농축산물의 국제교역이 급증했다. 우리나라의 농축산물 무역수지는 최근 지속적으로 악화했다. 무역수지 적자액은 2002년 79억 4,400만 달러이던 것이 2006년에는 110억 2,200만 달러로 늘었다.

국제적으로 식량수급 불균형 심화로 식량안보의 중요성도 대두되고 있다. 최근 지구온난화에 따른 기상이변은 많은 국가에 식량위기를 초래했다. 농축산물의 안전성 및 환경보전 등 국제규범화도 확대되고 있다. 농축산물의 안전성과 유해물질 유통 규제가 강화되고, 지속적이고 균형 있는 성장을 고려한 장기적 차원의 자원 및 토지 관리가 강화되는 추세다. 선진국들은 자원의 효율적 이용과 환경오염을 최소화하는 녹색기술을 새로운 성장동력으로 육성하기 위해 국력을 집중하고 있다. 즉, 시장잠재력이 크고 기술개발 역량이 높은 분야를 전략적으로 선정해 정부지원을 집중하고 있다.

국내는 산업구조의 급속한 고도화 및 농가인력 수급의 열악화 추세에 따라 농업의 국가경제 비중이 하락하고 식량생산 불안요소가 내재

하고 있다. 전체 인구 가운데 농가인구 비중은 1981년 21%에서 2007
년은 6.8%로 하락했고, 65세 이상 고령농 비중도 1985년 8.7%에서
2007년은 32.1%로 높아졌다.

반면 농가의 생산물 판매가격과 자재 · 기계 구입가격 상승의 불균형
에 따른 교역여건 악화로 농업소득은 정체상태다. 따라서 농촌경제 활
성화를 위해 농가경영비 절감 및 수출농업 육성기술 개발과 보급이 적
극 필요하다는 지적이다(농촌진흥청, 2009).

## 2) FTA와 DDA

우리나라는 2002년 칠레와 FTA 협상을 타결한 이래 지난 10년간
45개국과 FTA 8개를 체결했다. 칠레 외에 협상을 타결한 나라는 싱가
포르(2004년), 동남아시아국가연합(ASEAN 10개국)(2006년), 인도
(2008년), 미국(2007년 타결, 2010년 12월 재협상 타결), 유럽연합
(EU) 27개국(2009년), 페루(2010년) 등이다.[48]

2010년을 기준으로 우리나라의 전체 농산물 수입(170억 달러)에서
FTA 협정이 타결된 미국, EU, 아세안, 칠레 등이 차지하는 비중은
53%에 달한다.

세계무역기구(WTO)에 따르면 세계의 지역무역협정(RTA) 발효건수
는 2009년 3월 현재 모두 243건이다. 이 가운데 자유무역협정(FTA)

---

48) 한국농촌경제연구원(2012), 농업전망 2012, p.44.

은 146건으로 가장 큰 비중을 차지한다. FTA 발효건수는 1992년 이후 급증 추세다.

한미 FTA는 2007년 4월 2일 타결돼 국회비준안이 2008년 10월에 제출됐고, 2009년 4월에 국회 상임위원회 외교통상위원회를 통과했다. EU와 FTA는 2009년 7월에 타결됐고, 2005년 7월 협상을 개시한 캐나다와도 2009년 5월 현재 핵심사안 위주로 쟁점이 압축된 상태다. 호주와는 1차 협상을 2009년 5월 호주 캔버라에서 개최했고, 중국과의 산학관 공동연구도 2007년 3월부터 수차례 진행됐다.

DDA 협상도 진행 중이다. 2001년 우루과이라운드(UR) 협상 결과의 토대 위에서 시장개방을 더욱 가속화한다는 목표 아래 출범한 DDA 협상은 2008년 7월 세부원칙 타결을 위한 소규모 각료회의를 개최했으나 합의에는 실패했다. 개도국 특별긴급관세(SSM)의 발동요건과 구제조치 등 일부 쟁점에 대한 미국, 인도, 중국의 이견이 실패의 주요 원인이다. 하지만 2009년 1월 다보스포럼을 계기로 주요국 통상장관회의에서 DDA 협상의 조속한 타결 필요성에 대한 공감대를 재확인했고, 4월 런던에서 개최된 G20 정상회의에서 정상들은 세계경제 회복을 위해 DDA 협상 타결에 노력하기로 합의했다.

DDA 농업분야 협상은 시장접근·국내보조·수출경쟁 분야로 나눠진다. 시장접근 분야에서는 농축산물의 관세감축 폭이, 국내보조 분야는 국내 보조의 총한도 감축이, 수출경쟁분야에서는 수출보조의 철폐 등이 주된 쟁점이다.

>> 농민들이 농촌현장을 떠나 서울로 올라와 자신들의 의견을 표현하고 있다
〈사진제공: 농민신문〉

### 3) 농업 · 농촌에 대한 국민들의 의식 변화

(1) 도시민의 농업 · 농촌 신뢰도 하락

농업이 국가의 필요산업으로 계속 유지되고 농가소득의 지속적 보장을 위해선 국민적 합의와 지지를 통한 국가의 적극적인 지원이 필요하지만, 국민의 농업 · 농촌에 대한 지지도는 갈수록 낮아지고 있다. 그래서 생산에서 수요 중심으로 변화에 맞춰 농산물 소비자이자 납세자인 국민에게 농업 · 농촌 가치의 중요성을 어떻게 홍보하고 설득하느냐가 현안으로 떠올랐다.

도시민의 농업 · 농촌 지지도에 적신호가 켜졌다. 농촌정보문화센터가 2006년 도시민 700명을 대상으로 조사한 결과, '농업 · 농촌의 기능 유지를 위해 추가로 세금을 더 낼 의향이 있느냐'는 질문에 대해 30.7%만 '있다'고 한 반면, '없다'는 응답이 69.3%에 달했다.

또 추가로 세금을 낼 의향이 있다고 응답한 도시민도 1년 부담액수는 평균 5만 6,229원에 그쳤다. 이는 2005년 조사에서 세금을 낼 의향이 있다는 응답이 절반(49%)에 달했던 것에 비하면 무려 18%포인트가, 연간 부담금액도 4만 원 정도가 감소한 것이다. 추가로 세금을 낼 의향이 없다는 응답자는 그 이유로 '정부가 세금을 잘 쓰는지 믿을 수 없어서(44.7%)'가 가장 많았고, '세금이 아닌 다른 사업의 수익으로 지원하는 것이 바람직하기 때문에(24.5%)', '세금지원보다 유통과정 등 구조적 문제가 더 심각하기 때문에(23.5%)' 등의 순으로 응답했다.

결론적으로 도시민은 농업 · 농촌이 중요하고 보호돼야 한다는 것에는 전체적으로 동의하지만, 세금을 추가로 내야 한다는 점에는 거부감이 커지고 있는 것이다.

[ 표6-2 도시민의 농업 · 농촌을 위한 추가세금 납부 의향도 ]

| 연도 | 2005 | 2006 |
|---|---|---|
| 의향도 | 49% | 30.7% |

출처: 농촌정보문화센터(2007), 『농업 · 농촌가치 및 농정홍보』, 농림부 이미지에 대한 여론조사보고서.

## (2) 국민을 움직여야 농업 · 농촌이 산다

이처럼 농업 · 농촌 지지도가 하락하자 2007년 7월 열린 '세계농정의 동향과 전망' 토론회에서도 이 문제가 집중 논의됐다.

박홍수 당시 농림부장관은 "농업 · 농촌에 대한 기존의 시각이 퇴색하고 경제논리가 예외 없이 적용되는 추세가 강화되고 있다"면서 "예산을 많이 투입하거나 정부 혼자만 열심히 한다고 되는 것은 아니고 모두의 참여가 필요하다"고 농업계 단결의 필요성을 강조했다. 박의규 당시 한국농업경영인중앙연합회장은 "잇따른 자유무역협정(FTA) 타결과 추진으로 우리 농업·농촌은 앞을 내다보기 어려운 실정"이라면서 "이 같은 위기 극복을 위해 모두의 지혜를 모아야 할 것"이라고 호소했다.

또 농정에 소비자의 의견 반영도 필요하다는 주장도 나왔다. 김종철 당시 농림부 정주지원과장은 "현재 비농업계의 농업계에 대한 시선이 곱지 않다"면서 "'떼쓰기'는 장기적으로는 비농업부문의 인식을 악화시킬 수 있는 만큼, 소비자와 납세자의 의견을 적극 반영할 필요가 있다"고 말했다.

농민단체도 변해야 한다는 지적도 제기됐다. 탁명구 당시 한농연 사무총장은 "농민들에게 역할을 다하기 위해서는 농민단체가 먼저 변해야 한다"면서 "농업에 우호적이지 않은 시선을 극복하려면 농림부, 농협, 농민단체 등 농업계 내부 결속이 필요하다"고 지적했다.

도시와 소통을 강화해 나가는 것도 방법이다. 이태호 서울대 교수는 "농촌정책은 도시와 소통함으로써 소외감을 떨쳐 내는 것이 중요하다"면서 "이를 위해 농정의 대상과 사업도 고도화돼야 한다"고 주장했다. 이정희 중앙대 교수는 "국민을 설득할 수 있는 계기 중 하나가 식품인 만큼 지역성 가치 인식을 높이고 이를 수요로 연결할 수 있는 정책방향이 필요하다"고 말했다.

농업·농촌의 다원적 기능 확산도 제시됐다. 전기환 당시 전농 사무총장도 "지속 가능한 농업을 위해 국민과 납세자를 설득할 수 있어야 한다"면서 "이를 위해 안전 농산물 공급, 식량주권, 환경친화적인 다원적 기능이 확대돼야 한다"고 지적했다. 홍준근 농민단체협의회 사무총장은 "농업인 스스로도 보호주의에서 벗어날 필요가 있다"고 했고, 박현출 당시 농림부 농업구조정책국장은 "'명품 농정'이 되려면 명품생산자와 명품소비자가 필요하다"고 각 주체들의 변화를 제시했다.

이와 함께 국민이 쉽게 공감할 수 있는 이슈를 선정해 홍보하는 것도 필요하다. 신동헌 당시 농촌정보문화센터 소장은 이와 관련해 "농업·농촌과 도시민과의 관련성을 부각하는 등 보다 쉽게 공감을 얻을 수 있는 이슈 선정과 함께 대중매체와 인터넷을 통해 적극적 홍보활동에 나설 필요가 있다"고 강조했다.

### (3) 농업·농촌에 유리하지 않은 미디어 환경

농업·농촌 관련 보도는 계속 줄고 있다. 전체 산업에서 농업이 차지하는 비중이 감소하고 있는 데다 광고도 다른 산업에 비해 많지 않기 때문이다.

농업·농촌 관련 보도 태도는 주제중심적이기보다는 일화중심적이다. 농민시위 기사는 있어도 농민의 삶, 농촌경제의 본질을 다루는 기사는 많지 않다. 즉 한국의 신문과 방송에 등장하는 농업 관련 기사는 시위 장면이 주를 이루고 있다. 농업이 국가적 의제로 채택되어 차분하게 지속적으로 숙의될 형편이 못되고 있는 것이다. 이처럼 농업·농촌에 유리하지 않은 미디어 환경을 뚫고 농업·농촌의 중요성을 소비자에게 알리기 위해서는 커뮤니케이션이 필요하다.

# 농업 · 농촌 커뮤니케이션 사례, 어떤 것이 있나

농업커뮤니케이션
어떻게 할 것인가

## 농업·농촌
## 커뮤니케이션 사례, 어떤 것이 있나

농업·농촌도 커뮤니케이션의 필요성과 중요성을 인식하고 다양한 커뮤니케이션 활동을 전
개하고 있다. 농업·농촌 커뮤니케이션 사례를 살펴본다.

### 1. 농축산물 자조금을 이용한 커뮤니케이션

#### 1) 자조금의 유래와 성격[49]

자조금(自助金·self-help funds)이란 광의로는 이익집단이 스스로
조달하는 여러 형태의 자조적 재원을 통틀어 일컫는다. 협의로는 법적
규정 또는 집단의 결의로서 의무적으로나 자발적으로 부과·수금해
특정 목적에 사용하는 제도적 기금을 말한다.

이러한 자조금제도가 농업부문에 응용된 것은 세계경제 대공황 이후

---

49) 〈쌀자조금제도의 도입 및 운영방안〉, 한국자조금연구원, 2006년 11월.

미국에서 1933년 농업조정법(Agricultural Adjustment Act)과 1937년 농산물유통협약법으로부터 비롯되고 있다.

농업부문 자조금은 품목별로 그 산업의 공통적 사항, 특히 해당 품목의 유통과 소비문제를 함께 해결하기 위해 거기에 소요되는 비용을 해당 농산물을 생산·판매하는 농민 스스로가 부담하는 자금 성격이다.

그래서 자조금은 일반단체의 회비나 협찬금과는 전혀 다른 특징을 갖고 있다. 한국자조금연구원은 자조금의 특징을 △품목별 해당 산업과 정부의 합동 프로그램 △법적절차에 따라 자진 부과하는 제도 △사업을 통해 그 이익을 얻은 수익자가 직접 부담하는 제도 △무임편승(free riding)을 배제하는 제도 △극히 소액을 분담하는 제도 △해당 상품의 최초 거래시점에서 자조금을 일괄적으로 공제하는 제도 △부담자들에 의해 조직된 단체(기구)가 자조금을 관리·운영하는 제도 등으로 요약했다.

이러한 농축산자조금은 생산자 단체가 자율적으로 농축산물의 판로확대, 수급 조절 및 가격 안정을 도모해 농축산업의 안정적 발전에 기여하려고 만들어졌다. 사업내용은 주로 농축산물 소비 촉진·홍보, 교육 및 정보 제공, 조사·연구 등이다.

축산자조금의 조성 및 운용에 관한 법률에 축산단체는 축산물의 안전성을 제고하고 소비를 촉진함으로써 축산업자의 권익을 보호하고 소비자에게 축산물 정보 제공에 필요한 재원을 확보하려고 축산물별로 축산자조활동자금을 설치할 수 있다고 규정하고 있다.

이에 따라 자조금은 산업전체의 힘을 모아 개별 생산농가가 수행하기 어려운 사안에 대처하려고 생산자가 자발적으로 조성한 자금이다. 자조금을 이용해 농축산물 소비홍보(광고), 정보제공, 농가교육, 조사·연구를 수행한다.

이러한 자조금은 임의자조금과 의무자조금으로 구분된다. 임의자조금은 생산자 및 관련 업계 종사자가 자율 납부하고, 의무자조금은 생산자 대표인 대의원을 선출한 후 대의원회 결정에 따라 모든 생산자가 자조금 조성에 참여한다.

박성재(2012)는 이러한 자조금 제도의 운영 원칙으로 △무임승차 배제 △자진부과 △수익자 부담 원칙 △소액 부과 △자동 공제 수금 △납부자 대표조직이 자금의 관리 운용 △산업과 정부의 공동 프로그램 등을 제시했다.

## 2) 농업선진국의 농축산물 자조금제도

대부분의 농업선진국은 어떤 형태로든 자국에서 생산된 농축산물의 각 품목별로 자조금제도를 운영하고 있다.

농축산물의 자조금제도를 최초로 도입해 운영한 국가는 미국이다. 이후 유럽은 미국의 자조금제도를 벤치마킹해 각 국가별로 산업의 특징에 맞는 자조금제를 자체 운영하고 있다.

### 3) 국내 농축산물 자조금 조성 현황

1992년부터 2000년까지는 농어촌발전특별조치법 제13조의 규정에 의거해 축산(젖소, 돼지, 닭) 분야 자조금사업이 실시됐다. 2000년 6월에는 농수산물유통 및 가격안정에 관한 법률이 개정돼 축산물 자조금 근거 규정이 마련됐다.

이어 생산자 단체에서 축산물 소비촉진 등에 관한 법률을 청원 · 입법했고, 2002년 축산물 소비촉진 등에 관한 법률이 제정돼 2002년 11월부터 시행됐다. 농가 등이 임의적으로 또는 대의원회 결정에 따라 의무적으로 갹출한 금액의 100% 이내 범위에서 정부가 보조금을 지원한다.

농축산단체(협회, 농협)는 농가거출금과 정부보조금으로 조성된 자조금 사업계획서를 농림수산식품부장관에게 제출한 후 승인을 받아 시행한다. 운용주체는 농축산 단체이나 대의원 · 축산단체의 장 · 소비자 대표 등으로 구성된 관리위원회의 의결과 대의원회의 의결을 거친다.

2011년 현재 농업부문 자조금은 모두 34개(원예 25개, 축산 9개)가 운영 중이다. 이 가운데 의무자조금은 한돈(양돈), 달걀(산란계), 낙농, 육계, 한우 등 5개이다. 농림수산식품부는 축산자조금은 1992년부터 2008년까지 한우 등 7개 축종에 사업비 601억 원이 들어갔다고 밝혔다. 축산자조금이 실시되고 있는 축종은 2012년 4월 현재 한우, 한돈(돼지), 낙농, 육계, 산란계, 육우, 오리, 사슴, 꿀벌 등 9개 축종이다.

[ 표7-1 농축산물 자조금 현황(2011년 기준, 괄호 안은 설치 연도) ]

| 분야 | 성격 | 품목(축종)명 |
|---|---|---|
| 원예 | 임의자조금(25품목) | 파프리카 · 참다래(2000), 감귤 · 사과 · 난(2003), 단감 · 배 · 분화(2004), 양파 · 가지 · 토마토 · 절화(2005), 참외 · 딸기 · 친환경농산물(2006), 육묘 · 인삼(2007), 오이 · 복숭아 · 자두(2008), 포도 · 배추 · 고추 · 마늘(2010), 백합(2011) |
| 축산 | 의무자조금(5품목) | 양돈 · 양계(산란계)(1992), 낙농(1999), 육계(2003), 한우(2005) |
| | 임의자조금(4품목) | 양록(2004), 오리(2007), 양봉 · 육우(2009) |

출처: 박성재(2012), 농업부문 자조금 제도 개선방안, 한국농촌경제연구원.

## 4) 한우자조금

다른 축종과는 달리 한우분야는 임의자조금제를 거치지 않고 축산물 소비촉진 등에 관한 법률에 의해 의무자조금제를 직접 도입했다. 농협중앙회와 전국한우협회는 2003년 1월 한우자조금 설치를 위한 세부계획서를 농림부에 제출한 후 그해 8월 한우자조금 설치를 위한 공동준비위원회를 구성하고 2004년 대의원을 선출했다. 이에 따라 한우는 2005년부터 자조금이 조성되기 시작했다.

한국축산경제연구원의 "한우자조금 효율성분석"에 따르면 첫해인 2005년의 한우자조금 조성금액은 43억 6,300만 원으로 이 가운데 한우농가들이 납부한 금액은 28억 1,100만 원이고 정부지원금액은 15억 5,100만 원이다. 또 2007년의 조성금액은 171억 9,600만 원, 2009년은 263억 6,900만 원, 2010년은 305억 8,700만 원 등이다.

2010년도의 한우자조금 사업부문별 자금집행내역을 보면, 광고 및 소비촉진 개발 등 소비홍보활동에 93억 2,500만 원, 유통구조개선에 36억 1,300만 원, 교육 및 정보제공활동에 50억 9,900만 원, 조사연구활동에 9억 3,100만 원 등이 사용됐다. 이 가운데 소비홍보활동비용은 △TV광고 및 협찬 54억 9,100만 원 △신문, 잡지, 옥외광고 9억 7,300만 원 △온·오프라인 광고 5억 1,000만 원 △통화연결음 5,100만 원 등이다.[50] 2012년 현재 마리당 농가 거출액은 2만 원이다.

[ 표7-2 한우자조금 운용실적(단위: 백만 원) ]

| 구분 | 2009년 | 2010년 |
| --- | --- | --- |
| 소비홍보 | 9,349(56.5%) | 9,325(36.8%) |
| 유통구조개선 | – | 3,613(14.3%) |
| 교육 및 정보제공 | 5,255(31.7%) | 5,099(20.1%) |
| 조사연구 | 765(4.6%) | 931(3.7%) |
| 징수수수료 | 562(3.4%) | 538(2.1%) |
| 운영비 | 623(3.8%) | 839(3.3%) |
| 수급안정(적립) | – | 5,000(19.7%) |
| 예비비 | – | – |
| 계 | 16,557(100%) | 25,348(100%) |

출처: 한국축산경제연구원(2011), 한우자조금 효율성 분석, p.16.

## 5) 낙농자조금

〰〰〰〰〰〰〰
50) 한국축산경제연구원(2011), 한우자조금 효율성 분석, p.9~13.

임의자조금이 실시되던 때는 사업실적이 적었으나 의무자조금으로 전환된 후 사업실적이 크게 늘었다. 1992년부터 2007년까지 낙농자조금의 사업비는 305억 700만 원에 달한다. 이 가운데 낙농가 거출액은 161억 4,800만 원이고, 정부보조금은 143억 6,000만 원이다. 농가 거출액이 원유 1리터당 2원이다.

낙농자조금관리위원회에 따르면 2011년에 조성된 낙농자조금은 농가거출금 37억 3,979만 원을 포함해 80억 3,880만 원이 조성됐다. 낙농자조금은 그동안 우유 소비홍보사업에 집중 투입했고, 교육 및 정보제공사업, 조사연구사업 등에도 사용했다. 세부적으로는 백색시유 소비홍보 전략 강화, 대중매체를 이용한 우유의 영양가치홍보 강화 등이다.

낙농자조금관리위원회는 2009년 8월에는 목요일 오후마다 라디오를 통해 우유의 효능과 장점을 홍보했다. 낙농자조금관리위원회는 KBS 제2라디오 '박준형의 네시엔'을 통해 '국민건강을 위한 작은 실천, 사랑의 우유를 선물하는 우유데이' 특집 프로그램을 2009년 8월 6일부터 8주간 편성해 방영했다. '사랑의 우유선물 특집' 프로그램은 동료와 이웃, 학생, 동네 어르신, 우리 가족에게 사랑의 우유를 선물하고 싶은 청취자의 사연을 받아 채택된 청취자에게 우유를 선물함으로써 이웃과 따뜻한 정을 나누고 우리 낙농업 발전에도 기여하자는 의도로 기획됐다.[51]

2012년도의 낙농자조금사업 추진목표는 △백색시유 품질이 세계 최

51) 낙농자조금관리위원회(2009). 낙농자조금.

고 수준이라는 인식 고취 △교육·체험 행사를 통해 백색시유 가치 인식 △백색시유 음용효능 홍보를 통한 소비촉진 기여 △대농가 교육 및 조사연구를 통한 낙농산업 발전기여 등에 두고 있다.

이를 위해 낙농자조금관리위원회는 2012년 낙농자조금 조성액 목표를 농가거출금 37억 7,994만 원을 포함해 모두 90억 6,922만 원으로 정하고, 소비홍보사업에 40억 5,950만 원을 집중 투입하는 등 교육 및 정보제공(29억 6,271만 원)과 조사연구사업(7억 3,500만 원) 등을 전개할 계획이다.

>> 자금 도입을 위한 선거

## 6) 한돈(양돈)자조금

양돈분야는 축산물자조금법에 의해 최초로 의무자조금제 도입에 성공했다. 2003년 농협중앙회와 대한양돈협회가 양돈자조금공동준비위원회를 설치하고 대의원을 선출해 2004년부터 농가로부터 생산한 후 출하되는 돼지 한 마리당 자조금 400원을 도축장이나 육가공 공장 등을 포함한 수납기관을 통해 거출하기 시작했다. 2011년 1월부터는 등급판정을 받은 돼지 한 마리당 800원을 거출하고 있다.

한돈자조금도 임의자조금 시절에는 조성금액이 적었으나 의무자조금으로 전환하면서 조성금액이 크게 늘었다. 1992년부터 2007년까지 한돈자조금 사업실적은 364억 2,000만 원에 달한다. 이 가운데 양돈농가 거출액은 187억 3,000만 원이고, 정부보조금은 176억 9,000만 원이다. 돼지는 마리당 거출금이 600원이다.

한돈자조금관리위원회에 따르면, 2010년 한돈자조금 조성액은 농가 거출금 84억 7,318만 원을 포함해 175억 5,168만 원이고, 2011년은 농가거출금 80억 2,520만 원을 포함해 175억 2,375만 원이다.

2011년 한돈자조금은 소비홍보분야에 84억 8,784만 원을 집중 투입했고, 유통구조개선(22억 4,226만 원), 교육·정보 제공(29억 8,075만 원), 조사연구(10억 834만 원) 등의 사업을 전개했다.


## 7) 산란계(양계)자조금

산란계자조금은 1992년부터 1999년까지 사업비는 11억 7,100만 원이었다. 1992년부터 2002년까지의 산란계 사업비에는 산란계와 육계

구분 없이 사업을 추진해 육계자조금이 포함돼 있다.

산란계자조금 사업비는 2001년은 1억 100만 원, 2005년 1억 4,000만 원, 2007년 5억 1,300만 원이었다. 이에 따라 1992년부터 2007년까지의 사업실적은 24억 400만 원이다. 이 가운데 농가거출액은 14억 8,800만 원이고, 정부보조금은 9억 1,600만 원이다. 2012년 현재 마리(수)당 거출액은 50원이다.

## 8) 육계자조금

육계자조금은 2003년부터 조성되기 시작했다. 사업실적은 2003년 4억 원, 2006년 9억 400만 원, 2007년 5억 2,300만 원이다. 이에 따라 2003년부터 2007년까지의 사업실적은 21억 9,300만 원이다. 이 가운데 육계농가 거출액은 11억 100만 원이고, 정부보조금은 10억 9,200만 원이다. 2012년 현재 마리(수)당 거출액은 3원이다.

## 9) 오리자조금

오리자조금은 2007년부터 조성되기 시작했다. 2007년은 1억 600만 원이다. 이 가운데 오리농가 거출액이 5,600만 원이고, 정부보조금은 5,000만 원이다.

## 10) 양록자조금

양록자조금은 2004년부터 조성되기 시작했다. 2004년 사업실적 6,600만 원이었으나 2005년과 2006년에는 사업실적이 없다가 2007년에 9,700만 원을 기록했다. 이에 따라 2004년부터 2007년까지의 양록자조금 사업실적은 1억 6,300만 원이다. 이 가운데 양록농가 거출액이 8,300만 원이고, 정부보조금은 8,000만 원이다.

## 11) 파프리카자조금

파프리카자조금사업은 생산농가 소득증대와 산업기반 강화 등을 위해 2000년 도입됐다. 도입 첫해의 자조금 조성액은 4,300만 원에 불과했으나 2006년은 21억 원으로 증가했다. 2006년은 소비촉진과 수급조절 등에 중점을 두고 사업이 실시됐다.

## 12) 농축산물 자조금 집행과 효과

농축산물 자조금의 사용용도는 소비홍보, 교육 · 정보 제공 순으로 비중이 높지만, 그다음 항목부터는 축산과 원예자조금이 각각 다른 것으로 나타났다. 축산은 수급조절, 원예는 시장개척에 비중이 높았다.

[표7-3 농축산물 자조금의 용도(2011년 기준)(단위: 백만 원) ]

| 용도 | 축산 | 원예 |
|---|---|---|
| 소비홍보 | 30,302(56.1%) | 7,655(50.9%) |
| 교육 · 정보 제공 | 13,794(25.6%) | 2,531(16.8%) |

| 조사연구 | 2,281(4.2%) | 68(0.5%) |
|---|---|---|
| 수급조절 | 3,998(7.4%) | 569(3.8%) |
| 시장개척 | 200(0.4%) | 3,163(21%) |
| 기타비용 | 77(0.1%) | - |
| 징수수수료 | 1,100(2%) | - |
| 운영관리비 | 2,216(4.1%) | 1,054(7%) |
| 계 | 53,968(100%) | 15,041(100%) |

주: 자조금별 용도분류 기준이 달라 항목 간 내용이 불일치할 수 있음.
출처: 박성재(2012), 농업부문 자조금 제도개선 방안, 한국농촌경제연구원.

　　농축산물 자조금의 소비촉진효과에 대한 실증연구들은 한결같이 상당한 성과를 가져온 것으로 평가됐다. 또 자조금에 대한 생산자, 소비자 설문조사 결과에서도 자조금에 호의적인 반응을 보이고 있다. 자조금의 소비촉진 효과에 대한 그동안의 연구결과는 〈표7-4〉와 같다.

[ 표7-4 농축산물 자조금의 소비촉진 효과 계측 결과 ]

| 품목 | 효과 | 연구 |
|---|---|---|
| 낙농 | ① 광고선전비 1% 증가가 1990년 이전에는 0.297%, 그 이후에는 우유소비 0.011% 증가<br>② 자조금 1원의 광고홍보비로 최소 4.5원 이상의 수익 증가, 기타활동 포함 시 총 50원 이상의 효과 가져옴<br>③ 음용 우유 소비촉진 광고 1999~2003년에 2.0~11.6% 정도 소비량 증가<br>④ 공익광고비용 1원당 23.7원의 효과<br>⑤ 소비촉진활동 비용 1% 증가는 0.0188%의 소비증가, 1,000만 원당 약 28톤 소비증가 | ① 노재선 외(2004)<br>② 박종수·권용대(2001)<br>③ 민재윤(2004)<br>④ 유도일·김관수(2005)<br>⑤ 김민경 외(2007) |
| 한돈 | ① 양돈의 적정 광고비 지출규모는 매출액의 5% 정도 (법적 상한은 0.5%)<br>② 광고를 보고 돼지고기 소비 늘어난 가구가 39.7% | ① 김민경 외(2007)<br>② 박종수 외(2011) |
| 한우 | ① 광고를 보고 국산 쇠고기를 구분해 구매하는 비율이 증가한 소비자는 63%<br>② 자조금 광고비 1원당 평균 14.1원의 소득 효과 | ① 한상일(2010)<br>② 노경상 외(2011) |

출처: 박성재(2012), 농업부문 자조금 제도 개선방안, 한국농촌경제연구원.

## 2. 농촌사랑운동을 통한 커뮤니케이션

우리나라 농업·농촌운동은 시대 변화에 따라 다양하게 전개되어 왔다. 새농민운동과 새마을운동을 비롯해 신토불이운동, 농촌사랑운동 등이 대표적이다. 우리나라 농업·농촌운동의 변천사를 요약하면 〈표 7-5〉와 같다.

[ 표7-5 농업·농촌운동의 변천]

| 시작 연도 | 명칭 | 추진환경 | 주요 내용 |
|---|---|---|---|
| 1965 | 새농민운동 | 지도원, 개척원 파견 | 농민 스스로 농촌운동의 선구자 역할<br>자립,과학,협동하는 농민 |
| 1970 | 새마을운동 | 공업화 시대 가난극복 | 근면, 자조, 협동의 의식개혁<br>농업,농촌 환경개선 및 소득증대 |
| 1989 | 신토불이운동 | 쌀시장 개방 압력 | 우리 농산물 애용 확대<br>쌀시장 개방반대 범국민서명운동 |
| 1995 | 농도불이운동 | 농산물시장 개방 확대 | 농촌과 도시는 서로 돕는 하나<br>농산물 직거래사업 |
| 2003 | 농촌사랑운동 | DDA 협상, FTA 확대 | 농업·농촌 문제 범국민적 해결 모색<br>1사촌 자매결연 |
| 2011 | 食사랑·農사랑운동 | 농촌의 활력 저하<br>식품안전성 강화 요구 | 신토불이 정신 재점화<br>食을 통한 農의 가치인식 |

출처: 농촌사랑지도자연수원(2011), 『농업인을 위한 농촌사랑운동』, p.38.

특히 농촌사랑운동은 2003년 12월 '도시민과 농업인이 함께한 농촌사랑 공동선포식'과 함께 본격적으로 시작됐다. 농촌사랑운동은 도시민과 농업인이 함께하는 사랑 나눔 실천운동으로서 농촌에 활력을 불어 넣고 도시민 삶의 질을 향상시키는 도농상생(都農相生) 운동이며 나라사랑운동이다.

2004년 10월 〈농촌사랑범국민운동본부〉가 발족돼 농촌사랑 추진조직을 갖추게 됐다. 농촌사랑운동 확산을 위해 다양한 사업이 개발·추진되고 있다. 주요 사업으로는 1사1촌 자매결연, 1사1촌 사회공헌인증, 농촌사랑 회원 확보, 농촌사랑지도자대회 개최, 농촌사랑지도자 양성 교육 실시 등이다.

이 가운데 1사1촌 자매결연 사업은 도시와 농촌이 지속적으로 교류하는 농촌사랑운동의 핵심사업이다. 자매결연을 한 1사와 1촌 간에는 농산물 직거래, 농촌일손 돕기, 농촌봉사활동 및 마을편의시설 개선, 농촌체험 및 상호방문, 마을 발전기금 기부 등으로 교류가 이뤄지고 있다.

농촌사랑범국민운동본부에 따르면, 2010년의 경우 1사1촌 자매결연 교류실적은 4만 4,090건이었고, 교류금액은 614억 원이었다.[52]

[ 표7-6 2010년 1사1촌 자매결연 실적 ]

| 구분 | 농산물 직거래 | 농촌 일손 돕기 | 봉사활동 및 편의시설 지원 | 농촌체험 및 상호방문 | 마을기증 및 발전기금 지원 | 농협 자금 지원 | 기타 | 합계 |
|---|---|---|---|---|---|---|---|---|
| 건수 | 15,575 | 10,277 | 3,202 | 10,649 | 3,015 | 42 | 1,330 | 44,090 |
| 금액(억 원) | 382 | 125 | 30 | 41 | 27 | 4 | 5 | 614 |

출처: (사)농촌사랑운동범국민운동본부.

예를 들어보자. 전남 나주시 노안면에 위치한 '이슬촌'의 경우도 도시민의 발길이 끊이질 않고 있다. 특히 2004년 9월에 한국가스공사 호남지사와 자매결연한 후 이슬촌을 찾는 도시민이 갈수록 늘고 있다.

---

52) 농촌사랑지도자연수원(2011), 『농업인을 위한 농촌사랑운동』, p.8~40.

마을을 찾은 도시민은 농산물을 직접 구매하는 것은 물론 농촌체험 프로그램에 따라 농촌의 정취를 흠뻑 느낀다. 교류가 활발해질수록 농가 소득이 증대되고 신규로 마을에 정착하는 인구도 늘어나는 등 마을에 단연 생기가 돈다.

이슬촌 농민들은 자연을 살리려고 친환경 영농작목반을 조직해 친환경 무농약 농산물을 생산하고 있다. 미생물 농법으로 무농약 고품질 쌀, 채소, 과수를 재배한다. 도시 어린이와 청소년이 농촌체험을 통해 자연과 더욱 가까워지고 정서함양에 도움을 줄 수 있도록 프로그램을 기획해 운영하고 있다. 마을에 전통으로 이어오는 대동계는 1994년 100주년을 맞아 기념비를 세우고 방문객을 맞고 있다.

자매결연 후 농촌체험 프로그램 운영도 활발해지고 있다. 봄에는 봄나물 캐기 · 가축 체험 · 종자 뿌리기 체험, 여름에는 친환경 깻잎 따기 · 고구마 캐기 · 물고기 잡기 · 콩 수확 체험, 가을에는 벼 수확과 정미 과정 체험 · 배 따기, 겨울에는 포대썰매 타기 등이 인기다. 또 연중 프로그램으로 친환경 양초 만들기, 짚풀공예, 대피리 불기, 가족음식 만들기 등을 운영하고 있다.

이 같은 알찬 프로그램으로 자매결연 회사 직원 가족은 물론 서울과 제주에서도 찾아오는 방문객이 늘고 있으며, 학생들에게 체험 코스로 인기를 끌고 있다. 이슬촌의 이 같은 도농교류 성공 요인은 마을 주민의 단합과 농협의 적극적 지원, 그리고 다양한 홍보로 분석된다. 이슬촌은 홈페이지(www.eslfarm.com)를 꾸며 알차게 운영하고 있다.

전남 곡성군 고달면 '가정마을'도 마찬가지다. 지리산 자락과 섬진강 변에 자리 잡은 가정마을은 천혜의 자연을 이용한 농촌체험과 1사1촌으로 도시민을 유혹하고 있다.

가정마을 입구에 위치한 청소년 야영장은 항상 사람들로 붐빈다. 청소년 야영장에서 섬진강을 따라 넓게 조성된 잔디밭 양쪽으로 시원스럽게 뻗은 도로를 따라 자전거 하이킹을 하다 보면, 왜 곡성군이 군 통합 브랜드를 '골짝나라'로 명명했는지를 알 수 있을 정도로 아름다운 경치를 만날 수 있다. 자전거 수백 대를 비치해 놓았고, 여름에는 래프팅과 윈드서핑 등을 체험할 수 있는 프로그램을 운영한다.

가정마을에서 운치를 더해 주는 것은 강변길을 따라 세워 놓은 원두막이다. 옛날 그대로 정감 있는 원두막을 복원해 놓았는데, 마치 옛날 시골집에 내려와 있는 느낌이다. 2004년부터 4년 연속 '범죄 없는 마을'로 지정될 정도로 안정감과 포근함이 넘치는 것도 가정마을이 도시민의 발길을 붙잡는 한 요인이다. 그저 한가로이 거닐거나 자전거 하이킹을 하다가 원두막에 올라 땀을 식히고, 잠시 눈을 붙여도 좋은 곳이다.

곡성군이 운영하는 기차여행 상품인 '섬진강 기차마을 증기기관 관광열차'에 몸을 싣고 가정간이역을 빠져나오면 곧바로 고향의 진수를 느낄 수 있다. 강에서 나룻배를 활용한 농촌체험을 하거나, 마을 앞 섬진강에서 다슬기를 잡다 보면 도시생활의 스트레스를 잊는다. 녹색농촌체험마을과 자연생태우수마을, 팜스테이마을로 지정돼 농촌체험에도 제격이다. 마을을 찾는 도시민을 365일 언제라도 형제처럼 맞이하고 있다.

마을 주민은 도시민이 숙박할 황토한옥방을 짓고, 1박 2일 체험 프로그램도 운영한다. 황토한옥방은 전통가옥에 황토로 벽을 만들었지만 각 방마다 최신식 목욕탕을 갖추고 있어 도시민이 농촌 풍취를 느끼면서도 편리하게 숙박할 수 있다. 마을에는 민박집도 운영한다. 가정마을을 찾는 도시민이 늘어나면서 농산물 직거래와 체험비 등으로 마을 주민의 소득도 자연스럽게 증가했다.

가정마을에서 10분 거리에 있는 섬진강 기차마을은 관광용 증기기관차와 철로 자전거로 유명하다. 1960년대에 실제로 우리나라에서 운행하던 증기기관차로 고향의 정취와 주변의 빼어난 경치를 볼 수 있어 인기 코스다. 기차마을에 조성된 영화세트장은 1960년대 모습을 그대로 재현해 연인과 가족에게 기념촬영지로 각광받고 있다. '태극기 휘날리며' 등이 이곳에서 촬영됐다.

가정마을 앞에 있는 곡성섬진강천문대는 주관측실과 학습코너 등이 있어 별 관측에 탁월한 조건을 갖추고 있다. 또 곡성에서 구례로 가는 섬진강변 17번 도로는 멋진 드라이브 코스다.

폐교를 활용한 인근 봉조농촌체험학교는 교실에 농촌생활용품을 전시하고 관광객이 농촌생활을 직접 체험할 수 있게 했고, 심청문화센터에서는 효녀 심청이야기를 만날 수 있다. 가정마을에서 구례 쪽에 있는 압록유원지는 섬진강과 보성강이 만나 마치 동양화 한 폭을 보는 듯 아름다운 풍경을 자랑하며, 참게탕·은어구이 등 향토음식도 맛볼 수 있다.

가정마을은 천혜의 자연조건을 이용해 계절별 체험 프로그램을 운영하고 있다. 계절별 농산물수확 체험은 기본이고 여름철에는 다슬기 잡기·야생화 관찰·식품 채집, 가을철엔 밤 줍기·미꾸라지 잡기, 겨울엔 아궁이 불 지피기·밤 등 농산물 구워 먹기 등으로 방문객의 오감을 한껏 충족시킨다.

많은 체험 중에 눈에 띄는 것이 '인절미 만들기'이다. 무공해 청정지역에서 생산된 친환경 쌀로 직접 인절미를 만들어 먹는 프로그램이다. 방문객은 직접 만든 인절미를 먹고 집에 가져가 선물하기도 한다.

또 마을 앞산과 옆 산을 산책하는 산골체험, 붕어·쏘가리 등 민물고기 관찰체험, 소달구지·나룻배 타기 체험 등도 도시민을 사로잡고 있다. 이와 함께 자전거 하이킹은 섬진강변을 따라 아름다운 풍경을 만끽하며 달릴 수 있어 인기다.


## 3. 농촌 어메니티를 활용한 커뮤니케이션

농업·농촌은 늙어가는 자원이 아니라 어머니 품처럼 늘 안아주는 따스한 어메니티(Amenity)가 살아 숨 쉬는, 무한한 생명의 싹이 솟아나는 자원의 보고다.

농촌의 어메니티 자원은 자연자원·문화자원·사회자원으로 나눌 수 있다. 이 요소들은 시장 메커니즘을 통해 생산자 또는 보유자에 보상이 어려우므로 정책적으로 어메니티에 대한 사회적 수요와 공급을 조절하고 보상체계를 마련해 나가야 한다.

### 1) 농촌관광

농촌관광은 도시를 벗어난 농촌지역에서 각종 관광활동을 통해 농촌다움(rurality)을 체험하고 즐기는 관광이다. 농촌다움이란 농촌지역의 물리적 특성과 그곳에 토착화한 문화를 가리킨다.

농촌관광객이 추구하는 핵심 편익으로 향수 · 노블리티 · 농촌다움 등이 있다. 주5일근무제 · 가계소득증가 · 농촌체험 기능과 생태계 보전 기능에 대한 인식 · 성장배경지 등이 수요를 높이는 주된 요인이다.

>> 서울역에 설치된 농촌관광 홍보물

## 2) 농촌체험

대표적 예로 전남 곡성군 섬진강기차마을이 있다. 전라선 복선·선화 공사로 폐선이 된 구 전라선(구 곡성역~가정 간이역) 20㎞ 구간을 활용해 312명(좌석 162명)이 탑승할 수 있는 '관광용 증기기관 열차'를 제작해 운행하고 있다.

또 철로 위를 직접 달려볼 수 있는 철로자전거 탑승, 자녀와 함께 천연염색·천연비누 제작 등을 체험할 수 있으며, 분위기 있는 기차카페와 초가부스에서는 토속음식과 다양한 음식을 즐기며 맛볼 수 있다.

## 3) 한식과 향토음식

한식은 한민족이 수천 년간 먹어 온 고유한 음식이나 식사를 말한다. 한식은 온 우주를 담고 있는 음식으로 음식 하나에 여러 가지 색과 다양한 식품재료, 형형색색의 고명, 갖은 양념 등이 다 담겨 있다. 한식은 음과 양, 동물성 식품과 식물성 식품, 오색(五色)과 오미(五味), 오곡(五穀) 등을 중심으로 발달했다. 오색은 흰색, 노랑색, 파랑색, 빨강색, 검정색이다. 오미는 짠맛, 단맛, 신맛, 매운맛, 쓴맛이다.

한국의 전통음식이 갖고 있는 여러 가지 우수성을 커뮤니케이션할 필요가 있다. 간추린 우수성은 △약식동원(藥食同源: 약과 음식은 그 근본이 동일하다) 사상 △양념사용과 조리방법에서 영양적으로 우수 △음식재료의 혼합비율이 우수 △일상식의 상차림이 우수 △된장, 간장 같은 발효식품 발달 △한국음식의 대표선수인 김치는 영양학적으로 매우 우수한 식품 △식사 구성 측면에서도 다양성, 균형성, 절제성을 갖춰 △여러 가지 식재료가 어우러져서 내는 은은한 맛과 조화미를 중시한다 등을 들 수 있다. [53] 이런 한식 커뮤니케이션 등에 힘입어 실제 미국 뉴욕타임스의 한국음식 관련 기사 게재 빈도수가 늘고 있다. 이규진 · 조미숙 · 이종미(2007)의 '미국 일간지의 한국음식 관련기사 내용 분석 연구'에 따르면 미국 뉴욕타임스의 한국음식 관련 기사는 1980~1989년은 연도별 평균 1.3건에 불과했으나, 2000~2005년은 연도별 평균 9.5건으로 증가했다. [54] 전통식품 육성을 위한 마케팅도 절실하다. 국산 원료를 이용하고 전통 방식으로 생산되는 전통식품이 건강 · 기능성 식품으로 인식되고 있지만, 가격이 높고 수작업에 의존해 제품 표준화가 어렵고 영세하여 마케팅 능력이 부족한 현실을 극복해 나가야 한다.

》 외국인을 대상으로 한 한식 홍보

53) 정혜경(2010), 한식의 특성과 변천과정, 『한식과 건강』 농촌진흥청, p.26~33.
54) 송원옥 · 김현숙(2010), 외국인들이 생각하는 한식, 『한식과 건강』 농촌진흥청, p.55.

## 4) 문화축제

경기 이천시는 쌀을 소재로 이천쌀문화축제를 개최하고 있다. 경기 이천시농업기술센터에 따르면 이천쌀문화축제의 방문자 수는 2003년에 15만여 명이었으나, 이후 해마다 늘면서 2005년에는 40만 명을 돌파했고 2007년에는 50만 8,790명에 달했다. 이로 인한 경제 효과는 2003년 72억 원에서 2005년은 89억 원, 2007년은 111억 원에 달하고 있다.

## 4. 농업 · 농촌의 공익적 기능을 활용한 커뮤니케이션

### 1) 농업 · 농촌의 다원적 기능

국민은 농업 · 농촌의 다원적 기능을 중요하게 생각하고 있다. 중요하게 생각하는 다원적 기능으로는 식량안보기능, 환경 및 생태 보전, 농촌경관 보전, 국토의 균형발전 및 사회 · 문화적 기능, 고용창출 등이다.

### (1) 농업의 다원적 기능

농업의 다원적 기능은 '국민생활에서 필수인 식량안보, 농촌지역사회 유지, 농촌경관 및 문화적 전통, 농촌환경 등 농업 비상품재(시장을 통해 거래될 수 없는 재화)를 생산하는 것'으로 정의할 수 있다.

그 종류로는 △가족농 보존 △농업인력의 고용 유지 △농촌 문화유산 보전 △농촌사회 유지 △생태 다양성 보전 △농업·농촌을 이용한 여가선용 △농촌 관광자원 공급 △토양과 물과 공기의 정화 △관개시설의 보전 △생물에너지 보존 △음식의 질과 안전성 향상 △농촌경관 유지 △식량안보 △동물복지 함양 등이 있다.

따라서 '농업은 국민의 식량을 안정적으로 공급하고, 국토 환경보전에 이바지하는 경제적·공익적 기능을 수행하는 기간산업으로서 국가경제의 조화로운 발전 기반이 되도록 하고, 농업인은 자율과 창의를 바탕으로 다른 산업 종사자와 소득 균형을 실현하는 경제주체로 성장해 나가도록 하며, 농촌은 고유한 전통과 풍요로운 산업·생활공간으로 발전시켜 나가야 한다'는 점이 강조된다.

## (2) 식량안보 기능

기본적인 식량안보 개념을 '모든 사람이 활동적이고 건강한 삶을 위해 충분한 식량에 접근하는 것'으로 정의한다. 또 '식량은 시장에서 거래되는 상품 가운데 하나이지만 사람의 생존과 직결되어 사회안정과 국가안보에 영향을 미치는 중요한 공공재이기도 하다'는 점을 강조한다.

## (3) 환경보전과 사회·문화적 기능

농업의 환경에 공익기능으로는 홍수조절·수자원 함양·수질정화·대기정화·기후순화·유기물 소화·생물다양성 보전·경관 기능 등이 있다.

사회 · 문화적 기능은 농업 생산 활동 과정을 통해 농촌과 농촌에 사는 사람이 국민 정서함양, 전통문화 유지, 지역사회 유지, 농촌경관 유지 등 공익성이 있는 유무형의 비시장 재화를 생산하는 것으로 정의한다.

따라서 국민에게 농촌의 사회 · 문화적 기능의 가치를 알리고, 그 원천이 농업과 농촌에 있으며 도시민이 동참해야 함을 적극 알려야 한다.

## 2) 교과서에 실린 농업 · 농촌

교육부와 농촌진흥청은 청소년에게 농업 · 농촌에 대한 이해와 중요성을 확산시켜 나가기 위해 초 · 중 · 고교 교사 학습지도서용으로 책자를 1만 부 제작해 전국 교육현장에 배부했다.

이 책자에서는 '농업이 작물이나 가축을 생산하는 1차 산업으로 분류되고 있으나 2차 산업으로 분류되는 농업토목 · 농업기계 · 비료와 농약, 3차 산업으로 분류되는 농산물 유통 · 정책 · 교육 등을 포괄하고 있어 단순한 1차 산업이 아니라 복합산업이다'라고 농업을 정의하고 있다.

>> 농촌진흥청이 펴낸 농업 · 농촌 다원적 기능과 관련된 책

### 3) 벼 모자이크 활용 커뮤니케이션

우리나라 녹색혁명을 주도한 농촌진흥청은 우리 쌀에 관한 국민 인식을 높이기 위해 2007년부터 경부선과 호남선 기찻길 옆 주요 들판에 식물모자이크 기법을 활용한 대국민 커뮤니케이션을 하고 있다. 식물모자이크 기법을 이용한 홍보기술은 황금색 벼와 자주색 벼 등 벼 잎의 색깔 차이를 이용해 홍보문구를 형상화하는 방법이다.

농촌진흥청이 이 기술을 시·군 등 일선 지방자치단체에 무상으로 잇따라 이전하면서 전국으로 확산할 전망이다. 황흥구 당시 농진청 국립식량과학원장은 "많은 지방자치단체가 농진청이 개발한 이색적인 모자이크기법을 이전받아 활용하고 있다"면서 "이를 통해 국민이 우리 농업과 우리 쌀에 대해 좀 더 관심을 가지는 계기가 되길 바란다"고 강조했다.

>> 벼 모자이크를 활용한
  국산 농산물 홍보

## 5. 농업인 교육을 통한 커뮤니케이션

### 1) 필요성

한미 FTA 등 개방 확대로 농업부문에 상당한 피해가 불가피한 실정이다. 여기에 기후변화와 자연재해도 문제다. 소비자의 농산물 기호도 변하고 있다. 따라서 농업인과 농업기술 경쟁력을 강화해야 한다. 농업인을 대상으로 새로운 농업기술을 서비스하는 일도 중요하다. 사람과 기술의 경쟁력 강화를 담당하는 것이 농촌지도사업이다.

### 2) 위기 맞은 농촌지도사업

1997년 농촌지도직의 지방직화 후 10년이 지나고 있다. 이 기간 농촌지도사업의 패러다임이 농촌과 농업인, 문화복지 및 지방정부 중심으로 변화해 왔다.

농민 상당수는 농촌지도직 지방직화 후에 전문기술지도 서비스가 약화됐다고 지적하고 있다. 이는 농업인 조사결과에서도 나타난다. 농촌진흥청이 2005년 5월에 농업인을 대상으로 시·군 농업기술센터를 평가한 결과, 시·군센터의 현재 활동이 농업인의 기대에 미흡하다는 응답을 한 데서도 알 수 있다.

일선의 한 농촌지도관은 "지방직화 이후 지도조직과 인력의 과다한 감축으로, 다양화 · 전문화되는 농업인의 전문기술 수요 욕구를 충족하지 못한다는 여론이 일고 있다"고 스스로 밝혔다. 이는 지도기능 축소로 농업인이 필요로 하는 정보 습득과 상담기회 상실로 이어질 수 있다.

일선의 또 다른 농촌지도관은 "인사권이 시장 · 군수에게 이관돼 인력이 감축된 데다 직원이 한 지역에 계속 근무할 수밖에 없어 기술보급의 효율성이 저하됐다"고 토로한다. 지도직 공무원의 시 · 군 간 인사교류가 단절되면서 사기도 저하됐고, 지도사업에 국비 지원비율도 줄어드는 것으로 분석된다. 지방직화 당시인 1997년에는 지도사업 예산 중 국비가 차지하는 비율이 34%였으나 2007년에는 21%로 줄었기 때문이다.

### 3) 시 · 군 농업기술센터와 농정기능 통합

1998년 이전까지는 시 · 군 농업기술센터가 행정업무와 통합되는 사례가 없었다. 1998년과 1999년에 구조조정의 일환으로 통합이 시작됐다. 조직개편과 시장 · 군수가 바뀔 때마다 통합과 분리가 반복돼 조직 불안정과 지도공무원 사기 저하가 초래된다는 지적이다. 통합된 기술센터에서 나타나는 문제점으로 행정의 우월적 지위에 밀려 농촌지도사업이 행정의 보조업무로 전락되는 곳도 있고, 지도기능 축소로 농업인이 필요로 하는 정보습득과 상담기회 상실 등 문제점도 노출된다.

일선의 한 농촌지도관이 "지방직화 이후 행정과 통합이 확산됨에 따라 전문성은 물론 지도사업 본연의 현장지도 기능도 약화됐다"고 말한 데서도 드러난다.

미국 등 농업선진국은 지도사업을 국가기능으로 분류하고 농촌지도 기구는 행정과 분리해 운영하고 있다. 우리도 시·군 농업기술센터의 고유기능을 보장해 줘야 한다. 농촌지도사업은 기술보급이 주기능이므로 교육 원리에 입각한 쌍방향 접근이 필요하지만, 행정은 법을 집행하는 규제관리 등으로 인허가·추천·등록·신고 등이 포함돼 근본적으로 성격이 다르다. 따라서 농정과 통합된 시·군 농업기술센터의 농촌지도기능을 분리해 독립적 기능으로 만들어 나가야 한다는 목소리다.

## 4) 농업경쟁력 확보 관건은 기술농업

FTA 등으로 기술농업의 중요성이 갈수록 높아지고 있다. 하지만 기술농업은 기술보급기관이 활성화되지 않고는 실현이 어렵다. 농업이 다양하게 발전하고 품목이 세분화되면서 농업인의 전문기술 수요가 증가하고 있기 때문이다.

반면 지방직화 후 지도인력은 대폭 감축됐다. 지도직 정원이 1997년에는 6,696명이었으나 10년이 지난 2007년에는 4,804명으로 줄었다. 더구나 기술보급 수준이 센터별로 편차가 커 농업인의 기술수준 양극화로 이어지고 있다. 기술농업을 끌고 갈 농업기술센터의 기능약화는 우리 농업의 경쟁력 약화로 이어질 수 있기 때문에 육성이 필요하다.

## 5) 시 · 군 농업기술센터, 어떻게 육성할 것인가

농촌지도자중앙연합회 등 농민단체가 몇 년 전에 농업기술센터 육성 및 지원 관련 법 제정을 적극 추진하기도 했다. 당시 추진했던 법안에는 농업기술센터별 적정 지도인력 확보로 기술보급에 만전을 기하고 지도직 공무원을 국가직으로 환원해 전국에 동일 수준의 기술을 보급하며 지방 농촌진흥사업에 국가 예산 부담을 강화하도록 하는 내용 등이 포함돼 있었다.

농업기술센터 사업도 혁신이 필요하다. 지식기반사회의 농촌지도사업은 생산부터 소비에 이르기까지 전 과정에 필요한 농업지식과 정보를 체계적으로 수집 · 가공 · 분산 · 연계해 농업인뿐만 아니라 소비자까지 포괄할 수 있어야 하기 때문이다. 고령화된 농촌에 알맞은 지도사업의 영역과 과제를 선정하고, 농업기술센터를 특화작목 중심으로 광역화하는 방안을 검토할 필요가 있다.

국비지원 비중 확대와 적정 지도인력 확보도 필요하다. 시 · 군 농업기술센터 등 지방 농촌진흥조직의 재설계 방향도 검토해야 한다. 즉, 품목별 비중 등 지역적 특성을 고려해 광역화방안 등 대안별 장단점을 면밀히 검토해야 한다.

## 6) 농촌진흥청, 시 · 군 농업기술센터 활성화 지원 확대해야

농촌진흥청이 미래 선도형 시범농업기술센터 육성모델을 제시하고 지도사업을 수출농업, 친환경, 에너지 절감 등 12개 유형별로 특성화해 농업기술센터 활성화 지원에 나서고 있는 것은 잘하는 일이다.

하지만 시·군 농업기술센터가 지역농업발전의 중추기관으로서 기능을 강화하려면 발전방향 모색과 정체성 확보에 좀 더 많은 지원이 필요하다. 이를 위해 농촌지도사업의 정체성을 살릴 수 있는 사업 위주로 재구성하는 것이 중요하다. 예를 들어 지역 특성에 맞는 지도사업 프로그램 지원 등이 있을 수 있다. 또 농업인의 기술 수용률을 높이기 위해서는 사업선정 단계에서부터 농업인의 참여를 강화하고 요구를 반영하는 시스템을 마련해 나가야 할 것이다. 인터넷 농업기술 상담이나 컨설팅을 확대하는 것도 물론이다.

## 7) 농촌지도사업의 선택과 집중

고도화된 전문기술지도가 필요한 시대다. 생산에서 가공, 유통, 마케팅, 상품화까지 토털 농업 서비스를 필요로 하는 농업인이 늘고 있기 때문이다. 지역특화사업, 농산물 수출지도, 정예 농업인력 육성, 농업인 조직 육성 등은 물론 농촌지도사업과 연구사업 간 실질적 연계도 강화해 나가는 것이 필요하다.

## 8) 농촌지도직 공무원 스스로도 혁신해야

김진모(2007)는 농촌 지도직 공무원의 역할은 전략적 컨설턴트, 인적자원개발관리자, 관리전문가, 고객지원자로 정리한 바 있다. 따라서 지도공무원이 스스로 전문성을 개발하고, 국가자격 취득 장려를 위해 인적교류나 전문지도연구회 등을 활성화하고, 인센티브 등 지원책도 마련해 나가는 것이 바람직하다. 인력 · 예산 등 농촌지도조직의 바깥 요소는 당분간 크게 바뀌지 않을 것으로 보고 농촌 지도직 공무원의 내적 혁신에 나서야 한다는 지적이다.

그렇다면 혁신의 방향은 무엇일까. 전문가들은 △현장 농업인 중심으로 사업추진 방법과 인력운용을 바꾸고 △농가별 현장 애로를 중점 해결하고 사이버 상담이나 대중매체 홍보와 같이 매체와 병행하여 교육 프로그램을 운용하는 등 다양한 방법으로 기술 · 지식 · 정보를 제공하고 △시 · 군 농업기술센터의 정체성 강화를 위해서는 기술 · 경영 능력을 갖춘 전문 지도인력 육성과 지도조직의 현장 감각 강화가 급선무이고 △농촌지도기관에 대한 평가 역시 단순 계량적 사업 실적이 아니라 실질적으로 지역의 농업인에게 어떤 혜택을 주었는지, 소득증대에 어떻게 기여했는지 등 제반 지표를 고려해 객관화시킬 것 등을 제시하고 있다. 또 성과 창출을 위한 컨설턴트로서 역할을 강화하고, 농촌 지도직 공무원의 신분을 지방직에서 국가직으로 환원하는 문제도 안정적인 농촌지도업무 수행과 농촌 지도직 공무원의 전문성 강화 등을 위해 검토가 필요하다는 주장이다.

### 9) 농업인 교육 혁신방향

## (1) 혁신 왜 필요하나

본격적인 농산물 무역자유화 시대와 소비자 요구 증대, 급변하는 기후패턴과 각종 재해 등 외부 환경 변화에서 혁신의 이유를 찾을 수 있다.

외국산 농산물과 경쟁에서 우위를 점하려면 우리 농업의 체질 강화를 통해 경쟁력 있는 농업을 실현하는 것이 중요하다. 경쟁력 있는 농업 실현은 궁극적으로 능력 있는 전문 농업경영인력의 확보 여부에 달려 있다고 해도 과언이 아니다. 따라서 농업인의 자구적 혁신 노력과 경영능력 향상도 중요하다.

농업인 스스로가 경영마인드와 기업가 정신, 핵심 역량을 갖추고 주체적이고 실질적인 변화를 이끌어 내지 않으면 정부의 재정지원도 실효를 거둘 수 없다. 농업인으로서는 전통적으로 강조되어 온 생산기술 외에도 위기관리 능력을 포함한 고도화된 경영관리와 격변하는 환경에 지속적 경쟁력을 만드는 혁신 역량이 요구된다. 농업문제의 본질은 농업 내부의 '사람' 문제에서도 찾을 수 있기 때문에 기술과 경영 등에서 전문역량을 갖춘 농업인 확보가 중요하다. 그래서 한국농업 체질개선의 핵심과제는 얼마나 유능한 전문 농업경영인력을 육성해 내는가에 달려 있다는 지적이 나온다.

## (2) 현행 농업인 교육의 문제점

그동안 농업인 교육의 문제점에 대해 전문가들은 기관 간 협조 미흡, 기관별 특성화 미흡, 프로그램 현장성 부족, 담당자 전문성 부족, 기관

교육여건 미흡, 농업인 교육 프로그램 상당수가 일반적 농업기술 중심이거나 농업정책을 홍보하는 데 그친 측면 등을 지적한다.

### (3) 농업인 교육 시스템 정비

농업인 교육 시스템을 전면 정비할 필요가 있다는 지적이다. 지금까지 주로 해 온 집체식 교육훈련으로 농업인의 전문성 개발 요구를 충족시키기는 역부족이기 때문이다. 비농업분야 교육은 이미 프로젝트 중심, 문제해결 중심, 실천학습 등 수요자가 필요로 하는 시기에 원하는 방식으로 전환되고 있다는 점을 주시할 필요가 있다.

한국농촌경제연구원이 농업인 480명을 대상으로 조사한 결과, 85%가 전문역량 개발을 요구했다. 또 새로운 것을 배우기 위해 어디든 찾아가겠다는 농업인이 43.5%, 전문성 개발을 위해 기꺼이 돈을 지불하겠다는 농업인도 52%에 달했다. 특히 젊은 농업인, 영농경력 11~30년의 중견 농업인일수록 전문역량 개발 요구가 강하게 나타났다.

따라서 농업인 교육 개선의 기본방향은 △집체식 교육훈련 중심에서 학습중심으로 전환 △농업인이 원하는 시기에 원하는 지식과 기술 습득 기회 제공 등에 두는 것이 바람직하다.

### (4) 네덜란드의 농업교육

농업강국인 네덜란드의 농업 경쟁력 근원은 전통적으로 농업연구와 농업교육, 지도가 유기적으로 잘 연계되고 효율적으로 운영되는 데서 찾을 수 있다. 2005년 네덜란드 농업자연식품부의 예산 중 지식개발과 혁신에 2억 500만 유로가 투입됐다. 농업교육에 전체예산의 28.4%인 5억 6,100만 유로를 투자하고 있다.

체계화된 네덜란드 농업교육에서 다음과 같은 특징이 발견된다. 첫째, 지속적인 교육내용 혁신이다. 지속가능성, 생물학적 다양성, 식품 안전 등 새로운 이슈를 교육내용에 포함한다. 둘째, 평생학습 패러다임 구축이다. 학습이 학교나 기관을 통한 교육 훈련에 그치지 않고 생업 현장에서 지속되도록 한다. 셋째, 국제화 지향이다. 다른 국가와 교사와 학생의 교류가 활발하다. 넷째, 수요자 지향이다. 학습자가 요구하는 양질의 융통성 있는 교육이 이뤄진다.

네덜란드 교육에는 현장 중심의 맞춤형 교육의 산실인 PTC란 교육 기관이 있다. PTC 교육은 실습을 통한 교육과 맞춤형 교육으로 요약할 수 있다. PTC가 내세운 모토는 실습을 통한 학습이다. 맞춤형 교육으로 짧게는 일주일, 길게는 1년 과정의 다양한 교육 프로그램을 운영하는 등 피교육자 사정에 맞는 맞춤형 프로그램 실시한다.

네덜란드 농업교육은 다양한 시사점을 주고 있다. 농업교육기관 구조조정과 과감한 예산투자, 현장과 연계된 농업교육, 선택중심의 맞춤형 교육, 지역중심 교육, 변화에 대응한 교육 등이 그것이다.

>>네덜란드의 농업교육 장면

(5) 한국벤처농업대학과 한국언론재단의 교육사례

한국벤처농업대학은 농업인의 자발적 참여를 유도해 개개인의 창의력과 경쟁력을 강화시킬 목적으로 2001년 충남 금산에 설립됐다. 교육내용은 디지털시대의 경영전략, 인터넷 쇼핑몰 성공전략, 포장디자인전략, e-마케팅, 고객관리, 성공하는 리더십 등이다. 농업생산기술보다는 경영과 마케팅에 관련한 성공전략을 집중 교육한다.

한국언론재단은 언론인 전문교육을 위해 다양한 프로그램을 운영하고 있다. 교육내용은 취재보도 실무교육, 주제별 전문교육, 디플로마교육 등이 있다. 신문편집교육은 5년 차 이상과 이하로, 과학분야에서 유전자변형식품, 사회분야에 범죄보도, 디플로마로 위험지역 취재와 탐사보도 등 세분화되고 전문화된 교육을 하고 있다.

## (6) 농업인 교육개선의 세부적 전략

농업인 교육 프로그램은 현장밀착형 교육과 경영컨설팅 교육을 대폭 강화해 경영혁신활동에 실질적으로 도움이 되게 해야 한다. 농업인 교육을 공급자 위주가 아니라 수요자 위주 프로그램으로 개편해, 개별 경영 주체의 실질적인 농업기술 및 경영능력 향상을 도모해 나가야 한다.

이를 위해 정부는 배우고자 하는 의욕과 능력을 가진 농업인이 실질적으로 교육을 통해 경쟁력을 높이고, 자신이 운영하는 농업 경영체의 가치를 극대화할 수 있도록 품목과 경영분야별로 다양하고 차별화된 양질의 교육 및 인프라를 제공할 수 있어야 한다.

농업인의 특성과 경영 여건에 맞는 수준별 전문교육이 가능한 프로그램을 확대해 나가는 동시에 교육 내실화를 위해 관심 있는 농민 누구나 쉽게 접근 가능한 교육정보 시스템을 확충하고, 사후관리 평가 제도를 강화해 나갈 필요가 있다.

중앙정부의 예산을 지원받아 전국 어디든지 찾아다니며 필요한 교육을 수시로 받을 수 있도록 현재 진행하고 있는 '교육 바우처제도'를 더 내실화하고 확대할 필요가 있다. 형식적 교육이 아니라 농업인이 자발적으로 필요에 의해 적극 동참하는 실질적 교육이 이뤄져야 한다.

특히 성공적으로 교육과정을 수료한 농업인과 경영체에는 경영진단과 컨설팅 지원을 받게 하고 시설 규모화 및 경영자금 지원 등 정부 재정이 체계적으로 지원되도록 교육과 영농지원 방식을 연계해 나가는 것도 교육 효과를 높이는 한 방법이다. 교육과 지원 방식 연계는 농업인 교육제도의 실효성을 높여 나갈 뿐만 아니라 수혜자에게 책임감도 높여 줄 것이기 때문이다.


## 6. 농산물 브랜드를 활용한 커뮤니케이션

브랜드는 앵글로색슨(anglo-saxon)족이 자기 소유의 말을 식별하려고 불에 달군 인두로 자신의 이니셜을 말 엉덩이에 표시한 데서 유래했다고 한다. 그 당시 브랜드는 '식별'의 의미였지만, 근래 들어서는 '가치'에 더 큰 의미를 두고 있다.

오늘날 브랜드 개념은 기업이 소비자에게 자사 상품을 식별하게 하고 차별화하도록 하는 명칭 및 인식을 말한다.[55]

농산물 브랜드(agricultural product brand)는 라벨링의 한 형태로서 이름, 상징, 디자인을 통해 특정 농산물을 다른 경쟁자의 농산물과 차별화하는 수단으로 이용된다. 또 브랜드를 적절히 활용해 해당 농산물 생산자의 소득과 자산 가치를 향상시킬 수 있다. 브랜드는 본질적 기능으로 구별 · 출처 · 품질보증 기능이 있다. 부수적 기능으로는 광고 · 재산 · 보호 · 경쟁 기능 등이 있다.

우리나라 농산물 브랜드 수는 해매다 증가하는 추세다. 한국농촌경

---

55) 김태욱(2007), 〈똑똑한 홍보팀을 만드는 실전 홍보 세미나〉, p.26.

제연구원의 '농산물브랜드 가치분석'이란 보고서에 따르면, 2000년 4,701개이던 농산물 브랜드 수는 2006년 말 6,552개로 39.4% 증가했다. 품목별로는 식량작물 브랜드가 1,812개로 가장 많았고, 농산물 가공품 브랜드가 1,020개로 나타났다. 또 과실류와 과채류가 각각 889개와 811개였고, 축산물이 570개에 달했다. 이 밖에 화훼류는 53개, 임산물은 304개, 채소류는 319개였다.

그러나 전체 브랜드 가운데 등록된 브랜드 비율은 36.8%로 여전히 미등록 브랜드가 많은 실정이다. 축산물은 브랜드 등록비율이 70.2%로 다른 농산물 품목보다 높은 편이다. 그러나 전체 브랜드 중 축산물 브랜드 비율은 8.7%로 브랜드 수가 많은 편에 속한다.

우리나라 농산물 브랜드(축산물 브랜드 포함)는 소규모 개별 브랜드 및 유사 브랜드 난립, 일관된 품질관리와 지속적 물량공급 곤란, 미진한 브랜드 등록률, 개별 브랜드 사후관리 부족, 마케팅 수단으로서 브랜드의 본격적이고 체계적인 이용 미비 등의 문제점을 안고 있다고 농경연은 이 보고서에서 지적했다. 농경연의 연구에 따르면 소비자에 의해 평가된 브랜드의 자산가치는 축종별, 브랜드별로 차이가 있지만 일반적으로 브랜드 인지도, 이미지, 충성도 및 품질인지 수준, 시장행동 간에 연관관계가 있는 것으로 나타났다.

소규모 농산물 브랜드 난립, 지속적 품질관리와 물량공급이 곤란하다는 점, 체계적 마케팅 전략 부재 등은 농산물 브랜드의 성공적인 시장 진입과 지속 성장을 저해한다고 이 보고서는 지적한다.

따라서 농산물 브랜드가 제품 차별화와 부가가치 창출이라는 본연의 기능을 수행하려면 현재 주요 축산물 브랜드 정책으로 자주 언급되고 있는 품질 고급화, 공동 브랜드화를 통한 브랜드 규모화 등을 달성할 필요가 있다고 이 보고서는 지적한다. 이와 함께 품질·이미지 차별화 전략 등의 개별 브랜드 특성에 맞는 효율적이고 효과적인 마케팅 전략과 적절한 홍보 전략을 수립할 필요가 있다는 것이다.[56]

농업·농촌의 명품화 전략도 필요하다. 2006년 11월 서울 aT센터에서 한국벤처농업대학과 삼성경제연구소 공동주최로 열린 '농업·농촌의 명품화 전략' 심포지엄에서 남양호 삼성경제연구소 수석연구원은 그 해답을 소득 양극화에 따른 소비 양극화, FTA의 급속한 진전에 따른 농산물 경쟁력 약화, 농산물 가격·품질 경쟁시대에 농산물 고품격 경쟁시대, 건강관심 증가에 따른 안전농산물 소비 확대, 먹을거리 대중화시대에 먹을거리 차별화시대, 한류문화시대에 우리 먹을거리에 대한 세계인의 관심 증가 등을 꼽았다.

그는 명품이 되기 위한 5가지 조건으로 △대중이 쉽게 인식하고 수용하는 '명성'이 있어야 함 △브랜드 정신이 뛰어난 품질을 입증할 수 있을 정도로 투철한 '장인정신'이 있어야 함 △시간을 통해 검증을 받음으로써 '전통'을 확립해야 함 △대중의 동경을 유발할 수 있는 '희소성'을 지녀야 함 △브랜드 대중화를 막고 '마니아'를 많이 확보해야 함 등을 제시했다.

---

56) 황윤재(2007), 〈농산물 브랜드가치 분석〉, 한국농촌경제연구원.

그는 농산물 명품화를 위해서는 △명품에 이야기를 만들어라 △예술과 우리 고유의 문화를 접목 △만드는 사람의 혼과 신뢰를 심어라 △느끼고 체험을 할 수 있도록 △브랜드 이미지를 팔아라 △구전마케팅과 미학적 포장 △최고급 이미지를 유지하라 등을 제안했다.[57]

전준일 한국벤처농업대학 교수는 '농업 · 농촌의 명품화를 위한 관문'을 통해 명품화에 성공한 사례로 '세계인의 문화상품－커피', '신들의 열매－초콜릿', '신들의 물방울－와인 · 코냑', '보리와 인내가 만든 명품－위스키', '쌀에서 탄생한 일본문화－사케', 'Asian 샐러드의 여왕－김치', 'Asian 피자－전(부침개)', '술잔 속에서 피는 꽃－민속주' 등을 들었다.


## 7. 지역농업(地域農業)을 통한 커뮤니케이션


### 1) 지역의 경쟁력

글로벌시대에 지역은 '촌스러움'과 동일한 것으로 생각되면서 당연히 극복되고 지양되어야 할 것으로 인식되기도 한다. 하지만 실제상황은 정반대로 전개되고 있다. 세계적 표준, 세계적 수준이 있지만 독특

---

57) 남양호, 〈명품의 탄생과 성공비결〉, 한국벤처농업포럼 · 삼성경제연구소, 2006년 11월.

성·차별성은 결국 지역으로부터 나온다는 사실이 확인되고 있기 때문이다. 지역의 지리, 자연, 역사, 문화 등이 시장에 통할 뿐만 아니라 강한 경쟁력을 갖는 것으로 나타나고 있다. 여기서 주목해야 할 부문은 지역농업이다. 전통적으로 형성된 주 품목의 생산과 지역사회가 밀접하게 결합되어 돌아가는 단위가 지역농업이라고 할 수 있다. 이러한 지역농업을 구성하는 주체는 지방자치단체, 농·축협, 농가 및 농가조직이다. 지역농업이 발전하려면 동일한 품목·아이템을 바탕으로 지역 간 무한경쟁을 벌이는 것이 아니라 특화되고 차별화된 방식으로 소비자에게 새로운 가치를 제공함으로써 함께 발전해 나가야 할 것이다.[58]

농민신문이 창간 47주년을 맞아 2011년 7월에 서울과 수도권에 거주하는 도시민을 대상으로 설문조사를 한 결과, 농촌관광 경험률이 41.7%를 보였다. 농촌관광 형태로는 농사체험이나 지역축제 관람이 주류를 이루고 있는 것으로 조사됐다.

## 2) 지역 브랜드 커뮤니케이션의 방법

지역 브랜드 커뮤니케이션 활동에는 세 가지 영역이 있다.

첫째, 지역 밖에 존재하는 시장(소비자, 고객)을 대상으로 한 '시장·소비자·고객대상 브랜드 커뮤니케이션'이다. 주로 지역 브랜드 프로모션 성격을 띠며, 광고·선전, 지역주민에 대한 홍보 등과 같은 활동

---

58) 〈지역과 농업의 네트워킹〉, 지역농업네트워크, 2008년 11월.

이 이에 해당된다.

둘째, 행정직원과 기업종사자 등 '브랜드 관계자 간 커뮤니케이션'이 중요하다. 만들려고 하는 새로운 지역 브랜드의 정체성을 지역 브랜드에 관련된 모든 조직이나 종사자에게 충분히 인식시키고 공유됐을 때 그 본래 기능을 발휘한다. 이 같은 브랜드 정체성과 인식 공유화를 위해서는 '개인차원에서의 이해→조직차원에서의 공유화→전원을 대상으로 하는 행동지침, 규칙 만들기'와 같은 단계를 통해 브랜드 의식을 명확하게 하는 것이 중요하다. 그래서 브랜드 가이드북 발간, 연수, 여행 등 다양한 정보발신 방법을 병행하면서 관계자의 수준을 높여 나가는 것이 필요하다.

셋째, 지역주민을 대상으로 한 '지역주민 대상 브랜드 커뮤니케이션'도 지역 브랜드를 기회로 향토애나 지역정체성 의식향상에 효과적이다. 지역정책을 선전하는 광고나 지역 브랜드 상설코너 등을 만드는 것도 검토할 필요가 있다.

이처럼 지역 브랜드 커뮤니케이션은 서로 다른 세 가지 대상에 개별적으로 실시되지만, 그 모두가 브랜드 가치를 만드는 균형 잡힌 통합적인 지역 브랜드 커뮤니케이션이 되어야 효과가 높다. 일반적으로 브랜드 관계자 간 커뮤니케이션을 선행해 내부 공유를 촉진한 후에 시장·소비자·고객 대상 브랜드 커뮤니케이션과 지역주민 대상 브랜드 커뮤니케이션이 동시에 진행됨으로써 모든 커뮤니케이션 영역에 동시다발적으로 지역 브랜드를 확산시켜 간다. 이상적인 브랜드 관리체계는 브랜드

커뮤니케이션이 통합적이고 원활하게 이뤄지는 체계를 의미한다.[59]

그래서 브랜드 마케팅과 마케팅은 차이점이 있다. 마케팅은 기업이 해당 브랜드의 시장에서 소비자들을 대상으로 판매증진, 매출상승, 시장점유율을 높이려는 기업의 경영활동으로 볼 수 있다. 이에 비해 브랜드 마케팅은 기업이 해당 브랜드에 대해 현재 또는 잠재 소비자에게 브랜드 인지도를 높이려는 마케팅 활동이다.[60]

[ 표7-7  브랜드 가치 순위(2006년, 단위: 억 달러) ]

| 순위 | 브랜드(국가) | 가치 |
|---|---|---|
| 1 | 코카콜라(미국) | 670 |
| 2 | 마이크로소프트(미국) | 569 |
| 3 | IBM(미국) | 562 |
| 4 | GE(미국) | 489 |
| 6 | 노키아(핀란드) | 301 |
| 7 | 도요타(일본) | 279 |
| 8 | 디즈니(미국) | 278 |
| 9 | 맥도날드(미국) | 275 |
| 10 | 메르세데스(독일) | 217 |
| 20 | 삼성(한국) | 162 |
| 24 | 구글(미국) | 123 |
| 75 | 현대자동차(한국) | 41 |
| 92 | 렉서스(일본) | 30 |
| 94 | LG(한국) | 30 |
| 100 | 리바이스(미국) | 26 |

출처: 인터브랜드와 비즈니스 위크가 발표한 2006년 100대 브랜드, 김태욱(2007), 「똑똑한 홍보팀을 만드는 실전홍보 세미나」, 커뮤니케이션북스, 28쪽에서 재인용.

---

59) 농촌진흥청, 경쟁력 강화를 위한 지역브랜드 추진전략과 사례: 일본의 지역브랜드를 배운다. 2009, p.32～41.
60) 김태욱(2007), 「똑똑한 홍보팀을 만드는 실전 홍보 세미나」, 커뮤니케이션북스, p.28～29.

## 3) 지역 브랜드 커뮤니케이션 사례

### (1) 국내 사례

전남 곡성군의 경우 '자연 속의 가족마을'을 슬로건으로 최고의 자산인 오염되지 않는 산과 강을 활용해 자연친화적인 환경을 기반으로 미래형 농촌을 실현하는 가족도시를 만들어 가고 있다.

곡성팔경(谷城八景)을 동악조일(動樂朝日), 도림효종(道林曉鍾), 순강청풍(鶉江淸風), 압록귀범(鴨綠歸帆), 태안두견(泰安杜鵑), 대황어화(大荒漁火), 통명숙우(通明宿雨), 설산낙조(雪山落照)로 소개한다.

곡성군은 동악조일은 동악산에서 바라보는 해돋이 모습이 웅장하고 마치 숲 속에서 태양이 솟아오른 듯 아름다운 모습을 담아내는 의미이고, 도림효종은 동악산 기슭에 자리한 천년고찰 도림사의 효종 소리가 새벽 기운을 타고 수십 리 밖까지 그 은은한 종 울림소리를 적셔 준다는 뜻으로 설명한다. 또 순강청풍은 순자강(섬진강 상류) 주변 기암괴석과 녹음이 어우러진 솔목이란 협곡을 따라 쪽물을 드리운 채 유유히 흐르는 강물의 빼어난 경치와 맑은 바람은 삼청(三淸)의 진경(眞境)을 옮겨 놓은 듯한 명승지이고, 압록귀범은 섬진강과 보성강이 합류한 압록지역은 평야와 우뚝 솟은 산, 맑은 물과 깨끗한 모래사장, 송림과 대나무를 의지해 소담스럽게 들어앉은 촌락이 그대로 한 폭의 그림과 같고, 아주 깨끗한 물에서만 산다는 은어가 많이 서식해 먹이를 잡기 위해 오리 떼 등 철새가 많이 날아드는 모습은 가히 장관이라고 할 만하다고 설명한다. 태안두견은 너무 길지도, 협잡하기도 않는 동리산에 자리한 태안사, 아담한 산의 아름다움과 구슬피 울어대는 두견새의 울음소리는 처량하게 들리지만 아름다움 또한 산의 정갈한 모습과 대조를 이뤄 아주 장엄한 모습으로 비쳐지고, 대황어화는 아담한 강줄기와 맑음을 자랑할 만한 보성강, 이 강줄기인 대황강의 횃불로 고기 잡는 모습을 굽이치는 강폭의 아름다운 모습과 대조를 이뤄 아주 장엄한 모습으로 비쳐진다고 설명한다.

통명숙우는 소백산맥의 끝자리에 위치한 곡성고을의 대표적인 통명산의 산세가 아름다워 지나는 비도 머물게 한다는 오랜 통설이 있다는 뜻이고, 설산낙조는 통명산을 마주 보며 정상 부위에 기암괴석을 잔뜩 깔아 놓은 설산의 정상에서 서산에 지는 해를 바라보는 풍경이 가히 무엇에 견줄 수 없다고 설명한다.

## (2) 일본 사례

일본 효고(兵庫) 현은 쇠고기를 고베육 · 고베비프 · 고베우로 브랜드화했다. 1983년 효고 현 내에서 쇠고기 생산, 유통, 소비 관련 주체들이 고베육 유통추진협의회를 결성하고 고베비프를 정의하면서 이에 적합한 쇠고기를 제공하는 판매점과 생산자를 지정하고 있다.

품질과 명칭을 철저히 관리하는 고베비프는 타지마우 중에서 우수한 것으로 한정했다. 타지마우는 효고 현에서 육성된 혈통일 것, 고베육 유통추진협의회의 등록회원이 효고 현 내의 우사에서 비육한 소일 것,

효고 현 식육센터에서 출하돼 광우병(BSE) 검사를 받은 것, 생후 월령을 28개월 이상에서 60개월 이하까지 소로 붉은 살의 비율(육량등급)이 A·B등급일 것 등으로 정의한다.

고베비프는 지정점에 한해서 판매한다. 지정등록 점포 수가 1983년 119개소에서 2007년에는 192개소로 늘었고, 송아지 판매가격도 2001년 4월 37만 엔에서 2007년 4월에는 53만 엔으로 높아졌다.[61]

## 8. 데이(Day) 활용 커뮤니케이션

2005년 4월 8일 서울 종묘공원에서는 이색잔치가 열렸다. 대형 가마솥을 동원해 백수(白壽)를 기원하는 의미에서 노인분들께 보양식인 닭백숙 2,005인분을 쑤어 드리고 경로잔치를 벌였다.

농협중앙회가 4월 9일을 우리나라 화이트데이, 즉 백일(白日)로 정하고 저지방 고단백의 백색육인 닭고기의 우수성을 알리려는 다양한 캠페인을 전개하고 나섰다. 99세를 백수라고 하는데 1월 1일부터 99일째가 되는 4월 9일을 백일이라 칭하고, 소비자에게 백색육(白色肉·White Meat)인 닭고기의 우수성을 알렸다.

농협중앙회는 최근 다양한 기념일들이 만들어져 젊은 층을 중심으로

---

61) 농촌진흥청, 경쟁력 강화를 위한 지역브랜드 추진전략과 사례: 일본의 지역브랜드를 배운다, 2009.

확산하자 이왕이면 우리 농민도 돕고, 소비자에게 도움이 되는 의미 있는 기념일을 찾아 매년 연초부터 99일째가 되는 4월 9일이 전 국민이 백색육 닭고기를 먹는 화이트데이(白日)가 될 수 있도록 하려고 이런 행사를 기획했다는 설명이다.

요즈음 젊은이들 사이에 3월 14일을 화이트데이라고 해 남자가 여자에게 사탕을 선물하는 것으로 되어 있다. 그러나 진정한 의미의 화이트데이, 즉 백일(白日)은 1년 중 1백 번째 날(百日)에서 하루(一日)를 뺀 날짜로 1월 1일부터 99일째가 되는 날, 즉 4월 9일이 우리나라의 백일(白日 · white day)인 것이다.

사람이 장수하면 축하연을 베푼다. 회갑(回甲 · 61세), 고희(古稀 · 70세), 백수(白壽 · 99세) 등으로 구분하는데, 이 중 백수는 백세(百歲)에서 한 살(一歲)을 뺀 나이로 99세(白歲)를 말한다. 백일(白日 · white day)인 4월 9일에 백색육인 닭고기를 먹고 백수(白壽 · 99세)까지 건강하게 살기를 기원한다는 의미이다.

이처럼 농축산물의 소비촉진을 위해 만들어진 기념일이 많다. 1월 1일은 배데이(Pear Day), 3월 3일은 삼겹살데이, 4월 9일은 화이트데이, 5월 2일은 오리데이와 오이데이, 9월 9일은 구구데이, 10월 24일은 사과데이, 11월 11일은 가래떡데이 등이다.[62]

우선 1월 1일은 '배의 날'이다. 새해 첫날 하면 떠오르는 것이 '세배'이

62) 연합뉴스, 2009년 3월 2일.

니, 절(拜)을 하면서 배(梨)를 나누자는 의미이다. 숫자 3이 겹친 3월 3일은 '삼겹살데이'로 삼겹살을 비롯한 돼지고기를 많이 먹자는 뜻을 담고 있다. 5월 2일은 '오이데이' 또는 '오리데이'로서 오이나 오리고기를 기념하며, 견우와 직녀가 만난다는 칠석을 연상시키는 양력 7월 7일은 '연인의 날'로 이름이 붙여져 떡 등 우리 농산물을 선물하며 사랑을 고백하는 날로 자리 잡았다.

이 밖에 여름철 복날에는 복숭아를 먹으며 더위를 물리치자는 마케팅이 등장했고, 통닭 체인업체에서는 모이를 주기 위해 닭을 부르는 소리에서 착안해 9월 9일을 '치킨데이'로 정했다. 또 사과가 본격 수확되는 10월에는 '둘이서 사과한다'는 뜻을 담아 24일을 '사과(애플)데이'로 기념하여 우리 농산물을 통한 용서와 화해의 정신을 전파하고 있다. 농업인의 날인 11월 11일은 '가래떡데이'다. 가래떡과 비슷한 '1'이 네 번 겹치는 데 착안하여 상업성 짙은 빼빼로데이를 극복하고 우리 쌀 소비를 위해 쌀로 만든 가래떡을 먹는다.

이처럼 '데이' 마케팅이 정착하면서 농산물 홍보 활동이 본격화하고 있다. 농민신문 보도에 따르면, 전국 주산지 농협으로 구성된 품목별 전국협의회는 1993년 7월 배전국협의회가 구성된 것을 시작으로 과수와 화훼·채소 등 대부분 원예 농산물이 망라되면서 2007년 12월 현재 전국 1,345개 산지 농협(중복 가입 포함)이 회원으로 가입돼 있다. 사과와 마늘·인삼 등 품목 단위 협의회가 대부분이지만 친환경농산물처럼 품목 개념을 뛰어넘어 하나의 협의회를 구성하는 경우도 있다.

당초 산지농협 간 정보 공유를 목적으로 하는 임의단체 형태로 출발
한 품목별전국협의회는 최근 농산물 소비 활성화에 주력하면서 역할이
급부상하고 있다. 2007년의 경우 사과·배·고추·양파·토마토·가
지 등 29개 품목이 예산 66억 원(농협중앙회 지원액 포함)을 들여 소
비촉진 광고를 실시했다. 날짜를 소비촉진에 활용한 '데이 마케팅'은
농산물 홍보의 한 축으로 정착되고 있다.[63]

>> 농협의 오리데이와 오이데이 행사 장면 〈사진제공: 농민신문〉

63) 농민신문 2008년 1월 18일자 보도내용.

많은 소비자가 최근 젊은이들 사이에 '밸런타인데이', '화이트데이', '빼빼로데이' 등 국적 불명의 '데이'들이 명절 이상으로 크게 기념하며 선물문화가 왜곡되고 있는 상황에서 우리 농산물과 축산물을 선물하거나 소비하자는 이러한 움직임을 반가워하고 있다. 이러한 데이 마케팅은 수요 창출과 판매 확대로 가격 지지에도 상당 부분 기여하고 있다는 평가다. 토마토 등 일부 농산물은 계속되는 수요 창출로 과잉생산에도 불구하고 가격 고공행진이 몇 년째 이어지고 있다.

그러나 농축산물 기념일을 만든 데에 만족할 것이 아니라 이들 '데이'가 해당 농축산물을 실질적으로 소비하도록 해야 한다는 지적도 나오고 있다. 단 하루의 반짝 행사로 그칠 것이 아니라 이러한 기념일을 통해 소비자가 우리 농산물과 축산물에 지속적으로 관심을 가지도록 하는 마케팅이 필요하다는 것이다.

정부와 인터넷쇼핑몰이 손잡고 데이 마케팅에 나서는 사례도 있다. 농림수산식품부와 인터넷쇼핑몰 옥션이 우리 농수축산물의 우수성을 알리고 소비를 촉진시키기 위한 '우리 농수축산물 먹기 데이(Day)' 캠페인을 함께 펼치기로 해 관심을 모으고 있다. 이번 캠페인을 통해 농식품부는 각 '데이'에 맞춰 우리 농수축산물을 홍보하는 온라인 광고 및 캠페인을 진행하는 한편 옥션은 인터넷쇼핑몰을 이용해 해당 품목의 판매를 담당키로 했다.

'데이' 캠페인은 오는 3월 3일 삼겹살데이를 시작으로 5월 2일 오이 및 오리데이, 8월 8일 포도데이 등 우리 농수축산물을 쉽게 기억할 수 있는 날짜에 맞춰 연말까지 총 11회에 걸쳐 진행될 예정이다. 옥션 측은 각 데이마다 식품팀 CM(시엠·카테고리매니저)이 직접 선정한 산지직송 상품을 대상으로 인터넷쇼핑몰을 통해 대규모 할인 기획전을 펼칠 계획이다. 또 소비자에게 더 친근하게 다가갈 수 있도록 데이별 해당 품목을 형상화한 귀여운 공식 캐릭터도 활용키로 했다. 홍윤희 옥션 홍보팀 차장은 "이번 캠페인은 우수한 우리 농수축산물을 소비자에게 제대로 알리는 계기가 될 것"이라며 "특히 소비자에게는 인터넷을 통해 판매되는 농수축산물의 신뢰도를 높여 주는 한편 농가에는 판로가 넓어지는 효과가 기대된다"고 밝혔다.[64]

다음은 필자가 2005년 11월 11일자 동아일보에 기고한 데이 마케팅과 관련된 '빼빼로데이와 농업인의 날'이란 제목의 칼럼이다.

64) 농민신문 2009년 3월 2일자 보도내용.

## 9. 농축산물 마케팅을 통한 커뮤니케이션

마케팅이란 개인과 조직의 목적을 만족시키는 교환을 창조하려고 아이디어, 상품, 서비스에 관해 개념형성, 가격설정, 프로모션, 유통을 계획하고 실시하는 과정이다.

마케팅 전략의 핵심은 3 Hit Theory이다. 이는 목표 소비자에게 최소한 세 번 이상 메시지가 반복해서 도달돼야 효과를 발휘할 수 있다는 것을 말한다. 따라서 노출 극대화를 위한 반복, 다변화와 통합적 마케팅 커뮤니케이션이 필요하다.

농업·농촌에서는 매력 있는 농수축산물을 제공하고, 그 대신에 필요로 하는 수익, 신뢰, 호감, 추천 등을 구매자로부터 받아내는 교환으로 볼 수 있다. 따라서 지역 이미지가 중요하고, 이를 위해 자연미와 풍속, 역사와 저명인사, 전통, 문화, 이벤트 등이 동원된다. 구체적으로 문화축제나 먹을거리·볼거리·살거리 등 문화상품을 개발할 필요가 있다. 농수축산물에 관한 정보나 주장을 광고가 아닌 뉴스로 만들어 미디어가 보도할 수 있도록 뉴스거리, 화젯거리, 믿을 만한 관심거리를 만드는 것이 중요하다.[65]

시장 개방화 시대에 우리 농업이 살아남는 길은 소비자로부터 강력한 지지를 획득하는 것이다. 그러려면 소비자를 농업인과 분리하여 생

---

65) 김민기(2006), 농수산물 홍보와 미디어, 농산어촌홍보전략포럼.

각하지 말고 농업인과 소비자가 일심동체라는 의식을 가져야 한다. 이러한 의식을 바탕으로 생산 과정에서부터 소비자를 적극적으로 참여시켜 소비자와 우호적인 관계를 형성하고 장기 고객화하는 것이 필요하다. 소비자가 직접 농식품 생산 과정에 관여하게 되면 우리 농산물에 대한 애호도가 더 커질 것은 자명하다. 그래서 농수축산물에도 마케팅 커뮤니케이션이 필요한 것이다.

따라서 소극적인 홍보에서 적극적인 홍보로 전환할 필요가 있다. 농수축산물 관련 일변도에서 벗어나 문화, 학술, 인물, 일화 등 모든 분야에서 홍보를 하는 것이 바람직하다. 이를 위해 농수축산물에 대한 긍정적인 이미지를 창출하는 모든 내용을 언론매체, 공연, 강연, 광고, 전시 등 가능한 수단을 총동원하는 것이 좋다. 평소에 긍정적인 이미지 자원을 많이 개발해 위기상황에서 적절히 활용하는 예방홍보체제를 구축하는 것도 좋다.

## 1) 쌀 소비촉진 마케팅

농림수산식품부가 쌀 소비촉진 홍보에 나서고 있다. TV와 라디오 광고가 시작됐다. 2002년부터 시작한 러브미(Love米) 캠페인은 1차는 유명 축구선수, 2차는 여성 아나운서를 모델로 TV광고를 실시했다. 1차 캠페인은 사랑과 정(情)에 초점을 맞춘 데 반해 2차 캠페인은 건강 미인이 되는 비결과 쌀과 밥이 도움이 된다는 메시지를 전달했다.

2005년 '밥이 에너지다'라는 광고에서는 아침밥을 거르면 휴대폰 배터리가 떨어지듯이 힘이 없어진다는 내용으로 아침밥의 중요성을 전달했다. 2007년에 시작된 '아침밥이 좋아'라는 CM에서는 흥겨운 멜로디로 메시지를 전달함으로써 소비자 관심 및 집중도를 높였다.

신문 등 인쇄매체 광고와 홍보기사도 게재됐다. 2003년에 Love米 캠페인 연장선상에서 TV 광고의 방향성에 맞춰 감성적 콘셉트 광고가 신문에 게재됐고, 2007년에는 주요 일간지에 다양한 쌀 이용 요리가 캠페인성 기사로 소개됐다. 2008년에는 아침밥 먹기 캠페인이 실시됐고, 찰떡궁합 가래떡데이(11월 11일) 이벤트가 마련됐다.[66]

## 2) 우유 소비촉진 마케팅

국산 원유의 주된 소비기반인 백색시유(市乳) 소비량이 감소하자, 이를 극복하려고 우유 소비촉진활동을 활발하게 전개하였다. 농림부와 농협중앙회를 비롯해 낙농진흥회·한국낙농육우협회 등 낙농 관련 단체들은 우유 소비량을 늘리려고 우유의 날 행사를 개최하고 우유송을 공모하는 등 다양한 홍보활동과 함께 묘안을 짜냈다.

우선 학교우유급식사업 확대에 총력을 기울였다. 학교우유급식지원 대상이 중학생까지 확대되면서 급식지원 학생 수가 크게 늘어났다. 또 노인층을 겨냥한 '효(孝)우유' 캠페인도 실시했다. 서울 탑골공원에서

---

66) 농촌정보문화센터(2008). 쌀소비 촉진 홍보 중장기 전략 수립 용역 결과보고서.

우유 시음회와 도시 자녀들이 부모에게 우유 보내기 운동도 전개했다.

방송매체와 인터넷을 통한 우유 소비홍보도 활발히 전개했다. 멀티미디어 콘텐츠 교육자료를 제작해 수업 보조자료로 활용할 수 있도록 홈페이지에 등록했고, '7공주'를 우유 홍보대사로 위촉해 우유 홍보에 나선 데 이어 우유송 모바일 서비스도 도입됐다.

각종 우유 홍보 세미나도 열렸다. 한일 낙농 국제세미나를 비롯해 우유의 날 기념 세미나, 학부모 아카데미에서의 우유 강좌 등을 통해 우유의 우수성을 적극 알리고 있다. 소비자가 직접 우유 생산현장을 볼 수 있도록 하는 낙농체험 프로그램도 큰 호응을 받고 있다. 국가대표 축구선수인 박주영, 국제수학올림피아드 수상학생 등을 모델로 하는 우유 공익캠페인도 방영했다.

낙농가들도 직접 나섰다. 깨끗한 목장 만들기 운동 전개는 물론 지역 학교를 방문해 학교급식이 원활하게 시행되도록 지원 활동과 함께 우유요리 시식회도 잇달아 개최했다. 이와 함께 우유 홍보책자 제작·배부는 물론 축제를 통한 우유 홍보도 실시했다.

>> 농협의 우유 소비 캠페인 〈사진제공: 농민신문〉

## 10. 귀농 · 귀촌 커뮤니케이션

많은 전문가는 지금의 귀농 현상이 사회의 거대한 트렌드로 자리매김할 것으로 예측하고 있다. 그 이유는 인구구조의 변화와 웰빙이라는 트렌드, 그리고 농업에서 블루오션을 찾고자 하는 젊은이까지 합세하고 있기 때문이다. 여기에다 베이비붐 세대의 은퇴가 본격화하면서 도시민의 전원 거주 움직임이 두드러지고 있다.

총인구 가운데 14.6%나 차지하는 우리나라 베이비붐 세대는 단카이 세대로 불리는 일본의 베이비붐 세대보다 많다. 평균 수명이 길어지면서 은퇴를 끝이 아니라 새로운 시작으로 만들려는 이들이 귀농을 새롭게 조명하고 있다.

[ 표7-8 국가별 베이비붐 세대 비교 ]

| 국가 | 대한민국 | 일본 | 미국 |
|---|---|---|---|
| 태생연도 | 1955~1963년생 | 1946~1949년생 | 1946~1964년생 |
| 인구 | 712만 명 | 680만 명 | 7,700만 명 |
| 전체인구 대비 비율 | 14.6%(2010년추계) | 5% | 30% |

출처: 국립농업과학원(2010), 「귀농·귀촌 길라잡이」, p.6.

이에 따라 귀농·귀촌은 크게 늘고 있다. 농림수산식품부에 따르면, 2012년 상반기(1~6월) 귀농·귀촌 가구는 8,706가구, 1만 7,745명에 달했다. 시도별로는 충북(2,085가구)이 가장 많고, 다음이 전북(1,380가구), 전남(1,355가구), 경북(1,317가구), 강원(1,014가구), 경남(959가구), 충남(403가구) 등이다.

또 연령별로는 50대가 32%, 40대가 24.4%를 차지해 40~50대 베이비붐 세대의 귀농이 주를 이루고 있으며, 실제로 농업기술을 습득해 생산활동을 할 수 있는 60세 미만의 귀농은 75% 수준인 것으로 나타났다. 귀농 전 직업은 자영업(24.6%), 사무직(18.5%), 생산직(10.8%) 순으로 조사됐다. 2005년까지 1,200가구 이하 수준이던 귀농·귀촌은 2011년 1만 가구 이상으로 급증했다.

[ 표7-9 연도별 귀농가구 수 ]

| 연도 | 2001년 | 2005 | 2010년 | 2011년 | 2012년 1~6월 |
|---|---|---|---|---|---|
| 귀농가구 | 880가구 | 1,240가구 | 4,067가구 | 1만 503가구 | 8,706가구 |

출처: 농림수산식품부, 「2012년 상반기 귀농귀촌 1만 8,000명 수준으로 늘어」, 2012년 9월 11일 보도자료.

이처럼 귀농·귀촌이 급증한 것은 베이비붐 세대의 은퇴, 다양한 삶의 가치 추구 등 그 요인이 다양하게 분석되고 있다. 국립농업과학원이 2010년 12월에 펴낸 〈귀농·귀촌 길라잡이〉에 따르면, 귀농을 결심하게 된 배경으로 '농촌생활이 좋아서(22.1%)', '인간다운 삶을 위하여(20.1%)', '퇴직 후 여생을 위하여(19.5%)', '자신과 가족의 건강을 위하여(13%)' 등의 순으로 나타났다.

정부도 귀농인의 농촌정착과 성공적인 농산업 창업을 지원하기 위해 다양한 정책을 추진하고 있다. 귀농·귀촌 희망자에게 정부·지자체 정책 및 관련정보 획득과 상담 등을 한자리에서 해결해 주는 원스톱(one stop) 서비스가 가능하도록 「귀농·귀촌 종합센터」를 설치해 운영 중이고, 교육지원도 확대하고 있다.이런 귀농·귀촌 수요 트렌드를 농업·농촌 커뮤니케이션에 활용할 필요가 있다. 이를 위해 귀농·귀촌은 △장소의 이동이 아니라 삶의 형태가 바뀌는 일 △농업을 직업으로 선택할 경우 농업을 제대로 알아야 한다 △농업·농촌의 기회요인과 위험요인을 파악하고 가자 △귀농준비 지원 시스템 △농가 방문 체험 △영농체험과 주말농장 △귀농지역 △영농기술 습득 △작목선택과 규모 △마을 주민과 화합 방법 △귀농 준비 방법 △성공적 정착을 위한 방법 등을 커뮤니케이션할 필요가 있다.

예를 들어 귀농 준비 단계별로 △결심 단계 △가족동의 단계 △작목선택 단계 △정착지 물색 단계 △영농기술 습득 단계 △주택 및 농지 구입 단계 △영농계획 수립 단계별로 핵심체크사항을 커뮤니케이션하는 경우다.

# 미디어를 활용한
# 농업 · 농촌 커뮤니케이션

PART
08

# 미디어를 활용한 농업·농촌 커뮤니케이션

홍보에 활용할 수 있는 미디어는 방송, 인쇄매체, 인터넷 등 다양하다. 방송에서 활용할 수 있는 콘텐츠는 방송 프로그램, 방송뉴스, 시사 프로그램 등이 있다. 또 인쇄매체에서 활용할 수 있는 콘텐츠는 보도기사, 기획기사, 단신기사, 인터뷰·기고·칼럼, 포토뉴스 등이 있다.

## 1. 대국민 홍보 채널

농업·농촌의 중요성 등을 국민에게 알리는 데 활용할 홍보 채널은 무엇이 있을까. 우선 신문, 방송, 잡지, 인터넷 등 언론매체를 활용할 수 있다. 여기에 전광판, 옥외광고, 모바일 서비스 등뿐만 아니라 팸플릿, 전단, 만화, 화보, 실천수기, 뉴스레터, 스티커, 포스터, 비디오, CD 등을 홍보물로 활용할 수 있다. 이 밖에 토론회, 세미나, 공청회, 간담회, 강연, 연수 등으로 홍보할 수 있다. 콘서트, 현장토론(town meeting), 현장방문 등도 방법이 될 수 있다.

## 2. 미디어 퍼블리시티

언론홍보 업무는 크게 미디어 퍼블리시티(media publicity)와 미디어 서비스(media service)로 나뉜다. 이 가운데 미디어 퍼블리시티는 사전에 준비된 언론홍보 계획에 따라 다양한 언론매체와 취재진을 대상으로 관련 언론보도를 극대화해 나가는 △적극적이고 △조직적이고 △선행적이고 △예방적인 언론홍보활동을 말한다. 미디어 서비스는 언론의 취재요청에 대해 적극적으로 대응하고, 협조해 나감으로써 보다 정확하고 객관적인 보도가 이뤄지도록 하는 언론의 문제 및 이슈 제기에 따른 사후 대응적인 언론홍보활동의 성격을 갖고 있다.

따라서 미디어 퍼블리시티 업무는 매체의 특성에 맞는 보도 기회와 취재 아이디어, 기사거리를 적극적으로 발굴하여 취재기자에게 제공함으로써 관련 보도를 이끌어 내는 적극적이고, 선행적이며, 예방적인 언론홍보활동 성격을 갖고 있다.[68]

## 3. 미디어의 관심을 모으는 법

우선 미디어에 노출될 수 있는 곳을 찾는 것이 좋다. 이를 위해 어떤 형태로 노출될 수 있을 것인가를 고민한다. 예들 들어 기획기사, 단신, 인터뷰, 칼럼, 뉴스, 프로그램 등의 노출 형태가 있다. 그런 다음 어떤

---

68) 국정홍보처(2005), 『정책성공을 위한 홍보 매뉴얼』, p.36~37.

면, 어떤 프로그램에서 다뤄질 수 있을까를 생각한다. 예를 들어 경제면, 산업면, 건강면, 피플면, 오피니언면, 사회뉴스, 건강 프로그램, 강좌 프로그램 등이 있다. 이후 누구를 만날 것인가를 생각한다. 신문사나 방송보도국의 담당기자, 프로그램 팀의 작가 등을 만날 수 있다. 미디어가 좋아하는 아이템을 찾는 것도 한 방법이다. [69]

기사화를 목적으로 보도자료를 작성해 언론사에 보내는 작업을 프레스 릴리스(press release)라고 한다. 실제로 기업들은 프레스 릴리스를 할 수 있는 아이템을 많이 갖고 있다. [70] 이런 기업들의 프레스 릴리스 아이템을 농업·농업분야에서 활용하면 홍보효과를 높일 수 있을 것이다.

[ 표8-1 기업의 프레스 릴리스 아이템 ]

| 구분 | | 아이템 |
|---|---|---|
| 기업<br>및 경영 | 경영 | 신경영발표, 사내 캠페인, 사내 기업문화 관련, 경영계획, 해외시장 개척, 각종 수상실적, 사무실 이전 |
| | 행사 | C.I 선포식, 창사 기념행사, 제휴 관련 행사, 기업 후원행사, 주주 총회, 사업설명회, 전시회 |
| 마케팅 | 상품 | 신제품 소개, 신기술 설명, 새로운 서비스 제공, 상품 관련 트렌드 기획, 가격 변동 관련, 시장점유율 변화, 마케팅 자료 |
| | 이벤트 | 신제품 홍보 이벤트, 특가상품 세일 이벤트, 판촉 이벤트, 광고모델 활용 기획기사, 콘테스트 |
| 임직원 | CEO | CEO 소개, 경영철학, CEO 인터뷰, CEO 동정 |
| | 임직원 | 사내 동아리 활동, 재미있는 사내 이벤트, 임직원 봉사활동, 임직원 인터뷰, 인사사항, 강의, 연설, 세미나 참석 |

출처: 김태욱(2007), 『똑똑한 홍보팀을 만드는 실전 홍보 세미나』, 커뮤니케이션북스, p.31~32.

---

69) 박태균(2009), 식품과 미디어, 제2차 食·農+미디어 자료집.
70) 김태욱(2007), 『똑똑한 홍보팀을 만드는 실전 홍보 세미나』, 커뮤니케이션북스, p.31.

>> 미디어의 관심을 모은 대한민국 우수품종상 시상

## 4. 기사(記事)를 알자

### 1) 기사란 무엇인가

기사는 상품성뿐만 아니라 정확성, 완전성, 균형성, 공정성 등 갖춰야 할 요소가 적지 않다. 그래서 기사는 기본요소 외에 상품성까지 튼튼히 갖춰야 독자에게 영향력을 발휘하는 기사가 된다. 기사가치가 높아 신문이 독자에게 많이 팔릴수록 높은 광고료를 받을 수 있다.

## 2) 기사의 종류

기사는 논평이나 의견이 들어갔느냐에 따라 크게 스트레이트 기사와 피처 기사로 나뉜다. 스트레이트(straight) 기사는 사실을 있는 그대로만 보도하는 것이고, 논평이나 의견을 들어가 있으면 피처(feature) 기사다. 다시 말해 객관적인 뉴스보도가 스트레이트 기사이며 이를 제외한 나머지는 피처 기사로 볼 수 있다. 스트레이트 기사는 정보의 효율적 전달을 위해 간결하고 명확해야 한다. 대개 첫 문장에서 해당 기사의 핵심 내용이 언급된다. 피처 기사는 크게 뉴스 피처(news feature)와 비뉴스 피처(non-news feature)로 나뉜다. 뉴스 피처는 시사성과 연관되어 있다. 사설, 칼럼, 인터뷰, 시사만평, 르포 등이 뉴스 피처에 속한다. 비뉴스 피처는 시사성이 없는 서평, 낱말퀴즈, 흥미성 만평 등을 말한다.[71]

## 3) 역피라미드 기사

19세기 중반 전보가 등장하면서 저널리즘은 기존의 문학적이고 인간적인 기사서술방식과는 다른 짧고 간결하며 압축적인 역피라미드 스타일을 발전시켜 갔다. 이는 전보 등을 주요 기사송신수단으로 활용한 데서 연유한다.

역파리미드 기사의 최대 장점은 사건을 빠르고 효율적으로 전달할

---

71) 한국언론재단(2008), 〈기사쓰기 실무〉, p.16.

수 있다는 것이다. 이는 기사를 쓰는 취재기자는 물론이고 편집기자, 데스크에게도 매우 효율적이고 생산적이다. 꼬리로 갈수록 사소한 정보들이므로 필요한 경우 신속하게 분량을 조절할 수 있기 때문이다.

독자의 입장에서도 하루 30~40분의 시간을 투입해 세상사를 파악하는 데는 역피라미드가 효율적이다. 중요한 사실을 압축해 놓은 리드와 헤드라인만으로도 필요한 정보를 얻을 수 있기 때문이다. 일반적으로 역리파미드 기사의 첫 번째 부분은 제목이고, 두 번째 부분은 리드(lead)이다.


## 4) 좋은 기사가 갖춰야 할 조건

좋은 신문기사는 적어도 다음과 같은 5가지 조건을 만족시켜야 한다.

첫째, 정확성이다. 이는 신문기사의 내용을 독자가 의심하지 않고 사실로 받아들이기 때문이다. 기사 속 모든 진술은 물론 이름, 나이, 주소, 사진, 인용, 숫자 등과 같은 구체적 사항들이 정확해야 한다.

둘째, 균형성이다. 기사는 뉴스상황에 대해 독자가 균형 있는 관점을 갖도록 하기 위해 공정하고 공평하게 사실을 정리하고 선택해 주어야 한다는 뜻이다.

셋째, 객관성이다. 기사나 편집인의 편견이나 외부의 영향에 의해 왜곡되지 않고 사실을 있는 그대로 전달해야 한다는 요청이다.

넷째, 간결성이다. 문장이 간결하고 명확해야 한다는 것이다.

다섯째, 시의성이다. 최신 뉴스여야 한다는 것이다(유재천 외, 2004).

## 5. 보도자료

### 1) 보도자료를 잘 써야 성공한 홍보

보도자료란 매스컴에 보도할 목적으로 작성한 문장형식의 자료이다. 궁극적으로 기자에게 보낼 사실적이고 구체적인 자료, 취재 아이디어 또는 기사를 송고하는 것을 말한다. 뉴스를 배포하는 도구로서 미디어 홍보의 꽃이다.

보도자료를 잘 쓰기 위해서는 기사를 이해할 필요가 있다. 기사란 뉴스를 전하는 글이며 뉴스를 담아내는 표현 양식이다. 기사는 의견이나 견해를 최대한 배제하고 사실(fact)에 근거해 작성하는 글이다. 따라서 수용자가 그 내용을 쉽게 이해하도록 쓰는 것이 원칙이다. 이런 기사의 종류에는 보도기사, 해설기사, 논설, 칼럼, 인터뷰기사, 대담 · 좌담기사, 기획기사 등이 있다.[72)]

신문이나 방송에서는 기사마다 그 크기와 게재 위치가 다르다. 이는 기사가 가진 뉴스가치(News Value)[73)] 때문이다. 뉴스가치가 큰 것일수록 크게 취급되고, 작은 것일수록 작게 나중에 다뤄진다. 보통 뉴스가치는 수많은 기사거리 가운데 어느 것을 신문이나 방송 등 미디어에

---

72) 한국언론재단(2002), 고등학교용 신문알기-신문만들기.
73) 뉴스에 대한 판단이란 누구나 인정하고 있는 뉴스가치에 기초해 기사를 평가하는 능력을 말하는데, 이는 뉴스가치를 측정하는 지표가 되고 수용자 중심의 관행을 설정하도록 도와준다.

반영할 것인가를 판단하는 척도이며, 수용자인 독자의 일반 관심도를 반영해 주는 기준이 된다.

또 뉴스의 가치성은 수용자의 관심과 흥미가 제한되어 있기 때문에 발생한다. 이러한 뉴스가치를 결정하는 공통적인 요소는 시의성(Timeliness), 저명성(Prominence), 근접성(Proximity), 영향성(Consequence), 흥미성(Interest), 중요성 등이다.[74] 일반적으로 기사가치는 어제 일어난 일보다는 오늘 일어난 일, 기사내용이 얼마나 많은 사람들에게 영향을 미치느냐에 따라, 가까운 곳에서 일어난 일이 먼 곳에서 발생한 일보다, 사회적 지위나 위치가 높을수록, 유명한 인사일수록, 의외성이 클수록 커진다. 중요성은 기사가 얼마나 많은 영향을 주느냐에 따라 측정되고, 시의성은 사람들은 지금 일어나고 있는 일에 관심이 많기 때문이고, 근접성은 가까운 곳에서 일어난 사건이 뉴스가치가 높다고 평가받기 때문이다. 결국 미디어가 세상의 모든 일을 보도할 수는 없기 때문에 뉴스가치성은 미디어의 중요한 관행이다.

## 2) 보도자료 기획 단계

보도자료는 어떤 형태의 기사에 활용될 수 있을지 미리 염두에 두고 알맞게 가공하는 것이 필요하다. 보도자료는 미리 배포해 보충취재가

---

74) 최재완(2006), 〈신문, 좋은 문장 나쁜 문장〉, 커뮤니케이션북스, p.2~4.

가능하도록 시간적 여유를 둔다. 따라서 보도자료를 생산하는 기획단계로서 우선 아이디어를 정리할 필요가 있다. 또 기자는 독자가 원하는 정보를 기사화하는 만큼, 독자가 원하는 정보가 무엇인지를 사전에 파악해 보도자료를 기획하는 것이 필요하다.

김덕만(2007)은 보도자료 생산 기획단계의 아이디어를 다음과 같이 정리했다.

①보도자료를 생산하는 시기와 행사 등을 감안한 흐름을 짚는다. ②수능, 선거, 졸업, 입학 등 큰 행사를 고려한다. ③봄, 여름, 가을, 겨울 등 계절적 요인을 찾는다. ④이번 주의 분야별 관심 포인트가 무엇인지 챙긴 뒤 연계해서 기획한다. ⑤관련 이슈와 사회 현상을 챙긴다. ⑥주요 인사의 일거수일투족과 이미 발표된 정책에서 아이디어를 개발한다. ⑦주별로 주제를 바꿔 폭 넓게 기획한다. ⑧여러 신문을 보며 자기분야에서 어떻게 응용할지 생각한다. ⑨사회적 파장이 큰 연재물을 준비하는 언론사를 찾아라. ⑩인터넷을 적극 활용하라 등이다.[75]

이와 함께 기자들이 기획기사 아이템을 찾는 방법을 알아두면 보도자료 기획에 많은 도움이 된다.

하준우(2008)는 손쉽게 기획기사로 연결되는 아이디어 구멍으로 ① 뉴스 속에 기사 있다 ②관심사에 기사 있다 ③트렌드에 기사 있다 ④ 집단 속에 기사 있다 ⑤새로운 시장에 기사 있다 ⑥독자의 이야기에

---

75) 김덕만(2007), 언론홍보기법, 매스컴출판사, p.175.

기사 있다 ⑦연구보고서에 기사 있다 ⑧동호회/블로그/전문지에 기사 있다 ⑨현장에서 착상하자 ⑩아무도 찾지 않는 곳에 기사 있다 ⑪일정 표를 만들자 등으로 정리했다. 다시 말해 뉴스는 또 다른 뉴스를 낳기 마련이고, 기자 개인의 관심사에서 기획기사의 아이디어를 만들어 낼 수 있을 뿐만 아니라 일상생활에서 반복되는 현상이 기획기사의 소재가 될 수 있다는 것이다. 여기에 사회에 이전에 보지 못한 집단이 등장하면 흥미 있는 기사거리가 있다고 생각해야 하고, 사회현상을 수요와 공급이라는 원리로 바라보면 다양한 아이디어를 얻을 수 있고, 학자나 기관이 발표하는 논문이나 연구보고서에서 의외로 큰 기사를 건질 수 있다. 특히 특정 분야의 뉴스나 정보를 담고 있는 동호회나 블로그 · 전문지 등에서는 특정 분야의 흐름을 파악할 수 있고, 가장 강력한 아이디어는 기자가 현장에서 착상한 기사거리이고, 다른 기자가 자주 찾지 않는 미개발 황무지에서 기사를 찾을 수 있고, 한글날 등 기념일과 주요 정책과 사건 등이 1년 되는 달 등을 표기해 놓으면 기획기사를 챙기는 데 도움이 된다는 것이다.[76)]

### 3) 보도자료의 구성과 작성법

우선 보도자료 종류에는 스트레이트(Straight)형, 기획 · 해설기사 (Box)형, 피처(Feature)형, 사진기사(Photo)형 등이 있다. 보도자료 는 제목(헤드라인), 전문(리드), 본문 등 3부문으로 구성돼 있다. 구체

---

76) 한국언론재단(2008), 〈기사쓰기 실무〉, p.129~140.

적으로 제목과 부제, 게재희망일자, 수신처, 수신자, 본문, 자료발송처 및 담당자 연락처, 회사로고, 첨부자료 및 사진자료(사진설명) 등으로 구성된다.

작성순서는 취재 후 설계, 작성, 감수, 마무리 등이다. 취재는 보통 6하 원칙(5W1H)에 의거한다. 누가(Who), 언제(When), 어디서(Where), 무엇을(What), 왜(Why), 어떻게(How)이다.

대부분 취재 및 기사는 사람에 초점이 맞춰지는 만큼 누가(Who)에 해당되는 ①사건관련자 ②이해관계자 ③중요 역할 인물 ④찬반세력 ⑤행동하는 인물(관련자 가운데 가장 활발히 행동하는 인물) ⑥영향을 받는 사람 ⑦상징인물 ⑧정보원 등에 신경을 써야 한다.[77]

보도자료 내용을 구성할 때는 특히 제목이 눈에 띄게 쓰고, 간결하고 함축적으로 써야 효과적이다. 정확히 표현하고, 전문용어는 피하는 것이 좋다. 이는 기자가 기사를 쓰기 전에 바람직한 구성법을 찾고, 이때 구성은 독자에게 이야기와 정보를 전달하는 순서이기 때문이다. 이러한 기사의 구성법 가운데 가장 널리 알려진 방식은 역삼각형(역피라미드) 구성이다. 가장 중요한 사실이 맨 앞쪽에 나오고, 가장 덜 중요한 사실이 맨 뒤에 놓인다. 독자는 처음 한두 문장을 읽고 더 읽을지 여부를 판단하게 된다.[78]

---

77) 한국언론재단(2008), 〈기사쓰기 실무〉, p.19~20.
78) 한국언론재단(2008), 〈기사쓰기 실무〉, p.27~30.

기자가 기사를 구성하는 데 유용하게 사용될 방법을 소개하는 것도 참고할 필요가 있다. 하준우(2008)는 한국언론재단이 발간한 〈기사쓰기 실무〉에서 기자를 구성하는 데 유용하게 사용될 방법으로 ①쓰고자 하는 이야기의 목록을 만들자 ②처음에 넣을 정보를 결정하자 ③맨 끝에 넣을 정보를 고르자 ④중간에 넣을 정보를 고르자 ⑤독자가 물어볼 질문을 생각하자 ⑥정보를 논리적으로 조직하자 ⑦리드에 독자들이 질문을 던지게끔 만드는 정보를 넣자 ⑧제목과 부제를 붙여 보자 ⑨리드의 초안을 잡자 ⑩결론을 가능한 한 빨리 많이 쓰자 등으로 정리했다.[79]

따라서 3S원칙을 적용하면 좋다. 단순(Simple), 속도(Speed), 친절(Service)에 근거한다.

보통 기사로 선택되느냐 쓰레기통으로 가느냐는 제목에서 판가름 나는 만큼 제목이 중요하다. 두괄식으로 결론부터 쓰고, 일반사람이 누구나 이해할 수 있도록 쉽게 쓰고, 해설은 뒤로 빼는 것이 좋다. 보도자료를 작성한 후 소리 내어 읽어 어색한 곳을 수정하고, 사진자료나 통계자료도 꼭 챙긴다. 간결하게 끊어 쓰고, 공공성을 강조하는 것도 중요하다.[80]

말을 하듯 자연스러운 구어체로 작성하고, 독자가 쉽게 이해하도록 독자 입장에서 쓰고, 과장하지 말고 진실을 써야 한다. 내용 중 중요한

79) 한국언론재단(2008), 〈기사쓰기 실무〉, p.33~35.
80) 박태균, 지역 및 농수산물 마케팅 홍보가 경쟁력이다.

사항은 상품개발책임자 등 관계자의 코멘트를 따서 인용하면 자료의 신뢰성을 높일 수 있다. 보도 가능한 것만 작성하고 추측은 금물이다. 끝에는 반드시 자료작성자 등 담당자의 문의처를 적어야 한다. 담당자의 사무실 전화번호는 물론 휴대폰 번호, 이메일, 회사 홈페이지를 적어 두면 좋다.[81]

### 4) 기자가 보는 보도자료

기자가 싫어하는 보도자료는 어떤 유형일까. 횡설수설형, 과장됐거나 잘못된 정보, 남들이 한 재탕형, 문법에 맞지 않고 오타가 많은 유형, 마감 일자를 넘겨 오는 유형 등이다. 반면 사회에 도움이 되는 공익형, 통계가 뒷받침된 통계형, 잘 알려지지 않은 새로운 정보 제공형, 따뜻한 미담기사 등은 보도 반영률이 높다.

참신성, 시의성, 정보성, 흥미로움, 특이함이 기자의 관심을 끈다. 신뢰성도 중요하다. 학회 발표논문 등 객관적 신뢰도를 확보하는 것이 필요하다. 따라서 요약형보다 기사형이 적절하고, 다수의 자료보다 기사가 될 만한 내용을 엄선하고, 배포시점에 신경을 써야 한다.

문장은 짧게 쓰는 것이 효과적이다. 글의 이해를 높이는 데는 긴 문장보다 짧은 문장이 효과적이다. 긴 문장은 주어와 술어의 연계가 부

---

81) 김태욱(2007), 똑똑한 홍보팀을 만드는 실전홍보 세미나, p.33~34.

자연스럽고, 한 문장에 여러 메시지를 담으면 논의의 초점이 흐려진다. 일반적으로 신문문장은 평균 70자 안팎이다.[82]

필자는 정부기관의 보도자료 경진대회 심사위원으로 참여한 적이 있었다. 그 결과, 전반적으로 보도자료 작성의 기본원칙을 준수했지만, 일부는 홍보에 치우친 나머지 과잉 기표로 보도자료의 생명인 신뢰도를 저하시킨 경우도 발견됐다.

수려한 문장보다는 사실을 누구나 알기 쉽게 제공한다는 것이 중요한 채점 기준이었다. 보도자료 작성 우수사례로는 '보리의 변신 놀라워'라는 제목의 보도자료를 선정했다. 일단 제목이 함축적이면서 사람들의 궁금증을 유발해 눈길을 끌기에 충분했다. 또 리드기사도 전체의 보도자료 내용을 간결하면서도 압축적으로 제시했고, 보도자료 본문에서도 구체적인 수치를 제시해 신뢰도를 높였다. 특히 보리의 사료화를 위해 작물과학원과 축산과학원이 연구의 융합으로 시너지 효과를 기했다는 사실을 알기 쉽게 제시한 점이 주목을 끌었다.

다음은 농촌진흥청이 작성한 보도자료 사본이다.

---

82) 박태균, 지역 및 농수산물 마케팅 홍보가 경쟁력이다.

제 공 일 : 0000년 0월 0일
자료제공 : 농촌진흥청 000과
담 당 자 : 000 과장(000 연구사)
연 락 처 : 000-000-000, 010-000-0000
홍보담당 : 000 000-000-000

이 자료는 0000년 0월 0일 (조간) 이후에 보도하여 주시기 바랍니다.

# 귀농준비 농촌진흥청 홈페이지에서 하세요
### - 농진청, 귀농 · 귀촌 지원정보 홈페이지 개설 -

· 최근 도시의 바쁜 일상에서 벗어나 농촌에서 새로운 인생과 쾌적한 삶을 누리려는 사람, 또 농업과 관련한 창업을 통해 색다른 부가가치 창출을 꿈꾸는 사람 등 귀농 · 귀촌을 희망하는 사람들이 늘어나고 있다.

· 이에 농촌진흥청(청장 김재수)은 늘어나는 귀농 · 귀촌 문의요구에 효과적으로 대응하기 위해 8월 25일부터 홈페이지(www2.rda.go.kr/go2nong)를 통하여 관련 서비스를 제공하고 있다.

· 귀농인들은 영농초보자로 농사짓는 기술이나 방법이 서투르거나, 농산물 특성을 잘 모르는 경우가 많다. 이에 농진청은 청에서 개발한 토양정보, 유기농기술, 품목별 관리방법 등 농업 관련 기술을 한곳에 모아 귀농 · 귀촌 희망자가 쉽게 접할 수 있도록 하였다.

· 홈페이지에서는 귀농준비에서 정착까지의 단계별 준비사항을 비롯하여 농사짓는 기술, 귀농교육, 성공사례 등의 관련정책과 각 자치단체별 귀농지원 조례, 커뮤니티 등을 제공함으로써 귀농 · 귀촌 희망자가 벤치마킹할 수 있도록 하였다. 또 귀농 선후배들이 실시간으로 기술 교류를 할 수 있으며 온라인상에서 농진청 연구원과 상담도 가능하다.

## 5) 보도자료 배포

이렇게 보도자료를 작성한 후 어떻게 어디로 전달하면 기사화될 수 있을까. 보도자료 전달수단은 이메일, 팩스, 택배(퀵서비스), 방문, 우편 등이 있다. 이메일은 가장 빨리 전달할 수 있어 가장 많이 이용하는 보도자료 전달방법이다. 하지만 보도자료를 이메일로 전달했다 해도 기자가 열어보고 기사화하지 않으면 소용이 없기 때문에 전화로 보도자료의 취지와 핵심내용을 추가로 설명하는 것이 좋다.

보도자료가 사전에 알지 못하는 초면인 기자에게 전달될 때는 홍보인이 직접 전화를 하거나 방문하는 것이 좋다. 고정 출입기자가 있는 정부나 공공기관, 대기업 등은 출입기자에게 보도자료를 전달하면 된다. 하지만 출입기자가 없는 곳에서는 전달하려는 보도자료와 관련된 언론사의 담당기자와 데스크(부·차장급)가 누구인지를 확인한 후 사전에 전화로 보도자료 취지와 핵심내용을 설명한 후 이메일 등의 방법으로 전달하면 좋다.

출입기자 명단은 해당 출입처에 있고, 출입처마다 보통 대표기자 격인 간사가 있다. 상황에 따라 보도자료 설명회를 할 것인가 아니면 자료만 배포할 것인가 등은 보통 간사와 협의해 결정한다. 농림수산식품부 출입기자 연락처는 〈부록1〉에 실려 있다.

담당기자 명단을 확보하기 어려운 때는 보도자료를 낼 언론사 홈페이지에 들어가 기자 이메일 코너를 검색해 확인한다. 언론사마다 취재 보도기자의 이메일과 부서 등 연락처를 올려놓고 있다. 또 신문과 방송 보도내용을 보면 해당분야의 담당기자와 이메일을 쉽게 알 수 있다. 예를 들어 농업 · 농촌분야의 기사를 자주 보도하는 기자는 농업담당기자로 보면 되고, 해당 기사 말미에 그 기자의 이메일이 첨부돼 있기 때문이다.

한국언론진흥재단 언론인 인명록을 이용해 기자 연락처를 찾을 수도 있다. 한국언론진흥재단 홈페이지(www.kpf.or.kr)에 들어가 언론인 인명록에서 기자 이름을 검색하면 부서 · 전화 · 이메일 등을 확인할 수 있다.

## 6. 신문을 활용한 커뮤니케이션

### 1) 신문사의 조직

신문을 활용한 커뮤니케이션을 위해 우선 신문사 조직을 이해할 필요가 있다. 일반적으로 신문사 조직은 사장 밑에 편집, 판매, 광고국 등이 있다. 이 가운데 편집국은 취재와 편집기자들이 모여 신문을 제작하는 조직이다. 이러한 편집국은 편집국장을 사령탑으로 보통 정치, 경제, 사회, 문화, 지방, 국제, 체육, 사진, 기획취재, 편집, 교열 등의 부서로 구성돼 있다. 편집국과는 별도로 사설을 담당하는 논설위원으로 구성된 논설위원실이 있다.

일간신문사의 일과는 종합일간지의 경우 일반적으로 기자는 오전 9

시쯤 신문사나 출입처로 출근해 취재계획을 보고한 다음 10시경에 데스크 회의를 거쳐 주요 기사를 선정하고, 11시에 부서별로 구체적인 취재계획이 부장-팀장-기자 등의 라인을 통해 지시되고, 14시에 데스크 회의를 거쳐 오늘 기사를 최종 선정하고 면별 편집계획을 확정한다. 17시 30분경에 기사를 마감한 다음 18시 30분경에 가판이라고 불리는 초판인쇄를 완료해 19시 30분에 지방판 인쇄를 시작하고, 24시에 서울 배달판 인쇄를 시작한다.[83]

### 2) 기사화 과정

종합일간지의 경우 일반적으로 담당기자는 자신이 그 날 쓸 기사를 정해 데스크에 오전에 보고하고, 부장이나 차장급인 데스크는 회의를 통해 그 날 내보낼 기사를 결정한다. 담당기자는 어떤 기사를 내보낼 것인가가 결정되면 이에 맞춰 기사를 작성한다. 이때 마감시간을 데드라인(dead line)이라 부른다.

마감시간을 어긴 기사는 아무리 명문이어도 소용없기 때문에 기자 간 치열한 경쟁이 경우에 따라서는 오보의 원인이 되기도 한다. 데스크는 기사 완성도를 높이기 위해 기사를 손질하고, 편집부에서는 기사 제목을 달고 크기를 결정하고, 교열부에서는 문체나 표기법 등을 정정한다.[84]

---

83) 박태균(2009), 식품과 미디어. 제2차 食·農+미디어 자료집.
84) 박태균(2009), 식품과 미디어. 제2차 食·農+미디어 자료집

## 3) 신문 콘텐츠 현황

김성해(2011)가 2011년 11월 7일부터 2011년 11월 12일 사이에 발간된 신문을 대상으로 분석한 결과, 주간 일평균 신문발행면수는 경제지(38.4면), 중앙지(34.1면), 지방지(25.3면) 순으로 높았고, 전체평균 32면을 발행하고 있었다.

텍스트 기사만을 대상으로 뉴스 스토리를 어떤 형식으로 전달하는지를 살펴본 결과, 신문 1면 기사의 90%가 스트레이트 기사였고, 분석 및 해설기사는 4.4%, 기획특집은 3.1%였다. 1면 의제를 분석한 결과, 정치·정부(27.7%), 사회(24%), 경제금융산업(18.4%), 국제(8.5%) 순으로 높은 비중을 차지했다.

1면 기사에 반영된 뉴스가치가 어떻게 구성되고 있는지를 살펴본 결과, 전반적으로 영향성, 갈등성, 부정성, 저명성, 정보성, 전국성, 지역성 등의 요인이 많이 강조되고 있었다. 한 주간 오피니언 면의 평균 발행 면수는 중앙지(2.4면), 지방지(2.1면), 경제지(1.9면) 순으로 높았다. 오피니언 면이 실제 누구를 위해 열려 있는지를 살펴본 결과, 전반적으로 외부(외부필자, 전문가, 독자 등)개방정도는 중앙지(40.5%), 지방지(39.5%), 경제지(28.5%) 순으로 높았다.[85]

---

85) 김성해(2011), 「신문 저널리즘: 현황과 전망」, 한국언론진흥재단, p.124~131.

## 4) 신문 활용 방법

기자에게 아이디어를 제공한다. 신문사가 새로운 기획 연재물을 준비할 때 담당기자에게 아이디어와 자료를 제공한다.

특별한 기념일을 활용한다. 명절 등의 특별한 기념일을 활용해 특별한 메시지를 만들어 제공한다.

공익캠페인을 개최한다. 1사1촌 같은 캠페인을 활용한다. 공익캠페인은 후원 비용 이상의 홍보 효과가 발생한다.

시상제도를 활용한다. 언론사의 다양한 시상제도를 적절히 활용하거나 개발되지 않은 시상제도를 제안한다.

설문조사를 실시한다. 설문조사는 쉽게 보도를 유도하는 좋은 방법 중 하나다. 신문사들 간에 광고확보 경쟁이 치열해지면서 최근 특집면을 크게 늘려 나가고 있다. 따라서 참신한 아이디어와 함께 취재에 협조하면 보도자료를 우회적으로 소화시킬 수 있게 될 것이다.

읽는 신문에서 점차 보는 신문으로 변화하고 있는 만큼 사진도 중요하다. 한 장의 사진에 모두 담길 수 있도록 앵글을 조정하는 것 필수이고, 주제를 클로즈업한다.[86]

## 5) 신문 활용 커뮤니케이션 사례

86) 농촌정보문화센터(2007), 매체활용보고서.

기능성 홍보강화로 배 소비 확대와 농가 수취가격 제고에 기여한 사례가 대표적이다. 지난 2004년 배 생산량이 전년보다 31%가 많이 생산됐다. 이에 따라 농촌진흥청 등을 중심으로 배의 효능과 체질개선 세미나를 개최하고, 소비자에게 배 나눠주기, 배요리 및 배로 만든 가공품 전시 · 판매 행사를 개최했다.

'배(梨)로 웰빙해 배(倍)로 건강하세요!'라는 슬로건으로 열린 행사는 양미희 서울대 의대 교수의 '배 과실의 발암물질 배출효과', 신재용 한의학 박사의 '현대인의 체질개선과 건강을 위한 배의 효능과 기능성', 임채일 농진청 원예연구소 저장이용과장의 '배 수확 후 식미 유지 및 맛있게 먹는 법' 등이 발표돼 배의 우수성을 언론과 소비자에게 커뮤니케이션했다.

## 7. 방송을 활용한 커뮤니케이션

### 1) 방송 잘 활용하면 홍보효과 커

방송에 보이는 농어촌의 위상은 변방이다. 일반적으로 방송을 비롯한 영상매체를 활용한 홍보는 광고처럼 많은 예산이 필요할 것으로 생각하고 쉽게 접근하지 못하는 경우가 많기 때문이다.

하지만 방송을 잘 활용하면 홍보효과를 높일 수 있다. 최근 기행 프로나 요리 프로그램 제작이 많아지고 있고, 웰빙에 대한 관심이 높아지면서 농어촌에 존재하는 다양한 먹을거리와 볼거리를 취재하기 위해 방송제작팀이 농어촌을 많이 찾고 있다. 따라서 재미있는 아이디어와 아이템을 프로그램 콘셉트에 맞게 제안한다면 방송홍보가 아주 어렵거나 비용이 많이 들기만 하는 것은 아니다.

방송 프로그램은 대개 농어민 입장에서 만드는 경우보다 도시 소비자의 입맛에 맞는 정보를 찾으려고 제작되는 경향이 있다. 그렇기 때문에 농어촌이 잘 홍보되도록 활용하는 것이 중요하다. 어렵게 찾아온 기회를 무심코 1회성으로 넘기지 말고 방송 프로그램을 어떻게 유익하게 활용할 것인가를 고민하는 것이 필요하다. 잘 활용하면 농어촌 홍보라는 측면에서 더없이 좋은 지원군이 되기 때문이다.

방송을 통해 홍보에 성공한 사례는 얼마든지 있다. 충남 공주의 헛개나무, 경기 여주의 옻닭 음료, 경기 송산포도, 경남 진주 마, 충북 괴산 대학찰옥수수 등이 있다. 정보화 사회에서는 커뮤니티와 콘텐츠를 원하는 만큼 농어업은 동일한 공간과 목적을 가진 거대 커뮤니티와 풍성한 생명력, 건강성을 가진 부분이 매력이다. 따라서 농어민 스스로 좋은 정보를 발굴·생산해 유통시키는 것이 필요하다(안광빈, 방송을 활용한 농어촌 홍보).

## 2) TV 뉴스의 이해

TV 뉴스는 현장감이 넘치고 파워풀하다. 뉴스 관련자, 당사자가 인터뷰에 들어가기 때문에 신뢰성이 높다. 핵심적이고 압축적이어서 방송시간은 길어야 1분 30초 수준이다. 보통 아이템은 정치뉴스와 사회뉴스가 많고 다음이 경제뉴스다. 라디오 뉴스는 보통 1시간마다 방송되고 기자가 스트레이트 기사를 컴퓨터에 올려 두면 편집부에서 편집해 보도한다. 주요 시간대의 뉴스는 해설위원 등이 진행하면서 기자가 직접 출연해 해당기사에 대해 보고한다. 예를 들어 아침 8시 뉴스, 정오 12시 뉴스, 낮 2시 취재현장, 오후 7시 뉴스 등이 있다.[87]

KBS 등 지상파 방송사들은 보도 프로그램 편성 비율이 높은 편이다. 2010년을 기준으로 지상파 3사의 프로그램 장르별 편성비율을 살펴보면, KBS 1TV는 보도 31.8%, 교양 52.5%, 오락 15.7% 등으로 나타났다. KBS 2TV는 보도 8.5%, 교양 47.1%, 오락 44.4% 등이고, MBC는 보도 21%, 교양 35.8%, 오락 43.2% 등이다. SBS는 보도 19.9%, 교양 37.2%, 오락 43% 등이었다.[88] 또 2011년 지상파 방송사들의 편성에서 뉴스가 차지하는 비율은 20% 정도였다. 평일 기준으로 KBS1이 가장 많은 30.2%, 다음으로 MBC 19.6%, SBS 18.4%, KBS2 10.2% 등의 순이었다. KBS1의 경우 뉴스방송 시간은 평일 하루 평균 370분이었다. 지상파 3사 저녁 메인 뉴스 보도 양식을 분석한 결과, 스트레이트와 스트레이트+해설이 82.1%로 절대다수를 차지했다. 뉴스 꼭지당 시간은 1분 30초에서 2분 사이가 54.6%로 가장 많았다.[89]

---

87) 농촌진흥청(2007), 홍보! 초보에서 전문가로, 홍보업무 매뉴얼.
88) 한국언론진흥재단(2011), 〈한국의 뉴스미디어 2011〉, p.18.
89) 한국언론진흥재단(2011), 〈한국의 뉴스미디어 2011〉, p.7~8.

[ 표8-2 2011년 지상파 방송사의 하루 평균 뉴스 편성비율(평일기준) ]

| 구분 | KBS1 | KBS2 | MBC | SBS |
|---|---|---|---|---|
| 뉴스프로그램편수(편) | 10 | 7 | 8 | 8 |
| 뉴스방송시간(분) | 370 | 125 | 240 | 225 |
| 전체방송시간(분) | 1225 | 1225 | 1225 | 1225 |
| 뉴스편성비율(%) | 30.2 | 10.2 | 19.6 | 18.4 |

출처: 김영주(2011), 『지상파 TV뉴스: 현황, 문제점, 전망과 과제』, 한국언론진흥재단, p.17.

### 3) 방송을 활용한 커뮤니케이션 사례

라디오를 이용한 농업·농촌 커뮤니케이션 사례를 소개한다. 이 사례는 2005년 9월 25일에 KBS 제1라디오 '농수산정책진단'에 필자가 출연해 50여 분 방송된 내용이다. 윤석원 중앙대 교수 사회로, 필자와 한우협회·농림부·대학교수·종축개량단체 관계자를 연결해 미국산 쇠고기 수입재개여부와 한우산업에 대해 집중 점검을 벌였다.

타이틀

〈오프닝〉

안녕히 주무셨습니까? 윤석원입니다. 내년도(2006년) 한우업계 위기설이 제기되고 있습니다. 미국산 쇠고기의 연내수입이 불투명해지면서 지금은 산지 소값이 호황을 누리고 있습니다만, 내년에 미국산 쇠고기 수입이 다시 시작될 경우 생산량과 수입량 증가로 가격이 급격하게 내려갈 수도 있다는 겁니다.

물론 일부에서는 이 같은 지적에 대해 미국산 쇠고기 수입이 한창일 때도 국내산 쇠고기값은 큰 변화가 없었다는 점을 들어 위기설은 과잉반응이라는 지적도 있습니다. 그러나 미국산 쇠고기 수입이 재개된다면 국내 쇠고기 시장에 일정한 파장은 불을 보듯이 뻔하다는 점에서 미리미리 대처하는 것은 지극히 당연하다고 보겠습니다. 그래서 오늘(2005년 9월 25일)은 미국산 쇠고기 수입재개 가능성과, 수입이 재개된다면 수입 시기는 언제쯤이 될지, 수입이 재개될 경우 국내 쇠고기시장은 어떻게 변화되고, 한우산업에는 어떤 영향을 미치게 될지, 그리고 대처방안은 무엇인지 등을 함께 알아보는, 그런 시간을 마련했습니다. 지금 이 자리에는 농민신문 이종순 축산팀장이 나와 계십니다. (인사)

 1. 우리 한우농가들. 요즘은 가격이 좋아서 별 걱정이 없어 보입니다만, 미국산 쇠고기 수입재개 얘기가 흘러나오면서 주름살이 하나둘씩 늘고 있지 않을까 싶습니다. 수입재개 얘기… 언제부터 나오기 시작한 거죠?

 예, 우리나라는 미국의 광우병 발표 직후인 2003년 12월 27일부터 미국산 쇠고기에 대해 수입을 전면 금지하고 있습니다.
미국은 우리나라가 쇠고기 수입을 금지한 지 10개월이 지난 지난해 10월에 미국산 쇠고기 수입재개 검토를 요청해 왔습니다. 우리나라는 소비자가 안심할 수 있는 도록 미국산 쇠고기 안전성이 확인돼야 수입재개를 논의할 수 있다는 입장입니다. 특히 올해 들어 한국과 미국 간에 광우병 전문가 회의가 잇따라 열리면서 수입재개 가능성에 대해 이야기가 나오기 시작했습니다. 우리나라와 미국은 올 들어 2월과 4월, 그리고 6월 등 세 차례에 걸쳐 광우병 전문가 회의를 개최했습니다.
지난 6월에 미국에서 열린 제3차 한미 BSE(광우병) 전문가회의는 현지조사와 함께 미국산 쇠고기 수입검역과 관련된 사항이 논의됐는데요. 농림부 가축방역과장을 대표로 수의·의학분야 전문가 11명으로 구성된 우리나라 대표단은요, 3일 동안 미국 농업부 국립수의연구소(NVSL)의 광우병 검사상황, 육골분 생산시설과 사료공장의 육골분 사용실태, 소 사육농장의 광우병 예방관리 및 도축장의 특정위험부위(SRM) 제거 작업 등 실태를 조사했습니다.

3차 전문가협의회에서는 또 미국 내 광우병 감염소를 조기에 색출해 낼 수 있는 예찰조사사업의 지속적인 실시를 비롯해 도축되는 모든 소에 대한 특정위험부위 제거, 소의 이력을 알 수 있는 개체식별제도 조기 시행, 금년에 개정된 국제수역사무국(OIE) 광우병 규정 등에 대해 의견을 교환했다고 농림부는 밝혔습니다.

이에 앞서 4월 19~21일에는 경기 안양에 있는 국립수의과학검역원에서 미국산 쇠고기의 광우병 안전성 여부를 논의하는 2차 광우병 전문가 협의회가 열렸지 않습니까? 2차 회의에서 한국과 미국 양측은 소비자 안전이 가장 중요하다는 데 인식을 같이하고, 과학적이고 기술적인 바탕 위에서 광우병(BSE) 위험도를 점검했습니다.

2차 회의에서 한국 측은 미국이 광우병이 발생하는 국가로부터 생우 및 육골분을 수입한 적이 있기 때문에 광우병 위험이 존재할 가능성을 배제할 수 없다고 지적했고요. 이에 대해 미국 측은 그동안의 연구결과를 인용하면서 감염원이 미국에 유입됐다고 하더라도 현행 사료 규제 등 강화된 광우병 방역조치에 의해 자연히 소멸될 것이라고 설명한 것으로 알려졌습니다. 지난 2월 28일에도 한국과 미국은 1차 회의를 가졌으나 별다른 결론을 이끌어 내지 못하고 2차 회의를 갖기로 했었습니다.

 2. 그럼 현재 우리 정부에서는 이런 미국의 수입요청에 대해 어떻게 대처하고 있습니까?

 한미 양국이 미국산 쇠고기가 광우병에 안전한지 여부를 논의하는 과정 중에 지난 6월 미국에서 광우병이 추가 발생했습니다. 미국은 최근 이 두 번째 광우병 감염소에 대한 역학조사 결과를 우리 정부에 제출한 것으로 뒤늦게 밝혀졌는데요. 미국은 지난 8월 31일 미국에서 두 번째 광우병 감염소에 대한 역학조사 결과보고서를 한국에 공식 제출했습니다. 이 자료에는 △문제소가 미국 텍사스의 농장에서 태어나 사육됐고 △사망 당시 나이가 12살가량인 점 △감염소가 속해 있던 농장의 우군에 있던 총 67마리의 관심 대상소에 대해 광우병 검사를 한 결과 모두 음성으로 판명됐다는 점 등이 들어 있는 것으로 알려졌는데요. 농림부는 현재 미국 측 자료를 정밀 검토 중에 있습니다. 타당성이 있다고 인정될 경우 생산자·소비자단체, 학계전문가 등으로 구성된 가축방역협의회를 열어 미국산 쇠고기 수입재개 여부를 결정할 계획입니다. 그러나 자료 검토과정에서 의문 사항이 발견될 경우 추가 자료를 요청할 방침이어서 가축방역협의회 개최 시기는 아직 불투명한 상태입니다.

3. 그렇게 여러 가지 절차를 거치다 보면 시일이 좀 걸릴 것 같은데 수입재개가 되는 시기는 언제쯤이 될 것으로 보입니까?

단정할 수는 없습니다. 그렇지만 내년 이후에는 재개되지 않을까 하는 조심스러운 관측이 나오고 있습니다.

국제수역사무국의 동물위생규약 개정 등에 따라 당초 빠르면 연내에 수입이 재개될 것으로 예상됐지 않았습니까? 국제수역사무국은 올 5월 정기총회에서 동물위생규약을 개정, 특정조건하에서 뼈가 제거된 월령 30개월 이하의 소 살코기는 광우병 발생여부와 상관없이 무역을 자유화하기로 결정한 바 있습니다.

그렇지만 잘 아시는 것처럼 6월에 미국에서 광우병이 추가 발생함에 따라 연내 수입재개는 물 건너갔다는 것이 대체적인 전망입니다. 가축방역협의회가 열려도 단기간에 의견 일치가 어렵고 관련규정을 만드는 데도 최소한 2개월가량 시간이 걸려 수입재개 시점이 언제가 될지는 단언하기 어렵습니다.

미국산 쇠고기 수입재개 여부는 정치와 외교와도 관련돼 있습니다. 따라서 올 11월에 열리는 에이펙 정상회담과 최근 한국과 미국 간 자유무역협정 체결 논의도 변수가 될 전망입니다. 또 일본이 월령 20개월 미만의 미국산 쇠고기에 대해 수입을 허용한다는 원칙을 세운 점 등 주변여건이 우리나라에도 압력이 될 전망입니다.

현재 미국산 쇠고기 수입 허용국가는 캐나다를 비롯해 유럽연합 25개 회원국, 이스라엘, 멕시코, 노르웨이, 스위스 등이고, 광우병 발생 후 수입 금지국가는 우리나라와 일본, 대만 등입니다.

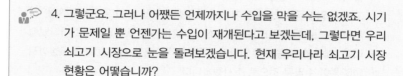

4. 그렇군요. 그러나 어쨌든 언제까지나 수입을 막을 수는 없겠죠. 시기가 문제일 뿐 언젠가는 수입이 재개된다고 보겠는데, 그렇다면 우리 쇠고기 시장으로 눈을 돌려보겠습니다. 현재 우리나라 쇠고기 시장 현황은 어떻습니까?

예. 올해 들어 국내산 쇠고기 공급량이 늘어나면서 전반적으로 쇠고기 소비량이 늘었습니다. 올 1월부터 6월까지 쇠고기 소비량은 14만 7,200톤으로 지난해 같은 기간에 비해 7,600톤가량이 늘었습니다.

한우고기 등 국내산 소비량은 늘어난 반면 수입쇠고기는 줄었습니다. 한우고기를 포함한 국내산의 올 상반기 소비량은 7만 4,700톤으로 지난해 같은 기간에 1만 1,000톤, 즉 17.3%가 증가했습니다. 반면 수입쇠고기 소비량은 7만 2,500톤으로 지난해에 비해 줄었습니다. 이에 따라 국내산 소비량이 수입쇠고기를 앞질렀습니다. 국내산이 차지하는 비중, 즉 쇠고기 자급률은 50.7%를 기록했습니다.

쇠고기 자급률을 미국산 쇠고기 수입금지 전후로 살펴보면, 금지 전인 2003년에는 36.3%까지 하락했지만 금지 후인 2004년에는 44.2%로 상승했습니다.

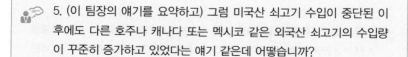

5. (이 팀장의 얘기를 요약하고) 그럼 미국산 쇠고기 수입이 중단된 이후에도 다른 호주나 캐나다 또는 멕시코 같은 외국산 쇠고기의 수입량이 꾸준히 증가하고 있었다는 얘기 같은데 어떻습니까?

일단 미국산 쇠고기 수입금지로 전반적으로 쇠고기 수입량이 감소하고 있는 상황입니다. 이 중에서 호주산과 뉴질랜드산 쇠고기 수입이 늘었습니다.

지난해 쇠고기 수입량은 2003년에 비해 16만 톤이 줄어든 13만 3,000톤이었습니다. 이 중 호주산이 2003년에 비해 34%나 증가한 8만 6,000톤을 기록했고, 뉴질랜드산은 84%나 늘어난 4만 6,000톤이었습니다.

올 들어서도 이 같은 추세는 지속되고 있는데요. 올 상반기도 전체 쇠고기 수입량 7만 2,541톤 가운데 호주산이 4만 6,301톤으로 64%을 차지한 것으로 집계됐고 뉴질랜드산 쇠고기는 2만 5,078톤으로 나타났습니다. 게다가 그동안 수입량이 적었던 멕시코산 쇠고기도 올 6월까지 1,162톤이 수입된 것으로 조사됐습니다.

특히 냉장육 수입이 꾸준히 증가하면서 한우와 치열한 접전이 펼쳐질 것으로 예상되고 있습니다. 냉장쇠고기는 올 6월까지 8,896톤이 수입돼 지난해 같은 기간보다 80%나 늘었습니다. 부위별로 값이 높은 갈비가 늘어난 대신 앞다리 등은 줄었는데요. 올 6월까지 갈비수입량은 지난해 동기에 비해 46% 증가한 2만 1,320톤에 달한 반면 앞다리는 1만 1,358톤으로 감소했습니다. 이에 따라 갈비는 쇠고기 수입량의 30%를 차지하고 있습니다.

이는 미 쇠고기 수입이 금지되면서 호주와 뉴질랜드가 국내 쇠고기 시장에서 확보한 기득권을 잃지 않기 위해 비교적 품질이 좋은 냉장쇠고기로 소비자 입맛을 공략하는 등 마케팅 활동을 강화하고 있는 것과 관련이 높은 것으로 보입니다.

6. 그런 외국산 수입량 증가추세에 비해 국내한우 생산추이는 어떻습니까?

올 6월 현재 한우사육 마릿수는 157만 8,000마리인데요. 이는 3개월 전인 3월에 비해서 9만 8,000마리나 늘어난 것이고 1년 전인 2004년

6월에 비해서는 15만 3,000만 마리가 증가한 마릿수입니다. 2003년 12월의 경우에는 127만 7,000마리에 불과했습니다. 육우를 포함한 한육우는 175만 7,000마리입니다.

사육농가 수도 늘었는데요. 올 6월 현재 한육우 사육농가 수는 19만 2,000가구로, 1년 전인 지난해 6월에 비해 3,000가구가량 늘었습니다. 한우농가 수는 2002년에 21만 2,000가구에서 그동안 지속 감소해 오다가 올 들어 증가세로 반전됐습니다.

이는 한우 값이 오랫동안 높은 수준을 유지하면서 신규 농가 진입이 활발하게 이뤄지고 있기 때문입니다.

가임암소가 늘어나고 그동안 인공수정 마릿수가 증가한 점을 감안하면 한육우 사육마릿수는 증가할 것으로 전망됩니다. 송아지를 낳을 수 있는 가임암소가 올 6월 현재 74만 3,000마리로 1년 전에 비해 5만 7,000마리나 늘었습니다. 가임암소가 늘어난 점은 앞으로 송아지 생산 잠재력이 커졌다는 반증입니다.

7. 그렇군요. 그렇다면 미국산 쇠고기 수입중단 이후 꾸준히 한우사육 마릿수가 늘고 있다 이렇게 보겠는데, 이것은 그만큼 우리 한우생산 농가들이 미국산 쇠고기 수입중단을 한우산업의 호기로 생각했다 이렇게 볼 수도 있겠죠? 어떻습니까?

미국산 쇠고기 수입금지가 이뤄지기 전인 2003년의 사육마릿수가 144만 8,000마리인 점을 감안하면 미국산 쇠고기 수입금지 기간인 1년 6개월 동안 27만 7,000마리가 늘어난 것입니다.

이처럼 사육마릿수가 늘어난 것은 여러 가지 요소가 있습니다만, 무엇보다 미국산 쇠고기 수입금지 영향 등에 따라 한우 값이 오랫동안 좋은 수준을 유지한 데서 찾아볼 수 있습니다.

500㎏ 큰수소값은 쇠고기 수입자유화 원년인 2001년에는 평균값이 324만 원이었지만, 2002년에는 392만 7,000원, 2003년에는 390만 7,000원을 보였고, 미국의 광우병 발생에 따른 소비감소가 영향을 준

지난해에는 354만 7,000원까지 하락했다가 올 들어서는 상승세를 타기 시작해 8월 평균값이 405만 5,000원으로 400만 원대를 돌파했습니다. 예를 들어 500㎏ 큰수소가 400만 원인 점을 감안하면 생체 1㎏당 8,000원입니다. 많은 농가가 650㎏ 이상 증체해서 출하를 하고 있는데요, 650㎏ 소가 520만 원을 받는다는 계산이 나옵니다. 여기에 육질 1등급 이상을 받을 경우 품질 고급화 장려금으로 마리당 10만 원에서 20만 원을 받고 등급별로 경락값 차이가 있는 점을 고려하면 고급육 생산농가의 경우 더 높은 값을 받을 수 있습니다.

또 현재 출하되는 큰소가 송아지를 입식될 때인 2003년의 송아지 값이 260만 원대인 점을 감안하면 소득이 다른 때에 비해 좋은 편이라고 할 수 있습니다.

한우 값이 좋은 것은 미국산 쇠고기 수입금지뿐만 아니라 생산이력제를 도입해 소비자로부터 신뢰를 높였고, 고급육 생산이 확산됐기 때문입니다. 한우 전체 도축 마릿수 가운데 절반가량이 육질 1등급을 받는 등 한우 품질이 크게 개선된 것으로 나타났는데요. 올 1월부터 8월 말까지 한우 도축 마릿수 24만 5,864마리 가운데 48.5%인 11만 9,178마리가 등급판정 결과 육질 1등급 이상을 받았습니다.

한우 육질 1등급 출현율은 등급판정제도가 본격 도입된 첫해인 1993년 10.1%에 불과했으나 2000년 24.8%, 2002년 35.2%에 이어 지난해에는 35.9%를 보이는 등 꾸준히 향상돼 왔습니다. 수소 거세 비육이 눈에 띄게 늘어난 점도 한우 육질 개선에 많은 영향을 미친 것으로 풀이되는데요. 실제 한우 수소 거세율의 경우 1997년엔 3.8%에 불과했으나 올 8월 한 달 동안 도축된 한우 수소는 57%가 거세 비육한 것으로 나타났습니다.

그래서 2001년 쇠고기 시장이 완전 개방되면서 한우산업이 크게 위축될 것으로 우려했는데, 정부·생산자단체·사육농가가 위기를 슬기롭게 극복하면서 그 결과가 이제 나타나는 것이란 이야기도 나오고 있는 것입니다.

8. (이 팀장의 얘기를 요약하고) 그런데 호황의 가장 큰 이유가 됐던 미국산 쇠고기 수입중단이란 보호막이 걷히고 수입이 재개된다면 사정이 많이 달라질 것으로 보이는데 현재 수입재개가 될 경우, 그 영향은 어느 정도로 어떻게 나타날 것인지 다양한 의견이 있는 것 같습니다만 어떻습니까?

 미국산 쇠고기 수입이 재개될 경우 한우산업을 포함한 축산업 전반에 적지 않은 영향을 줄 것이라는 것은 누구나 예상하는 일입니다. 무엇보다 미국산 쇠고기 수입중단으로 경기 침체 속에서도 상승세를 보여 온 소값은 물론 돼지값 등에도 적지 않은 영향이 예상됩니다.

현재 높은 값에 송아지를 입식한 한우농가들이 미국산 쇠고기 수입재개와 국내산 생산량 증가로 값이 하락할 경우 농가경영에 악영향을 미칠 수 있습니다. 예를 들어 현재 수송아지를 250만 원 수준에 입식한 농가들이 2007년에 큰소로 출하할 때 큰소값이 현재와 같은 수준에서 형성되지 않을 경우 피해를 볼 수도 있습니다. 이는 미국산 닭고기 수입중단으로 kg당 최대 2,000원대까지 올랐던 닭고기값이 최근 생산량 증가와 미국산 닭고기 수입재개로 생산비 이하로 하락한 것에서도 알 수 있습니다.

특히 미국산 초이스와 프라임급 고급육 수입이 이뤄진다면 음식점뿐만 아니라 가정소비도 점유할 수 있을 것이라는 전문가의 견해입니다. 어떻게 보면 우리 입장에서는 어차피 일정량의 쇠고기 수입이 불가피한데 그 수입쇠고기 시장을 미국이 차지하나 호주가 차지하나 마찬가지 아니냐고 할 수 있지만 미국산 쇠고기의 파급력은 호주산 쇠고기보다 높습니다. 따라서 한우고기와 경쟁 면에서 미국산 쇠고기가 다른 국가 쇠고기보다 훨씬 위협적인 셈입니다.

만약 미국산 쇠고기 수입이 금지되지 않았다면, 현재의 한우값 수준을 유지하기는 어려웠을 것이란 이야기죠. 또 대체 육류로 값이 상승한 돼지를 비롯한 육류시장 전반에 파급효과를 가져올 전망입니다.

9. 그런데 일부에서는 이런 예상되는 영향들에 대해 지나치게 과잉반응을 보인다. 이렇게 주장하고 있기도 하거든요? 여기에 대해서는 어떻게 생각하십니까?

지나치게 과잉반응을 보이지 말자는 이야기가 비농업계 쪽을 중심으로 나오고 있는 것 같은데요. 우선 한우고기 소비자 값이 높아 부담을 느끼고 있기 때문으로 보입니다. 또 과잉반응에 따른 불안감이 한우산업 기반을 흔드는 결과를 가져올 것이라는 우려도 포함돼 있을 것입니다. 실제 2001년 쇠고기 수입자유화를 앞두고 불안감을 느낀 한우농가들이 가임암소까지 내다팔면서 한우산업기반이 송두리째 흔들렸고, 역설적으로 한우사육 마릿수가 줄면서 실제수입 자유화 후 한우값이 오히려 올랐거든요.

10. 그렇군요. 그럼 여기서 직접 한우를 사육하는 분들이 모인 단체죠. 한우협회 의견을 잠시 들어보겠습니다. 한우협회 남호경 회장입니다. (인사) 들으셨죠. 올해 말까지는 수입이 되지 않을 것 같습니다만, 내년에는 미국산 쇠고기 수입이 재개될 것 같은데, 걱정이 많겠습니다.
…중략
그럼 회장님께서는 미국산 쇠고기 수입이 재개될 경우 어느 정도나 한우사육농가들이 피해를 입을 것으로 예상하시는 겁니까?
… 중략
그런데 잠시 전에도 말씀드렸지만 일부에서는 미국산 쇠고기 수입이 재개된다고 해도 별로 한우농가들의 피해가 많지 않을 것이다. 그런 주장을 하거든요. 여기에 대해서는 어떻게 생각하십니까?
…중략
그렇군요. 그렇다면 한우를 생산하는 생산자 입장에서 볼 때 수입을 다시 한다고 해도 어떻게 하면 별 영향을 받지 않고 우리 한우산업이 발전할 수 있다고 보십니까?
…중략

한우생산농가들이 스스로 경쟁력을 갖도록 하는 노력도 중요하다고
보는데, 그런 측면에서는 어떤 노력이 필요하다고 보십니까?
…중략 (인사)

11. (남 회장의 얘기를 요약하고) 여기에 대해서는 어떻게 생각하십니까?

한우농가 입장에서는 미국산 쇠고기 수입이 지속 금지되면 좋겠지요.
그렇지만 앞서 말씀드린 것처럼 미국산 쇠고기 수입 금지가 언제까지
유지될지 단언하기 어려운 상황인 만큼, 농가 입장에서는 미국산 쇠고
기 수입이 언젠가는 재개될 것이라는 전제하에서 고급육 생산 확대와
생산비 절감, 일관사육체계 등에 노력하는 것이 중요하다 하겠습니다.

12. 그럼 이번에는 학계의 의견을 잠시 들어보겠습니다. 강원대학교 이
병오 교수입니다.
(인사) 미국산 쇠고기 수입재개가 올해 연말까지는 안 되겠지만 내
년에는 될 것이라는 전망이 나오고 있습니다. 그렇게 된다면 국내
쇠고기 시장에 미칠 영향이 적지 않을 것 같습니다만, 미국이 우리
시장에 대해 수입재개요청을 아주 강력하게 요구하고 있는 배경…
사실 이게 궁금하거든요? 이 교수님은 이걸 어떻게 보십니까?
…중략
그래서 수입이 재개된다면 우리 쇠고기 시장에 어떤 영향이 미칠 것
이라고 보십니까? 일부에서는 별로 영향을 받지 않을 것이라고 주
장하고 있습니다만…
…중략
그렇게 적지 않은 영향들이 예상된다면, 국내 여건이 그런 영향을
받을 수밖에 없도록 돼 있다는 그런 뜻도 되겠죠? 어떻습니까?
…중략
그렇군요. 그럼 잠시 뒤에 다시 한번 말씀을 부탁드리겠습니다. 조
금 기다려 주시고요.

13. 이 팀장님. 지금 이 교수께서는… 이런 말씀을 하셨거든요. 여기에 대해서는 어떻게 생각하십니까?

예. 덧붙여 이야기를 한다면 쇠고기 시장이 한우고기 시장과 수입쇠고기 시장으로 전문화되면서 과거에 비해 수입쇠고기로 인한 한우값 영향을 덜 받을 것으로 예상됩니다. 과거에는 사실 한우값이 오르면 수급조절물량 수입쇠고기를 풀어서 한우값을 안정시키는 일들이 비일비재했습니다. 그렇지만 한우고기 고급화와 유통구조의 투명성이 과거에 비해 높아지면서 이제 한우고기만을 찾는 고정 수요층이 자리 잡았습니다.

14. (이 팀장의 얘기를 요약하고) 그렇다면 이 팀장님, 앞으로 이런 영향을 최소화할 수 있는 방안들이 현재도 추진 중에 있지만 더욱더 발전적인 방향으로 전개돼야 한다고 봅니다. 그중에 한 가지가 한우개량이 아닐까 싶은데 어떻습니까?

그렇죠. 한우개량이 본격화되면서 한우산업의 경쟁력 강화에 큰 도움을 주고 있습니다. 한우개량사업은 크게 보면 우량한우 냉동정액 생산 공급과 우량한우 냉동정액 생산을 위한 후보종모우 선발, 한우개량농가 육성을 통한 한우개량기반 구축으로 이뤄지고 있습니다.
이 같은 한우개량은 한우체중이 크게 늘어나고 고급육 생산이 확대되는 등 농가소득증대로 이어지고 있습니다. 월령 18개월 수소의 체중이 1974년에는 290kg에 불과했는데요. 1992년에는 477kg으로 높아졌고 2001년에는 512kg, 지난해에는 558kg에 달하고 있습니다. 특히 축산물공판장으로 출하되는 소의 출하체중은 1990년 412kg에서 지난해 4월의 경우 608kg에 달하고 있습니다.
농협중앙회가 한우개량으로 농가소득 증대효과를 분석해 봤는데요. 최근 3년간 수소 46kg, 암소 17kg의 개량으로 연간 1,423억 원의 농가소득이 증대된 것으로 나타났습니다. 농협은 초음파 육질진단센터를 운영하고 있는데요. 전국 74개 조합에서 초음파로 육질을 진단하고 있습니다.

 15. 그럼 여기서 한우개량사업을 전담하고 있는 종축개량협회 이종헌 한우개량부장을 연결해 보겠습니다.

(인사) 방금 이종순 농민신문 축산팀장이 현재 한우개량사업에 대해 총체적으로 말씀을 했습니다만, 한우개량사업 그동안의 성과라면 어떤 것들을 들 수 있겠습니까?

…중략

그러나 외국산 수입쇠고기가 국내시장을 절반 이상 잠식하면서 더 좋은 한우생산이 필요하다 이런 명제를 늘 안고 있다고 보겠는데, 현재도 그런 점에서 한우개량사업을 하고 있다 이렇게 생각합니다만, 현재 한우개량사업은 어떻게 진행되고 있습니까?

…중략

그런데도 현재 수입고기가 한우로 둔갑해서 판매되는 경우가 많습니다. 한우와 수입쇠고기의 품질을 비교한다면 어떻습니까?

…중략

그러나 사실 우리 소비자가 정확하게 한우고기와 수입고기를 판별할 수는 없거든요. 그런 점에서 더욱더 확실하게 이건 한우고기다, 저건 수입고기다 이렇게 판별할 수 있도록 품질개선노력이 필요하다고 보는데, 그런 점에서 앞으로 한우개량사업이 더욱더 활성화 돼야 한다고 볼 때 현재 계획 중인 개량사업은 없습니까?

…중략 (인사)

 16. (이 부장의 얘기를 요약하고) 이 팀장님. 여기에 더 덧붙여서 좀 더 좋은 품질의 한우가 생산되기 위한 방안은 뭐가 없을까요?

 적정 거세시기에 대한 것도 체계적인 연구를 통해 정립해야 한다는 생각입니다. 월령 4~5개월 때 거세가 많이 이뤄지고 있습니다만 수소를 거세해서 비육하는 농가들이 늘어난 데다 비육기간이 월령 30개월까지로 늘어나고 증체량도 650㎏ 등으로 늘어났기 때문에 이에 맞춰 고급육을 생산하고 증체량도 늘릴 수 있는 적정 거세시기 연구가 필요하다는 생각입니다.

또 최근 한우육종농가 육성이 이뤄지고 있는데 한우육종농가 선발기준도 많은 농가 참여를 유도하기 위해 완화할 필요가 있습니다. 육성농가 선발 기준인 100마리 이상의 혈통이나 고등등록농가는 전국에서 많지 않습니다. 따라서 이를 50마리 이상 등으로 완화해 참여 농가를 확대시켜 나가야 한다는 생각입니다.

 17. 미국산 쇠고기 수입이 재개되든 재개되지 않든 품종개량은 필요하다는 생각이고요. 이번에는 강원대학교 이병오 교수를 다시 한번 연결해서 우리 한우산업이 미국산 쇠고기 수입재개 시 영향을 최소화할 수 있는 방안들은 뭐가 있는지, 도움 말씀을 들어보겠습니다.

이 교수님, 잘 들으셨죠. 아까 미국산 쇠고기의 수입이 재개될 경우… 이런 등등의 영향이 우려된다는 말씀이 있었는데, 그렇다면 어떻게 해야 이런 영향을 최소화할 수 있는 건지, 조금 전에 한우개량사업이 지속적으로 이뤄져야 한다는 얘기는 했습니다만, 그 밖에도 많을 것 같습니다. 우선 어떤 것을 최우선적으로 해결해야 한다고 보십니까?

…중략

(이 교수의 얘기를 요약하고) 그다음으로 필요한 것은 뭐가 있을까요?

…중략

정부 측에서는 그렇게 정책을 펴 나가야 한다는 말씀이시고, 생산자들은 해야 할 일이 없을까요?

…중략(인사)

18. (이 교수의 얘기를 요약하고, 생산자가 해야 할 일에 대해서는 남호경 한우협회장께서도 조금 전에 적극적으로 해야 한다 이런 말씀이 있었다는 얘기를 하고) 이 팀장님, 여기에 대해서는 어떻게 생각하십니까?

우여곡절 끝에 도입된 축산업등록제는 현재 잘 진행되고 있는 것으로 판단됩니다. 가축방역과 친환경축산의 효율적 관리를 위해 추진하는 축산업 등록제는 올 7월 말 기준 전체 대상농가 3만 9,000호 가운데 95%에 해당되는 3만 7,000여 농가가 축산업 등록을 마쳐 마감시한인 12월 26일 이전에 등록이 완료될 것으로 보입니다.
송아지거래제도의 경우 유전능력별로 차별화된 경락값을 받을 수 있도록 하는 것이 중요하다 하겠습니다. 이를 위해서는 산지가축시장에서 송아지경매가 활성화돼야 하겠습니다.

 19. 그럼 이번에는 정부 측의 얘기를 잠시 들어보도록 하겠습니다. 농림부 이재용 축산경영과장입니다.
(인사) 지금까지 저희는 미국산 쇠고기 수입재개 시 영향과 이에 대한 대처방안에 관해 쭉 살펴봤는데, 방금 이 교수님 말씀에 관해 하실 말씀은 없습니까?
…중략
수입재개 시 영향이 클 것이다 하는 의견, 별로 크지 않을 것이라는 의견, 충분히 있을 수 있죠. 그러나 영향이 크든 크지 않든 여기에 미리미리 대처하는 것은 유비무환이란 측면에서 필요하다고 봅니다. 그런 관점에서 정부에서도 다각적으로 한우산업 발전대책을 추진 중이라고 보겠습니다. 현재 추진 중인 주요 한우산업발전대책… 어떤 것들이 있습니까?
…중략
그래서 결국 이 과장께서는 이런 한우대책이 꾸준히 추진되고 정착이 된다면 쇠고기 수입이 늘어나고 미국산 쇠고기 수입이 재개된다고 해도 크게 걱정할 필요가 없다…이렇게 생각하시는 건가요?

…중략

그렇군요. 그런 말씀을 들으니까 축산농가들, 특히 한우생산농가들은 불안감이 어느 정도는 해소되지 않을까…그런 생각이 듭니다만, 그래도 걱정이 끊이질 않는 것 같습니다. 예를 들어 축산농가나 대부분 전문가들은 특히 음식점의 원산지표시제 도입이 필요하다…그런 입장이거든요? 여기에 대해 정부 입장은 어떻습니까?

…중략

그렇군요. 그리고 한우 사육농가들 스스로도 노력을 많이 해야겠죠?

…중략 (인사)

20. (이 과장의 얘기를 요약하고) 이 팀장님, 여기에 관해서는 어떻게 생각하십니까?

음식점 원산지 표시제는 소비자의 알 권리, 식생활 안전, 경제적 손실 최소화 등 소비자의 복지 보호는 물론 육류 유통의 투명성 제고로 축산농가의 경영 안정을 기하기 위해서 하루속히 도입돼야 합니다.

다만 음식점 원산지 표시제를 시행할 때 국내외 가격차가 커 둔갑판매 등이 문제되고 있는 쇠고기에 대해 우선 도입하고, 대형 음식점부터 시행해 단계적으로 확대해 나가면 부작용을 최소화할 수 있다고 봅니다.

또 쟁점이 되고 있는 단속 실효성은 음식점에서 식육거래 기록과 보관을 의무화하면 유통경로를 따라 추적조사가 가능한 데다 보조수단으로 디엔에이(DNA) 감별법을 적극 활용하면 기술적인 문제는 없을 것입니다.

DNA 감별법은 한우와 젖소는 100%, 한우와 수입육은 95.8%까지 구별이 가능하다는 것이 전문가의 견해입니다. 통상마찰 가능성도 대두되고 있는데 음식점 원산지 표시제는 국내산과 외국산 모두를 동일하게 표시하기 때문에 내국민 대우 위반으로 보기 어렵습니다.

21. 그렇다면 이제 결론을 내릴 시간인데, 미국 쇠고기의 수입이 다시 시작될 경우 정부와 생산 농민은 어떻게 대처해야 하는지 종합적으로 정리를 해 볼까요?

제도적인 면과 농가 스스로의 자세로 나눠서 말씀드리겠습니다. 제도적인 면에서 음식점 원산지 표시제를 도입하고 쇠고기 이력추적 시스템 확대 등 유통 과정의 투명성을 높일 수 있는 장치가 마련돼야 한다고 봅니다. 현재 정기국회가 열리고 있는 만큼 관련 법이 통과될 수 있도록 정부와 관련 단체 등이 합심해서 노력해야 할 것입니다.
쇠고기 이력추적 시스템도 확대돼야 합니다. 개체식별번호를 부여한 후 정보를 입력, 데이터베이스화해 쇠고기 이력을 확인할 수 있는 이력추적 시스템 시범사업이 실시 중인데요. 이를 확대해 유통 투명성을 확보하고 한우에 대한 소비자 신뢰도를 더욱 높여 나가야 할 것입니다. 또 육질 차별화를 위해 종축 개량은 물론 송아지거래제도 개선, 브랜드 활성화가 필요하고 안전시스템 확립도 중요합니다. 국제화가 진전되면서 한우고기의 개발 수입가능성도 배제할 수 없는 만큼 악성가축질병을 예방하는 보다 체계적인 안전관리 시스템이 중요하다 하겠습니다. 이와 함께 올해 도입된 한우의무자조금을 활용해 한우고기 우수성과 안전성을 홍보해 나가야 할 것입니다.
농가 입장에서는요, 축산물 수입 패턴 변화에 대응, 소득을 높이기 위해서는 무엇보다 고급육 생산 확대, 생산비 절감과 함께 적기출하 등이 필요하다 하겠습니다. 또 가격 하락에 대비해 송아지 입식에 신중을 기하고 일관사육체계 도입도 바람직합니다. 현재 입식하는 송아지는 출하 시에 미국산 쇠고기 수입재개에 따른 영향을 받을 가능성이 높기 때문입니다.
이와 함께 한우값이 내려도 농가들이 경영에 문제가 되지 않는 그런 방안을 찾아야 합니다. 다시 말해 가격 경쟁력을 갖춘 다음에 품질 경쟁력, 안전 경쟁력을 갖춘다면 한우고기 소비 기반을 더욱 확보할 수 있을 것입니다.

끝으로 미국산 쇠고기 수입재개 여부와 관련, 이미 쇠고기와 생우 수입 자유화를 겪어 온 만큼 과도하게 불안해하지 말고 그렇다고 긴장의 끈을 놓쳐서도 안 되겠습니다.

(지금까지의 얘기를 요약하고 이 팀장에게 인사한 뒤 클로징)

〈클로징〉

## 8. 인터넷을 활용한 커뮤니케이션

다윈의 진화론에 버금갈 정도로 인터넷도 급격한 진화(evolution)의 시기를 맞고 있다.

미디어로 인터넷은 △컴퓨터에 기초한 기술 △다양한 미디어의 특징이 혼합된, 활용이 유연한 특징 △상호작용적인 가능성 △사적인 동시에 공적인 기능 △규제수준이 낮음 △상호연결성 △유비쿼터스 △커뮤니케이터로 개인이 활동 가능 등의 특징을 갖고 있다.[90]

90) McQuail's Mass Communication Theory, 5th edition; 양승찬 · 이강형 공역(2011), 『매스커뮤니케이션 이론』, 서울: 나남, p.64.

매일경제신문은 2009년 3월 10일자 보도에서 "인터넷 용도로 한정된 것으로 알려진 IP(인터넷 프로토콜)가 진화를 거치면서 유선전화, TV, 휴대폰 등으로 영역을 확대하고 나섰다"면서 다음과 같이 진화하는 인터넷을 분석했다.

인터넷의 첫 번째 진화는 초고속 인터넷망을 사용하는 인터넷전화(VoIP)다. 먼 거리에 있는 사람과 단순히 음성통화만 주고받던 것이 기존전화였다면 인터넷전화는 화상통화와 인터넷을 이용한 정보검색, 은행서비스 등도 가능하게 만들었다. 통화료도 싸졌다. 인터넷전화는 기존에 구축된 초고속 인터넷망을 이용하기 때문에 새로운 설비 투자 부담이 적다. 같은 회사 가입자끼리 전화할 때는 심지어 무료다. 지방에 있거나 외국에 있는 사람과도 무료통화가 가능하다는 설명이다. 2003년 기업을 대상으로 처음 출시된 인터넷전화는 2007년 6월 개인고객 대상상품이 나오면서 가입자가 급증하고 있다.

인터넷의 두 번째 진화는 인터넷TV(IPTV)다. IPTV는 쉽게 말해서 초고속인터넷을 통해 TV방송을 보는 것을 말한다. 과거 KT의 '메가TV'와 SK브로드밴드의 '브로드&TV(옛 하나 TV)'는 IPTV의 초기 단계다. 이들은 실시간 방송을 하지는 않지만 고객이 원하는 프로그램을 원하는 시간에 볼 수 있도록 VOD(주문자비디오) 방식의 서비스를 했다.

지난해부터 본격 시작된 IPTV는 여기에 KBS, MBC, SBS의 지상파 실시간이 첨가되고 쇼핑, 교육 등 다양한 쌍방향 콘텐츠가 첨가된 것이다. IPTV는 단순한 TV가 아니라 통신과 결합된 TV다. 통신을 이용해서 인터넷 검색, 문자메시지(SMS) 전송도 가능하다. 인터넷전화와 연결해 TV로 전화를 주고받을 수도 있다. 얼굴을 보면서 하는 화상채팅도 선명한 화질로 볼 수 있다. IPTV는 2008년 11월 KT가 실시간 방송을 처음 시작한 데 이어 SK브로드밴드와 LG데이콤이 2009년 초에 수도권을 중심으로 실시간 방송을 시작했다.

인터넷의 세 번째 진화는 휴대폰을 상징하는 모바일이다. 2009년 3월 현재 휴대폰은 3G(세대)까지 진화했다. 이는 휴대폰을 통한 각종 데이터를 빠른 속도로 검색하고 여기에 영상통화까지도 가능하게 해주는 방식이다. 휴대폰이 한 단계 더 진화를 거쳐 4G 방식이 되면 이는 IP기반 서비스가 될 것으로 예상된다. 무선 모바일 인터넷인 와이브로에는 IP주소가 부여돼 있다. 여기에 음성기능이 탑재될 경우 IP를 통해 우리가 휴대폰을 이용하게 된다는 설명이다. 초고속인터넷을 이용해 인터넷을 이용하는 것처럼 와이브로 음성탑재는 무선인터넷망을 이용해 전화를 이용한다고 보면 된다. 유선과 무선의 차이가 있을 뿐 IP망을 이용한 전화라는 의미에서는 동일하다.

와이브로에 음성통화가 가능하게 될 경우 가장 기대되는 것은 통신 요금 인하다. 와이브로는 무선인터넷 기반이기 때문에 현재의 이동전화보다 저렴한 요금으로 음성통화를 제공할 수 있다.

인터넷의 진화는 MPS(Multi Play Service)로 이어지고 있다. 하나의 IP로 다양한 결합상품이 판매되는 것이다. 초고속인터넷에 인터넷전화와 IPTV를 묶은 TPS(Triple Play Service) 상품은 이미 보편화되고 있는 단계다. 여기에 휴대폰이 IP로 묶이면 하나의 IP에 4개의 상품이 엮이는 QPS(Quadruple Play Service)로 발전할 전망이다. IP를 응용한 다양한 단말기 플랫폼이 개발되면 QPS를 넘어선 MPS 시대도 머지많아 도래할 전망이다.[91]

## 1) 농업인 홈페이지와 농산물 전자상거래

김양식 한국농업대학장은 2009년 3월에 열린 제4회 사이버농업인 전진대회에서 '한국농업의 사이버농업인 역할'이란 주제발표를 했다. 다음은 이 내용을 정리한 것이다.

농산물 시장이 변화를 거듭하고 있다. 먼저 농산물 유통경로가 대형화와 현대화 등으로 변화하고 있다. 이에 따라 기존 도매시장이나 재래시장이 위축되고 TV, 홈쇼핑, 인터넷, 전화 등 온라인 시장이 확대되고 있다.

소비자 기호도 변화하고 있다. 친환경, 기능성농산물, 포장, 디자인 차별화가 진행되고 있다. 시장도 글로벌화되고 있다. WTO, FTA, DDA 등으로 농산물 글로벌경쟁이 가속화되고 있다.

이 같은 트렌드에 맞춰 전자상거래로 농산물 판로를 개척하는 사이버농업인이 증가하고 있다. 국내 사이버쇼핑몰 총 거래액은 지속적으

---

91) 매일경제신문, 2009년 3월 10일자.

로 확대돼 2001년 3조 3,000억 원이었으나 2004년에는 7조 8,000억 원, 2006년에는 13조 5,000억 원, 2007년에는 15조 8,000억 원으로 늘었다. 이 가운데 농산물 관련 거래액은 2001년 2조 원, 2004년 6조 9,000억 원, 2006년 9조 8,000억 원, 2007년 11조 8,000억 원으로 늘었다.

이는 농업인의 인터넷 홈페이지 개설 증가와도 관련이 깊다. 1999년부터 2007년까지 전국의 농업인 홈페이지 개설은 9,242개소다. 이들이 인터넷 홈페이지 유형은 전자상거래가 70%로 가장 많고, 홍보용이 30%를 차지한다.

[ 표8-3 농업인 홈페이지 개발 현황 ]

| 연도 | 1999 | 2000 | 2001 | 2002 | 2003 | 2004 | 2005 | 2006 | 2007 |
|------|------|------|------|------|------|------|------|------|------|
| 개수 | 229 | 1,251 | 1,809 | 2,002 | 1,171 | 1,350 | 1,300 | 50 | 80 |

출처 : 농촌진흥청

이에 따라 롱테일(Long Tail) 경제학이 맞아떨어졌다. 디지털시대의 무한한 선택은 틈새상품이 중요해지는 새로운 경제 패러다임의 변화를 가져다주고 있기 때문이다. 즉 꼬리가 길어지면 각각의 매출액은 적지만 그 매출액의 합은 히트상품과 맞먹거나 오히려 늘어날 수 있기 때문이다. 인터넷의 등장으로 소수의 히트상품이 매출액의 80%를 만들어 낸다는 80대20의 법칙은 더 이상 설명할 수 없는 새로운 세상이 창조된 것이다.

농산물 전자상거래는 다양한 혜택을 주고 있다. 직거래를 통한 유통

비용 감소, 다양한 판매망 확보, 개별 브랜드 이미지 구축 용이, 다양한 홍보전략 구사, 신뢰성을 통한 안정된 판매, 고객 분석 및 관리 용이 등이 그것이다.

하지만 농산물 전자상거래는 밝은 면만 있는 것이 아니다. 컴퓨터교육 등을 통해 전문지식을 습득해야 하고, 고객불만 처리 스트레스, 지속적인 상품정보 업그레이드, 초기 구축 및 광고비용 부담, 상품의 안전성 확보를 위한 노력, 지속적인 시스템 강화 등의 과제를 준다.

이런 장단점 속에서 농산물 전자상거래는 우리에게 많은 파급효과를 주고 있다. 개방화에 대응한 국내 농산물의 경쟁력을 높이고, 정보화 마인드를 조성함으로써 정보격차를 해소하는 동시에 홈페이지를 통해 생산과정을 공개해 소비자 신뢰를 높이고, 안전한 농산물을 공급해 소비자를 만족시키는 등의 효과를 내고 있다. 실제 원평허브농원(www.herbsfarm.com)은 전자상거래 도입 전인 1999년의 매출액이 1억 2,000만 원이었으나 도입 후인 2007년은 7억 1,000만 원으로, 이 기간 매출액이 5.9배나 급성장했다. 이는 철저한 고객관리와 상품의 다양화, 개척정신 등으로 회원을 8,000명이나 확보했기 때문에 가능했다. 또 에덴양봉원(www.honeyfarm.net)도 전자상거래 도입 전인 1999년의 매출액은 5,000만 원이었으나 도입 후인 2007년의 매출액은 2억 1,000만 원으로, 이 기간 4.2배나 성장했다. 이는 고객신뢰 확보, 다양한 홍보 등을 통해 회원을 4,000명 확보했기 때문이다.

해발 700m 오지에서 천마 생산량의 95%를 전자상거래로 판매하고 있는 삼도봉천마농장(www.chonma.net)도 전자상거래 도입 전인 2000년의 매출액은 2,000만 원이었으나 도입 후인 2007년의 매출액은 3억 1,000만 원으로 이 기간 무려 15.5배나 급성장했다. 이는 신상품 개발과 끊임없는 능력 개발 등의 효과다. 참샘골 호박농원(www.camsemgol.com)도 전자상거래 도입 전인 2000년은 매출액이 2,500만 원이었으나 도입 후인 2007년은 3억 6,000만 원으로, 이 기간 무려 14.4배나 급성장했다. 참샘골 호박농원은 호박가공품 개발, 브랜드 개발, 적극적인 홍보 등으로 회원을 2,500명 확보했다.

전자상거래로 농산물을 판매하는 사이버농업인의 역할은 왜 중요한가. 우선 정보기술을 농업경영에 접목시켜 농산물의 부가가치를 창출하고 농업의 새로운 가치창조를 지향하기 때문이다. 또 지역특산물 판매 및 홍보 등 전자상거래 활성화로 농업 경쟁력을 높이고, 농산물 전자상거래를 통한 신선농산물 공급 및 유통비용의 농가소득화로 직거래 활성화를 추진하기 때문이다.

하지만 이 같은 농산물 전자상거래가 성공하려면 다음과 같은 조건을 갖춰야 한다는 것이 전문가들의 충고다. 우선 상품을 혁신하는 것이 중요하다. 신품종으로 소비자의 기호를 충족하고 '10년 식초', '모양버섯,' '5색 떡국' 등의 경우처럼 상품을 차별화하고, 친환경을 통해 소비자의 건강 욕구를 충족한다.

프로세스 혁신도 빼놓을 수 없다. 철저한 고객관리를 위해 배송, 환불, 교환, 반품을 100% 실시하고, 온라인과 오프라인의 적정한 연계를 통한 마니아층(충성고객)을 확보하고 농장체험 프로그램을 확대하는 것이 필요하다.

사람도 혁신해야 한다. 프로의식을 갖고 열정과 창조적인 아이디어로 승부한다.

이 같은 사이버농업인이 안고 있는 당면과제는 무엇일까. 우선 사이버농업인의 홈페이지 운영 미숙을 들 수 있다. 새로운 콘텐츠를 발굴해 홈페이지에 반영하는 기술이 부족하고, 배송체계 및 피해보상 등 체계적인 시스템도 취약한 경우가 상당수에 이른다. 사이버농업인의 홈페이지 홍보 부족과 일 년 내내 판매 가능한 고부가가치 상품개발도 과제다. 계절상품으로 물량이 없으면 고객이탈 현상이 발생하기 때문에 다른 농가와 연계가 중요하다.

소비자 신뢰 확보가 무엇보다 중요하다. 농산물 전자상거래는 소비자와 농가가 직접 상대하므로 신뢰 확보까지는 상당한 시간이 소요되고 노력이 필요하다.[92]

원평허브농원 이종노 대표는 농산물 전자상거래 성공 조건으로 고품질 · 브랜드화 · 프로의식, 웰빙시대에 걸맞은 도시민 욕구 충족, 신속하고 편안하고 철저한 운영 및 관리, 원활한 배송시스템, 환불 · 교환 · 반품 100% 실시, 제품 발송 시 기타 자료 첨부, On line-Off line의 적정한 연계성 확보, 농원체험 프로그램 참여 기회 확보 등을 제시했다.

---

92) 〈한국농업의 사이버농업인 역할〉. 제4회 사이버농업인 전진대회, 김양식, 2009년 3월.

이처럼 정보통신(IT) 기술을 농업에 접목해 농업경영 혁신으로 '돈 버는 농업'을 달성하기 위해 농가들 사이에 사이버농업이 확산되고 있다. 한국사이버농업인연합회(회장 장병수)는 농촌진흥청과 공동으로 2009년 3월 12~13일까지 충북 단양군 대명리조트에서 '제4회 사이버 농업인 전진대회'를 개최하고, 2009년을 사이버농업의 정착의 해로 선포했다. 장병수 회장은 "사이버농업의 성공적인 정착은 교육과 인력육성에 달려 있다"면서 "E-비지니스 교육사업 확대와 체계적인 인력육성 정책이 마련될 수 있도록 다 함께 노력하자"고 강조했다.

이 대회에서 민 차관은 '위기를 넘어 창조경영 확립'이란 특강을 통해 돈 버는 농업의 실천을 강조했다. 또 김민제 충북 영동군 여포농장(www.yeopo.co.kr) 대표와 강창국 경남 창원시 다감농원(idangam.co.kr) 대표가 농업인 사례 발표를 통해 성공신화 창조의 모델을 제시해 관심을 모았다. 이와 함께 한국사이버농업인연합회는 한국농업대학과 가치창조농업 1촌 결연을 하고, 사이버농업 활성화와 농업인력 육성에 상호협력하기로 했다. 한국사이버농업인연합회는 홈페이지 운영 농가들이 중심이 된 한국농업인사이버동호회를 모태로 2002년 출범, 현재 회원 3,000여 명을 보유한 단체로 성장했다.

## 2) Web 2.0을 활용한 커뮤니케이션

"평범한 대중이 인터넷을 통해 기업의 운명도, 개인의 운명도 드라마처럼 바꾸는 시대에 살고 있다. 파괴력의 속도와 크기가 전혀 다른 새로운 인터넷, Web 2.0시대가 지금 우리 곁에 와 있다."

이는 2008년 7월 한국농촌경제연구원 부설 농촌정보문화센터 개소 3주년 기념으로 열린 '농식품 온라인 홍보마케팅'에서 나온 말이다. 이날 세미나에서 성공한 닷컴기업들에서 발견되는 공통 요소들을 포함하는 것이 Web 2.0이고, 살아남은 닷컴기업들에서는 7가지 원칙이 발견된다는 점을 설명했다.

첫째, 웹은 플랫폼이다. 이는 분산 환경인 웹 자체를 플랫폼으로 잘 활용하는 것이 오늘날 살아남은 닷컴기업들의 공통적인 특징이다. 구글(www.google.com)이나 아마존(www.amazon.com) 같은 기업은 패키지 소프트웨어를 개발하고 판매하는 예전의 방식을 버리고, 웹을 플랫폼으로 활용해 서비스로서 소프트웨어를 제공하는 새로운 방식을 채택했다.

둘째, 집단지성을 활용한다. 이는 사용자들이 개별적으로 가지고 있는 사진, 지식 등의 콘텐츠를 제공할 수 있도록 유도하고, 이들을 지속적으로 수집해 거대한 데이터베이스를 형성한다는 것이다. 사용자들은 자신들의 참여를 통해 데이터베이스가 형성되어 가는 과정을 직접 확인할 수 있기 때문에 충성도가 높아지게 되고, 사용자들이 콘텐츠 제공자이자 활용자가 되기 때문에 집단 커뮤니티의 결속력도 강화된다.

셋째, 데이터의 차별화가 열쇠다. 이는 특정 비즈니스 영역에서 주도권을 확보하고 지속시키는 것은 그 기업에 현재 데이터를 가지고 있으며, 그것을 어떻게 관리해 나갈 것이냐에 따라 결정된다는 것이다. 앞으로 'Intel Inside'의 마크가 주었던 효과처럼 어떤 데이터에 기반을 둔 서비스냐에 따라 고객 선택에 차별성을 주게 될 것이란 전망이다.

넷째, 소프트웨어 배포 주기란 없다. 인터넷시대 소프트웨어의 중요한 특징 가운데 하나는 소프트웨어가 물건이 아닌 서비스로 제공된다는 점이며, 이것은 기업 비즈니스모델에 근본적인 변화를 초래한다는 점이다. 예를 들어 구글의 검색 서비스가 고정된 정보를 전달하는 것이 아니라 지속적으로 자신의 데이터베이스를 갱신하기 때문에 어제 검색 시에는 찾지 못했던 사이트가 오늘 검색 시에는 찾아지는 것처럼 서비스로서의 소프트웨어는 일일 단위로 유지·보수되고 업데이트된다는 것이다.

다섯째, 가볍고 단순하게 프로그래밍한다. Web 2.0의 또 하나의 특징은 안정성이나 견고함보다는 가벼운 방식을 지향한다는 점이다. 궁극적으로 경량의 사용자 인터페이스, 경량의 개발 모델, 경량의 비즈니스모델을 채택한다는 것이다.

여섯째, 웹은 단일 디바이스(PC)를 넘어선 소프트웨어다. 애플리케이션을 설계할 때 처음부터 휴대단말기, PC, 인터넷 서버 등 다양한 디바이스를 포괄하는 시각을 가지고 설계하는 것이 필요하다.

일곱째, 사용자들에게 풍부한 사용자 경험을 제공한다. Web 2.0에서는 웹을 단순한 콘텐츠나 정보 제공의 역할로 국한하지 않고 다양한 애플리케이션 혹은 서비스가 다양한 디바이스를 통해서 전달되는 풍부한 사용자 경험의 장터로 활용된다.

이날 농식품 온라인 홍보마케팅 세미나에서는 Web 2.0이 마케팅 커뮤니케이션에 미치는 영향도 설명됐다. Web 1.0시대에는 일방적 노출광고(One-way Advertising)가 주류였지만, Web 2.0시대에는 쌍방향 커뮤니케이션(Interactive Communication)으로 바뀔 것이란 것이다.

다시 말해 과거의 소비자행동론의 기본은 'AIDMA'였지만, Web 2.0시대에는 'AISAS'로 바뀔 것이라는 것이다. 여기서 AIDMA는 소비자 행동프로세스가 Attention(주의)→Interest(관심)→Desire(욕구)→Memory(기억)→Action(행동)의 단계를 말하고, AISAS는 Attention(주의)→Interest(관심)→Search(탐색)→Action(행동)→Share(공유)의 단계를 의미한다. 소비자는 다양한 경로를 통해 제품정보를 적극적으로 탐색(Search)하고 직접 지식과 정보를 창출하고 적극적으로 공유(Share)한다는 것이다.[93]


## 9. 영상을 통한 커뮤니케이션

농업인을 위한 방송아카데미가 있다. 한국농림수산정보센터가 2007년부터 진행하고 있는 방송아카데미는 농업인의 정보화능력 배양을 위

---

93) 〈농식품 온라인 홍보마케팅〉, 농촌정보문화센터, 2008년 7월.

한 동영상 제작교육으로, 동영상 제작에 관한 기초교육에서부터 촬영·편집·파일변환에 이르는 활용까지 교육을 제공한다. 이 방송아카데미는 기존 입문과정 수료생을 대상으로 한 심화과정으로 개인별 편집영상과 농가 홍보영상을 제작하는 등 농업인이 실제로 적용할 수 있는 커리큘럼으로 진행된다.

방송아카데미 3기 임경억 씨(충남 천안)는 "농사꾼이 농사만 지으면 된다고 생각했는데, 요즘은 농업도 PR시대잖아요. 우리가 생산한 농산물을 가지고만 있다고 남들이 알아주지는 않아요. 그렇다고 돈 들여서 홍보를 하기에도 농가가 부담해야 할 몫이 너무 큰 건 사실이죠. 그러다가 방송아카데미에 참여하게 되었는데 제가 가꾼 농산물을 화면에 담아 사람들에게 알리고, 같은 품목을 하는 사람들과도 교류하고…영상이라는 게 활용할 수 있는 범위가 정말 무한대더라고요. 이제 지역모임이나 포도세미나에 참석할 때도 카메라는 필수품이죠"라고 말했다.

임씨는 이번 방송아카데미교육에서 본인의 농가홍보를 위한 영상을 만들어 홍보도 하고, 홈페이지 방문객에게도 소개했다. 이렇게 생산자가 직접 제공하는 영상을 통해 소비자는 농산물 재배에서부터 수확까지 모든 과정을 확인할 수 있어 안전한 우리 농산물을 믿고 구입할 수 있다. 또한 농업인은 농촌 환경이나 농산물 재배현장을 보여 줌으로써 소비자와 거리를 좁히고 친밀감을 형성하는 등 지속적인 유통판로 확보

---

94) 한국농림수산정보센터, 보도자료.

및 농가소득 창출에도 기여할 것으로 보인다. 한국농림수산정보센터는 농업인도 동영상 등 미디어를 이용하여 농가 및 농산물 홍보에 적극 활용할 수 있도록 앞으로도 아카데미를 지속적으로 운영할 계획이다.[94]

## 10. 선거보도 커뮤니케이션

농촌에서도 선거가 주기적으로 실시된다. 대통령과 국회의원 선거뿐만 아니라 시장·군수, 광역 및 기초의원, 농축협조합장 선거 등이 있다. 따라서 각종 선거에서 농업·농촌과 관련된 이슈들이 공약으로 채택될 수 있도록 커뮤니케이션할 필요가 있다.

이를 위해서는 선거보도가 무엇인지를 알아볼 필요가 있다. 현대사회의 선거에 있어 유권자는 후보자를 직접 만나기보다는 언론을 통해 접하게 되는 경우가 많기 때문이다.

### 1) 선거보도의 특성과 요소

선거보도는 유권자에게 직접적이면서 빠른 시간 내에 판단을 내려 행동을 결정하게 한다는 점에서 보도의 유용성과 효율성이 높다. 또 유권자가 내린 판단의 결과가 유권자 개인은 물론 전체 사회에 미치는 영향이 크다는 점에서 다른 보도보다 중요성이 더하다.

패터슨(Patterson, 1993)도 선거보도를 전략보도와 정책보도로 나누고 정책보도를 할 것을 주문했다. 이런 선거보도의 특성을 고려해 카펠라와 제이미슨(Cappella & Jamieson, 1997)은 전략뉴스 프레임과 이슈뉴스 프레임으로 선거보도 프레임을 분류했다. 전략뉴스 프레임은 후보자의 전략, 캠페인의 승패, 정치인의 이기적 동기를 부각시키는 보도를 말한다. 반면 이슈뉴스 프레임은 캠페인의 정책, 이슈, 문제 해결 방안에 초점을 두는 뉴스보도를 말한다. 전략뉴스 프레임은 이슈뉴스 프레임보다 공격, 비난, 전투 등과 관련된 단어를 많이 사용하고 사건 중심, 인물 중심의 이야기 특성을 나타낸다. 또한 후보자의 여론조사에서 위치가 게임 스코어나 경마에서의 선두 다툼으로 표현되는 등 전쟁과 게임의 은유가 많이 사용되는 것으로 나타났다(Rhee, 1997).

선거보도의 요소를 크게 네 가지로 분류해 볼 수 있다. 첫째, 후보나 정당의 미래정책공약이 무엇인가, 둘째, 후보나 정당의 과거 공약이행 실적이 어떠한가, 셋째, 후보나 정당의 자질이나 정책수행이 어떠한가, 넷째, 선거운동 전략과 방식은 어떠한가 등이다. [95]

## 2) 선거보도의 원칙과 방법

선거보도에는 몇 가지 원칙이 있다. 첫째, 현재 일어나고 있는 일 자

---

95) 성균관대학교 언론정보연구소(1996), 『한국언론의 선거보도 발전방안 연구: 96년 총선에 대한 언론보도 분석을 중심으로』, p.331.

체를 알려주기 위해 사실을 보도하되 확실한 근거를 가지고 기자 자신의 개인적 의견이 섞이지 않도록 한다. 둘째, 현재 발생한 사건 중에서 필요한 것을 골라 이들을 서로 연결하고 유권자가 그 의미를 알 수 있게 해석해 줄 필요가 있다. 셋째, 쟁점을 부각시키는 보도가 필요하다. 사실에 대한 해석을 바탕으로 그 사실이나 사건의 특징 그리고 쟁점을 끄집어내 상황을 규정하고 해결책을 모색하는 작업이 필요하다.[96]

한국언론학회는 2002년 7월 〈선거보도 가이드라인 제정을 위하여〉라는 보고서를 통해 바람직한 선거보도 방식을 다음과 같이 제시했다. 이에 따르면 바람직한 선거보도방식은 ①유권자가 필요한 이슈와 정책을 분석·해설하는 보도 ②후보 간 공약·정책을 비교 분석하는 보도 ③후보의 공식적인 발언, 공약, 정책 등에 대한 사실검증 ④언론의 선거보도 자체를 점검하는 보도 ⑤인신공격과 추문 들추기와 같은 부정적 캠페인을 비판하는 보도 ⑥선거의 의미와 참여의 의의 등을 강조하는 보도 등이다.[97]

선거보도에서는 여론조사가 활용된다. 이 여론조사는 다른 사람들이 어떻게 생각하는지를 알아볼 수 있기 때문에 독자에게 인기가 많은 데다 안심하고 기사에 활용할 수 있는 확실한 통계나 수치를 얻을 수 있기 때문에 저널리스트들도 선호한다. 이러한 여론조사에는 후보자별

96) 성균관대학교 언론정보연구소(1996), 『한국언론의 선거보도 발전방안 연구: 96년 총선에 대한 언론보도 분석을 중심으로』, p.332.
97) 한국언론재단(2007), 『미디어 선거와 그 한계: 17대 대선 보도 분석』, p.20~21.

지지도 조사뿐만 아니라 특정 정책 이슈 여론조사도 활용된다.


### 3) 선거보도 전략

선거보도에서 효과적으로 기사를 전달하는 보도 전략도 제시됐다. 한국언론재단(2001)의 〈선거보도핸드북〉에 따르면, 언론사의 선거보도 전략은 ①국민의 위치에서 바라본다 ②국민에게 역할을 부여한다 ③국민과 입후보자를 연결시킨다 ④국민의 개별적 체험담을 활용한다 ⑤다른 사람을 대표하는 국민을 가려낸다 ⑥국민 스스로 입을 열게 한다 ⑦국민이 알아야 할 내용을 전한다 ⑧장문의 기사와 요약기를 함께 다룬다 등이다.

또 기자가 후보자에게 물어야 할 질문을 다음과 같이 정리했다.


우선 인물평과 관련해서는

① 무엇이 당신을 여기까지 오게 만들었는가? 그 힘은 무엇이고, 동기는 무엇인가?

② 당신의 핵심적 가치관은 무엇인가? 공약은 무엇이고, 신념은 무엇인가?

③ 무슨 경험이 지금의 당신을 만들었는가?

④ 당신 인생에서 가장 중요한 인물은 누구인가? 그 사람으로부터 무엇을 배웠는가?

⑤ 공적 생활에서 누구와 관계가 있는가?

⑥ 리더십을 생각하면, 무슨 단어나 이미지가 당신에게 떠오르나?

⑦ 정치적으로 당신은 어떤 사람처럼 되고 싶다고 생각하는가?

⑧ ○○○ 씨(정치적으로 유명한 인물)에 대해서는 어떻게 생각하는가?

⑨ 당신은 어떤 책을 읽는가? 당신이 좋아하는 책은? 가장 최근에 읽은 책은?

⑩ 어떤 사상가가 당신에게 중요한가?

⑪ 당신에게 가장 강력하게 와 닿은 사상은 무엇인가?

⑫ 당신이 한 일 가운데 가장 자랑스럽게 생각하는 것은 무엇인가?

⑬ 지금까지 당신이 내린 결정 가운데 가장 중요한 것은 무엇인가? 결과는 어떠했는가?

⑭ 대중이 강력하게 반대했음에도 불구하고, 당신의 양심에 따라 표를 던진 때가 언제 있었는지를 말해 보라.

⑮ 당신 자신의 판단보다도 대중의 의사에 따라 투표를 한 적이 언제인지 말해 보라.

⑯ 당신 선거구의 이해관계가 시·군·도, 국가의 이해관계와 다를 경우 어떤 결정을 내릴 것인가?

⑰ 만약 당신이 과거로 돌아가 공직생활에서 행했던 투표나 결정을 단 한 번 번복할 수 있다면 어떤 것을 번복하겠는가? 그 이유는?

⑱ 정치 이외의 다른 분야에서 당신의 생활에 관해 이야기해 달라.

⑲ 당신의 종교적 신념은 무엇인가?

⑳ 당신이 가족의 가치, 도덕적 가치를 이야기할 때 그것의 의미는 무엇인가?

㉑ 만약에 당선되면, 당신은 어떻게 정치(정무)를 할 것인가? 당신의 정치 스타일에 관해 이야기해 달라.

㉒ 공공정책에 있어 사람들에게 발언권을 주기 위해 당신은 무엇을 했는가?

등이다.[98]

〈표8-4〉는 국민 중심의 취재보도 방식을 택한 언론사에서 비중이 커지는 기사와 비중이 줄어드는 기사를 예시한 것이다.

[ 표8-4 선거보도의 주요 요소 ]

| 비중이 줄어드는 요소 | 비중이 커지는 요소 |
|---|---|
| 후보자들이 제시하는 의제 | 국민이 제시하는 의제 |
| 후보자 경쟁상황에 대한 여론조사 | 이슈에 대한 여론조사 |
| 선거운동 전략 | 후보자의 제안 또는 해결방안 |
| 이벤트 중심 보도 | 이슈를 비교하는 이슈 중심 보도 |
| 에피소드를 다루는 보도 | 여러 핵심 요인에 대한 반복적 보도 |
| 개별적인 이슈 | 상호 연관된 이슈 |
| 언론담당자 | 사실 점검팀 |
| 후보자의 인기 | 후보자의 적격성 |
| 후보자의 개인적 행태 | 당면 이슈와 연관된 후보자의 행태 |

출처: 한국언론재단(2001), 〈선거보도핸드북〉, p.9.

───────────────
98) 한국언론재단(2001), 선거보도핸드북. p.95~96.

선거 TV토론이 유권자의 선택에 직간접적으로 영향을 준다. 송지헌 (2002)은 선거 TV토론의 유형에 따른 장단점을 〈표8-5〉처럼 분석했다.

[ 표8-5 선거 TV토론의 유형에 따른 장단점 ]

| 유형 | 장점 | 단점 |
|------|------|------|
| 세미나방식 | · 이슈 차별성 부각<br>· 깊이 있는 정보제공 가능<br>· 정책의 우열, 실현성 검토 기회 | · 논제에 따라 효율성이 떨어짐<br>· 직접 공방이 없어 역동성이 떨어짐<br>· 유권자에게 일정수준의 지식이 요구됨 |
| 연설토론식 | · 후보자 간 차별성 부각<br>· 충분한 내용 전달 기회 제공<br>· 시간배분의 공정성 확보 | · 참가자 수가 많을 때 운영이 어려움<br>· 정견발표장이 될 가능성<br>· 훌륭한 연설가가 유리함 |
| 공동기자회견식 | · 다양한 주제에 관한 입장파악 가능<br>· 후보자의 순발력, 인간성 파악 가능<br>· 다양한 패널 참여 가능 | · 깊이 있는 정보 · 지식 얻기가 어려움<br>· 단답형으로 그칠 경우, 역동성이 떨어짐<br>· 시민 패널이 제외될 경우 국민적 관심사가 소외됨 |
| 직접토론식 | · 후보의 지적능력 파악 유리<br>· 밀도 있는 토론 가능<br>· 상호 질문과 반박으로 역동성 | · 상호비방으로 흐를 수 있음<br>· 논제가 후보자 중심으로 흐를 수 있음<br>· 시민참여 기회가 없음 |
| 시민포럼식 | · 유권자가 궁금한 정보획득 용이<br>· 참여형 민주주의 착근에 기여<br>· 흥미로운 진행 | · 집중적이고 깊이 있는 토론이 될 수 없음<br>· 발언기회 공정성이 훼손될 수 있음<br>· 논제 설정이 어려움 |

출처: 송지헌(2002), 『대통령 선거 TV토론에 관한 유권자 의식연구』, 연세대 언론정보대학원 석사학위논문, p.21.


## 4) 선거보도 심의

선거보도와 관련해 선거방송심의위원회 등도 운영된다. 제17대 대통령 선거방송심의위원회에서 제재한 건수는 모두 32건으로 매체별로는 지상파방송 부문이 22건, 종합유선방송 부문이 10건이다. 지상파방송

부문 중에는 텔레비전이 14건, 라디오가 8건이었다.

제재 종류별로는 경고가 2건, 주의가 14건, 권고가 16건이었다. 제재 현황을 사유별로 살펴보면, '여론조사보도 관련 규정 미준수'가 17건으로 가장 많고, '공정성 위반'(8건)이 그 뒤를 이었으며, '객관성 위반'(2건), '형평성 위반'(2건), '후보자 출연 방송제한 위반'(2건) 등이었다.

여론조사보도 관련 규정 미준수 가운데는 오차한계 등을 알리지 않은 경우가 16건으로 가장 많았고, 공정성과 정확성에 의심이 가는 여론조사 결과 공표가 1건이었다. 공정성 위반 가운데는 특정 후보자나 정당에 유불리한 방송순서 배열과 내용 구성이 7건이었고, 선거에 관해 불공정한 방송이 1건이었다.[99]

또 언론중재위원회 선거기사심의위원회가 제5회 지방선거 관련 기사 내용을 면밀히 분석해 결정을 내린 결과, 공직선거법과 선거기사심의 기준을 위반해 제재를 받은 건수는 160건이었다. 이 가운데 경고가 91건(56.9%)로 가장 많았고, 주의 45건(28.1%), 권고 16건(10%), 경고문 게재결정 8건(5%) 등이었다. 위반유형을 보면 공정성과 형평성 위반이 100건(62.5%)으로 가장 많았고, 외고기고 32건(20%), 여론조사 보도요건 미비 24건(15%) 등이었다.[100]

99) 방송통신심의위원회(2008), 『2007 제17대 대통령 선거방송 및 2008 제18대 국회의원 선거방송심의백서』, p.11~15.
100) 언론중재위원회 선거기사심의위원회(2010), 『제5회 전국동시지방선거 선거기사심의백서』, p.17~19.

## 5) 바람직한 선거 여론조사 보도

언론의 여론조사 보도는 과학적인 리서치 기법과 저널리즘적 뉴스가치 판단이 절묘한 조화를 이룬 기사 구성물이다. 선거기간 중 여론의 방향은 유권자인 뉴스미디어 수용자가 가장 관심을 기울이는 이슈다. 더구나 선거기간 중 실시된 여론조사와 관련된 보도는 뉴스미디어가 가장 선호하는 뉴스 아이템이 될 수밖에 없다. 특히 저널리스트가 통계치를 활용해 생산한 뉴스는 수용자에 의해 이용됨으로써 이에 관한 사회적 논의가 이뤄지고 직간접적 영향력을 발휘하게 되는 것이다.[101]

따라서 보다 바람직하게 선거 여론조사 보도가 이뤄지려면 다음 네 가지 전제조건이 충족돼야 한다. 첫째, 신속하고 시의성 있는 조사가 이뤄져야 한다. 둘째, 여론조사 결과를 정확하게 도출해야 한다. 셋째, 신뢰할 만한 자료공개가 뒷받침돼야 한다. 넷째, 결과를 심층적으로 해석해야 한다.[102]

한국언론학회도 2002년 선거보도 가이드라인에서 여론조사 보도와 관련해 조사 관련 사항으로는 ①체계적인 조사기획 ②대표성을 담보하는 조사 ③설문의 타당성 등을 언급하고 있다. 또 분석결과 보도 시 유의사항으로는 ①조사 관련 정보제공 ②표본오차의 이해 ③제목 적합성

---

101) 한국언론재단(2007), 『미디어 선거와 그 한계: 17대 대선 보도 분석』, p.213~215.
102) 윤호진(2002), 『텔레비전 선거 여론조사 보도: 쟁점과 대안』, 한국방송진흥원, p.68.

④해석 적합성 ⑤타 언론사가 조사기관에 의뢰한 여론조사 결과보도 등을 제시했다.[103]


## 11. 마음이 통하는 스피치 커뮤니케이션


### 1) 스피치 준비와 구성법

사람들은 살아가면서 불가피하게 여러 사람 앞에 나서서 말을 해야 할 때가 많다. 물론 말을 잘한다고 해서 모든 것이 순조롭게 풀리지만은 않는다. 그러나 훌륭한 말솜씨 덕분에 성공한 사례도 있다. 미국 링컨 대통령의 게티즈버그 연설은 그 좋은 사례이다. 이처럼 스피치는 자신의 생각을 효과적으로 전달해 주는 매개 역할을 한다.

오덕화 · 전성군(2009)은 스피치 준비로 몸과 마음가짐, 말의 내용을 강조한다. 즉, 안정감 있는 기본자세를 갖춘다면 스피치가 절반은 성공한 것이고 자신이 하고자 하는 말의 주제와 화젯거리를 정리하는 것이 필요하다는 것이다.

오덕화 · 전성군(2009)은 효과적인 스피치 구성법으로 서론 · 본론 · 결론의 3단계법과 기 · 승 · 전 · 결의 4단계법, 자유로운 발상과 생각

103) 한국언론재단(2007), 『미디어 선거와 그 한계: 17대 대선 보도 분석』, p.230~232.

을 통해서 자신의 생각을 효과적으로 끄집어내는 기법인 브레인스토밍 기법 등이 있다면서 상대방과 마주하며 주고받은 대화에서는 역지사지(易地思之)의 격언을 되새기고, 다수 청중을 대상으로 한 설명에서는 '눈높이 설명'을 하면 성공한다고 설명한다.

또 오덕화·전성군(2009)은 대중 스피치 키포인트(Key-point)를 △쉽고 편안하게 말하라 △가면을 벗어라 △선명하고 간결하게 하라 △온몸으로 말하라 △기술보다 내용이 중요하다 △풍성한 소재로 무장하라 △긴장을 늦추지 말라 △청중과 함께 호흡하라 △대중공포증에서 벗어나라 △선택한 주제에 자신감을 가지라 등으로 정리했다.[104]

## 2) 도대체 말하고 싶은 게 뭐야

강미은(2005)은 강금실 전 법무부 장관의 커뮤니케이션 스타일 특징을 △솔직담백하게 △있는 그대로 봐 달라는 자신감을 드러낸다 △인기를 노리지 않아서 더 인기 있다 △솔직한 자기표현 △솔직하되 주책의 선을 넘지 않는 파격의 미학으로 분석했다.

또 노회찬 전 의원의 커뮤니케이션 스타일을 △눈높이 화법 △어려운 이야기를 쉽게 한다 △청중에 대한 서비스 정신 △노회찬 어록의 힘 △촌철살인 논법 △정곡을 찌르는 절묘한 비유 △흡인력의 문제로

---

104) 오덕화·전성군(2009), 『농협임직원을 위한 3분 스피치 100선』, 농민신문사, p.4~26.

'나'보다 '듣는 사람' 등으로 분석했다.

레이건 전 대통령을 위대한 의사소통인(Great Communicator)으로 명명하고, 특징을 △감동적인 연설 △훌륭한 전략과 각본이 기본 △정보의 흐름 컨트롤 △메시지를 일관성 있게 여러 번 반복 △비주얼의 힘 △설득은 '말'과 '이미지'의 게임 등으로 요약했다.

김제동이 뜨는 이유를 △웃기면서 감동을 준다 △마음을 파고드는 커뮤니케이션 △김제동 어록 △신문에 밑줄 쫙 쳐 가며 메모하기 △좋은 말과 메시지를 찾는 노력 △텍스트와 컨텍스트의 조화 등으로 분석했다.

강미은(2005)은 공감적 경청의 힘은 대인관계에서는 듣는 사람 중심, 연설은 청중 중심, 마케팅은 소비자 중심에서 나온다면서 상대방의 입장에서 상황을 보는 것이 소통의 기본이라고 밝힌다.[105)]

다시 말해 청중 입장에서 자신감 있게 커뮤니케이션하는 것이 중요하다.


## 3) 진짜로 말하고 싶은 것을 제대로 말하기

강미은(2005)은 연설에서는 △절대 원고를 읽지 말 것 △기본 뼈대가 되는 메모만 △핵심 키워드 필요 △수사(Rhetoric)의 중요성 △핵심은 간결하게 압축 △리더의 능력은 설득력 △듣는 사람의 마음을 움

---

105) 강미은(2005), 마음이 통하는 커뮤니케이션, 한국편집기자협회 주최 제7회 전국 일간신문·통신 편집
부장 세미나.

334

직이는 것 등이 중요하다고 밝힌다.

그렇다면 무엇을 어떻게 말해야 할까?

강미은(2005)은 첫째, '내가 하고 싶은 말'보다 '청중 중심'으로, 둘째, '화자'가 아닌 '청자' 중심으로, 셋째, 설득력 있는 말은 늘 듣는 사람 중심이다. 넷째, 어려운 이야기를 쉽게 전달하려는 노력, 다섯째, 나 자신에 대해서 알자가 중요하다고 밝힌다. 또 메시지의 힘은 △핵심 메시지 △청중의 주목을 끄는 시작 부분 △끝은 '마지막 방점'으로 정리 △숫자를 말할 때는 '해석'을 붙이면 강해진다는 것이다.

전달 방식의 힘은 △겸손하게, 그러나 열정적으로 말한다 △청중 적대시나 무시는 금기 △자기 자랑 금지 △청중을 지루하게 만들지 않는다 △힘없는 언어(Powerless language) 피하기 △신뢰감 등에서 나온다는 것이다.

따라서 핵심을 말하려면 △두괄식으로 핵심부터 짚는다 △주장부터 하고 설명한다 △'몸통'부터 말하고 '깃털'은 추가로 덧붙인다 △정곡을 찌르는 한마디를 찾는다 △침착할 것 등이 중요하다는 것이다.[106]

다시 말해 빙빙 돌려서 말 하지 말고 핵심부터 침착하게 말하는 것이 중요하다.


## 4) 화력(話力)을 키우는 법

―――――――

106) 강미은(2005). 마음이 통하는 커뮤니케이션. 한국편집기자협회 주최 제7회 전국 일간신문 · 통신 편집 부장 세미나.

강미은(2005)은 매력적 핵심 찌르기는 이성·감성·상징이 중요하며, 논리적이기만 하면 피곤해지기 때문에 논리에 감성을 집어넣고, 표현·제목·단어의 힘에 신경을 쓰고, 매력적인 한 마디를 찾고, 컨텍스트 없이 텍스트만 전달하면 위험한 만큼 유머를 넣는 것이 필요하다고 한다.

현재는 이미지의 시대이면서 감성의 시대로 그 힘은 생각보다 크기 때문에 당신이 가진 것의 이미지와 이미지를 만드는 '상징'을 생각하고, 첫인상을 남길 두 번째 기회는 없다는 점을 감안하고, '몸도 말을 한다'는 것을 염두에 두는 것이 필요하다는 것이다.[107]

오덕화·전성군(2009)은 화력을 키우는 10가지 방법으로 △자기주장 말하기 △핵심 찍어 말하기 △인용해서 말하기 △순서적 기법으로 말하기 △육하원칙으로 말하기 △원인과 결과로 말하기 △열거식으로 말하기 △비판적 논조로 말하기 △질문을 던지는 방법으로 말하기 △그림을 그리듯이 말하기로 제시했다.[108]

화력(話力)을 키우려면 스피치 전에 자신이 전달하고자 하는 것을 정리해 연습할 필요가 있다.


## 5) 연설문 작성요령

107) 강미은(2005), 마음이 통하는 커뮤니케이션, 한국편집기자협회 주최 제7회 전국 일간신문·통신편집부장 세미나.
108) 오덕화·전성군(2009), 「농협임직원을 위한 3분 스피치 100선」, 농민신문사. p.27.

논리와 감성에 호소하는 연설은 국민과 직접적 커뮤니케이션 기회로서 여론촉발 및 촉매제 역할을 한다. 국민에게 농업·농촌에 관해 올바른 정보를 제공할 뿐만 아니라 설득하고 동기를 부여하는 기능을 갖고 있기 때문이다.

따라서 연설문 작성 시 △행사 성격을 파악하고 △참석자, 청중의 특징과 관심사항, 청중이 듣고 싶어 하는 얘기가 무엇인지를 파악하고 △연설을 통해 커뮤니케이션하고자 하는 핵심 메시지를 정하고 △핵심 메시지를 어디에 어떤 방법으로 배치할 것인가를 정하는데, 일반적으로 서두와 결론은 감성적 방법으로, 본론은 논리적 방법으로 구성한다.

또 △연설 초기의 90초가 중요한 만큼 청중의 주의를 환기시키고 연설에 집중시킬 만한 서두를 준비하고 △본론 부분에서는 핵심 메시지 포인트를 정하고 관련 근거와 자료, 사례, 은유나 비유법 등을 동원해 논리적으로 이야기를 전개하고 △상투적이고 애매모호한 표현보다는 '이야기하듯이 살아 있는 표현'으로 작성하고 △문장은 짧게 '이야기하듯이' 단문으로 구성하고 △적극적인 표현을 사용한다.

이와 함께 △결론 부분에서는 커뮤니케이션하고자 하는 핵심 메시지를 다시 한 번 정리해 주고, 청중이 기억할 만한 문구를 정하고 드라마틱하게 표현하고 △인사말이나 예의를 표현하는 내용은 아주 간단하게 정리한다 등이다.[109]

---

109) 국정홍보처(2005), 『정책성공을 위한 홍보 매뉴얼』, p.58~59.

# 농업 · 농촌
# 커뮤니케이션 방향

농업커뮤니케이션
어떻게 할 것인가

# 농업·농촌 커뮤니케이션 방향

문화 확산을 위해서는 대중의 삶의 영역으로 들어가야 한다. 대중 속에서만 비로소 종속이 어떻게 존재하고 거부되고 있는지를 발견할 수 있고, 지배의 구조 내에서 구조를 뛰어넘는 종속과 저항의 가능성을 이해할 수 있게 되는 것이다.

농업문제도 마찬가지다. 농민 자신의 문제와 그 해결 방안을 스스로 전 국민에게 알릴 수 있는 상시 보도 매체를 확보하는 일이 중요하다. 농민단체는 다양한 채널과 다양한 방식의 접근권을 활용할 방안도 모색해야 한다. 이를 위해 농업문화와 커뮤니케이션을 연구하고 실천하는 영역이 더욱 확산됐으면 한다.

지금까지 농정은 식량생산 기지 역할과 농업·농촌 내부의 요구를 해소하는 데 중점을 두었기 때문에 국민적 공감대를 형성하는 데 소홀

한 측면이 많았다. 하지만 최근 들어 농업·농촌이 다원적 기능과 정주공간 역할의 중요성 때문에 국민적 관심이 더욱 높아지고 있다. 따라서 농업이 국가의 기간산업으로 계속 유지되고 농가소득을 지속적으로 보장하려면 국민적 합의와 지지 도출이 절실하다. 그래서 농업·농촌의 역할과 가치에 관해 국민적 공감대 형성을 위한 홍보 전략이 필요하다.

홍보라는 개념은 오케스트라나 행위자 집단을 선전하는 보도자료의 단순한 발송에서부터 유명인물, 제품, 정치적 입장을 알리는 일에 신문이나 방송을 활용하는 거대한 캠페인에 이르기까지 광범위한 행위를 포함하기 때문이다.[110]

## 1. 효과적 커뮤니케이션 전략

첫 단계는 우선 문제점이나 이슈, 상황을 어떻게 포지션 할 것인가부터 출발한다. 해당 기관이나 단체, 농가의 입장이나 대책을 어떻게 포지션 할 것인가가 주안점이다.

여기서 포지션(position)이란 제품이 소비자에게 지각되고 있는 모습을 말하며, 포지셔닝(positioning)이란 소비자의 마음속에 자사제품이

---

110) 김원용 역(1997), 매스미디어 사회학, 나남, p.300.

바람직한 위치를 형성하기 위하여 제품 효능을 개발하고 커뮤니케이션하는 활동을 말한다. 1972년 광고회사 간부인 앨 리스(Al Ries)와 잭 트로우트(Jack Trout)가 도입한 용어로 '정위화(定位化)'라고도 한다.

포지셔닝 전략은 소비자가 원하는 바를 준거점으로 하여 자사제품의 포지션을 개발하려는 '소비자 포지셔닝 전략'과, 경쟁자의 포지션을 준거점으로 하여 자사제품의 포지션을 개발하려는 '경쟁적 포지셔닝 전략'으로 구분된다. 또한 소비자가 원하는 바나 경쟁자의 포지션이 변화함에 따라 기존제품의 포지션을 바람직한 포지션으로 새롭게 전환시키는 전략을 리포지셔닝(repositioning)이라고 한다.

두 번째 단계로 포지션에 대한 전문가 및 제3자의 객관적 인증을 획득하고 전파·확산한다. 메시지 전략도 필요하다. 메시지는 상대방이 느끼도록 만든다. 논리적 정보만으로는 메시지 전달이 어렵다. 따라서 문제점이나 이슈, 위기상황에서는 상대방의 눈과 귀, 마음에 어떻게 보이고 어떻게 느껴지도록 하느냐가 더욱 중요하다.

심각한 이슈나 위기상황에서는 대응논리보다 신뢰감을 줄 수 있는 비주얼, 오디오(목소리), 태도(Body Language) 등을 개발하고 전달하는 데 집중해야 한다. 전문가들은 메시지의 핵심을 비주얼, 오디오, 태도, 대응논리 등의 순으로 본다.

보통 감성적 메시지가 이성적이고 논리적인 정보보다 훨씬 더 큰 위력을 발휘한다. 법적으로 하자가 없고 논리적으로도 맞지만 정서적으로 받아들이기 힘들거나 끊임없이 새로운 이슈로 전개되는 가장 큰 이유는 대응논리를 중심으로 커뮤니케이션을 하기 때문이라는 것이 전문가들의 지적이다. 다시 말해 무슨 이야기를 하든지 신뢰하기 힘들고 감성적 호소력이 부족하기 때문이다. 논리적인 사람보다 호소력 있는 사람이 강한 리더십을 발휘한다. 정보와 자료, 논리만으로는 사람의 생각과 의견, 태도를 움직이기가 어려운 만큼 홍보마인드, 즉 커뮤니케이션 유전자(DNA)가 중요하다.[112]

디지털시대에 맞는 홍보 전략이 필요하다. 이를 위해 기술보다 콘텐츠에 유의해야 한다. 인터넷을 통해 홍보를 추진할 때 무엇보다 중요한 것은 어떤 내용을 네티즌에게 전달할 것인가이다. 전체적인 홍보 전략 속에서 움직인다. 전체적인 홍보 계획 속에서 네티즌을 홍보대상으로 설정하고, 어떻게 효과적으로 메시지를 전달할 것인가를 고민해야 한다.

인터넷은 어떤 매체보다 신속성이 요구된다. 따라서 인터넷상에 이슈가 제기됐을 때는 즉각적인 대응과 맞춤정보 제공이 필요하다. 인터넷은 어떤 매체보다 홍보대상의 특성과 행동을 파악하기 쉽다. 이를 살려 고객 특성에 맞는 정보를 적시에 제공하는 노력을 기울인다면 홍보효과를 높일 수 있다.[113]

이외에도 다양한 홍보 전략이 필요하다. 우리 농업·농촌의 실상과

---

112) 이태하(2004), 국정홍보 업무혁신을 위한 홍보사례연구, 국정홍보처.
113) 곽창길(2006), 정책홍보, 농촌진흥청, p.7~8.

국민경제에 미치는 영향, 그리고 농업의 다원적 기능을 제대로 알리고 협조를 구하는 다양한 홍보 전략이 필요하다. 도시 소비자를 중심으로 국민이 농업·농촌의 기능 유지에 직접적 지원자로서 역할과 기능은 더욱 강화될 수밖에 없기 때문이다.

특히 값싼 외국산 농산물이 쏟아져 들어오면서 농산물 가격 경쟁력을 근거로 우리 식량 생산의 효율성에 대한 국민의 인식이 약화될 우려도 있다. 이미 일부에선 단순한 경제논리를 앞세워 우리 농업의 근간을 흔드는 조짐마저 나타나고 있다. 우리 농업이 왜 필요하고, 왜 보호받아야 하는지 당위성에 대한 새로운 논리와 새로운 가치 개발로 대국민 이해를 돕고 설득을 강화해 나가야 할 시점이다.

그래서 우리 농업이 먹을거리 제공이라는 틀에서 벗어나 종합생명산업으로서 영역확대와 사회·문화적 기능으로서 농촌의 이해에 초점을 맞추는 홍보전략 마련이 중요하다. 즉 도시민의 농업에 관한 긍정적 인식이 농업·농촌 기능 유지를 위해 세금을 추가 지불할 수도 있다는 의사와 연결될 수 있도록 하는 전략적인 접근이 필요하다.

예를 들어 우리나라 농식품 가운데 세계 시장점유율 1위인 것도 있다. 지식경제부에 따르면 세계시장 1위인 한국 상품은 2007년 기준으로 반도체 등 모두 127개이다. 이 가운데 김치, 인삼, 냉동굴, 고추장, 유자차가 있다.

## 2. 언론 홍보 원칙

### 1) 일관성

홍보는 일관성이 있어야 한다. 그 일관성은 진실성이 바탕이 될 때 가능하다. 있는 그대로를 성실히 알리되, 과장하거나 임기응변식 대응은 곤란하다. 다시 말해 순간적으로 어려움을 모면하거나 여론의 화살을 피해 나가려고 즉각적으로 대응하는 것은 화를 불러올 수도 있다. 어려운 상황일수록 사실에 근거해 있는 그대로를 알려야 한다.

이러한 일관성 유지는 사전에 홍보계획을 철저히 수립해야 가능하다. 일반적으로 예상치 못한 돌발 상황이 발생하는 경우 일관성이 훼손되는 경우가 많기 때문이다. 따라서 홍보계획을 통해 예상이슈를 철저히 관리해 나가는 것이 필요하다. 물론 홍보의 일관성을 유지하려면 내부 커뮤니케이션도 중요하다.

### 2) 정확한 여론을 읽어야 한다

모든 사안에 여론이 형성되는 것은 아니다. 의견이 집약되지 않는 상황에서 홍보는 여론형성에 좌우되는 경우가 많다. 일단 이슈화된 후 홍보는 여론형성에 큰 도움을 주지 않는 만큼 이슈화 초기에 적극적으로 정보를 제공하는 것이 올바른 여론형성에 절대적이다.

따라서 여론형성에 영향을 주는 여론 지도층과 단체 등을 확인하고 끊임없이 대화하면서 정보를 제공하는 것이 필요하다. 여론은 고정된 것이 아니고 진실과 일관성을 갖고 지속적으로 설득하면 변할 수 있다는 신념을 갖고 홍보하는 자세가 필요하다. 여론을 정확히 읽으려면 사회적 이슈와 경향을 지속적으로 관찰해야 한다. 같은 홍보 사안이라도 사회적 이슈와 관심이 연결될 때 훨씬 설득력이 있게 마련이다.

### 3) 언론의 특성을 제대로 이해한다

언론은 기사거리를 찾는다. 무엇이 뉴스거리인지를 독자 입장에서 판단한다. 언론은 속보성이 생명이다. 타이밍을 놓칠 경우 홍보효과를 기대하기 어렵다. 언론은 보통 비판적 시각에서 사안을 분석한다. 따라서 언론이 어떤 문제를 제기할 수 있는지를 예측하고 답변할 준비가 돼 있어야 한다. 기자가 모든 것을 다 알고 있다는 것은 금물이다. 자료는 알기 쉽게 명쾌하게 정리하는 것이 좋다.[114]

### 4) 언론관계의 기본 원칙

국정홍보처(2003)가 발행한 '미디어 관계 관리 기본원칙'에 따르면, 기본적 수준에서 바람직한 언론관계를 다음과 같이 정리한다(김덕만,

---

114) 곽창길(2006), 정책홍보, 농촌진흥청, p.3~7.

2007에서 재인용).

①좋은 뉴스거리를 제공한다. ②취사선택 권한이 있는 담당자와 접촉한다. ③뉴스가치를 생각한다. ④뉴스창구를 단일화한다. ⑤내용을 감추면 더욱 손해 본다. ⑥나쁜 뉴스일수록 빨리 발표한다. ⑦기자 대하는 요령을 숙지한다. ⑧진실한 관계를 유지한다. ⑨마감에 임박해 자료를 내지 않는다. ⑩시의성이 떨어지는 자료를 내지 않는다. ⑪정상적 보도업무를 방해해서는 안 된다. ⑫뉴스가치가 없는 것을 보도해 달하고 요청하지 않는다. ⑬불필요한 기자회견을 함으로써 취재시간을 빼앗지 말아야 한다.

## 3. 언론 홍보 방법

### 1) 다양한 정보제공

다양한 취재진을 대상으로 다양한 기사거리와 취재 아이디어, 정보를 제공하는 것이 필요하다. 다양한 취재진과 잦은 대화는 취재 분야별로 예상되는 문제점이나 이슈, 보도기회 등을 미리 파악하고, 적극적이고 선행적 홍보활동을 전개하는 데 도움을 주기 때문이다. 그래서 튜로우(Turow, 1989)는 "홍보는 TV와 신문에 보도되는 것을 배후에서 조종하고 있다"고 말할 정도다. 그는 이에 대한 증거로 뉴스기사는 보도자료에서 시작하며, 그러므로 현재의 언론에 홍보자료가 매우 중요함을 보이고 있다는 것이다.[115]

국내외 전문가나 제3자로 하여금 해당 기관이나 단체, 농가의 입장을 대변하거나 전략적 메시지를 전달하도록 하는 것도 필요하다. 여기에 문제점이나 이슈에 관해서는 국내외 전문가나 제3자의 객관적 의견을 최대한 조사하고 수렴해 활용하는 것도 빼놓을 수 없다.

기자회견, 프레젠테이션, 브리핑, 교육시스템 등을 적극 도입해 활용하는 것도 필요하다. 부정적 언론보도에 연연하지 말고 그에 상응하는 다양한 형태, 다양한 각도의 긍정적 보도를 창출해 냄으로써 균형 잡힌 목소리(Balance of Editorial Share of Voice)와 메시지를 전달하는 데 역점을 두는 것이 바람직하다. 언론에 대한 불만표시는 최후의 선택이어야 하고 매우 조심스럽게 해야 한다. 언론보도 분석을 계량화하는 것도 필요하다.[116]

## 2) 기자가 원하는 정보

기자는 다른 사람의 지식과 정보를 수집하고 전달하는 것으로 가치를 창출한다. 이 과정에서 기자가 가진 기초기능과 기술이 경제가치를

115) 김원용 역(1997), 매스미디어 사회학, 나남, p.301.
116) 이태하(2004), 국정홍보 업무혁신을 위한 홍보사례연구, 국정홍보처.

낳았다. 그 기능과 기술은 취재원 접근, 정보 중요도 결정, 효율성 있는 전달이다.[117]

일반적으로 기자가 원하는 정보는 새로운 정보, 구체적 정보, 공공성과 대중성이 있는 정보 등이다. 기자는 구독률과 시청률을 생각하지 않을 수 없기 때문에 새롭고 흥미로운 정보를 요구한다. 그래서 '기자는 특종에 웃고 낙종에 운다'는 말이 있다. 뉴스가치가 있다고 판단될수록 미디어에 우선적으로 보도될 가능성이 커진다.

뉴스가치가 있는 정보를 원한다. 뉴스가치는 일반적으로 중요성, 흥미성, 논쟁성, 희귀성, 시의성, 근접성 등에 의해 결정된다. 일반적으로 기자는 문제를 제시할 수는 있으나 문제를 곰곰이 생각할 시간은 부족하다. 기자는 시의적 이슈로 관심을 옮겨야 하기 때문이다(김원용 역, 1997).

## 4. 언론 인터뷰 요령

언론 인터뷰는 일반 대화와 달리 분명한 방향성을 갖고 있다. 기자 입장에서 인터뷰의 주요 목적은 정보 획득이다. 다시 말해 기사를 쓰는 데 필요한 정보를 수집하려는 취재목적을 지니고 있다고 볼 수 있

---

117) 손태규(2011), 『전통언론과 뉴미디어 기자는 어떻게 변해야 하는가』, 관훈클럽, p.205.

다. 여기서 기자가 얻고자 하는 정보는 뉴스일 수도 있고, 뉴스가 아닐 수도 있다. 세상에 전혀 알려지지 않은 새로운 소식이 아닐지라도 특정사안에 관한 견해, 평가, 분석, 비교, 감상, 주장, 이론 등 다양한 형태를 띨 수 있다. 그러므로 인터뷰를 통해 얻어지는 정보는 새로운 것이든 아니든 모두 기사의 바탕이 된다. 따라서 언론 인터뷰는 받아들이는 공중의 입장에서 준비하고 쟁점사항에 관해서는 쉽고 간결한 논리로 돌발적 문제제기에 철저히 대비해야 한다.

인터뷰 종류로는 인터뷰이(interviewee · 질문에 답하는 사람)의 숫자에 따라 단독 인터뷰와 공동 인터뷰로 나눌 수 있다. 또 인터뷰 수단에 따라 대면(face-to-face), 전화, 이메일, 팩스, 편지 인터뷰로 구분할 수 있다. 인터뷰 장소나 사전약속 여부 및 목적 등에 따라 공식 인터뷰, 대기 인터뷰, 잠복(기습) 인터뷰, 약식 인터뷰, 인물 인터뷰 등으로 나눌 수 있다.[118]

언론과 인터뷰를 할 때 다음 사항을 유의할 필요가 있다.

취재진이 제기하는 이슈나 문제점에 관해 입장을 효과적으로 정리하고, 예상 질문을 미리 상정해 답변 자료를 충분히 검토한다. 질문에 대한 답변은 성실한 태도와 진지한 자세로 임한다. 질문을 받았을 때 결론부터 먼저 말하는 것이 좋다. 답변은 간결하면서 명확하게 하고, 자신감 있게 이야기한다. 문제점을 지적할 때는 일방적으로 부인하지 말

118) 한국언론재단(2008), 〈기사쓰기 실무〉, p.48~50.

고, 그러한 문제점을 알고 있으며, 문제점을 해결하려는 어떤 조치를 취하고 있고, 앞으로 계획이 무엇인지 알려주는 등 발전 지향적 답변을 하는 것이 좋다. 사실이 아닌 경우에는 사실이 아님을 즉각적이고 명확하게 지적한다. 전문적인 용어는 피하고 알기 쉬운 용어로 표현하되, 정확한 의미가 전달되도록 한다. 솔직하게 이야기한다. 취재진에게 거짓말을 하는 것은 독자나 시청자, 나아가 국민에게 거짓말을 하는 셈이 되기 때문이다.[119] 인터뷰 시에는 가급적 모든 언론에 공평한 취재기회를 제공하는 것이 좋다.

## 5. 기자 간담회 기획 및 진행

기자간담회는 △언론에 중대한 사실을 밝히거나 홍보가 필요할 때 △보도자료만 배포해서는 실질적 내용을 설명하기 어려울 때 △경영진과 언론의 관계형성이 필요할 때 진행한다.

이처럼 기자간담회는 실질적으로 언론홍보 시에 매우 중요한 역할을 하며 실무에서도 홍보 이벤트로 많이 진행하고 있다.

또 정부는 언론의 브리핑이 필요한 시점을 △국민 생활과 관련해 언론에 적극적으로 보도되기를 원할 때 △새로운 정책발표 등 취재진의

119) 곽창길(2006), 정책홍보,농촌진흥청, p.19~20.

충분한 지식과 이해가 필요할 때 △설명이나 토론이 필요한 사안 △새로운 변화나 혁신, 취재진에 관한 충분한 지식과 이해가 필요할 때 △배경설명을 충분히 하지 않았을 경우 오해를 불러일으킬 수 있는 사안 △정보 과잉이나 부족으로 루머나 유언비어가 발생할 수 있는 사안 등으로 정리했다. 브리핑 준비 시에는 브리핑 목표를 명확히 설정하고 우선순위(정보제공, 설명, 오해방지, 해명, 설득, 문제제기, 해결방안 제시 등)를 정할 것을 권장하고 있다.

기본적 기자간담회 진행절차는 〈표9-1〉과 같다.

[ 표9-1 기자 간담회 진행절차 ]

| 단계 | 내용 |
|---|---|
| 1. 기자 간담회 목적 규정 | 신제품 발표인지, 사건 해명인지, 관계형성을 목적으로 하는지를 먼저 규정한다. |
| 2. 타깃 언론 설정 | 실시하는 간담회 목적에 부합하는 기자를 초청 대상으로 한다. 타깃 매체가 종합일간지인지, TV인지, 전문지인지를 명확히 한다. 또 담당부서가 경제부인지, 사회부인지 등을 정한다. |
| 3. 간담회에 적합한 장소 선정 | 장소는 가능한 한 교통편이 편리한 곳을 선정한다. 주로 언론사가 많이 밀집돼 있는 곳이 좋다. |
| 4. 초청장 배포 | 2주일 전쯤 초청장를 배포한다. 최근에는 이메일 초청장을 이용하고, 필요시에는 전화를 하거나 직접 방문해 간담회 취지를 설명하는 것이 좋다 |
| 5. 간담회 진행 점검 | 배포할 보도자료와 프레젠테이션 자료를 면밀히 준비하고, 예행연습도 해야 한다. 특히 돌발 질문에 대한 답변 연습도 필요하다. |
| 6. 장소 점검 | 간담회 장소는 사전에 점검해야 한다. 음향시설, 프레젠테이션 장비 설치, 음료 및 식사 · 테이블 세팅 등을 미리 체크한다. |
| 7. 전화로 재확인 | 반드시 간담회 당일 아침이나 하루 전에 참석여부를 확인한다. 참석을 약속해 놓고 급한 일로 불참하는 경우도 있다. |

| 8. 간담회 진행 | 간담회 시간은 오전 11시가 적당하다. 프레젠테이션과 점심식사를 연결하고 오후 2시 정도에 마치는 것이 좋다. |
| --- | --- |
| 9. 사진자료 배포 | 간담회가 끝나면 참석하지 못한 기자들에게 보도자료와 당일 촬영한 사진 컷을 이메일로 발송한다. 별도로 사진을 촬영하지 못한 기자에게도 배포한다. 사진 전담자를 두어 사진 촬영 후 오후 2시 이전에 발송하는 것이 좋다. |
| 10. 기사 모니터링 및 감사인사 | 간담회를 마친 날에는 기사 모니터링을 세밀하게 한다. 그날 저녁 가판 기사를 체크하고 인터넷 등을 활용해 기사를 면밀히 체크한다. 그리고 다음날 참석한 기자들에게 감사인사를 전화나 메일을 통해 한다 |

출처: 김태욱(2007), 『똑똑한 홍보팀을 만드는 실전홍보 세미나』, 커뮤니케이션북스, p.39~40.

## 6. 소비자 참여형 홍보를

앞으로는 농업 · 농촌 홍보가 다원적 기능을 포함한 가치 재발견이라는 새롭고 구체적인 콘셉트가 부각되고, 주입식에서 벗어나 소비자 참여를 통한 연관성에 초점을 둬야 한다는 지적이다. 예를 들어 농촌 지역의 '낙후'는 '청정', '미개발지역'은 '자연 그대로의 환경이 보존된 지역'이라는 식이다.

특히 농업의 다원적 기능에 대한 대국민 홍보를 상시화하고, 사례 중심의 이미지 홍보를 강화하는 등 소비자 지향적인 농업 · 농촌 가치 창출에 역점을 두는 홍보 전략을 구사하는 것이 바람직하다.

아울러 식량안보 기능에 대한 대국민 홍보도 강화해야 할 것이다. 구태의연하면서 무조건식 홍보방식을 벗어나 '외국에 식량의존도가 높아질 때 국제적 대이변이 발생했을 때는 어떻게 할 것인가'라는 식의 체계적이고 설득력 있는 홍보방안이 있어야 한다.

이와 관련해 황선옥 소비자시민모임 이사는 농민신문 2006년 11월 8일자에 기고한 '소비자 입장에서 본 농업·농촌'이란 기고문을 통해 다음과 같이 밝혔다.

> 수많은 학자와 전문가가 몇 십 년 동안 풀지 못한 것이 우리 농업의 개방문제였다. 농업인이 "민족의 생명줄인 쌀은 지켜야 한다"고 투쟁하였지만 수입쌀이 들어왔다. 소비자와 농업인이 힘을 합해 광우병을 문제 삼아 미국산 쇠고기 수입을 반대하였지만 역시 수입이 재개됐다. 한미 FTA(자유무역협정) 추진에 대해 농업인은 반대하고 있지만, 정부는 한국의 미래를 위하여 가야 하는 방향이라고 한다.
> 우리 농산물도 이제 수입농산물과 직접 경쟁에 돌입하게 되었다. 이 같은 상황에서 대안을 찾지 않으면 수입농산물과 경쟁력에서 뒤떨어져 우리 농산물의 입지를 어렵게 만들 것이다.
> 농업인의 주장대로 개방화로 어려움에 처해 있는 농업·농촌을 지키고 경쟁력을 가질 수 있도록 정부는 적극적 정책을 펴야 하고, 소비자는 현명한 소비를 해야 한다.
> 하지만 더 중요한 것은 농업·농촌도 변해야 한다는 것이다. 우선 안전하고 우수한 농산물 공급이 중요하다. 우리 농산물은 신선하고 안전할 뿐만 아니라 우리 체질에 잘 맞고 맛과 영양도 뛰어나다. 국민 건강을 위하여 안전한 농산물이 공급되는 원천인 농업과 농촌이 그래서 중요한 것이다.
> 국민정서와 환경보호 기능도 빼놓을 수 없다. 우리 국토에 논과 밭이 없다고 상상해 보라. 얼마나 삭막할 것인가.
> 소비자 입장에서 볼 때 농사는 참 힘든 일이란 생각이 든다. 그래서 노동력에 비해 소득은 그다지 많지 않아도 열심히 농사를 지어 우리의 먹을거리를 공급해 주는 농업인에게 늘 감사와 고마움을 갖고 있다.

하지만 한편으로 부러워 보이기도 한다. 젊은 부부가 한우농장을 경영하고 있는 모습이나 공기가 좋은 자연환경에서 생활하는 건강한 모습에 부러움을 느끼기도 한다. 그러면서도 국산 농산물이 제대로 관리되고 있을까라는 생각도 늘 한다. 농촌에 가서 직접 구매하여도 속는 경우가 있는 것도 현실이기 때문이다. 또 농민들이 서울에 모여 시위를 했다는 내용이 있을 때면 농사일은 언제 하고 데모를 할까, 다른 방법은 없는 것일까 등의 생각도 해 본다.

농업·농촌도 이제는 변하려고 하는 것 같다. 스스로 농사법을 개발하고 정부정책을 능동적으로 추진하며 친환경 농사를 적극적으로 실행하는 농업인을 보면 변화하려는 노력으로 보인다.

이런 농업과 농촌에 바라는 점이 있다면, 우선 힘들고 어렵지만 농촌과 농업을 계속 지켜 주길 희망한다. 또 안전한 농산물 생산은 필수조건이다. 우리 가족이 먹을 것으로 생각하고 생산한다면 소비자의 선택을 받을 수 있을 것이다.

정부가 추진하는 우수농산물관리제도(GAP), 농산물 이력 추적 관리제도, 친환경 농산물인증제도, 포장양곡표시제, 원산지표시제 등도 중요하다. 또 허위나 과대과장 광고가 없도록 해야 하고, 지속 가능한 생산 농사법을 적극적으로 수용해 나가길 바란다.

농업인 스스로 변해 우리의 식량을 지킨다는 자부심을 갖고, 친환경적이면서 고품질의 농산물 생산에 혼신을 다하는 모습을 보일 때 정부는 농촌을 지키는 적극적 정책을 수행할 것이고, 소비자 역시 가격이 조금 비싸더라도 우리 농산물을 먼저 소비하는 행동이 자리 잡게 될 것이다.[122]

122) 농민신문 2006년 11월 8일자

## 7. 사후처방에서 사전예방 홍보를

소극적 홍보에서 적극적 홍보로 전환할 필요가 있다. 이를 위해 농축수산물 관련 일변도에서 벗어나 농업·농촌과 관련된 문화, 예술, 인물, 일화 등 모든 분야의 홍보가 필요하다. 또 농축수산물에 관한 긍정적 이미지를 창출하는 모든 내용을 전시, 공연, 언론매체, 강연, 광고 등 가능한 수단을 동원해 홍보대상을 적극 공략할 필요가 있다. 이에 따라 평상시에도 긍정적인 이미지의 자원을 많이 개발하고, 위기상황에서 적절히 활용하는 예방홍보체계를 구축할 필요가 있다.[123]

## 8. 소비자 트렌드와 농업 연계 커뮤니케이션을

농촌진흥청 기술경영과 강진구 박사는 국가통계에서 찾아낸 '2009년 블루슈머 10'이 농업에 주는 시사점을 다음과 같이 요약했다. 블루슈머는 경쟁자가 없는 시장을 의미하는 블루오션(Blue Ocean)과 소비자(Consumer)의 합성어로 블루오션의 새로운 소비자를 말한다.

'블루슈머 10'은 백수탈출, 똑똑한 지갑족, 나홀로 가구, 녹색시대, U-쇼핑시대, 내 나라 여행족, 자연애(愛) 밥상족, 아이를 기다리는 부

123) 김민기(2006), 농수산물 홍보와 미디어, 농산어촌홍보전략포럼.

부, 거울 보는 남자, 가려운 아이들 등이다.

백수탈출(Job Seekers)의 유망산업은 취업 및 창업지원서비스인데, 농업에 주는 시사점은 귀농이다.

똑똑한 지갑족(Smart Consumer)은 합리적 소비를 돕는 상품과 서비스가 유망산업이며, 농업에 주는 시사점은 실속형 농산물 소비 증가이다.

나홀로 가구(Single Household)는 1인 가구 대상의 싱글 산업이고, 농업에 주는 시사점은 외식산업·편이농산물·소포장이다.

녹색세대(Green Generation)의 유망산업은 친환경 및 에너지 절약 상품이고, 농업에 주는 시사점은 에너지절감농업·바이오에너지 증가이다.

U-쇼핑시대(Ubiquitous Shopping)의 유망산업은 쇼핑몰 창업 상품과 서비스인데, 농업에 주는 시사점은 농산물 전자상거래 증가이다.

내나라 여행족(Intrabound Traveler)의 유망산업은 여행 관련 상품이고, 농업에 주는 시사점은 관광농업(테마마을)이다.

자연애(愛) 밥상족(Love Organic Food)의 유망산업은 유기농, 친환경 상품과 서비스로 농업에 주는 시사점은 관광농업(주말농장)과 유기농업이다.

아이를 기다리는 부부(Baby Expecting Couple)의 유망산업은 불임 방지 상품과 서비스이며, 농업에 주는 시사점은 기능성 농산물 소비 확대이다.

거울 보는 남자(Grooming)의 유망산업은 남성용 패션 및 메이크업 제품이며, 농업에 주는 시사점은 노화방지 농식품이다.

가려운 아이들(Itchy Kids)의 유망산업은 아토피 방지 상품 및 서비스이며, 농업에 주는 시사점은 분화류 · 유기농업 · 기능성농산물 · 관광농업(이벤트)이다.[124]


## 9. 언론보도 후 상반된 효과에 주목을

"배를 후식으로 먹으면 항암효과가 있다는 연구결과가 보도된 후 배 값 지지 효과가 컸습니다.", "외국에서 발생한 광우병이 국내 언론에 잇따라 보도되자 국내 축산물 값에도 큰 영향을 주었습니다."

농산물 소비 관련 언론보도에 대한 해당 농업인의 반응이다. 이 같은 상반된 결과는 대국민 홍보가 얼마나 중요한지를 보여 주는 사례다. 농업 · 농촌 종합대책 사업으로 119조 원이 투 · 융자되는 것을 두고도 일부 국민의 곱지 않은 시선도 있다. 즉, 일반 국민에게 이해와 공감대가 충분히 형성되지 않아 재원 조달 방안과 정책 실효성 저하 문제도 제기되고 있는 것이다. 이는 농업 · 농촌 문제의 실상과 내면을 알리고 설득하는 적절한 홍보기능이 제대로 작동하지 못했음을 의미한다.

---

124) 강진구(2009), 국가통계에서 찾아낸 〈2009 블루슈머 10〉의 농업 시사점.

## 10. 쌍방향 커뮤니케이션 형성을

쌍방향 커뮤니케이션 관계를 형성하는 것도 중요하다. 취약 계층별로 목표그룹을 설정하고 차별화된 홍보전략을 수립하면 홍보효과도 커진다. 장래 우리 사회의 주역이자 농업수요자 중심으로 성장할 청소년 계층에 대해 우리 농업의 중요성에 관한 인식을 높이려는 노력과 집중 홍보가 필요하다.

특히 각 학교에 정부지원으로 농업 · 농촌 관련 교육관을 설치하는 등 농업의 가치와 중요성을 상시 교육하는 지원책 마련도 고려할 필요가 있다. 즉 교과서에 농업의 다원적 기능에 관한 내용이 반영되도록 농업계가 역량을 모으고, 중 · 고등학생들을 대상으로 '그린캠프' 등 농촌체험을 학교교육 프로그램으로 제도화하는 것도 좋은 방안이다.


## 11. 선택과 집중 커뮤니케이션을

농업 관련 기관의 연간 홍보비는 수백 억 원에 이르는 것으로 알려져 있다. 이를 집중적으로 관리하고 단일화해 홍보효율을 높여야 한다는 지적이다. 농업 · 농촌의 다원적 기능과 식량안보의 중요성에 관해 범정부 차원에서 홍보와 국민적 이해를 구해야 한다. 유럽처럼 농업 · 농촌의 중요성과 역할을 정부가 앞장서서 국민에게 알리고 동의를 구해 나가야 할 것이다.

또 농업·농촌의 본질 이해와 정부·지도층의 문제인식 전환이 필요하다. 농업이라는 산업은 그 본질적 가치를 내재하고 있기 때문에 단순히 가격만으로 경쟁력을 파악해 포기해야 되느니 마느니 하는 논쟁은 그 자체가 무의미하다. 따라서 어떤 어려움이 있더라도 농업은 포기해서는 안 되는 산업이며, 민족과 영원히 함께해야 할 가치를 내재하고 있는 '민족의 산업', '생명의 산업'이라는 인식 전환이 적극적으로 필요하다.[125)

농업인과 농민단체도 스스로 변해야 한다. 미디어의 변방인 농업·농촌에서 벗어나고, 도시와 농촌이 농산물을 사고파는 관계를 넘어서 마음과 마음이 소통하려면 수요자 중심 마인드를 갖고 농업인 스스로가 정보와 홍보의 주체로 자리 잡아야 한다.

이에 따라 스스로 변화하려면 다음과 같은 트렌드에 적극 관심을 가질 필요가 있다.

첫째, 미디어 환경을 변화를 주목하고, 둘째, 연령대별 소비자 속성을 파악하고, 셋째, 마케팅 PR을 전개하고, 넷째, 농업 커뮤니케이션 전문가를 육성하고, 다섯째, 미디어 접근권을 높이고, 여섯째, 원소스멀티유즈(One Source Multi Use)를 활용하는 것이다.

---

125) 윤석원, 〈농정조직개편에 따른 새정부의 농정과제〉, 지역재단.

## 12. 언론홍보 캘린더 작성 및 활용

언론홍보 캘린더는 타깃 시청자 특성에 따라 매체를 선정하고 매체별, 지면별, 방송 프로그램별로 취재 아이디어와 관련 정보, 취재원 리스트 등을 월별, 분기별로 일목요연하게 캘린더 형식으로 정리한 도표이다. 이러한 언론홍보 캘린더를 작성해 언론홍보를 추진하면 보다 전략적이고 조직적인 언론홍보활동을 지속적으로 전개해 나갈 수 있다.

또 취재 아이디어나 뉴스거리를 개발할 때 다음과 같은 정보와 자료를 사전에 조사해 검토해 보면 더 많은 취재 아이디어를 창출할 수 있다. 이 같은 정보로는 국민생활에 영향을 주는 새로운 이슈를 비롯해 여론조사결과, 주요회의결과, 새로운 서비스 및 첨단기술 활용현장, 변화와 혁신, 사업추진성과, 각종 행사 및 이벤트, 구성원의 봉사활동과 특기 및 동호회, 구성원의 자기개발 노력 및 교육 훈련, 특이한 인사 및 시상, 특이한 경력 소유자, 현장방문 및 체험노력 등이 있다.[126]

---

126) 국정홍보처(2005), 『정책성공을 위한 홍보 매뉴얼』, p.39~40.

# 미디어 융합이 농업 · 농촌 커뮤니케이션에 주는 시사점

# 농업커뮤니케이션
# 어떻게 할 것인가

# 미디어 융합이 농업 · 농촌 커뮤니케이션에 주는 시사점

디지털 기술의 발달은 텍스트와 사진 및 비디오 · 오디오가 통합되는 멀티미디어 시대를 열었다. 신문과 TV라는 단일매체를 통해 제공되던 뉴스가 인터넷을 비롯한 다양한 플랫폼 등으로 제공되고 있다. 이러한 미디어 융합과 통합 뉴스룸의 등장은 농업 · 농촌 커뮤니케이션에 많은 시사점을 주고 있다. 농업 관련 기관과 단체 등이 협력해 농업 · 농촌의 가치 등에 대한 협력홍보 등이 그것이다.

## 1. 문제 제기

농업 · 농촌에는 다양한 품목과 축종이 재배되거나 사육된다. 또 농업 관련 기관도 다양하게 존재한다. 농업 관련 기관 내부에도 다양한 직종이 존재한다. 농촌진흥청의 경우 연구직, 지도직, 행정직 등이 있다. 본청은 국가직이고, 도 농업기술원과 시 · 군 농업기술센터는 지방직이다. 또 다양한 사업을 한다. 신품종개발, 영농기술개발, 기술보급, 경영분석, 농업인교육, 인허가업무, 홍보 등이다.

이런 다양한 직종과 업무 간에 때로는 벽이 존재한다. 벽은 때로는 전문성을 높이기도 하지만, 농업 전체의 시너지 효과를 내는 데 걸림돌로 작용하기도 한다.

미디어의 사례를 보자. 디지털 기술이 급속히 발달하면서 미디어 간 경계가 허물어지고 있다. 디지털 컨버전스(digital convergence)가 시작되면서 미디어 간 사업영역을 넓히기 위한 경쟁이 가속화되고 있기 때문이다.

뉴스의 헤게모니도 신문에서 방송으로, 다시 인터넷으로 넘어가고 있는 현상을 발견할 수 있다. 1990년대 후반부터 등장한 인터넷신문으로 텍스트 중심인 종이신문이 타격을 받았다. 이어 최근 급속히 늘고 있는 인터넷의 동영상서비스는 앞으로 TV 뉴스에도 직접 영향을 미칠 것으로 전망된다.

이러한 인터넷매개 커뮤니케이션이 갈수록 확산하면서 뉴스제작 방식에도 변화의 바람이 불고 있다. 온라인과 오프라인 뉴스룸을 통합한 '통합 뉴스룸'의 등장이 그것이다.


## 2. 융합의 개념

융합(融合, convergence)이란 서로 다른 방향으로부터 같은 지점으로 접근하거나 서로 교차하는 것을 말한다. 융합은 자연과학에서 용해나 융합, 사회과학에서는 연합·수렴, 경영학에서는 합병·통합, 예술에서는 매개·퓨전 등으로 사용된다.

커뮤니케이션 분야에서는 다른 미디어시스템과 조직이 서로 결합하고 교차하는 것을 말한다. 다른 종류의 네트워크 플랫폼이 같은 종류의 서비스를 전송할 수 있는 가능성을 의미한다. 예를 들어 전화, TV, PC 등 소비형 기기의 통합화가 있다. 이러한 융합을 ITU에서는 기존 인프라를 통해 새로운 서비스를 제공하는 것, 새로운 인프라를 개발하는 것, 새로운 능력을 제공하기 위해 기존 서비스와 기술을 향상시키는 것을 의미한다고 설명한다.[127]

## 3. 농업 환경변화의 동인(動因)

미디어 융합의 원동력에는 인터넷이 있다. 인터넷은 통신, 방송, 신문의 융합망으로서 중추적 역할을 한다. 인터넷방송서비스는 스트리밍[128] 기술을 이용해 인터넷망으로 동영상서비스를 제공하는 서비스다.

또 디지털 및 네트워크 테크놀로지에 기반한 융복합화와 기존시장에서 성장 한계점에 도달한 개별 산업들이 성장을 위해 새로운 성장동력을 찾아 나서고 있기 때문이다. 다시 말해 디지털에 기반한 네트워크 기술은 전통적인 시장경계를 무너지게 하고, 다른 산업영역에서 새로운 수평적 성장을 위한 블루오션 시장이 융합을 통해 새로 창출되기

---

127) 손용(2003), 〈디지털네트워크시대의 텔레커뮤니케이션〉, 한울아카데미, p.59.
128) 데이터의 전송과 재생이 거의 동시에 이뤄지도록 한 기술. 기존에 네트워크에서 원하는 대용량 영상정보를 전송받기 위해 장시간 대기해야 하는 문제를 해소했다.

때문이다.

농업환경 변화의 동인(動因)은 농축산물 수입 개방과 소비자 기호 변화에 있다. 한미 자유무역협정(FTA) 타결 등으로 농업개방화 추세가 가속화되고, 식품소비 환경이 변화하고 있기 때문이다. 이에 따라 농업은 개방화와 소비환경 변화 등으로 안팎으로 도전에 직면해 있다.


## 4. 융합에 따른 변화

융합에 따른 변화 양상은 일반적으로 시장구조와 경쟁수준을 변화시키고 상품과 서비스도 혁신시킨다. 융합 과정을 거치면서 나타나는 시장구조 변화는 점차 한군데로 수렴된다.

경쟁수준도 변화한다. 각 회사는 상대시장의 잠재적 진입자이기 때문에 융합되는 시장분야의 진입장벽이 낮다면 경쟁수준은 그만큼 높아진다. 특히 주목해야 할 부분은 상품과 서비스의 변화다. 기존 산업의 특장점을 혼합한 새로운 제품과 서비스가 등장한다. 결국 디지털 융합화는 상호 연결성, 상호 작용성을 전제로 다양한 가치사슬과 연계해 네트워크 효과를 증대시켜 규모와 범위의 경제를 실현한다.[129]

현재 이미 포화된 레드오션 시장에서도 융·복합 제품이 블루오션을

---

129) 손용(2003), 〈디지털네트워크시대의 텔레커뮤니케이션〉, 한울아카데미, p.61~62.

창출하고 있다. 이기섭 한국산업기술평가관리원장은 중앙일보에 기고한 '융·복합해야 블루오션 열린다'를 통해 융합의 가치창출 사례를 제시했다.

이에 따르면 TV는 컬러 TV로 바뀌었고, 다시 고화질 HD TV와 3차원 입체 영상의 3D TV를 거쳐 디지털 기반의 융·복합 제품인 스마트 TV가 시장을 창출해 나가고 있다.

휴대전화도 마찬가지다. 컴퓨터 지원 기능을 추가한 스마트폰은 터치스크린 기술과 결합해 통화뿐만 아니라 사진촬영에 무선 인터넷 접속은 물론 문서 작성 등이 가능해졌다. 이제 스마트폰을 갖고 PC처럼 언제 어디서든 음악과 영상을 재생하고, e-메일과 메시지를 전송하며, 게임이나 워드프로세서 같은 다양한 서비스를 사용할 수 있게 된 것이다.

자동차도 융·복합화가 급속하게 진행되는 대표 제품 중 하나로 꼽힌다. 운전자가 보다 편안하고 안전하게 운행할 수 있도록 도와주는 스마트카는 자동차가 단순한 이동수단에 머물지 않고 정보기술(IT) 융합을 통해 움직이는 생활공간으로 진화하게 하고 있다. 동공인식장치, 차선이탈인식장치, 지능형교통시스템(ITS) 등 IT기술에 기계·전자·소재·바이오 기술을 융합한 자동차는 최첨단 지능형 융·복합제품으로 급격히 변화하고 있다. [130]

---

130) 중앙일보, 2012년 6월 13일자 E12 오피니언 면.

## 5. 융합의 가치창출[131]

### 1) 기술의 융합

정보통신기술의 융합은 유선과 무선, 음성과 데이터를 통합해 멀티미디어 다중통신을 가능하게 한다.

정보통신기술의 융합은 네트워크와 단말기의 융합기술을 말한다. 여기에는 디지털화, 영상화, 통합화, 쌍방향성, 시공간 초월성이 특성이다. 기술의 발전은 방송과 통신, 컴퓨터를 융합한 새로운 미디어를 탄생시킨다. 향후 네트워크 융합은 매체 간 통합과 융합을 본격화시킬 전망이다.

농업기술의 융합은 연구 성과의 효율성을 높이고, 기술보급의 속도를 빠르게 하는 데 기여할 것이다.

### 2) 서비스 융합

기술혁신과 융합 진화 과정에서 구분된 서비스 분야가 상호 결합해 기존 서비스를 대체하거나 보완해 새로운 서비스를 창출한다. 대표 사례로는 지상파방송의 데이터 방송서비스와 케이블 방송의 통신서비스, 통신사업자의 방송프로그램 서비스 등을 들 수 있다.

---

131) 손용(2003), 〈디지털네트워크시대의 텔레커뮤니케이션〉, 한울아카데미, p.71~83.

농업분야에서는 현안이나 품목 중심의 연구사업단이 기술 개발과 보급을 주도적으로 이끌어 가는 서비스 융합을 생각해 볼 수 있을 것이다.

### 3) 산업의 융합

네트워크와 서비스가 융합되면서 자연스럽게 사업자나 산업 간 융합이 진행된다. 독자적 산업이 영역을 확장해 다른 산업으로 대체하거나 새로운 산업을 창출한다. 문자와 그림, 오디오, 비디오 등 정보들이 디지털화한 후 다양한 매체를 통해 전달되면서 커뮤니케이션 3분할(인쇄, 방송, 통신매체)의 경계가 불분명해지고 있다. 이는 진입장벽 철폐와 정보통신 이용자의 국제화도 요인이다.

시장경제적 측면에서는 인터넷산업이 신산업을 주도하고 있고, 사업자 측면에서는 사업영역이 다각화하면서 통신사업자와 방송사업자의 구분이 불분명해지고 있다. 방송사업자와 통신사업자가 수평적 또는 수직적 결합 형식의 인수·합병 등에 의해 하나가 되는 요인이 된다. 예를 들어 케이블 TV 방송사업자가 통신사업에 진출하거나 통신사업자가 방송사업에 진출하는 경우가 있다.

농업분야에서는 농업과 식품산업, 관광 등 2차, 3차 산업을 융합시켜 부가가치를 높이는 연구와 지도사업 방안이 유력하다.

## 6. 융합현상에 따른 산업구조와 대책

미디어 융합이 확산하면 콘텐츠 제공산업, 네트워크 제공산업, 서비스 제공산업으로 분화할 것이다. 방송과 통신망이 융합돼 모든 형태의 멀티미디어 서비스가 제공되면서 방송산업 구조는 수직적 구조에서 수평적 구조로 변화하고 있다.

농업분야에서는 연구개발과 기술보급의 융합을 주도하고 조정하는 컨트롤 타워의 역할 증대를 생각해 볼 수 있을 것이다.


## 7. 농업과 다른 산업과의 융합으로 시너지 효과 창출을

농업과 다른 산업이 융합하면 시너지 효과 창출이 가능한 분야가 많다. 이때도 농업의 주체성은 유지하고, 다른 산업의 장점을 농업이 잘 활용하는 형태가 바람직하다.

### 1) 농업과 식품의 융합

식품산업과 연계 없이는 농업 재건이 불가능한 것으로 지적되고 있다. 앞으로 농업은 식품산업을 포함해 다각화 쪽으로 가야 한다. 산업분류의 틀을 벗어나 먹을거리를 둘러싼 비즈니스는 새로운 발전 기회

이기 때문이다.

따라서 농식품 자원의 영양 기능성을 평가하고, 우리 농산물 부가가치 향상기술과 현장 애로기술 개발, 농산물 가공 및 특산물 브랜드화 등이 농업과 식품의 융합분야로 떠오르고 있다.

## 2) 경종업과 축산업의 융합

농업 내에서도 융합을 통해 상생해야 할 것이다. 대표적으로 경종업과 축산업 융합이 중요하다. 경종농가는 축산농가에게 국산 조사료를 제공하고, 축산농가는 가축분뇨의 퇴비화와 액비화 등을 통해 유기질 비료를 제공하는 것이 상생 효과를 높일 수 있다. 이에 따라 국산 조사료 공급을 늘리기 위해 사료용 청보리 품종개발과 사료화 이용기술 등이 연구와 지도사업 분야가 될 것이다. 축산분뇨 자원화를 위한 퇴비와 액비의 생산기술과 시비기술 등도 포함될 것이다.

## 3) 농업기술과 IT의 융합

농업은 사양산업이라고 한다. 하지만 성장하는 산업과 융합을 통해 농업의 새로운 영역을 확장해 나갈 수 있다. 대표적인 것이 농업과 정보통신산업과의 융합이다. 인터넷을 통한 농업기술 보급과 농산물 전자상거래, 사이버교육 시스템, 농산물 e-비즈니스 마케팅 차별화 등이 포함될 것이다.

이미 농진청이 이룩한 전국 농경지의 토양정보를 한눈에 볼 수 있는 농업토양정보시스템(ASIS) 개발 등도 농업기술과 정보통신산업의 융합분야다.

### 4) 농업과 전통의 융합

농업과 농촌은 현대화된 사회 속에서도 가장 많은 전통을 보유하고 있다. 따라서 이러한 전통자원을 잘 활용하면 농업의 새로운 활로를 개척할 수 있다. 민속주, 농촌전통지식자원 발굴 및 활용, 농촌장수마을, 전통발효식품의 품질고급화 및 과학과 기술 개발 등이 있다.

### 5) 농업과 첨단과학의 융합

첨단 생명공학기술을 농업에 잘 활용하면 부가가치를 높일 수 있다. 이미 농촌진흥청에서 형질전환 돼지를 이용한 빈혈 · 뇌졸중 · 혈우병 치료용 바이오 신약 생산이 가능한 가축생산 기술을 개발했다. 미래의 유전자원 확보에 대비해 GM(유전자변형) 작물 개발도 첨단과학과의 융합으로 생각해 볼 수 있다. 단 소비자 여론과 국내외의 GMO 환경위해성평가 강화가 전제돼야 한다.

### 6) 농촌과 관광의 융합

근로자와 학생 전면 주5일제 실시 등으로 농촌을 찾는 도시민의 관광 수요는 더 늘어날 것이다. 농촌이 도시민에게 재충전의 시간을 주는 관광지로 확산시켜 나가면 우리 농산물 소비 확산과 농외소득 창출에도 큰 도움을 줄 것이다. 전통테마마을 육성, 농촌 어메니티 자원도 구축 등이 이미 이뤄지고 있다.

### 7) 농업과학과 기상학의 융합

지구온난화로 농작물 재배 한계지가 북상하는 등 기후변화로 인한 농업생태계 변화가 뚜렷해지고 있다. 이에 따라 우리나라도 온실가스 감축의무 부담 가중 대비책과 함께 기후변화에 대응한 품종 육성과 대체작목 및 재배방법 개발 등 다양한 연구가 진행 중이다. 농업은 온실가스 감축에 기여하는 만큼, 이를 온실가스 배출이 많은 다른 산업에 팔 수 있도록 다양한 접근이 이뤄져야 할 것이다.

### 8) 농작물과 에너지의 융합

화석연료 고갈과 기후변화라는 거대한 담론을 농작물과 융합시키는 계기로 활용할 수 있다. 그래서 국내에서도 바이오에너지 원료작물로 유채 등이 떠오르고 있다. 이 분야에서는 생산량을 높인 바이오디젤용 유채 품종개발과 수확기(유채 수확용 콤바인), 재배 작형 개발 등이 이뤄지고 있다.

## 9) 농업과 경영학 · 마케팅학의 융합

농업도 이제 경영시대가 됐다. 농업과 경영학의 융합 확대가 그래서 필요하다. 경영학 기법을 잘 활용해 주요 작목의 표준소득 내용을 분석하고, 품목별 수요예측 등도 포함될 것이다. 다른 산업에서 발달한 마케팅 기법을 도입해 농축산물 판로 확대에 활용하는 것도 바람직하다.

## 10) 농업과 커뮤니케이션의 융합

농업도 이제 커뮤니케이션 시대가 왔다. 농업과 다른 산업, 농촌과 도시, 생산농가와 소비자의 커뮤니케이션을 통해 수입 농축산물과의 경쟁에서 판로를 확대하고 우리 농업과 농촌의 중요성을 인식시켜 나가야 할 것이다.

## 11) 농업과 교육의 융합

자라나는 청소년에게 농업 · 농촌의 중요성을 알리는 일도 중요해졌다. 이를 위해 초 · 중 · 고 교과서에 농업 · 농촌의 다원적 기능 교과 내용을 개발하고, 초 · 중등교사 농업 · 농촌 다원적 기능 체험연수 프로그램 개발 등이 필요하다.

## 12) 국가연구기관과 대학 및 민간연구소와 융합

농촌진흥청 등 국가농업연구기관이 중심이 돼서 민간연구소와 대학을 연결시키는 융합이 필요하다. 이는 우리나라 부근 중국 베이징·일본 도쿄 등 인구가 많은 도시가 위치한 입지조건을 잘 활용해 동북아 농업 연구개발의 허브 역할을 하기 위해서도 필요하다. 이외에도 많은 분야에서 농업과 융합이 가능할 것이다.

## 8. 농업과 다른 산업과 융합의 과제

융합은 변화하는 환경 속에서 선택할 수 있는 해법 중 하나지만, 무조건적 도입도 능사는 아니다. 스스로 투자하고 연구해 적합한 모델을 찾아내는 것이 중요하다.

### 1) 네트워크와 정보공유 문화형성이 중요하다

당장의 경제적 효율성 관점만 고려하지 말고 장기적 성장 관점에서 봐야 한다.

### 2) 다른 산업의 첨단기술을 적극적 수용

융합을 통한 농업분야 연구와 기술의 성과를 높이려면 다른 산업의 첨단기술을 농업에 적극 수용하는 자세가 필요하다. 이를 위해 농업

연구직과 지도직 선발 시 농업뿐만 아니라 다른 전공자를 선발하는 것도 검토할 수 있다.

### 3) 농업인 교육 혁신을

새로운 농업환경이 연구와 지도의 기능과 역할을 변화시키고 있다. 새로운 환경에 적응하는 연구원과 지도원을 어떻게 양성시킬 것인가가 문제다.

### 4) 다양한 콘텐츠 개발로 농업의 외연을 확대해 나가야

새로운 환경 특성에 맞는 콘텐츠를 개발한다면 농업의 외연을 확장시켜 나갈 수 있을 것이다.

### 5) 홍보 강화를

업무 관련 기관, 소속기관, 지방농촌진흥기관과 상호 의견교환 및 협조를 통한 기획홍보가 미흡한 실정이다. 기술농업, 현장중심 연구 강화 등 변화된 모습을 적극 홍보해 농업인과 국민의 신뢰도를 높여 나가야 할 것이다.

### 6) 농림분야 연구개발비 투자 늘려야

국가 전체 연구개발비 예산 중 농림분야가 차지하는 비중은 점차 감소 추세에 있다. 국가 전체 연구개발비의 2001년 이후 연평균 증가율은 15.9%에 달해 2006년은 8조 9,000억 원에 달했으나, 농림분야 연구개발비는 같은 기간 8.1%의 연평균 증가율을 기록해 국가 연구개발비 증가율의 절반 수준에 머물고 있다. 농림분야 연구개발비 예산은 2006년의 경우 3,467억 원에 불과하고, 이 중 농진청은 2,455억 원에 불과한 실정이다. 특히 농림분야 연구개발비 예산이 국가 전체 연구개발비 중에 차지하는 비율은 2006년의 경우 3.9%에 그치고 있다. 따라서 농업분야의 지속 가능한 성장동력 확보를 위해 농림분야 연구개발비를 확대해야 할 것이다.

## 7) 연구와 지도사업의 평가와 피드백 강화를

농진청 연구사업 계획 시 사전에 실수요자인 농민 등 현장의 충분한 의견을 수렴하고, 연구사업 성과의 중간공개와 연구결과 보급 후 사후평가도 엄격히 해야 할 것이다. 연구결과 피드백은 연구성과를 이용하는 실수요자를 중심으로 발전시켜야 할 점과 개선해야 할 점 중심으로 받고, 이를 차후 연구계획에도 반영하는 시스템을 확대해 나가야 할 것이다.

## 8) 경쟁체제 도입을

경쟁 없이 주어진 국가예산에 안주하다 보니 농업인 등 시장의 요구를 외면한 채 기존 연구자에 익숙한 과제 중심의 연구가 진행되는 경향이 있다는 비판도 안팎에서 제기되고 있는 실정이다. 경쟁체제를 도입해 연구성과가 우수한 연구원에게는 인센티브를 주는 제도를 확립해 나가야 할 것이다.

### 9) 실패를 거울로 삼아야

앞으로 다가올 폭풍을 예견하고 치밀하게 준비하는 것이 중요하다. 이를 위해 스스로 투자하고 연구해 적합한 모델을 찾아내고 적용해 나가는 것은 해당 연구원과 지도원의 선택과 집중에 달려 있다.

## 9. 통합 뉴스룸이 농업분야에 주는 시사점

### 1) 통합 뉴스룸

디지털 기술의 발달은 텍스트와 사진 및 비디오·오디오가 통합되는 멀티미디어 시대를 열었다. 인터넷신문이나 포털 뉴스서비스 등 온라인매체의 영향력이 커지면서 자연스럽게 인터넷은 신문과 독자가 만나는 중요한 접점으로 부상했다. 그래서 원소스 멀티유즈(One Source Multi Use)의 핵심에 있는 통합 뉴스룸이 주목을 받기 시작했다.

통합 뉴스룸은 전통적으로 정치, 경제, 문화, 사회, 국제, 체육 등으로 나뉘던 취재부서의 개념이 사라지고, 자신의 전문분야에서 취재하는 기자가 송고한 기사를 뉴스데스크(newsdesk) 등이 뉴스를 집적하고 재매개해 다양한 플랫폼에 제공하는 것을 의미한다. 결국 매체별 속성에 기초한 배타적인 취재 및 제작방식을 탈피해 하나의 편집국에서 제작한 뉴스를 다양한 매체별 플랫폼에 제공하는 것이다.[132]

통합 뉴스룸은 뉴스가 다양한 매체를 통해 소비되는 것을 전제로 생산하고, 개별 매체 특성에 맞게 가공한다. 디지털 환경하에서는 하나의 뉴스원을 가지고 다양하게 가공하고 변형해 다양한 유통경로로 제공할 수 있기 때문이다.

[ 그림10-1 통합 뉴스룸 개념도 ]

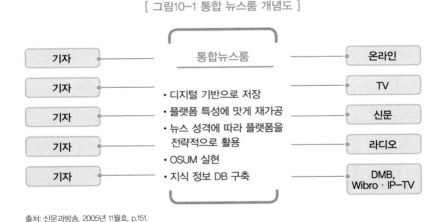

출처: 신문과방송, 2005년 11월호, p.151.

---

132) 심영섭(2012), 「미디어 융합시대 통신사 기반 통합 뉴스룸 추진 전략: 통한뉴스 제작모델과 유기적 뉴스룸 문화를 중심으로」, 한국언론학회 2012 봄철 정기학술대회, p.50.

그래서 통합 뉴스룸 도입은 '신문산업의 멀티플랫폼화를 대비하는 엔진 개조작업'이라는 주장도 나온다. 디지털카메라로 사진을 찍고, 캠코더에 영상과 음성을 담아 노트북 컴퓨터로 전송하게 된 것이다. 해외나 지방에 출장 가는 이른바 '볼펜기자'들의 손에 디지털카메라가 들려 있다. 인터넷신문의 동영상 서비스 등을 위해 캠코더를 지급하는 신문사도 나타나기 시작했다. 수용자도 달라졌다. 영상매체와 함께 자라온 젊은 세대들이 텍스트보다 사진과 동영상에 더 열광하고 있다. 신문사들은 온-오프라인 뉴스룸 통합, 온라인 콘텐츠 강화, 동영상 강화 등을 통한 멀티미디어 뉴스 생산 시스템 확립에 나섰다. 신문사들이 통합 뉴스룸을 미래의 주요 생존전략으로 인식하기 시작한 것이다.

[ 그림10-2 디지털 통합생산체계 모형 ]

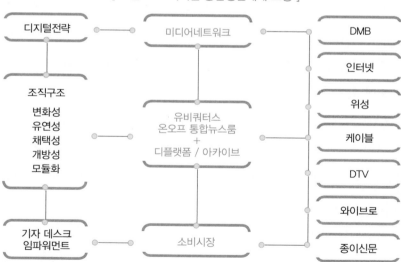

출처: 김경호(2006), 신문과 방송, 2006년 3월호, p.75.

## 2) 통합 뉴스룸이 농업 연구와 지도사업에 주는 시사점

농업 연구과 지도를 총괄하는 컨트롤 타워 역할의 중요성과 연구와 지도사업의 융합을 시사한다. 농촌진흥청은 현안기술연구사업단을 운영한다. 장미, 딸기, 국화, 유기농, 벼대체작목, 자연순환농업, 친환경 바이오에너지, 수확후관리 연구사업단 등이다. 이들 사업단은 산·학·관·연 공동 컨소시엄 형태로 운영됨으로써 농산업 현장문제의 실질적 해결과 산·학·관·연 현장 중심의 연구동력을 끌어올리는 데 기여하고 있다. 운영위원회를 통해 현장 수요를 과제에 직접 반영하고, 현장에서 해당 품목의 생산자·소비자·유통·정책·연구원 등 관련 분야를 종합평가해 좋은 반응을 얻고 있다.

예로 네덜란드를 보자. 남한 면적 2분의 1의 작은 나라가 세계 3대 농산물 수출국이다. 이런 네덜란드 농업의 경쟁력 근원은 전통적으로 농업연구와 농업교육, 지도가 유기적으로 잘 연계되고 효율적으로 운영되어 왔기 때문이다.

2005년 네덜란드 농업자연식품부 예산 중 지식개발과 혁신에 전체 예산의 10.3%인 2억 500만 유로, 농업교육에 전체예산의 28.4%인 5억 6,100만 유로를 투자한 점은 시사하는 바가 크다. 이와 같은 통합 뉴스룸 형태의 현장 중심 연구사업단을 확대하고 연구와 지도사업을 융합하는 것이 필요하다.

통합 뉴스룸 시대에서는 기자의 역할이 더 이상 단일한 매체에 소속

된 기능인이 아니라, 창의적 노동을 통해 기사거리와 이야깃거리를 생산해 다양한 매체에 뉴스를 제공하는 저작자[133]이기 때문이다.


## 10. 농민에게 미디어 접근권 확대를

농민의 미디어 접근권 확대를 위한 다양한 제도적 장치가 뒷받침되어야 할 것이다.

첫째, 농민·농업·농촌을 전 국민에게 알릴 수 있는 보도매체를 많이 확보하는 일이다. 이를 위해 농업전문방송을 설립하는 것과 KBS 등 기존 공중파 방송사들에 농업 관련 방송의 편성시간을 확대해 나가는 것이 필요하다. KBS 등 기존 공중파 방송사들의 농업방송 시간을 늘리기 위해, 필요하다면 방송기금 등 공익기금을 적극 활용할 필요가 있다. 지금부터라도 다양한 채널에서 다양한 접근권을 활용할 방안을 찾는 진지한 고민이 필요하다.

둘째, 농업 관련 전문기자를 양성하는 일이다. 사회 갈등적 이슈를 언론이 올바로 보도하려면 변화하는 환경에 관한 총체적인 사회인식은 물론 세분화되는 갈등영역에 관한 전문적 지식과 세부적인 보도기준이

---

133) 심영섭(2012), 「미디어 융합시대 통신사 기반 통합 뉴스룸 추진 전략: 통합뉴스 제작모델과 유기적 뉴스룸 문화를 중심으로」, 한국언론학회 2012 봄철 정기학술대회, p.50.

필요하다(박웅진, 2004). 따라서 언론매체별로 농업 관련 전문기자를 양성해 기초산업인 농업과 농촌 관련 현안에 분석적이고 장기적인 안목을 갖고 제대로 진단하고 처방하는 기사를 늘려 나갈 필요가 있다. 이를 위해 한국언론재단의 언론인 교육 과정에 농업전문기자 양성교육을 도입하는 것도 바람직하다.

셋째, 양성된 농업 관련 전문기자를 주요 종합일간지나 방송사에 파견해 근무시키는 방법을 검토할 필요가 있다. 이때 재원은 한국언론진흥재단의 언론인기금 등 공적자금과 각 품목이나 축종별 생산자단체들이 운영하는 자조금(自助金) 활용을 생각해 볼 수 있다. 다시 말해 전문적이고 공익적인 저널리스트 양성을 위해 산학협동의 유기적이고 체계적인 교육이 필요하다.

넷째, 농업 커뮤니케이션을 연구하고 실천하는 영역의 확대도 필요하다. 이를 위해 (가칭)농업커뮤니케이션학회를 조직하는 것이 필요하다. 농업 관련 전문기자와 농업 관련 정부기관 · 단체 · 연구기관 등에서 홍보를 담당하는 사람, 농업 커뮤니케이션에 관심이 있는 농민 등을 회원으로 해 농업 · 농촌 현안과 관련해 다양한 심포지엄을 수시로 개최하면 농업 커뮤니케이션을 확장하는 데 기여할 수 있을 것이다.

다섯째, 농업 · 농촌 관련 보도의 퓰리처상을 만들어 시상하는 것도 필요하다. 〈농업 퓰리처상〉을 만들어 시상하면 농업 · 농촌과 관련된 탁월한 기사에 동기부여가 될 것이다. 다시 말해 농업 · 농촌과 관련된 좋은 뉴스(best news)를 만들면 충분히 보상받을 수 있다는 인식이 자리 잡을 경우 농업 뉴스 콘텐츠의 고품격화가 자연스럽게 이뤄질 뿐만 아니라 심층성, 전문성, 공익성 등 새로운 평가기준을 마련할 경우 농업·농촌 발전에도 기여할 것이다.

여섯째, 농민 등 소외계층을 대상으로 신문 구독지원을 확대할 필요가 있다. 예를 들어 일정소득 수준 이하의 저소득이 신문을 구독할 경우 이들이 원하는 신문을 신문사에서 무료로 제공하고, 정부는 언론진흥기금 등에서 구독료를 지급하는 방안이다. 이는 계층 간 정보격차(digital divide) 해소 차원에서도 국민적 공감대를 얻을 수 있을 것이다.

마지막으로 농민 스스로도 급변하는 농업·농촌 환경에 대응해 커뮤니케이션 마인드를 확대해 나가야 할 것이다. 생산자인 농민이 미디어 등을 통해 자신이 생산한 농축산물의 우수성과 농촌 어메니티 등을 진솔하게 홍보하고, 농업·농촌의 중요성을 국민에게 알리는 방법이 가장 효과적일 것이기 때문이다.

## 1. 국내 문헌

강미은(2005), 『마음이 통하는 커뮤니케이션』, 한국편집기자협회 주최
　　제7회 전국 일간신문 · 통신 편집부장 세미나.

강진구(2009), 『블루슈머 10대 유형의 농업 시사점』, 농촌진흥청.

고영신(2005), 『정치변동에 따른 한국언론의 뉴스 프레임 연구: 대통령 친
　　인척 비리사건 보도를 중심으로』, 한양대학교 대학원 박사학위논문.

교육인적자원부 · 농촌진흥청(2006), 『농업 · 농촌의 다원적 기능』.

곽창길(2006), 사업성과 알리기, 『2006년 농촌진흥공무원전문교육 교재』,
　　농촌진흥청.

관훈저널(2004 가을), 『위기의 신문산업』.

국정홍보처(2004), 『홍보가 일의 절반이다』.

국정홍보처(2005), 『정책성공을 위한 홍보 매뉴얼』.

국립농업과학원(2010), 『귀농 · 귀촌 길라잡이』.

권오상 외(2006), 『농업 · 농촌의 이해』, 박영률출판사.

권화섭 · 최익수(1982), 농업시책의 효과적 수행과 홍보: KBS TV 농

가방송 시청자반응조사를 중심으로, 『농촌경제』, 5⑴, p.90~96.

김범수 외(2007), 『다문화사회복지론』, 양서원.

김병철 외(2009), 미디어 유행어의 여론과 그랜저 인과관계, 『한국언론학보』, 53권 1호.

김동규(2000), 사회갈등에 관한 보도 및 시사토론 프로그램의 내용분석, 『2000년 한국언론학회 세미나』.

김국진(2003), 『방송 · 통신 융합의 이해』, 나남출판.

김경호(2006), 종이신문 중심의 내적관성이 지체요인, 『신문과 방송』.

김덕만(2007), 『21세기 정부 · 공공기관 · 기업보도자료 & 기자회견 길라잡이 언론홍보기법』, 매스컴출판사.

김민기(2006), 농수산물 홍보와 미디어, 『농산어촌홍보전략포럼』.

김민환(2004), 『한국언론사』, 나남출판.

김사승(2008), 저널리즘의 기술적 재구성에 대한 이론적 고찰: 뉴스 생산과정을 중심으로, 『커뮤니케이션 이론』, 4권 2호, p.7~45.

김사승(2009), 편집국 간부의 통신기사 활용에 관한 인식 분석, 『한국언론학보』, 53권 4호, p.277~296.

김진모(2007), 『FTA와 한국 농촌지도사업의 발전방향』.

김정탁(2012), 다산, 그는 오늘 우리에게 무엇을 말하는가, 『관훈클럽 · 다산연구소』.

김진현(2000), 농업메신저 사업 국제학술대회 농업 · 농촌의 가치 재발견, 『한국농촌경제연구원』.

김동원 · 박혜진(2008), 농업 · 농촌에 대한 2008년 국민의식 조사결과, 『한국농촌경제연구원』.

김성수 · 오세익 · 최찬호 외(2007),『농업 · 농촌의 이해』, 한국방송통 신대학교 출판부.

김성해(2009), 담론으로 재구성되는 경제위기: 9월 및 3월 위기설을 통해서 본 담론의 진화와 정치성,『한국언론재단』.

김승환(2008),『텔레비전 뉴스의 시청유형과 그 특성에 관한 연구』, 한국외국어대학교 대학원 박사학위논문.

김연종(1994), 뉴스의 객관성과 언론의 사회적 책임: 우루과이라운드 보도를 중심으로,『한국언론학보』, 제31호(봄), p.30~60.

김영호(2004), 언론은 농업을 외면하고 있다,『농민신문 · 민주언론운 동시민연합 · 언론개혁시민연대 · 언론인권센터 · 전국언론노동 조합 · 한국기자협회 · 한국방송프로듀서연합회 주최 '한국언론 에는 농업이 없다: 농업개방 관련 언론보도 이대로 좋은가' 심포 지엄 자료집』.

김양식(2009), 한국농업의 사이버농업인 역할,『제4회 사이버농업인 전진대회』, 2009년 3월.

김원용 · 이동훈(2004), 신문의 보도 프레임 형성과 뉴스 제작과정에 대한 연구,『한국언론학보』, 제48권 4호, p.351~382.

김원용 · 이동훈(2005), 언론보도의 프레임 유형화 연구: 국내 원자력 관련 신문보도를 중심으로,『한국언론학보』, 49권 6, p.166~197.

김원용 · 이동훈(2006), 핵폐기장 중심 원자력 관련보도에 나타난 매 체별 갈등보도의 프레임 비교 연구,『한국방송학보』, 19권 4호, p.168~208.

김인규(2007),『텔레비전뉴스의 선거보도 의제 분석: 14 · 15 · 16대 대 통령선거에서 뉴스 프레임을 중심으로』, 성균관대학교 대학원 언론학박사학위논문.

김지운 · 방정배 · 이효성 등(1991), 『비판커뮤니케이션이론』, 나남.

김태욱(2007), 『똑똑한 홍보팀을 만드는 실전 홍보 세미나』, 커뮤니케이션북스.

김춘식(2009), 신문의 경제 저널리즘 현황과 문제점: '금융위기'에 관한 보도내용 분석(2008년 3월~10월)을 중심으로, 『한국언론재단』.

김찬석(2008), 과학기술연구성과의 뉴스 프레임 연구, 『한국광고홍보학보』, 제10-2호, p.98~122.

김화년(2009), 위기설에 대한 언론보도가 경제변수에 미친 영향, 『한국언론재단』.

김흥규(1990), Q방법론의 이해와 적용, 『서강대 언론문화연구소』, 언론학 논선 · 7.

노광준(2006), 『한국 농업 · 농촌 뉴스의 현실 구성방식』, 서울대학교 대학원 경제학박사학위논문.

농민신문 홈페이지(www.nongmin.com), 한미 FTA 관련 기사.

농민신문, 2008년 1월 18일자, 3월 2일자.

농림부(2001), 농업의 다원적 기능의 가치평가 연구, 『한국농촌경제연구원』.

농림부(2007), 『한미 FTA 농업부문 협상결과와 대응방안』.

농림수산식품부(2009), 『농림수산식품 주요통계』.

농림수산식품부, 『2009년도 축산부문 예산 · 기금 운용계획』.

농림수산식품부(2009), 『DDA/FTA 농수산분야 협상 동향』.

농촌사랑지도자연수원(2011), 『농업인을 위한 농촌사랑운동』표준교재1.

농촌정보문화센터(2007), 『농업 · 농촌 종합대책 점검관련 여론조사 보고서』.

농촌정보문화센터(2008), 『농업 · 농촌 · 농정홍보에 대한 국민의식 조사보고서』.

농촌정보문화센터(2008), 『농식품 온라인 홍보마케팅』.

농촌정보문화센터(2007), 『매체활용보고서』.

농촌정보문화센터(2007), 『농업 · 농촌 가치 및 농정홍보』, 농림부 이미지에 대한 여론조사보고서.

농촌정보문화센터(2008), 『쌀소비촉진 홍보 중장기 전략 수립 용역 결과 보고서』.

농림수산정보센터 보도자료.

농촌진흥청, 농업인 교육 관련 자료.

농촌진흥청(2009), 『어젠더 중심 제5차 농업과학기술 중장기연구개발 계획』.

농촌진흥청(2006), 『정책홍보』, 2006년 농촌진흥공무원전문교육교재.

농촌진흥청(2006), 『e-비즈니스의 도전과 비전 워크숍』.

농촌진흥청(2009), 『경쟁력 강화를 위한 지역브랜드 추진전략과 사례: 일본의 지역브랜드를 배운다』.

농촌진흥청(2010), 『한식과 건강』.

나미수(2004), 핵폐기장 유치에 대한 텔레비전 뉴스 프레임 분석, 『한국언론정보학보』, 통권 26호, p.157~208.

나은경(1998), 『뉴스프레이밍 방식의 차이가 사회적 현실에 대한 태도 및 대응방식에 미치는 영향』, 서울대학교 대학원 석사학위논문.

낙농자조금(2009), 낙농자조금관리위원회.

낙농자조금관리위원회 홈페이지(www.imilk.or.kr).

네이버 백과사전.

남양호(2006), 『명품의 탄생과 성공비결』, 한국벤처농업포럼 · 삼성경
　　제연구소.

동아일보, 2005년 11월 11일자.

마상진(2007), 『농업인적자원 개발을 위한 학습활성화』, 한국농촌경제연구원.

문화관광부(2001), 『한국신문산업의 지표 및 통계자료 · 조사 · 연구』.

문화체육관광부(2010), 『정기간행물 현황』.

매일경제신문, 2006년 11월 8일자, 2009년 3월 10일자.

매일경제신문 홈페이지(www.mk.co.kr), 한미 FTA 관련 기사.

박경세(2005), 『방송 · 통신 융합의 네트워크 특성』, 커뮤니케이션북스.

박주연(2005), 『미디어기업의 협력과 통합』, 한국언론재단.

박태균(2009), 식품과 미디어, 『제2차 食 · 農+미디어 초청자료집』.

박태균, 『지역 및 농수산물 마케팅, 홍보가 경쟁력이다』.

박용상(1997), 『언론과 개인법익』, 조선일보사.

박기태(1993), 『텔레비전 뉴스의 정치적 현실 재구성 연구』, 중앙대학교
　　대학원 박사학위 논문.

박경숙(2002), 집단갈등이슈의 방송 뉴스 프레임 분석: 의약분업 뉴스
　　프레임을 중심으로, 『한국언론학보』, 제46-2호, p.310~336.

박대식 외(2008), 농촌의 다문화가정 실태와 정책방향, 『한국농촌경제연구원』.

박성재(2012), 농업부문 자조금 제도 개선방안, 『한국농촌경제연구원』.

박웅진(2004), 농업개방과 관련된 언론보도의 문제점 분석: TV 뉴스의
　　프레이밍 분석을 중심으로, 『농민신문 · 한국기자협회 등 주최
　　〈한국언론에는 농업이 없다〉 심포지엄』.

박종화(2003), 『정치뉴스 프레임의 냉소주의와 정치행태 관계 연구』, 경희대 대학원 박사학위논문.

박재영·이완수(2008), 역피라미드 구조의 한계에 대한 이론적 논의, 『커뮤니케이션이론』, 4권 2호, p.112~152.

반현 외(2007), 한미 자유무역협정(FTA)에 관한 한국 신문보도의 프레임과 담론분석, 『한국언론재단』.

법제처, 『언론중재 및 피해구제 등에 관한 법률』.

방송통신심의위원회(2008), 『2007 제17대 대통령 선거방송 및 2008 제18대 국회의원 선거방송 심의백서』.

방정배(1995), 『커뮤니케이션 변혁/사상/ 이론』, 성균관대학교 출판부.

방정배(2004), 『미디어문화정책론』, 한울아카데미.

백선기(2002), 『텔레비전 문화의 기호학』, 커뮤니케이션북스.

백선기(2004), 『대중문화 그 기호학적 해석의 즐거움』, 커뮤니케이션북스.

류일상(2000), 『언론법제론』, 박영사.

신문과 방송(2004), 『방송, 전화, 인터넷을 한꺼번에』, 2004년 9월호.

신문과 방송(2005), 『한겨레, 편집국부서에 차장급 온라인데스크』, 2005년 11월호.

신문과 방송(2006), 『모바일뉴스서비스가 진화하고 있다』, 2006년 11월호.

신문과 방송(2006), 『휴대전화 속으로 들어간 언론』, 2006년 1월호.

신문과 방송(2006), 『신문 동영상 콘텐츠·인터넷·케이블·위성으로 방송』, 2006년 4월호.

신문과 방송(2001), 『언론인 의식조사』, 2001년 8월호, Vol.368.

손 용(2003), 『디지털네트워크시대의 텔레커뮤니케이션』, 한울아카데미.

손태규(2011), 『전통언론과 뉴미디어 기자는 어떻게 변해야 하는가』, 관훈클럽.

송경옥(2007), 『Q방법론을 이용한 뮤지컬 소비자의 관람동기 유형분석』, 연세대학교 언론홍보대학원 석사논문.

설원태(2006), 국내 언론사 출입처제도의 현황과 문제점, 『한국언론재단』.

성균관대학교 언론정보연구소(1996), 『한국언론의 선거보도 발전방안 연구: 96년 총선에 대한 언론보도 분석을 중심으로』.

송용회 외(2004), 저널리즘 평론: 신문의 지면구성과 내용, 『한국언론재단』.

송지헌(2002), 『대통령 선거 TV토론에 관한 유권자 의식연구』, 연세대 언론정보대학원 석사학위논문.

송종길 · 이동훈(2003), 사회위기와 TV 저널리즘, 『한국방송영상산업 진흥원 연구보고서』, 2003-1.

임송수(2002), WTO 농업협상에 NTC 반영방안, 『한국농촌경제연구원』.

임호만(2006), 『농민의 폭력시위에 대한 언론보도와 경찰의 위기관리 전략 연구』, 연세대학교 언론홍보대학원 석사학위논문.

오미영 · 정인숙(2007), 『알기 쉬운 커뮤니케이션 길라잡이 커뮤니케이션핵심이론』, 커뮤니케이션북스.

오덕화 · 전성군(2009), 『농협임직원을 위한 3분 스피치 100선』, 농민신문사.

오세익 · 김동원 · 박혜진(2004), 농업의 다원적 기능에 대한 국민의식 조사, 『한국농촌경제연구원』.

오수정(2005), 언론자유 제한 1순위는 광고주, 『신문과방송』, 2005. 6.

유재천 외(2004), 『매스커뮤니케이션의 이해』, 커뮤니케이션북스.

윤석원(2004), 주요 신문사의 쌀관련 보도 실태 분석, 『농민신문 · 민
　　주언론운동시민연합 · 언론개혁시민연대 · 언론인권센터 · 전국
　　언론노동조합 · 한국기자협회 · 한국방송프로듀서연합회 주최
　　'한국언론에는 농업이 없다: 농업개방 관련 언론보도 이대로 좋은가'
　　심포지엄 자료집』.

윤호진(2002), 『텔레비전 선거 여론조사 보도: 쟁점과 대안』, 한국방송
　　진흥원.

이강형(2005), 부동산 정책에 대한 신문의 보도경향: 전국 종합일간지
　　8개 및 전국 경제일간지 2개, 『한국언론재단』.

이덕배 외(2009), 녹색국토를 활용한 국가 물관리 역량강화, 『한국토
　　양비료학회 2009년도 춘계학술발표회 자료집』.

심영섭(2012), 『미디어 융합시대 통신사 기반 통합 뉴스룸 추진 전략:
　　통합뉴스 제작모델과 유기적 뉴스룸 문화를 중심으로』, 한국언
　　론학회 2012 봄철 정기학술대회.

이미현(2001), 『신문기사의 쟁점제시방식이 독자의 현실구성에 미치는
　　영향 연구: 일화적 프레임과 주제적 프레임의 비교분석』, 이화
　　여자대학교 대학원 석사학위논문.

이병종(2007), 『주한 외국특파원의 북한 핵 관련 보도에 드러난 뉴스
　　프레임 비교연구: 주요 5개국 8개 신문을 중심으로』, 연세대학
　　교 대학원 박사학위논문.

이상영(2009), 『농촌의 다원성과 어메니티』, HM연구소.

이종순(2004), 『정보격차를 넘어 평등사회로』, 커뮤니케이션북스.

이종순(2009), 『농업도 커뮤니케이션 시대』, 농민신문사.

이종순(2010), 『한미 자유무역협정 관련 농업보도의 프레임 연구: 매체별 비교와 프레임 형성배경을 중심으로』, 성균관대학교 대학원 신문방송학과 언론학박사학위논문.

이종순·김종남(2008), 농촌 다문화가족 보도의 프레임 연구, 농촌경제, 『한국농촌경제연구원』.

이재경(2008), 한국의 저널리즘과 사회 갈등: 갈등 유발형 저널리즘을 극복하려면, 『커뮤니케이션이론』, 4권 2호, p.48~70.

이정모 외(1989), 『글 이해의 심리적 과정의 한 모델, 인지과학: 마음·언어·계산』, 민음사.

이종은(1999), 『장애인 문제에 관한 미디어 프레이밍이 감정이입, 편견의 감소 및 문제 해결의 동기화에 미치는 영향』, 서울대학교 대학원 석사학위논문.

이준웅(2001), 갈등적 이슈에 대한 뉴스 프레임 구성방식이 의견형성에 미치는 영향: 내러티브 해석모형의 경험적 검증을 중심으로, 『한국언론학보』, 제46-1호, p.443~482.

이준웅(2005), 갈등적 사안에 대한 여론변화를 설명하기 위한 프레이밍 모형 검증연구: 정부의 통일정책에 대한 뉴스 프레임 형성과 해석적 프레임 구성을 중심으로, 『한국언론학보』, 49권 1호, p.133~159.

이준웅(2008), 뉴스 틀짓기 연구의 두 개의 뿔, 『정치커뮤니케이션 현상에 대한 이론화의 과제』, 한국언론학회.

이준웅(2009), 뉴스 틀짓기 연구의 두개의 뿔. 『커뮤니케이션 이론』, 5권 1호.

이준웅·김경모(2008), 바람직한 뉴스의 구성조건: 공정성, 타당성, 진정성, 『방송연구』겨울호, p.9~44.

이태하(2004), 『국정홍보 업무혁신을 위한 홍보사례연구』, 국정홍보처.

이희용(2006), 뉴스룸 변화폭풍 어디로 갈 것인가, 『관훈저널』.

양순미(2006), 『농촌국제결혼부부의 적응 및 생활실태에 관한 비교분석: 중국, 일본, 필리핀인을 중심으로』, 한국농촌사회학회 2006 정기학술대회 자료집.

양승찬·김춘식·황용석(2007), 한국의 뉴스미디어 2007 저널리즘이슈와 보도특성, 『한국언론재단』.

안광빈, 『방송을 활용한 농어촌 홍보』.

안수찬(2006), 뒤집힌 피라미드 뒤집기: 한국 신문의 기사체, 김영욱 외, 『한국의 뉴스 미디어 2006』, p.55~74, 서울: 한국언론재단.

우형진(2007), 한미 FTA 관련 지상파 방송 3사 메인 뉴스 보도분석, 『한국언론재단』.

원만해·채백(2007), '천성산 고속철도 관통 보도에 나타난 중앙지와 지역지의 뉴스 프레임 비교연구, 『한국언론학보』, 51권 1호, p.200~226.

언론중재위원회 선거기사심의위원회(2010), 『제5회 전국동시지방선거 선거기사심의백서』.

엄기철(1995), 농업의 재발견 :본질적 가치와 발전방향, 『한국농업경제학회』, 도서출판 이진.

임양준 (2009), 집단적 갈등 이슈에 대한 방송뉴스 프레임 비교연구: 용산참사에 대한 MBC, KBS, SBS 저녁뉴스를 중심으로, 『한국언론학보』, 53권 5호, p.56~77.

임호만(2006), 『농민의 폭력시위에 대한 언론보도와 경찰의 위기관리 전략 연구』, 연세대학교 언론홍보대학원 석사학위논문.

임송수(2002), WTO농업협상에 NTC 반영 방안, 『한국농촌경제연구원』.

외교통상부 홈페이지(www. mofat.go. kr), 한미 FTA 일지.

연합뉴스, 2009년 3월 2일자.

지역농업네트워크, 『지역과 농업의 네트워킹』, 2008년 11월.

지역재단, 『농정조직개편에 따른 새 정부의 농정과제』, 2008년 3월.

제일기획 홈페이지(www.cheil.co.kr), 국내 4대 매체 광고시장 현황.

조선일보 홈페이지(www.chosun.com), 한미 FTA 관련 기사.

조선일보, 2009년 3월 12일자.

조유미(2007), 『한미 FTA 농업협상보도에 대한 뉴스 프레이밍 비교 연구: 조선일보, 매일경제와 한겨레를 중심으로』, 이화여자대학교 대학원 언론학석사학위논문.

주지현(2000), 『뉴스 프레임이 수용자의 태도에 미치는 영향: 여성장관에 대한 뉴스를 중심으로』, 고려대학교 대학원 석사학위논문.

조정하(2004), 『뉴스 프레임과 취재원 이용방식의 상호관계에 관한 연구: 텔레비전 방송 3사의 경제뉴스를 중심으로』, 연세대학교 언론홍보대학원 석사학위논문.

정의철·이창호(2007), 혼혈인에 대한 미디어 보도 분석: 하인즈 워드의 성공 전후를 중심으로, 『한국언론학보』, 51권 5호, p.84~110.

장호순 외(2003), 『신문의 위기?-진단과 처방』, 한국언론재단.

중앙일보, 2004년 10월 16일자.

중앙일보, 2012년 6월 13일자 E12 오피니언 면.

허우영(2006), 『한국신문의 농민시위 및 사망사건·관련 보도경향과 이데올로기적 의미 연구: 조선일보, 한겨레신문, 오마이뉴스를

　　　중심으로」, 성균관대학교 언론정보대학원 석사학위논문.

한겨레신문 홈페이지(www.hani.co.kr), 한미 FTA 관련 기사.

한국기자협회보(2004), 신문산업 경쟁력 상실, 2004년 2월 25일자.

한국기자협회보(2004), 집중진단 신문산업 위기 극복대안 없나, 6월
　　　16, 23일자.

한국기자협회보(2012), 『창립48주년 특별좌담』, 2012년 8월 16일자.

한국농촌경제연구원(2000), 『농업메신저 사업 국제학술대회 농업·농
　　　촌의 가치 재발견』.

한국농업경제학회(1995), 『농업의 재발견: 본질적 가치와 발전방향』,
　　　도서출판 이진.

한국언론재단 카인즈(www.kinds.or.kr).

한국언론재단(2004), 『2004 언론경영실태분석』.

한국언론재단(2004), 『디지털시대 미디어기업의 경영전략』.

한국언론재단(2003), 『미디어산업 발전추세에 관한연구』.

한국언론재단(2003), 『한국신문방송연감』.

한국언론재단(2003), 『디지털시대의 언론인, 역할과 교육』.

한국언론재단(2004), 『신문과 방송 9월호』.

한국언론재단(2002), 『언론사 M&A』.

한국언론재단(2002), 『고등학교용 신문알기-신문만들기』.

한국언론재단(2001), 『언론소송 10년의 판례연구』.

한국언론재단(2001), 『선거보도 핸드북』.

한국언론재단(2000), 『언론인의 직업윤리』.

한국언론재단(2002), 『언론 명예훼손 핸드북 Q&A 100』.

한국언론재단(2008), 『기사쓰기 실무』.

한국언론재단(2006), 『한국의 뉴스 미디어 2006』.

한국언론재단(2007), 『미디어 선거와 그 한계: 17대 대선 보도 분석』.

한국언론진흥재단(2010), 『한국신문의 미래전략: 디지털 시대의 건강한 뉴스 생태계를 위하여』.

한국언론진흥재단(2012), 『한국언론연감 2011』.

한국언론진흥재단(2011), 『2011 신문산업 실태조사』.

한국언론진흥재단(2011), 『한국의 뉴스 미디어 2011』.

한국언론진흥재단(2012), 『2012 신문사 재무분석: 금융감독원 전자공시 신문사 2011년 재무제표 기준』.

한국벤처농업대학 · 삼성경제연구소, 『농업 · 농촌의 명품화전략』, 2006년 11월.

한국자조금연구원, 『쌀자조금 제도의 도입 및 운영방안』, 2006년 11월.

한국축산경제연구원(2011), 『한우자조금 효율성 분석』.

한국ABC협회, 전국 일간신문사 2010년도 발행 · 유료부수 발표자료.

한돈자조금관리위원회 홈페이지(www.porkboard.or.kr).

최재완(2006), 『신문, 좋은 문장 나쁜 문장』, 커뮤니케이션북스.

최현철 · 최현주 · 양문희(2012), 『사상체질이론과 언론학연구: 가능성과 한계 및 전망, 사상체질과 대중매체 및 뉴미디어 이용형태』, 한국언론학회 봄철학술대회.

통계청(2007), 2006년 혼인통계결과.

통계청(2008), 2007년 혼인통계결과.

통계청(2008), 2007년 이혼통계결과.

황용석(2003), 『뉴스의 다매체 전략과 통합 뉴스룸』, 한국언론재단.

황윤재(2007), 『농산물브랜드 가치분석』, 한국농촌경제연구원.

황선옥(2006), 소비자 입장에서 본 농업 · 농촌, 농민신문 2006년 11월 8일자.

황치성(2007), 한국 기자 여러분 무슨 고민하십니까?, 『신문과 방송』 2007. 9.

황치성(2008), 갈등보도의 새로운 접근: '입장(position)'을 넘어 '이해 관계(interests)'로, 『미디어 인사이트 9호, 한국언론재단』, p.3~47.

KBS『러브인아시아』(http://www.kbs.co.kr/1tv/sisa/loveasia).

KBS 1라디오, 농수산정책진단.

## 2. 외국 문헌

Alger, D. E.(1989), *The Media and politics*, Englewood Cliffs, Prentice Hall.

Altschull, J.(1984), Agents of power, New York: Longman.

Balter, M.(1993), Does anyone get GATT?,*Columbia Journalism Review*, May/June 1993: 46~49.

Bass, A. Z.(1969), Refining the "gatekeeper" concept: AU. N.radio case study, *Journalism Quarterly*, 46, 69~72.

Bennett, W. L.(1995), The Politics of Illusion, New York: Longman.

Bennett, T.(1982), Media reality, signification. In M. Gurervitch, T. Bennet, J.

Curan, &. J. Woollacott(Eds), *Culture, society and the meida*(pp. 287~308), London: Methuen.

Bennett, W. L., Gresett, L. A., & Halton, W(1986), Reparingthe news: A case study of the news paradigm, *Journal of Communication,* spring, 50~60.

Bennett, W. L.(1988), News: The politics of illusion(2nd ed),New York: Longman.

Besley, J, C., & Shanahan, J.(2005), Media attenion andexposure in relation to support for agricultural biotechnology, *Science Communication*, 26(4), 347~367.

Breed, W. (1960), Social control in the newsroom: A functional analysis. In W. Schramm(Ed.), Mass Communications, pp. 178~194, Urbana; University of Illionis Press.

Cappella, J. N., & Jamieson, K. H.(1997), *Spiral of Cynicism*: The press and the public good, NY: Oxford University Press.

Cohen, A, A(1990), *Soical Conflict and Television News*, Newbury Park: SAGE.

Entman, R. M.(1993), Framing: Towards Clarification of a fractured Paradigm, *Journal of Communication*, 43(4), 51~58.

FAO(1996), World Food Summit Plan of Action.

Gamson, W. A.(1992), *Talking politics*, Cambridge: Cambridge University Press.

Gamson, W. A., & Modigliani, A.(1989), Media discourse and public opinion on nuclear power: A constructionist approach, *American Journal of Sociology*, 95(1), 1~37.

Gans, H. J.(1979), *Deciding What's News: A Study of CBS Evening News, NBC Nightly news, Newsweek, and Time*, New York: Vintage Books.

Gans, H. J.(1985), Are U. S. journalists dangerously liberal? Columbia Journalism Review.

Gitlin, T.(1980), *The whole world is watching*, Berkeley: University of California Press.

Goffman, E.(1974), Frame analysis, Boston; Northeastern University Press.

Goffman, E.(1974), Frame analysis: An essay on the organization of experience, Cambridge; Harvard University Press.

Giles, R. H.(1991), *Newsroom management: A guide to theory and practice*, Detroit, MI: Media Management Books, Inc.

Graber, D. A.(1988), *Processing the news: How people tame the information tide(2nd ed.)*, New York: Longman.

Giber, W. & Johnson, W.(1961), The City Hall Beats: A Study of Reporter and Source Roles, *Journalism Guarterly*, 38, 289~297.

Hall, S.(1982), The Rediscovery of 'Ideology': Return of the Repressed in Media Studies, In Gurevitch, Bennett and Wollacott(eds.), Ibid.

Hallin, D. C.(1986), *The uncensored war: The media and Vietnam*, New York: Oxford.

Hartley, J.(1982), *Understanding News*, New York, Metuben & Co.

Hardt, H.(1979), Social Theories of the press, German American perspectives, Beverly Hills/London: Sage Publication Co.

Heil, P. M.(1992), Konstruktion der sozialen konstruktion. Grundlinien einer Konstruktivistischen Sozialtheorie, In: Schmidt.S.J.(Hrsg.), Ibid, 303~339.

Hodges, L. W.(1987), Press Responsibility, An Introduction, In: Mass Communication Review, Vol. 14, 2~22.

Ifra, international magazine of newspaper strategy, business and technology, www.ifra-nt.com.

Iyengar, S.(1991), *Is anyone responsible?: How television frames political issues*, Chicago: University of Chicago Press.

Iyengar, S., & Simon, A.(1993), News coverage of the Gulf crisis and public opinion: A study of agenda-setting, priming, and framing, *Communication Research*, 20(3), 365~383.

Iyengar, S.(1996), Framing Responsibility for Political Issues. The Annals of the American of political and Soical Science, 546, 59~70.

Jamieson, K. H.(1992), Dirty Politics, New York: Oxford University Press.

Kippendorff, K.(1989), The Power of Communication and the communication of Power, Toward an Emancipation Theory of Communication, In: Communication, Vol. 12, 175~196.

Kovach, B., & Rosenstiel, T.(2001), *The elements of journalism*, New York: Crown Publishers.

Lau, R. W. K.(2004), Critical realism and news production, *Media, Culture and Society*, 26(5), 693~711.

McQuail, D.(1983), Mass Communication Theory, An Introduction, London: Sage.

McQuail, D.(1986), Diversity in political communication: Its sources, forms and future, In P. Golding, G. Murdock, & P. Schlesinger(Eds.), Communication politics: Mass communications and the political process.

McQuail, D.(2000), Mass Communication Theory(3th Edition), 양승찬 외 역(2002), 『매스커뮤니케이션 이론』, 서울: 나남.

McQuail's Mass Communication Theory,5th edition;양승찬 · 이강형 공역(2011), 『매스커뮤니케이션 이론』, 서울: 나남.

Mencher, M.(1983), Basic News Writing, Dubugue, Iowaiwm, C. Brown.

Merrill, J. C.(1981), The Press, the government and the ethiks vacuum, In: Communication, Vol. 6, 177~191.

Miliband, R.(1969), The process of legitimation, In R. Miliband(Ed.), *The state capitalist society*, London: Weidenfeld and Nicolson, 179~264.

Mills, R. D.(1983), Mass Media as Vehicles of Eduacation, Persuation and Opinion Making in the communist World, In; L. J. Martin(Ed): comparative Mass Media, New york, cuum, In: Communication, Vol. 6, 177~191.

Napoli, P. M.(1997), A principal−agent approach to the study of media organizations: Toward a theory of the media firm, *Political Communication*, 14, 207~219.

Nelson, T. E., & Oxley, Zoe M.(1999), Issue framing effects on belief importance and opinion, *The Journal of politics*, 61(4), 1040~1067.

Nerlich, B.(2004), War on Foot and Mouth diseage in the UK, 2001: Towards a cultural understanding of agriculture, Agriculture and Human Values, 21, 15~25.

Neuendorf, K. A.(2002), The content analysis guidebook, Thousand Oaks, CA: Sage Publications.

Paletz, D. L., & Entman, R. M.(1981), Media, power, politics, New York: Free Press.

Patterson, T. E(1993), Out of Order, New York: Alfred A. Knopf.

Pawlick, T. F.(1998), The Invisible Farm, *Journal of Communication*, 32:6~27.

Price, V., & Tewksbury, D.(1997), News values and public opinion: A theoretical account of priming and framing, In G. Barnett & F. J. Boster(Eds.), *Progress in Communication Sciences*(pp.173~212), Greenwich, CT: Ablex.

Pürer, H.(1981), Ethik und Journalismus, Meinungen aus der Medienpraxis, Salzburg.

Rhee, J. W.(1997), Strategy and issue frames in election campaian coverage: A soical cognitive account of framing effects, *Journal of Communication*, 47(3), 26~48.

Rühl, M.(1979), Die Zeitungsredaktion als organisierter soziales system Bielefeld.2. überarb eitete Aufl. Universitätsverlag.

Rühl, M.(1989), Organisatorischer Journalismus, Tendenzen der Redaktionforsforschung, In: Kaas, M.(Hrsg.), Massenkommunikation, Theorien, Methoden, Befunde, Opladen, 253~269.

Scanlon, T. J.(1969), A study of the contents of 30 Canadian daily newspapers for Special Senate Committe on Mass Media, Carleton University.

Scheufele, D. A.(1999), Framing as a theory of media effects. *Journal of Communication*, 49(1), 103~122.

Schmidt, S. J.(Hrsg.)(1992), Der Diskurs des Radikalen konstruktivismus, Suhrkamp, Frankfurta. M.

Shoemaker, P., & Reese, S., D.(1996), *Mediating Message: Theories of Influences on Mass Media Contents*, New York: Long Man; 김원용역(1997), 『매스미디어 사회학』, 서울: 나남.

Siebert, F/ Peterson, T./Schramm, W.(1956), Four Theories of the Press, Urbana: University of Illinois Press.

Sigal, L. V.(1973), *Reporters and officials: The organization and politics of newsmaking*, Lexington, MA: D.C. Health and Company.

Tuchman, G.(1978), *Making news: A study in the construction of reality*, Free Press; 박홍수(1995), 『메이킹 뉴스: 현대사회와 현실의 재구성』, 서울: 나남.

Tuchman, G.(1977), Objectivity as strategic ritual; An examination of newsmen's notios of objectivity, *American Journal of Sociology*, 77, 660~679.

Van Dijk, T. A., & Kintsch, W.(1983), Strategies of discourse comprehension, San Diego, CA: Academic Press.

Van Dijk, T. A.(1985), Discourse Analysis in Mass Communication Research, New York: Walter de Gruyter.

Van Dijk, Teun. A.(1988), *News as discourse, Hillsdalue*, NJ: Lawrence Erlbaum.

Ward, M.(2002), Journalism online, London: Focal Press.

Watzlawick, P.(Hrsg.)(1990), Die erfundene Wirklich Keit, Wie wissen wir, was wir zu wissen glauben, Beitäge zum konstruktivismus, 6, Aufl, München.

Weischenberg, S.(1992), Journalistik, Medienkommumkation, Theorie und Prakis, Westdeutscher Verlag, Opladen.

Wiedemann, V.(1990), Freiwillige Selbstkontrolle der Presse in ländervergleichender sicht, In: Mestmäcker, E. J.(Hrsg), Selbstkontrolle und Persönlichkeitsschutz in den Medien, Gütersloh, 15~32.

White, D. M.(1950), The "gatekeepers": A case study in the selection of news, *Journalism Quarterly*, 41, 384~390.

Wilson, C. C. & Felix, G.(1985), Minorities and Media, Beverly Hills, CA: Sage.

농업커뮤니케이션
어떻게 할 것인가

## 신문사와 방송사 농업분야 취재 연락처
(농림수산식품부 출입기자, 2012년 7월 1일 현재)

**| 일간지**

**• 조간**

경향신문 02-3701-1135, 1133
국민일보 02-781-9332, 9742
동아일보 02-2020-0957, 0934
매일경제 02-2000-2401, 2402
머니투데이 02-724-7721
서울신문 02-2000-9165, 9163
세계일보 02-2000-1694, 1237
서울경제 02-724-2464, 2455
아시아투데이 02-769-5132, 5131
중앙일보 02-751-5497
조선일보 02-724-5268
아주경제 02-767-1533, 1513
파이낸셜 02-2003-7222, 7221
한국일보 02-724-2420, 2310
한겨레신문 02-710-0041, 0355
한국경제 02-360-4177, 721-7476

**• 석간**

내일신문 02-733-9562

아시아경제 02-2200-2066
헤럴드경제 02-727-0184, 0120

**| TV 및 라디오**

KBS 02-781-4173, 4457
MBC 02-789-0756, 0754
SBS 02-2113-4164, 4153
YTN 02-398-8323, 8321
MBN 02-2000-3149
OBS 032-670-5665
BBS 02-705-5586
CBS 02-2650-7312, 7311
PBC 02-2270-2422

**| 통신**

연합뉴스 02-398-3331, 3330
영문연합 02-398-3460, 3475
이데일리 02-3772-0161, 0381
뉴시스 02-721-7483, 7477

## ▍농업

농민신문
02-3703-6144, 6124, 6149
농수축산신문 02-585-0091
한국농어민신문
02-3434-9060, 9064, 9031
축산신문 02-871-9561
농업축산 02-587-9981
축산경제신문 02-431-1891
농축유통신문 02-3401-7501
농축환경신문 02-582-4016
농촌경제신문 070-4192-5546
농업인신문
031-295-3202, 891-9115
한국농정신문 02-2679-3693
한국영농신문 02-790-2590
한국농자재 02-782-0146
농촌여성신문 031-294-6166
원예산업신문 02-874-8941
한국임업신문 02-796-5659
농업정보신문 02-3474-7063
더바이어 02-3487-7901, 7902

02-6300-8002, 8007
버섯정보신문 02-790-6313
전업농신문 02-3473-8790
양돈타임스 02-2271-3680
경마신문 031-462-8999

## ▍식품

식품음료 02-3273-1114
식품저널 02-3477-5224
한국식품의약 02-326-2501
식품외식경제 02-443-4363
보건신문 02-718-7322

## 원고로 보는 농어민뉴스초점 30선
### – KBS 생방송 뉴스와이드 1부 출연 원고

## 1. 농촌과 도시 간 학력격차, 교육기회 불평등 대책
## (2003년 8월 19일 방송 원고)

농어촌 교육환경이 도시지역에 비해 크게 열악, 젊은 농민들이 농촌을 떠나는 요인이 되고 있습니다. 학생 수 감소에다 학교 통폐합, 교원들의 근무 기피 현상 등이 겹쳐 농어촌지역 교육환경은 도시에 비해 크게 떨어지면서 교육기회 평등의 원칙이 흔들리고 있습니다. '농어민뉴스초점' 오늘은, 농어촌교육의 실상을 진단해 보고 그 대책을 알아보겠습니다. 농민신문 이종순 차장 전화 연결돼 있습니다.

1) 먼저 농어촌교육의 현황부터 살펴볼까요? 농어촌교육이 당면하고 있는
   문제점은 무엇입니까?

예. 여러 가지 요소가 있습니다만 대표적인 것을 보면 학생 수 감소, 교원들의 농어촌근무 기피 현상, 학력 저하, 교육환경 취약, 도시유학에 따른 교육비 부담 증가 등이 되겠습니다.

특히 학생 수 감소는 심각한데요. 1992년 100만 명이 넘었던 농어촌지역 초등학생 수는 해마다 감소하면서 2001년은 33만 9,000여 명으로 급감했습니다. 즉 10년 사이에 농어촌지역 초등학생 수가 70%나 감소

한 셈입니다. 농어촌지역에 사는 젊은 층이 줄었기 때문에 당연히 학생들이 줄어들 수밖에 없는 현실입니다. 그래서 농어촌교육은 농촌인구 감소, 학생 수 감소, 폐교, 학업 성취도 저하, 이농 등 악순환의 고리를 끊기 위해서라도 해결해야 할 중요한 농촌 문제입니다.

2) 학생 수가 줄면서 농어촌지역 소규모 학교 통폐합이 그동안 추진됐는데요. 얼마나 많은 곳이 통폐합됐나요?

소규모 학교 통폐합은 1982년부터 지난해까지 모두 2,886개가 이뤄졌습니다. 지역별로는 전남이 588개소로 가장 많고요, 다음이 경북으로 514개소, 경남 461개소, 강원 355개소, 전북 289개소 등 대부분이 농어촌지역 소재 학교입니다.

폐교된 학교는 활용이 잘되고 있는 곳도 있지만 방치돼 환경을 해치는 곳도 있는데요. 937개소가 매각됐고, 철거된 곳은 22개소, 임대로 활용 중인 곳이 1,121개소로 교육부 통계결과는 나와 있는데요. 저도 농촌지역에서 초등학교와 중학교를 다녔습니다만 제가 졸업한 초등학교도 이미 폐교된 지 오래입니다.

3) 농촌지역 학생들과 도시지역 초등학생들 학력격차뿐만 아니라 교사 확보도 어려운 게 지금 농어촌의 현실 아닌가요?

예. 교육인적자원부와 한국교육과정평가원이 전국의 초등학교 3학년을 대상으로 학습과 일상생활에 필요한 기초학력을 평가했는데요. 농촌지역의 기초학력 미도달 학생 수 비율이 도시의 배 가까이 되는 것으로 나타났습니다. 농촌지역인 읍면지역의 경우 기초수학 90.65점 등으로 대도시에 비해 1.03~1.85점이나 낮았으며 전국 평균에도 미달됐습니다.

이 같은 학력격차뿐만 아니라 최근 농어촌지역 초등학교 임용시험에서 지원자 선발인원에도 미달되는 사태가 발생하지 않았습니까? 농촌지역을 떠나는 교사들이 많아지자 급기야 농어촌지역 교사들의 대도시로 이동을 일정기간 제한하는 규정을 만들어 시행했는데요. 즉 현직교사는 퇴직 후 일정기간이 지나야 다른 지역 교육청이 실시하는 교원임용시험에 응시할 수 있도록 했습니다. 그렇지만 법원이 최근 이러한 규정이 헌법에 보장된 권리를 침해해 부당하다고 판결함에 따라 제한규정이 없어지게 돼, 앞으로 농어촌지역 학교의 교사난은 더욱 가중될 것으로 예상됩니다.

4) 자녀교육 문제가 농촌을 떠나는 큰 원인이라는 지적까지 나오고 있는데요. 교육평등 기회제공은 물론 농촌지역 삶의 질 향상 등을 위해서도 농촌 교육환경 개선이 시급한데, 어떤 대책들이 필요할까요?

헌법 제31조는 모든 국민은 능력에 따라 균등하게 교육을 받을 권리를 가진다라고 천명하고 있지 않습니까? 농어촌교육을 활성화시키기 위해서는 학생 수를 기준으로 한 획일적인 통폐합을 더 이상 하지 말고, 소규모 학교 운영도 개선해 농어촌 교육 기회의 보장이 필요합니다.

또 학력과 교육인력의 질을 향상시켜 도농 간 교육의 질적 격차도 해소해 나가고, 시설과 장비 등 농어촌교육여건을 개선해 나가야 할 것입니다. 이를 위해 농어촌 교사들에 대한 인센티브 강화 등 농어촌 근무 교원들의 복지수준을 향상시키고 대부분의 농어촌학교에서 실시 중인 복식수업의 문제점을 해결하기 위해 새로운 프로그램을 개발도 필요합니다. 농어촌지역 학교는 학교 이상의 가치를 갖고 있는 만큼 지역사회의 교육 문화센터로서 공간도 구축해 나가는 것이 바람직합니다.

이와 관련해 한국농촌경제연구원 정명채 박사는 농어촌학교를 지역 교육, 문화, 복지로 이어지는 종합센터화해 지역사회를 활성화시킬 것을 제시했는데요. 즉 농어촌 종합교육시설 안에 학교는 물론 노인시설, 주민체육시설, 보건의료시설, 도서관 등을 갖추고 이를 효율적으로 활용함으로써 농어촌교육은 물론 농촌사회를 활성화시키는 것이 바람직하다고 밝혔습니다. 이와 함께 농어촌 학생에 대한 교육비 지원을 확대하고 농어촌 교육지원 체계를 수립하는 동시에 농어촌학생 특별전형 모집비율 확대 등을 통해 농어촌 출신 고등학생의 대학진학 기회도 늘려 나가야 할 것입니다. 농촌은 도시보다 공교육의 중요성이 높은 만큼 농촌 학교에 대한 재정과 교육적 지원의 확대가 필요합니다. 또 최근 논의 중인 농어촌 근무 교사들에게 병역특례 혜택을 주는 방안도 조속히 매듭지어야 할 것입니다. 이제 농어촌 교육은 더 이상 방치시켜서는 안 됩니다. 농어촌 교육환경을 개선시켜 떠나는 농어촌에서 돌아오는 농어촌을 실현시켜 나가야 합니다.

## 2. 초고령화사회 농촌, 노인 복지 문제점과 대책
  (2003년 8월 5일 방송 원고)

요약: 노인인구 증가에 따라 고령화사회로 진입한 농촌지역의 복지가 도시지역에 비해 매우 열악합니다. 오늘 농어민뉴스초점에서는 농촌노인 복지 문제에 대해 집중 조명해 보겠습니다.

## 3. 농어민 부채경감대책(2003년 8월 26일 방송 원고)

요약: 지난 2000년 정부의 농어민 부채경감대책 실시 등의 영향으로 농업인의 부채가 다소 줄긴 했습니다만, 아직 많은 농업인이 부채로 신음하고 있습니다. 특히 도하개발어젠더 협상이 진행되고 한·칠레 자유무역협정 등 농축산물 개방의 가속화와 최근 잦은 비로 농작물 생육부진 등 농촌경제가 어려워진 실정입니다. 따라서 농촌경제의 어려움과 그동안 시중금리가 지속 하락한 추세 등을 반영해 부채경감대책 지원금의 금리 인하와 상환조건 완화 등 추가적인 부채경감 대책 마련을 요구하는 농업인의 목소리가 높습니다. 오늘 농어민뉴스초점에서는 농가부채의 실상과 부채경감대책에 대해 조명해 보겠습니다.

## 4. 농외소득 현황과 과제(2003년 9월 2일 방송 원고)

농가소득 구조 변화에 맞춰 농업인의 소득 증대와 농외소득을 늘리기 위한 다양한 대책이 필요한 것으로 지적되고 있습니다. 농가소득 중 농외소득의 비중은 과거에 비해 증가했지만 아직 선진국에 비해서는 낮은 수준입니다. 오늘 농어민뉴스초점에서는 농가의 농외소득 현황과 증대방안에 대해 집중 조명해 보겠습니다.

## 5. WTO 제5차 각료회의 농업협상 의제와 전망 (2003년 9월 9일 방송 원고)

내일부터 14일까지 멕시코 칸쿤에서는 우리나라 농업에 엄청난 영향을 줄 세계무역기구(WTO) 제5차 각료회의가 열립니다. 추석 연휴기간 중에 열리는 이번 회의에 우리나라 농민단체들도 대표단을 파견, 우리나라 농민의 요구사항이 반영되도록 활동을 벌이게 됩니다. 오늘 농어민뉴스초점에서는 WTO 제5차 각료회의 농업분야 의제와 협상전망에 대해 알아보겠습니다. 농민신문 이종순 차장이 전화 연결돼 있습니다.

1) 먼저 멕시코 칸쿤에서 내일부터 열리는 제5차 WTO 각료회의는 어떤 회의고 농업분야에서 논의될 주된 의제는 무엇입니까?

WTO 각료회의는 세계 140여 개국 WTO 회원국의 통상담당 장관이 모여서 국제무역협상에 관해 의사결정을 하는 최고의결기구입니다. 멕시코 칸쿤에서 열리는 이번 회의는 1995년 WTO 출범 후 5번째로 열리기 때문에 5차 각료회의로 불리고 있습니다. 이번 WTO 각료회의에서는 지난 2001년 카타르 도하에서 도하개발어젠더, 영어로는 DDA라고 하는데요, 출범 후 농업분야 협상에서 논의돼 온 농산물 관세와 보조금 감축방식을 정하는 세부원칙에 관해 협상이 진행됩니다.

2) 이번 WTO 각료회의가 열리기 전까지 많은 논의가 진행돼 왔었는데요. 그동안 DDA 농업협상은 어떻게 진행돼 왔습니까?

도하개발어젠더 농업협상은 지난 2000년부터 시작됐지만, 협상의 기본원칙과 일정은 2001년 11월 도하 각료회의에서 구체화됐습니다. 도하개발어젠더 출범 후 농업협상은 농산물 관세와 농업보조금의 감축방식을 정하는 세부원칙에 관해 이뤄졌습니다. 이 같은 세부원칙을 놓고 농산물 수출국과 수입국 간에 첨예한 의견대립으로 협상이 난항을 겪어 왔습니다. 즉 농산물 수출국들은 관세와 보조금을 대폭 줄이자고 주장해 온 반면 우리나라를 비롯한 농산물 수입국들은 관세와 보조금을 점진적이고 신축적으로 감축하자고 주장해 왔습니다.

이처럼 농산물 관세와 보조금 감축을 둘러싸고 수입국과 수출국은 물론 선진국과 개도국 간 의견 대립으로 도하 각료회의에서 정한 3월 말까지 세부원칙 확정기한을 지키지 못하게 됐고요, 농업협상은 반년 가까이 공전됐습니다. 이처럼 교착상태에 빠진 농업 협상에 돌파구를 마련하려고 미국과 유럽연합은 지난달 13일 전격적으로 농산물 관세와 보조금 감축 합의안을 마련해 각국에 제시했는데요, 이 합의안은 선진국과 개도국 구별 없이 한 가지 방식으로 관세를 감축하는 동시에 개도국의 특별품목도 인정하지 않아 개도국들의 큰 반발을 불러왔습니다. 이러던 중에 지난달 24일 세계무역기구 일반이사회 카스티요 의장이 미국과 유럽연합의 합의안을 토대로 개도국들의 주장을 수렴한 새로운 세부원칙안을 제시했고요, 이를 기초로 제5차 칸쿤 각료회의에서 최종적인 농업협상 세부원칙 기본 틀을 논의하게 되는 것입니다. 카스티요 의장이 제시한 농업부분 세부원칙 안을 보면 개도국 우대조치를 반영하긴 했지만 그동안 농산물 수출국들이 주장해 온 관세 상한 설정, 높은 관세일수록 관세를 대폭 감축하는 스위스 공식 적용, 저율관세 물량의 확대, 대폭적인 보조금 감축 등을 기본 골격으로 하고 있습니다.

3) 도하개발어젠더 협상이 농산물 수출국 중심으로 이뤄지고 있는 셈인데요. 도하개발어젠더 농산물 협상을 반대하는 농민의 시위가 전국 곳곳에서 열렸지요. 반대 집회에 참석한 농업인의 요구사항은 무엇입니까?

농민대회가 멕시코 칸쿤 각료회의를 앞두고 전국 곳곳에서 열렸는데요. 대회에 참가한 농업인들은 DDA 농산물개방 협상 반대를 외쳤습니다. 지난 3일부터 6일까지 개최된 농민대회는 경남 함안 가야공설운동장에서 경남도 농민대회를 비롯해 농업사수 농민 생존권 쟁취를 위한 평택농민대회, 충남 천안시와 서천농민대회, 전북 고창과 김제·정읍·군산·부안 등 전북 서부지역 농민대회, 전남 순천과 무안군 농민대회가 잇따라 열렸습니다.

참석 농민들은 결의문을 채택하고 "신자유주의 DDA 농업협상을 반대한다"면서 "농민의 생존권을 지키기 위해 흔들림 없이 싸워 나갈 것"이

라고 천명했습니다. 농협도 이에 앞서 서울 양재동에서 전국 농협조합
장 등 3,000여 명이 참석한 가운데 공정한 농업협상을 촉구하는 궐기
대회를 개최했습니다.

4) 제5차 각료회의에 대한 정부의 입장을 무엇이고 협상전망에 대해 말씀해
주시죠.

허상만 농림부장관이 세계무역기구 각료회의에 협상 공동수석대표로
어제(8일) 출국했는데요. 허 장관은 출국에 앞서 국내 언론과 가진 기
자회견 등을 통해 "정부는 관세와 보조금 감축 최소화 등 우리 입장을
최대한 반영하는 데 최우선 순위를 두고 대응할 계획"이라고 밝혔습니
다. 허 장관은 특히 비교역적기능관심그룹, 강경수입국그룹, 개도국그
룹 등 다양한 그룹의 국가들과 쟁점별로 선별 공조체제를 구축할 것이
라고 강조했습니다.

칸쿤 각료회의는 DDA 협상을 중간 평가하는 회의로 농업협상 세부원
칙의 기본 틀을 논의한다는 점에서 우리에게 매우 중요하며 기본 틀에
합의가 이뤄질 경우 구체적인 관세 및 보조금 감축률을 정하는 협상이
뒤따를 것으로 보여지는데요. 우리 입장에서는 무엇보다 중요한 것이
개도국지위 확보입니다.

이번 회의에서 논의될 카스티요 의장의 수정초안은 개도국에 대한 우
대를 포함하고 있습니다. 우리 농업이 개도국 지위를 확보한다면 선진
국보다는 관세와 보조금을 덜 감축받을 수 있고요, 식량안보와 농촌
개발에 필요한 품목을 특별품목을 스스로 지정할 수 있습니다. 따라

서 우리나라의 농업이 개도국 지위를 유지하면 쌀 등 주요 소득작목을 특별품목으로 지정해 보호할 수 있는 길이 열리게 되는 것입니다. 우리 농업에 대한 영향은 개도국 지위 유지여부에 따라 크게 달라지므로 정부로서는 최우선 협상과제라 할 수 있습니다. 우리나라가 세계 12대 무역국가로 성장하면서 국제여론은 우리의 개도국 지위 유지에 호의적이지 못한 상황이지 않습니까? 그렇지만 개도국 지위 유지에 대한 것은 우리 농업의 사활이 걸려 있는 매우 중요한 문제이고 양보의 대상이 될 수 없기 때문에 협상대표단들은 비장한 각오로 반드시 이뤄 내도록 최선을 다해야 할 것입니다. 식량농업기구 등 국제기구에서 한국 농업을 개도국으로 분류하고 있으며, 우리 농업이 개도국 지위를 인정받았던 우루과이라운드 협상 이후 농업 여건이 오히려 악화되고 있기 때문에 개도국 지위를 변경할 이유가 없습니다. 특히 정부 부처 간은 물론 농업계와 비농업계 간에도 공감대를 형성해 통일되고 일관된 입장을 갖는 등 국민적 공감대 형성도 중요하다 하겠습니다.

## 6. 가축질병 발생 현황과 과제(2003년 10월 21일 방송 원고)

가축질병을 근절시켜 선진 축산업으로 도약하기 위해서는 축산농가들의 방역의식 제고와 함께 방역당국의 지도활동도 강화돼야 한다는 목소리가 높습니다. 오늘 농어민뉴스초점에서는 가축질병 발생 현황과 과제에 대해 집중 조명해 보겠습니다.

## 7. 자연재해대책과 개선방안(2003년 9월 23일 방송 원고)

민관군이 총력적으로 태풍 매미 피해 복구에 나서고 있는 가운데 이번 태풍 피해를 계기로 자연재해 대책에 대한 근본적인 점검과 함께 개선책이 필요하다는 지적이 제기되고 있습니다. 오늘 농어민뉴스초점에서는 현행 자연재해 대책과 개선방안에 대해 진단해 보겠습니다.

## 8. 내년 농림예산의 주요내용과 문제점(2003년 9월 30일 방송 원고)

정부는 내년도(2004년) 농림예산을 올해에 비해 0.7% 늘어난 8조 8,824억 원으로 편성하는 등 내년도 국가전체 예산규모를 확정했습니다. 이 같은 농림예산 규모는 당초 농림부 예산 요구액 11조 원에 비해서도 삭감된 것이고 내년 국가 전체예산의 7.5% 수준에 불과해 참여정부의 농정공약인 국가 전체예산 중 농림예산 비중 10% 확보에도 부족합니다. 오늘 농어민뉴스초점에서 내년 농림예산의 주요내용과 문제점을 집중 조명해 보겠습니다.

## 9. 쌀 생산량 23년 만에 사상 최저, 영향과 대책
   (2003년 10월 7일 방송 원고)

쌀 생산량이 지난 80년 이후 사상 최저치를 기록할 것으로 예상되면서 그 파장이 만만치 않을 것으로 전망됩니다. 농산물 개방 파고 속에서 과실류 등 다른 농작물도 작황이 좋지 않은 상황에서 농업인의 주된 소득원인 쌀마저 흉작으로 예상됨에 따라 어려운 농촌경제에 설상가상으로 큰 타격이 불가피한 실정입니다. 오늘 농어민뉴스초점에서는 흉작으로 나타난 올해 쌀 예상 생산량과 그 영향에 대해 진단해 보겠습니다. 농민신문 이종순 차장 전화 연결돼 있습니다.

1) 먼저 작황조사결과, 올해 쌀 생산량은 어느 정도로 나타났습니까?

예. 농림부 산하 국립농산물품질관리원이 전국 4,500개 표본필지를 대상으로 실시한 쌀 생산 예상량 조사결과 9월 15일을 기준으로 한 올해 쌀 생산량은 3,121만 석이 예상됩니다. 이는 지난해 생산량인 3,422만 석보다 301만 석이 감소한 것으로 감소율로도 8.8%를 기록했습니다. 올해 시도별 쌀 생산 예상량은 전남이 609만 9,000석으로 가장 많고 다음이 충남으로 561만 6,000석, 전북 478만 2,000석, 경북 397만 6,000석, 경기 353만 6,000석 등입니다. 이 같은 쌀 생산량은 냉해가 극심했던 지난 1980년에 2,465만 5,000석을 기록한 이후 사상 최저치입니다.

2) 여러 가지 악조건 속에서 풍년 농사를 위해 애써 온 농업인의 상심이 이만저만이 아닐 텐데요. 쌀 생산량이 감소한 배경은 무엇입니까?

쌀 생산량이 앞서 말씀드린 것처럼 감소한 것은 단위 면적당 수량과 쌀 재배면적이 줄었기 때문입니다. 이번 9.15 작황조사 결과 300평당 생산량이 445kg으로 나타났는데요. 이는 지난해의 471kg보다 5.5%가 줄어든 것입니다. 또 올해 벼 재배 면적도 지난해보다 3만 7,000㏊가 감소해 101만 6,030㏊를 기록했습니다.

보다 구체적으로 살펴보면 1㎡당 벼 포기 수는 22.7개, 포기당 이삭 수는 19.2개, 이삭당 낟알 수는 75.2개인데요. 이에 따른 1㎡당 총 낟알 수는 3만 2,700개로 조사됐습니다. 특히 올해는 모내기 이후 잦은 비로 병충해가 발생이 증가한 데다 이삭이 패는 시기 이후에 일조량이 적고 저온현상 등이 겹쳐 이른바 쭉정이 벼가 늘어난 상태에서 전북 남원 등지에서는 냉해 피해까지 겹쳤고, 태풍 매미 여파로 많은 벼가 침수하거나 도복한 것이 생산량 감소에도 큰 영향을 주었습니다.

실제 기상청 발표에 따르면 지난 6월부터 8월까지 평균 강수량은 712㎜로 평년 657㎜보다 많고 일조시간은 403시간으로 평년 544시간에 비해 매우 적은 것으로 나타났습니다.

3) 기상여건마저 농업인의 마음을 아프게 했는데요. 흉작이 예상됨에 따른 파장이 만만치 않을 텐데요. 흉작에 따른 영향이 곳곳에서 나타나지 않겠습니까?

우선 농산물 개방 파고로 어려워진 농업인의 소득이 감소할 것으로 예상됩니다. 작황 부진으로 쌀 생산량이 대폭 줄면 농가소득 감소와 직결된다는 점에서 우려가 커지고 있는 것이죠. 실제 이 같은 쌀 생산량 감소는 올 정부 매입가를 기준으로 할 때 8,700억 원가량의 농가수입 감소로 이어지게 된다는 분석입니다. 가뜩이나 어려운 농촌의 농심이 쌀 흉작까지 겹쳐 흉흉해지지 않을까 걱정됩니다.

쌀 수급에도 큰 영향을 주게 되는데요. 올해 쌀 생산량이 9월 15일 작황조사처럼 3,121만 석으로 감소하더라도 재고 쌀과 최소시장 접근물량을 감안하면 내년에 총 공급 가능물량은 4,106만 석에 달해 예상소비량인 3,374만 석을 웃돌 것이라는 분석도 있습니다. 그렇지만 유엔 식량농업기구가 권고하는 적정재고량, 즉 573만~607만 석을 감안할 때 잉여량은 124만 석에서 159만 석에 그쳐, 결국 올해와 같은 수준으로 북한에 국내산 쌀을 지원하기는 어려울 것이라는 전망도 나오고 있습니다. 또 그동안 재고량이 많아 쌀값이 평행선을 유지해 왔는데요. 재고량이 줄면서 쌀값이 오를 가능성이 있어 이에 따른 소비자 부담도 늘어날 수 있습니다. 역설적이긴 하지만 쌀 생산량 감소는 재고미 부담을 완화시킬 것으로 예상됩니다. 사실 쌀 재고량은 최근 몇 년간 풍년이 지속되고 소비량이 감소하면서 급격히 늘어났습니다. 쌀 재고량은 1999년에 502만 석에 불과했으나 2001년에는 927만 석, 지난해는 1,040만 석으로 늘어나지 않았습니까? 이에 따른 재고미 보관비와 금융비 등 비용도 연간 수백 억 원이 소요돼 일부에서는 재고미 중 오래된 것은 가축 사료용으로 사용할 것도 검토되기까지 했습니다. 특히 국민의 주식인 쌀을 안정적으로 공급해야 한다는 등 식량안보 논리는 이번 흉년으로 더욱 설득력을 얻을 것으로 예상됩니다.

4) 농업인의 소득감소가 큰 걱정인데요. 흉작에 따른 대책은 무엇입니까?

우선 쌀소득보전직불제부터 손질을 해야 한다는 지적이 제기되고 있습니다. 올해로 시행 2년째를 맞고 있는 쌀소득보전직불제는 쌀 소득 감소에 대비하자는 취지로 정부가 일본의 도작경영안정제를 모델로 삼아 도입한 제도인데요, 기준가격에 비해 당해년산 쌀값이 하락할 경우 그 차액의 80%를 지급토록 하고 있습니다. 올해는 16만 7,901농가들이 15만 9,836ha 면적에 대해 쌀소득보전직불제에 가입했습니다. 그렇지만 앞서 말씀드린 것처럼 수확량이 대폭 감소할 것으로 예상되면서 올해산 쌀값은 일단 기준가격인 정곡 80kg 한 가마당 15만 2,306원을 웃돌 것으로 전망돼 보전금 지급이 어려울 전망입니다.

문제는 올해 쌀값이 상승해도 쌀 소득은 크게 줄어들 수밖에 없다는 점인데요. 더구나 단순히 가격만을 비교하기 때문에 올해 같은 기상재해로 인한 실질소득 감소 때는 쌀소득보전직불제가 아무런 기능도 하지 못하는 결과를 낳을 수밖에 없는 실정입니다. 따라서 지급기준을 현실에 맞게 개선해야 한다는 게 전문가들의 일치된 지적인데요. 즉 단순한 가격 비교만이 아니라 수량 및 가격변화를 동시에 고려하는 방식으로 변경돼야 한다는 것입니다. 이와 함께 지난해에 이어 올해 또다시 보전금 지급이 안 될 경우 약정농가의 납입금 반환을 둘러싼 시비가 제기될 가능성이 큰 만큼 이에 대한 보완대책 마련도 시급한 과제로 지적되고 있습니다. 추곡수매가 1일부터 실시되고 있는데요, 적기에 수확해 고품질 쌀을 생산하는 것도 중요합니다. 농촌진흥청은 9월 하순까지가 수확적기인 조생종 벼를 수확하지 못한 농가들은 서둘러 수확작업을 마친 것과 함께 벼 잎이 녹색을 띠고 있더라도 벼 알이 90%

이상 누렇게 익었을 때는 벼 베기를 해 줄 것을 당부하고 있습니다.

## 10. 농업 · 농촌 · 농업인 4대 지원법안의 주요내용과 과제
### (2003년 11월 4일 방송 원고)

정부가 한 · 칠레 자유무역협정(FTA) 비준과 연계해 마련한 '자유무역협정체결에 따른 농어업인 지원 특별법' 등 4대 지원법안이 국무회의에서 확정됨에 따라 이제 국회심의를 남겨놓고 있습니다. 하지만 농민단체 등은 이들 4대 지원법안에 대해 미흡하다는 입장을 보이고 있어 국회 처리과정에서 보완여부에 관심이 모아지고 있습니다. 오늘 농어민뉴스초점에서는 4대 법안의 주요내용과 과제를 집중 조명해 보겠습니다.

## 11. 수입생우, 국내 상륙에서 사육 후 유통까지
### (2003년 11월 4일 방송 원고)

생우(生牛) 수입이 자유화된 이후 2년 10개월 동안 모두 7차례에 걸쳐 생우 5,156마리가 국내에 수입됐습니다. 수입 생우는 지난 2001년 4월 16일 인천항을 통해 국내에 첫 상륙한 후 한우농가들의 강력한 반발과 블루텅병 발견 등 큰 파문을 불러왔습니다. 오늘 농어민뉴스초점에서는 수입 생우 문제를 집중 조명해 보겠습니다. 농민신문 이종순 차장 전화 연결돼 있습니다.

1) 생우, 즉 살아 있는 소 수입이 지난 2001년부터 자유화됐는데요. 그동안 수입된 생우는 모두 몇 마리나 됩니까?

예. 올 10월에 들어온 7차분까지 합해 모두 5,156마리입니다. 이는 국내도착 기준입니다. 이 중 올 10월에 수입된 762마리만 미국산이고, 나머지 6회에 걸쳐 수입된 생우는 모두 호주산입니다. 또 올 12월에도 생우가 수입될 것으로 알려져 생우 수입 마릿수는 더 늘어날 전망입니다. 수입 생우는 검역과정에서 1차에서 8마리, 2차는 2마리가 각각 제1종 가축전염병인 블루텅병이 발견돼 큰 파장을 불러왔고, 올 1월에 수입된 4차분 생우도 검역 과정 중 한 마리에서 블루텅병이 발견됐습니다.

블루텅병은 등애모기의 흡혈로 전파되는 바이러스성 가축전염병입니다. 소·면양·산양·사슴과 야생 반추동물에서 감염되는 가축전염병 예방법상 제1종 가축전염병으로 국제수역사무국, 즉 OIE에서도 A급 질병으로 분류하고 있습니다.

2) 생우 수입이 현실로 나타나자 한우농가들의 반발이 커졌었는데요. 그동안 수입된 생우가 어떻게 처리됐는지도 궁금해지는데요.

예. 지난 2001년에 수입된 1·2차분은 한우농가의 강력한 반발에 부딪혀 농장 입식이 저지돼 농협이 축산발전기금으로 매입한 후 도축 처리했습니다. 농협서울축산물공판장 등에 상장경매됐는데, 1차와 2차분 수입생우는 등급판정 결과 대부분이 3등급이었고 지육 1kg당 경매 값은 4,500원대였습니다.

이후 호주 측은 블루텅병 문제를 해결하기 위해 1년 넘게 우리나라로 생우 수출을 잠정 중단했었습니다. 또 지난해 10월에 들어온 호주산 생우는 현재 경기 화성에 있는 한 농장에서 사육되고 있는데, 이 중 170여 마리가 도축돼 독자상표로 할인점에서 판매됐습니다. 올 1월에 들여온 4차분은 전북 무주 등지에서 사육되고 있으며, 올 연말부터 출하가 시작될 것으로 예상되고 있습니다. 5차분과 6차분은 경북 경주지역에서 사육되고 있고요. 이번에 수입된 미국산인 7차분은 검역이 끝나는 대로 농장에 입식돼 사육될 것으로 알려지고 있습니다.

3) 한우협회 등 한우농가들은 이에 대해 어떻게 대응하고 있습니까?

예. 수입생우 반대운동을 전개하고 있는 전국한우협회는 자체 유통 감시단을 적극 운용하면서 도축에서 판매단계까지 추적 및 감시 활동을 통해 수입생우가 한우고기로 둔갑·유통되는 것을 방지할 계획입니다. 이와 함께 미국산 생우에 대해서는 올 초 캐나다에서 광우병이 발생한 점을 들어 수출국 표시 등의 대책 마련을 정부에 촉구했습니다.

4) 수입생우의 수익성에 대한 분석도 나왔다면서요.

예. 최근 열린 '한우의 효과적인 번식효율 증대 방안' 심포지엄을 통해 호주산 수입생우의 수익이 한 마리당 100여 만 원으로 추정된다는 결과가 밝혀졌는데요. 이 같은 주장은 9월 15일까지 도축된 3차분 생우 113마리의 도체 등급 판정 결과를 바탕으로 산출한 데 근거를 두고 있습니다. 그러나 한우업계는 호주산 생우 수익은 미미할 것이라고 주장하고 있습니다. 관련 전문가들은 호주산 생우를 10개월간 사육했을 경우 한 마리당 소요되는 생산비는 350여 만 원이 될 것으로 추정하고 수익을 산출하면 이보다 훨씬 낮다는 주장입니다. 더욱이 미국산 생우는 호주산보다 마리당 값이 비싸기 때문에 생우 사육에 따른 실제수익은 미미할 것이라고 관련 전문가들은 지적하고 있습니다.

5) 생우 수입에 따른 정부 대책은 무엇입니까?

농림부는 우선 수입되는 생우에 대해 국제수역사무국(OIE) 등 국제기준에 맞춰 철저한 검역을 실시해 외래 악성가축질병 유입차단에 최선을 다한다는 입장입니다. 또 '수입생우사후관리요령'에 따라 사후관리도 강화키로 했는데요. 검역과 동시에 개체 구분관리를 위해 이표(耳標) 또는 낙인표시를 의무화하고 수입생우 사육 및 거래단계서 검역증사본을 첨부토록 했습니다. 특히 도축 후 소매단계에서 원산지 외에 출생국 표시도 의무화했습니다. 이와 함께 둔갑판매 방지를 위해 식육판매업소에 거래기록의무제를 2002년 1월부터 도입해 처벌을 강화했으며, 특히 검역시설능력을 현재보다 늘리지 않을 방침입니다.

축산전문가들은 생우 수입에 지나친 불안감보다는 고급육 생산 등에 노력할 것을 당부하고 있습니다. 한우농가들도 생우가 수입되고 있는 현실을 이제는 냉정하게 인정하고 너무 과도한 불안감에서 벗어나는 것이 바람직합니다. 너무 과도한 불안감은 한우생산기반을 위축시키는 결과를 초래하기 때문이죠. 한우번식기반을 안정시켜 송아지 생산 마릿수를 늘리는 것과 쇠고기 유통구조의 선진화 등도 갈등 해결에 필요한 요소입니다.

또 현재의 검역시설을 더 이상 늘리지 않아야 한다는 지적입니다. 현재의 검역시설을 기준으로 할 때 연간 최대 수입생우 검역능력은 8,500마리 안팎입니다. 이와 함께 한우 농가들도 고급육 생산 기반을 공고히 다져나가 경쟁력을 높여 나가는 동시에 한우자조금 등을 활용해 한우고기를 체계적으로 홍보하는 것도 시급하다는 지적입니다.

아무튼 생우 수입이 본격화되고 있고 과도한 입식 방해가 자칫 외교마찰로까지 이어질 수도 있는 만큼 정부·한우농가·수입업자 등이 합리적인 해결방안을 찾는 데 중지를 모아야 한다는 것이 축산업계 전문가들의 지적입니다.


## 12. 농업인의 날을 맞아 되새겨보는 농업의 중요성
### (2003년 11월 11일 방송 원고)

11월 11일 오늘은 제8회째 맞는 농업인의 날입니다. 개방화 파고가 거세지는 속에서 맞는 농업인의 날인 만큼 의미가 크다 하겠는데요. 특히 태풍 매미 등의 자연재해와 개방 파고를 극복하려는 눈물겨운 의지로 국민의 생명창고인 농업을 지키는 전국의 농업인에게 국민의 한 사람으로서 위로와 격려의 말씀을 드립니다. 그래서 오늘 농어민뉴스초점에서는 농업인의 날의 의미를 되새겨보는 시간으로 마련했습니다.

농민신문 이종순 차장 전화 연결돼 있습니다.

1) 먼저, 농업인이 날이 올해 8회째인데요. 언제 제정됐습니까?

농업인이 날이 공식 제정된 것은 지난 1996년인데요. 그 이전부터 농업인의 날을 제정하자는 의견이 농업계에서 활발하게 제기되지 않았습니까? 농민신문도 농업인의 날을 제정하자는 캠페인을 전개했고요. 농림부는 이에 따라 1990년 공청회를 열고 여론수렴에 나섰고 농협 등 농민단체들도 1991년 농어민의 날 추진준비위원회를 구성해 그해 12월 농어민의 날 제정 선포식을 가졌습니다.
이처럼 농민단체 중심으로 활발하게 농업인의 날 제정과 자체적인 행사가 잇따르자 정부도 1996년 국무회의에서 대통령령으로 농어업인의 날을 공식 제정하게 됐습니다. 그 후 해양수산부가 신설돼 별도로 바다의 날을 정하면서 공식명칭을 농업인의 날로 변경해 1996년 11월 11일 역사적인 첫 공식 행사를 개최한 후 오늘에 이르게 된 것입니다.

2) 농업인의 날 제정까지 많은 노력이 있었군요. 그렇다면 농업인의 날을 11월 11일로 택한 특별한 배경이 있습니까?

예. 한자로 흙을 상징하는 흙 토(土) 자를 풀어 쓰면 열 십(十) 자와 한 일(一) 자가 됩니다. 즉 흙 토 자를 풀어쓴 11일이 두 번 겹치는 11월 11일을 농업인의 날로 한 것입니다. 또 '인간은 흙에서 태어나 흙에서 살다 흙으로 돌아간다'는 농자철학을 바탕으로 흙이 세 번 겹치는 토월, 토일, 토시인 11월 11일 11시가 농업인의 날 기념식이 된 것입니다. 이러한 철학을 바탕으로 농업인의 날 발상지인 강원 원주시에는 농업인의 날 기념 조형물이 있는데요. 세로 16m에 높이는 11월 11일의 의미를 살린 11m인 대형 원추형 화강암으로 된 기념조형물에는 우주 만물의 생성과 소멸 속에서 흙을 바탕으로 살아가는 농업인의 강인하고 끈질기면서 기지에 찬 기상을 주역의 태극사상으로 표현했습니다. 흙의 상징성과 흙 속에서도 농사일을 하는 농업인의 중요성을 기리자는 의미가 포함돼 있습니다.

3) 해마다 농업인의 날을 전후해 농업인의 노고를 위로하고 우리 농업과 농촌의 중요성을 알리는 풍성한 행사들이 열렸었는데요. 올 농업인의 날에는 어떤 행사들이 있습니까?

올해 농업인의 날 슬로건은 '농업·농촌사랑, 우리 미래를 열어가는 힘'이고요, 부제로는 소비자의 식탁에 안전한 먹을거리를 올려놓겠습니다, 위기를 기회로 도약하는 우리 농업·농촌 등인데요. 이를 통해 농업인과 소비자, 정부가 함께하는 축제로 승화한다는 계획입니다.
농업인의 날 이전부터 각종 행사가 개최되고 있지 않습니까? 지난 일요일이었죠. 도시민과 농업인의 정겨운 축제한마당인 제2회 Love米 농촌사랑 마라톤 대회가 농민신문사 주관으로 서울 상암동월드컵경기장에서 열렸는데요. 러브미는 영어로 사랑한다는 러브와 쌀 미 자를 조합한 것인데요. 농업과 농촌에 대한 범국민적 관심 제고와 공감대 형성을 위해 열린 러브미 농촌사랑 마라톤대회에는 농업인을 비롯해 도시민, 정부 관계자와 국회의원 등 8,000여 명이 참석했고요. 빵을 간식으로 주는 다른 마라톤대회와는 달리 참가선수 전원에게 주먹밥과 우유, 달걀 등 우리 농산물을 간식으로 제공하고 햅쌀과 떡도 선물로 제공해 우리 농산물 홍보와 소비촉진에도 기여했습니다. 특히 이번 마라톤대회 참가비의 일부는 태풍 매미로 어려움을 겪고 있는 농업인을 돕는 데 쓰일 계획입니다. 이에 앞서 농림부 주최로 제3회 농업인 홈페이지 경진대회도 열려 농산물 전자상거래 우수농가 24명이 선정돼 시상과 함께 사례발표도 있었습니다. 오늘 11시에는 기념식이 열리고, 오늘부터 13일까지는 경기 수원에 있는 농촌진흥청 운동장에서 우리 농산물 한마당 축제행사와 4-H 중앙 경진대회가 열립니다. 팔도 우수농산물과 각종 아이디어 농산물이 전시되고 전국 쌀 축제와 우리 농산물로 만든 음식 시식회도 열리고 지역 농특산물이 판매됩니다. 국산 농산물과 수입농산물을 비교·전시하는 등 다채롭게 마련된 만큼 도시 소비자들께서 시간을 내 가 보시면 농업인의 사기를 높이는 데 도움이 될 것입니다. 또 서울국제식품전시회가가 14일부터 17일까지 서울 양재동 aT센터에서 열리고 도시와 농촌 녹색교류심포지엄도 12일 건국대 새천년기념관에서 열립니다. 이에 앞서 농민신문사와 한국토양비료학회가 공동주최로 '제4회 흙의 날 기념식 및 제7회 흙을 살리자 심포지엄'이 개최돼 흙의 중요성이 부각됐습니다.

4) 산업화의 물결 속에서 사실 농업의 중요성을 망각하고 지나갈 때가 많은데요, 앞으로도 우리 국민의 생명창고인 농업을 지속적으로 지켜내야 하지 않겠습니까?

예. 그렇습니다. 농업이 주된 산업으로 대접을 받았던 시대에는 '농자천하지대본'이라는 말이 있지 않았습니까? 공업화가 급진전하면서 이제는 이러한 말을 기억하는 사람들이 과거보다 적어지고 있지만, 농업이 인류의 생존에 있어서 미치는 영향은 과거나 지금이나 큰 변화는 없을 것입니다. 오히려 생업으로서 농업의 위상은 축소되었을지는 몰라도 환경 등 다원적 기능으로서 농업의 중요성은 더욱 높아지고 있습니다.

그러나 우리 내부에서도 이러한 농업의 중요성에 대해 올바른 인식을 갖고 못하고 있다는 지적인데요. 특히 미래를 이끌어 나갈 젊은이들 중에 농업경시 풍조가 있음을 부인할 수 없을 것이고 이를 방치하는 어른들도 있지 않습니까? 따라서 농업인의 날은 젊은이들에게도 국적 불명의 **빼빼로데이**보다는 훨씬 소중하게 인식되는 날이 오길 기대합니다. 또 이번 농업인의 날이 농업에 관한 비전과 문제해결 의지를 갖는 계기가 되길 바랍니다.

## 13. 농업인 정년 65세 이상으로 법제화 서둘러야
### (2003년 11월 18일 방송 원고)

농업인 정년을 고령화 추세의 현실에 맞게 65세 이상으로 법제화를 서둘러야 한다는 목소리가 높습니다. 농업인이 교통사고 등을 당해 손해 배상을 받아야 할 상황이 발생하면 별도의 정년기준이 없기 때문에 개별적인 소송 등을 통해 해결해야 하는 등 엄청난 사회적 비용을 지불할 수밖에 없는 현실입니다. 오늘 농어민뉴스초점에서는 농업인 정년

법제화 문제에 관해 집중 조명해 보겠습니다. 농민신문 이종순 차장 전화 연결돼 있습니다.

1) 농촌 인구가 갈수록 고령화되고 있는데요. 농업인 정년기준은 있습니까?

예. 잘 아시는 것처럼 농업 인구 고령화가 급속히 진행되고 있는데요. 전체 농업인구 중 65세 이상 농업인구 비율은 지난 1995년에는 16.2% 였지만 2000년은 21.2%로 높아졌고요. 다시 2002년은 26.2%로 높아지는 등 고령화의 속도가 빨라지고 있습니다.

그렇지만 현재 농업인의 정년에 대한 기준이 별도로 없어 문제가 되고 있는데요. 이에 따라 현재 손해보험협회가 제정한 자동차보험약관에는 농업인을 별도의 정년기준이 없는 직종의 근로자로 인정, 결과적으로 가동연한. 이 가동연한은 법률적인 용어로 언제까지 직업에 종사할 수 있는지 여부를 따지는 것인데요, 농업인은 가동연한 산정기준을 60세로 인정하고 있습니다. 이는 농업인이 법령이나 단체협약 또는 별도의 정년에 관한 규정이 없는 직종에 속하기 때문입니다.

2) 그렇다면 손해보상 등에서 농업인의 정년기준을 현실과 동떨어진 60세로 인정함에 따라 파생되는 문제점도 많을 것 아닙니까?

그렇습니다. 앞서 말씀드린 것처럼 고령화되고 있는 농촌 현실을 반영해 65세 이상의 정년을 인정받기 위해서는 교통사고를 당한 농업인과 유가족이 개별적으로 막대한 사회적 비용을 지불하면서 소송 등을 해야 하는 데다 정신적 고통도 뒤따르고 있습니다. 더구나 60세인 정년을 65세로 인정받으려면 소송절차 등에 많은 시간이 소요되므로 중요한 영농시기를 놓치는 경우까지 발생하고 있다는 지적입니다.

### 3) 농업인의 정년기준을 현재의 60세에서 65세로 연장할 경우 어떤 효과가 있습니까?

예. 농업인 정년을 60세로 적용함에 따라 농업인이 현재 막대한 손실을 보고 있습니다. 실제 2001년 한 해 동안 교통사고로 사망한 농림어업 종사자 수는 1,264명인데요. 이를 연간소득 기준으로 합산할 경우 정년을 65세로 적용할 때에 비해서 60세로 인정할 경우 672억 원의 손실을 보게 된다는 결과가 나옵니다. 또 교통사고를 당한 농업인이나 유가족이 정년 연장을 위해 개별적으로 소송을 제기하는 경우에는 소송비용은 물론 시간과 노력 등 엄청난 사회적 비용이 추가되는데, 이를 감안하면 60세 인정으로 농업인의 손실은 더욱 커질 수밖에 없는 것이죠. 다시 말해서 농업인에 대한 정년기준을 65세 이상으로 법제화하면 그동안 지출해 왔던 개인들의 소송비용을 절감할 수 있어서 절감된 부분만큼 소득보전효과가 발생하게 됩니다.

### 4) 선진국 등 다른 나라는 농업인 정년을 몇 세까지 인정하고 있는지도 궁금해지는데요.

선진국에서는 이미 농업인의 정년기준을 우리나라보다 훨씬 폭넓게 인정하고 있는데요. 미국과 영국 독일 등은 65세이고 우리와 여건이 비슷한 일본은 67세로 규정하고 있습니다. 일본은 손해배상제도에서 농업인을 자영업자로 구분해 농업인의 정년을 67세로 규정하고 있습니다.

5) 농업인의 정년기준을 농촌 현실에 맞게 법제화해야 한다는 목소리도 높은데요.
현재 농업인 정년기준을 65세로 하는 법안도 국회에 제출돼 있다면서요. 어떤
대책들이 필요합니까?

예. 농어민이 자동차사고를 당해 손해보험금을 산정할 때 정년기준을
현행 60세에서 65세로 연장하는 내용의 '자동차손해배상보장법중개정
법률안'이 민주당 이낙연 의원의 대표발의로 최근 국회에 제출돼 있습
니다. 따라서 전문가들은 농업인은 자발적으로 은퇴하는 관행과 농촌
인구의 고령화 추세로 65세 이상 농업인구가 급증한 현실을 반영해서
농업인 정년 법제화를 서둘러야 할 것이라고 지적하고 있습니다.

일반 근로자들은 계약에 따라 근로를 종료하지만 농업인은 자발적으로
은퇴하는 만큼 일반적 노동불가능 시점인 정할정자 정년을 적용해야
한다는 것이죠. 더구나 우리나라의 경우 농업인의 은퇴시기가 늦어지
면서 70세 이상도 실제로 영농활동을 하는 경우가 많습니다. 이는 농
업인이 은퇴 후 뚜렷한 노후 생계대책이 없는 데다 은퇴를 위해 농지
를 팔려고 해도 팔리지 않는 경우가 많고 경영을 이양하고 싶으나 농
사를 계속 지을 후계자가 없는 경우 등의 이유 때문입니다.

법원도 교통사고를 당한 농업인의 가동연한을 65세가 될 때까지 보는
게 적절하다고 잇따라 판결하고 있습니다. 대법원도 교통사고 당시 60
세인 농업종사자가 낸 손해배상청구소송에서 가동연한을 65세가 될

때까지 보는 것이 정당하다고 판결했습니다.

대법원은, 가동연한은 국민의 평균여명, 경제수준, 고용조건 등의 사회경제적 여건 외에 연령별 인구수, 직종별 근로조건과 정년제한 등 제반 사정을 조사해 인정하든가 피해당사자의 연령, 직업, 경력, 건상상태 등 구체적인 사정을 고려해 정할 수 있다면서 이렇게 판결한 것인데요.

따라서 법제화를 서두르고 농업인 정년기준이 농업인에게 불리하게 적용되지 않도록 농업인 정년기준에 대한 교육과 홍보도 필요하다 하겠습니다. 정부도 농업인 정년기준의 문제점을 인식하고 개선을 위해 노력하는 것은 물론 중요해지고 있는 농업 관련 법률문제를 실질적으로 지원할 수 있도록 농업전문변호사 양성도 필요하다 하겠습니다.


## 14. 농산물 수입 봇물에 밀수까지 성행(2003년 12월 9일 방송 원고)

올해 국내 농산물 작황이 부진한 틈을 타 농산물 수입량이 봇물을 이루고 있습니다. 더구나 농산물 밀수까지 극성이어서 작황부진과 개방화로 어려움을 겪고 있는 농업인의 마음을 아프게 하고 있습니다. 오늘 농어민뉴스초점에서는 농산물 수입과 교묘해진 밀수에 관해 집중 조명하겠습니다. 농민신문 이종순 차장 전화 연결돼 있습니다.


## 15. 농지제도 개편, 어떤 방향으로 논의되고 있나
   (2003년 12월 16일 방송 원고)

농림부는 농업·농촌 종합대책안을 통해 우량농지는 보전하면서 농촌 활력 증진과 농가소득 증대를 위한 방향으로 농지소유와 이용규제의 개선을 추진하는 등 농지제도를 개편을 추진 중입니다. 이는 현실에 맞게 농지제도를 바꿔 나가겠다는 것을 의미한다는 점에서 주목되는 부분인데요. 오늘 농어민뉴스초점에서는 농지제도의 변천과정과 검토 중인 개편방향에 대해 집중 조명하겠습니다.

## 16. 농축산물 생산이력제, 추진배경과 전망(2004년 1월 8일 방송 원고)

정부는 소비자 신뢰 확보와 우수 농축산물 생산 확대를 통한 농가들의 소득 증대 등을 위해 농축산물 생산이력제 도입을 추진 중입니다. 오늘 농어민뉴스초점에서는 한우를 중심으로 추진 중인 생산이력제에 대해 집중 조명해 보겠습니다.

## 17. 농지값 변화와 전망(2004년 1월 13일 방송 원고)

농지소유 규제가 완화된 후 농지 거래가 활성화되고 있습니다. 하지만 농지값은 쌀값 변화와 밀접하게 연결돼 움직여 온 만큼 올해 농지값은 전반적으로 보합세를 보일 것으로 전문가들은 전망하고 있습니다. 갑신년을 맞아 그동안 농지값이 어떻게 변화해 왔는지, 최근 정부가 추진 중인 농지개편 방향과 맞물려 앞으로 농지값은 어떻게 될지 등을 집중 조명해 보겠습니다.

## 18. UN이 정한 쌀의 해, 국내외 다양한 행사 마련돼
### (2004년 1월 20일 방송 원고)

올해는 유엔이 정한 '세계 쌀의 해'입니다. 세계 쌀의 해를 맞아 유엔식량농업기구(FAO)를 비롯해 쌀을 주식으로 하는 우리나라 등 세계 각국이 주관하는 다채로운 행사가 마련되고 있습니다. 오늘 농어민뉴스초점에서는 쌀의 해를 맞아 쌀의 중요성에 관한 국민적 공감대 확산을 위해 어떤 행사가 준비되고 있는지를 집중 조명해 보겠습니다. 농민신문 이종순 차장 전화 연결돼 있습니다.

## 19. 지역농 · 축협, 다양한 경제사업 통해 농업인에게 실익제공
### (2004년 2월 24일 방송 원고)

많은 지역농협과 축협들이 내실 있는 다양한 경제사업을 통해 농축산물 수입개방 파고에 맞서 농업인의 소득 증대에 나서고 있습니다. 오늘 농어민뉴스초점에서는 경제사업을 잘하고 있는 지역농협과 축협의 사업현장을 집중 조명해 보겠습니다. 농민신문 이종순 차장 전화 연결돼 있습니다.

1) 농협이 신용사업에 치중하고 있다는 비판도 제기되고 있는 현실에서 많은 지역 농협과 축협들이 다양한 경제사업을 전개해 농업인들로부터 좋은 반응을 얻고 있다는데요. 주로 어떤 방향으로 경제사업을 하고 있습니까?

예. 많은 지역농 · 축협들은 농업인의 고품질 농산물 생산 지도에서부터 순회 수집 · 가공 · 판매 · 수출은 물론 각종 영농자재 공급 · 산지유통 전문조직 육성 등을 통해 농업인의 실익을 높이고 있습니다. 지역 농·축협들 중에는 직거래 확산을 통해 농축산물 가격지지와 함께 대도시에 농축산물 직판장을 개설하고 대형 유통업체들을 바이어로 확보하는 동시에 판매전담반을 구성하는 등 농업인의 안정적인 판로 확보에도 적극 나서고 있고요.

사전 계약재배로 농민이 생산한 농산물을 전량 수매하는 곳이 있는가 하면 공동선별과 공동계산으로 농가 수취값을 높이고 고장 난 농기계도 신속하게 수리해 줘 영농불편 해소에 큰 도움을 주고 있습니다. 또 소비자의 기호변화를 신속히 파악하여 생산 기술을 지도하고, 소포장 상품화와 학교급식에 우리 농축산물 확대 등 소비자에게 신선한 고품질 농축산물을 안정적으로 공급함으로써 수입 농축산물과 한판 경쟁에서 이기기 위해 우리 농축산물의 우수성 홍보에 박차를 가하고 있습니다. 이를 위해 생산실명제를 도입하고 리콜제를 실시하는 농·축협도 점차 늘어나는 추세입니다. 인터넷으로 농축산물 판로를 확대하고 가격과 포장규격에 맞춰 주문하면 신속하게 공급함으로써 '농산물 자판기' 역할까지 마다하지 않고 있는 것이죠.

2) 좀 더 구체적으로 살펴보죠. 우선 농민 조합원 입장에선 생산한 농산물의 안정적인 판매가 중요한데요. 다양한 방법으로 농산물 판매에 심혈을 쏟는 농·축협들이 많지 않습니까?

예. 강원 강릉 옥계농협은 소농과 고령농가의 편익을 위해 오지마을을 돌며 순회 수집을 통해 열무 한 단도 팔아 준다는 각오로 판매사업에 나섰고요. 충남 당진 면천농협은 첨단 등급 및 색채선별기를 도입해 완전미로 완전한 밥맛을 선사하고 있습니다. 전남 해남 옥천농협은 파종에서 가공까지 완벽하게 관리해 무결점 쌀을 '한눈에 반한 쌀'로 브랜드화해 시장에서 돌풍을 일으키고 있습니다.

경기 연천 전곡농협은 배추농가들과 계약재배로 외국에서도 알아주는 김치를 생산해 수출하고 있고, 강원 영월농협은 농민과 고추계약재배로 고춧가루를 용도에 따라 맞춤 생산해 인기를 끌고 있습니다. 충북 보은 수한농협은 잡곡을 전량 수매해 소포장 판매하고 있습니다. 충남 홍성 홍동농협은 오리쌀로 친환경농업 새장을 열었고, 경남 합천 용주농협은 농산물 사료 공동판매를 선도하고 있으며, 경북 예천농협은 잡곡을 1g 단위까지 팔아 주고 있습니다.

전남 고흥축협은 송아지 경매사업을 통해 전화만 하면 운송 · 판매부터 대금 입금까지 완전책임을 지고 있고, 강원 화천 간동농협은 친환경농법을 통해 고품질 청정 안정농산물을 생산해 내고 있습니다. 전남 곡성농협은 판매전담반을 구성해 대형유통업체와 출하처 확보에 나서서 좋은 반응을 얻고 있고, 경기화훼농협은 화훼공판장을 운영해 화훼농가의 꽃을 판매해 줄 뿐만 아니라 수출도 활발히 하고 있습니다.

3) 그런가 하면 지역 농업인의 수요에 맞춰 다양한 특색사업을 실시하고 있는 지역농 · 축협들도 많지 않습니까?

예. 경기 안성 일죽농협은 농기계은행을 통해 싼 수수료로 논갈이부터 벼 수확을 도맡아 일손을 절감해 주고 있고요. 경남 창원 대산농협은 중고농기계 상설판매장을 운영해 알뜰 농업인으로부터 큰 인기를 얻고 있습니다. 강원 철원 동송농협과 전남 나주 남평농협은 농업인 정보화교육을 통해 농업인이 인터넷 세상에 눈을 뜨게 하면서 인터넷으로 농산물 판로개척에 기여하고 있고요, 충남 서천 장항농협은 팜스테이, 즉 체험마을을 육성해 도시민이 즐겨 찾아 소득향상에 새 길을 열었습니다.

울산 농소농협은 벼 자동화 육묘센터를 운영하면서 육묘기술보급에 앞장서고 있고, 전북 전주농협은 농업인법률구조사업을 통해 종자와 농약사고 상담 및 소송을 도와줘 억울한 농민이 없을 때까지 뛰고 있고요. 제주 북제주 애월농협은 영농자재백화점을 운영하면서 하우스를 설계부터 감리까지 농업인이 원하는 대로 완벽하게 시공해 주고 있습니다.

강원 철원농협은 공동취사장을 운영해 농번기에 농민에게 무료로 식사를 제공하고 있습니다. 전북 순창 동계농협은 공동선별, 공동계산으로 매실 판로 걱정을 덜어주고 있고, 경남 밀양 무안농협은 고추 산지경매로 수취값을 높이고 있고, 전북 익산 이리농협은 파머스마켓을 운영해 농업인의 안정적 판로에 기여하고 있습니다.

4) 또 지역의 지리적 특성을 활용한 농축산물 브랜드화도 앞장서고 있지 않습니까?

공룡발자국 화석으로 유명한 경남 고성의 동고성농협은 '공룡나라'로 브랜드화 했고, 경남 하동군과 하동축협은 '솔잎한우'로 브랜드화 했고, 인천 강화농협은 친환경 '강화섬쌀'로 브랜드화를 했습니다. 충북 괴산농협은 연합고추사업을 통해 '고추잠자리'를 상표화해 높은 값에 수매해 농가에 큰 힘이 되고 있습니다. 전남 담양농협은 '대나무골 딸기사업단'을 통해 농가 수취값을 20% 이상 높였습니다.

전북 남원 춘향골농협은 '촌맹이'로 브랜드화 해 고품질농산물로 자리매김했습니다. 전남 무안서남부채소농협은 '황토랑 양파' 브랜드가치를 높이기 위해 미생물을 혼합해 만든 '땅지킴이 비료'를 농가에 무상공급하는 등 친환경양파재배에 온 힘을 쏟고 있으며, 전북 무주 구천동농협은 '반딧불포도'로 명성을 얻고 있습니다.

이 같은 노력 등에 힘입어 지난해 12월 한국소비자단체협의회가 선정해 발표한 전국 12개 품질관리 우수 브랜드쌀에서도 경기 안성농협연합미곡처리장의 '안성마춤쌀'과 전남 나주남평농협의 '왕건이 탐낸쌀' 등 농협 쌀이 11개가 차지할 정도로 미질의 우수성을 과시했습니다.

5) 이처럼 다양한 실익사업에 농업인의 반응은 어떻게 나타나고 있고 수입개방 시대를 맞아 농·축협 경제사업의 방향은 무엇이라고 보십니까?

해당 농·축협 소속 농업인은 "경제사업에 앞장서고 있는 농·축협들이 있어 어려워진 농업환경 속에서도 영농활동에 전념할 수 있다"며 "유통비용 절감은 물론 영농시간도 줄일 수 있어 소득 증대에도 큰 도움이 되고 있다"고 말하고 있습니다. 많은 농업인이 "다양한 경제사업을 통해 소득증대에 노력하고 있는 현장을 통해 농협의 변화를 실감했다"며 "농업인과 농협, 정부, 지자체가 힘을 합쳐 노력한다면 개방파고도 극복해 낼 수 있을 것"이라고 강조했습니다.

## 20. 수치로 본 농촌 실상(2004년 3월 2일 방송 원고)

농촌사회가 갈수록 고령화하고 있고 농사 규모가 큰 전업농과 영세한 소농 간 소득격차도 점점 벌어지고 있습니다. 특히 농가인구는 탈농과 이농 영향으로 지난 10년 사이 34.7%나 급감했습니다. 오늘 농어민뉴스초점에서는 통계청이 조사해 발표한 농업 및 어업 기본통계조사 결과를 바탕으로 본 농업과 농촌의 현재를 분석해 보겠습니다.

## 21. 농가부채 경감대책, 어떻게 실시되나(2004년 3월 9일 방송 원고)

농어업인 부채경감에 관한 특별조치법 개정 법률이 3월 5일 공포됨에 따라 이날부터 정부의 농업인 부채경감대책이 본격적으로 시행에 들어 갔습니다. 농림부는 부채경감대책 시행에 맞춰 구체적인 세부시행지침을 확정, 오는 5월 31일까지 전국 농·축·인삼협·산림조합에서 농업인을 대상으로 농가부채경감 지원 신청을 받게 된다고 밝혔습니다. 오늘 농어민뉴스초점에서는 부채경감대책이 어떻게 실시되는지를 집중 조명하겠습니다.

## 22. 각 당의 총선 농정공약(2004년 4월 6일 방송 원고)

제17대 총선을 앞두고 각 당이 농정공약을 내놓았습니다. 각 정당은 개방화시대에 대응한 농업경쟁력 확보와 활력 넘치는 선진농촌 건설에 적극 나서겠다며 농민의 지지를 호소하고 있습니다. 한나라당, 민주당, 열린우리당, 자민련, 민주노동당 등 5개 정당이 제시한 농정공약의 핵심내용을 집중 조명하겠습니다.

## 23. 4.15총선과 농정 변화 전망(2004년 4월 20일 방송 원고)

제17대 국회의원 선거 결과 농업계 출신 인사는 4명이 국회에 진출했습니다. 오늘 농어민뉴스초점에서는 5월 말부터 임기가 시작되는 제17대 국회에 거는 농업계의 기대와 함께 농업분야에 어떤 변화가 있을지 등을 전망해 보겠습니다.

## 24. 농가경제조사결과로 본 농가 살림살이(2004년 4월 27일 방송 원고)

지난해 농가 빚이 가구당 평균 2,700만 원 가까이에 달해 10년 만에 4배 급증한 것으로 나타났습니다. 이에 따라 지난해 농가 소득은 농외소득 증대에 힘입어 8.4% 늘어났지만 지난해 말 부채 규모를 밑돌았습니다. 오늘 농어민뉴스초점에서는 통계청이 발표한 2003년 농가경제조사결과에 나타난 농가 살림살이를 집중 분석해 보겠습니다.

## 25. 불안해진 소값 구조, 그 원인과 대책(2004년 5월 4일 방송 원고)

산지 소값 구조가 갈수록 불안해지고 있습니다. 큰수소값 하락폭이 송아지값보다 커지면서 큰수소값 중 송아지값이 차지하는 비율이 갈수록 높아지고 있기 때문입니다. 오늘 농어민뉴스초점에서는 불안해진 소값 구조에 대해 그 원인과 대책을 집중 진단하겠습니다.

## 26. 농촌 일손 부족에 품삯 상승(2004년 5월 25일 방송 원고)

농번기를 맞아 농가들이 일손 부족과 품삯 상승으로 어려움을 겪고 있습니다. 해마다 이맘때면 되풀이되는 일손부족 현상은 적기영농 차질과 생산비 부담 가중으로 이어져 대책 마련이 시급하다는 지적입니다. 오늘 농어민뉴스초점에서는 농번기를 맞은 농촌 일손 부족과 품삯 등을 집중 진단하겠습니다.

## 27. 고유가시대, 농가경제에도 주름살(2004년 6월 1일 방송 원고)

고유가 시대가 장기화하면서 농촌 곳곳에도 영향을 주고 있습니다. 영농자재값 상승은 물론 농산물 출하에 드는 운송비부터 난방비까지 그 여파가 농촌 곳곳에 미치면서 농가경제에 주름살을 주고 있습니다. 오늘 농어민뉴스초점에서는 고유가 시대가 농업계에 미치는 영향을 집중 조명해 보겠습니다.

## 28. 본격 전개 중인 농촌사랑운동, 기대효과와 과제
### (2004년 6월 15일 방송 원고)

도시민과 농업인이 다각적 협력사업을 통해 상생을 도모하는 도농상생 (都農相生) 운동인 농촌사랑운동이 본격화됐습니다. 오늘 농어민뉴스 초점에서는 농업인과 도시민의 삶의 질 향상을 위해 범국민운동으로 펼쳐질 농촌사랑운동의 추진배경과 의미, 과제 등을 집중조명하겠습니다.

## 29. DDA 농업협상 초안 내용과 협상 전망
### (2004년 7월 20일 방송 원고)

세계무역기구(WTO) 오시마 일반이사회 의장은 16일 농업분야를 포함한 도하개발어젠더(DDA) 협상 세부원칙 초안을 회원국에게 통보했습니다. 농업분야 초안은 관세를 구간대별 감축방식을 적용하고 관세가 높을수록 많이 깎는 원칙을 도입하되 개도국을 우대한 것이 특징입니다. 그러나 민감한 사항은 대부분 앞으로의 논의 과제로 남겨두었습니다. 오늘 농어민뉴스초점에서는 도하개발어젠더 농업협상 초안의 내용과 협상전망을 집중 진단하겠습니다.

## 30. 농촌관광 현황과 개선방안(2004년 8월 3일 방송 원고)

주5일제 근무 확산 등으로 농촌관광이 주요 농외 소득원으로 급부상하

고 있습니다. 그러나 법적보호 장치 미흡과 과도한 규제 등으로 농촌관광마을에 참여하고 있는 농업인들은 기대만큼의 실효를 거두지 못하고 있다는 지적입니다. 오늘 농어민뉴스초점에서는 본격 휴가철을 맞아 농촌관광의 현황과 개선방안을 집중 조명하겠습니다.

**1) 먼저 농촌관광 현황부터 알아보죠. 최근 농림부가 도시민을 대상으로 농촌관광 현황에 대해서 설문조사를 실시했는데요. 그 결과 어떻게 나타났습니까?**

예. 국내 농촌관광은 이미 도입기를 지나 전체 농촌관광마을이 500곳에 이르는 양적 확대기에 접어들었습니다. 농어촌관광마을은 녹색농촌체험마을(농림부), 농촌전통테마마을(농촌진흥청), 산촌관광마을(산림청), 아름마을(행정자치부), 자연생태우수마을(환경부), 어촌체험마을(해양수산부), 팜스테이마을(농협중앙회) 등이 있습니다.

이는 설문조사에도 확인되고 있는데요. 농림부가 지난 6월 24일부터 7월 2일까지 9일간 7대 도시민 1,000명을 대상으로 농촌관광에 관해 설문조사를 실시한 결과, 도시민 5명 중 1명은 앞으로 1년 이내에 농촌관광을 계획하고 있는 것으로 나타났습니다. 이러한 수치는 지난 2년간 농촌관광을 체험했다고 응답한 수치보다 높아 주5일 근무제 확산과 맞물려 앞으로 농촌관광이 크게 활성화될 것으로 전망되고 있습니다. 선호 장소로는 자연환경 보존이 잘되고 교통이 편리한 곳을 꼽았습니다. 지난 2년간 농촌관광을 다녀온 적이 있다고 응답한 비율은 10.6%였습니다. 현지시설 이용의향과 관련해서는 농가숙박이 80.2%로 가장 높았고 다음이 식사, 농산물 구매, 농촌생활 체험 등의 순으로 나타났습니다.

2) 도시민이 농촌관광을 하는 이유도 궁금한데요. 설문조사 결과에서는 어떻게
   나타났습니까?

농촌관광을 하는 이유로는 시골길 등 전원감상이 가장 많았고, 다음이
친목도모, 야영 등 자연탐방도 다수를 차지했습니다. 농산물 구입경험
을 묻는 질문에서는 응답자 중 절반이 구입한 적이 있으며, 신선농산
물·친환경농산물이 지역특산품보다 다소 많았습니다.
그렇지만 농촌관광 시 불편한 점으로는 화장실 불결·불편이 가장 높
았고, 샤워시설 부족과 방 청결상태, 교통 등의 순으로 나타나 불편사
항의 절반이 주거공간에서 지목됐습니다.

3) 농촌관광이 농가 주요 농외소득원으로 부상했지만 아직 제도적 장치는 뒤따
   라가지 못하고 있지 않습니까?

경기 인근에서 녹색농촌체험마을에 참여하고 있는 한 농업인은 최근
큰 낭패를 봤는데요. 물놀이를 하던 손님이 크게 다치면서 100여 만
원에 이르는 치료비를 꼬박 물게 된 것이죠. 이 농민이 운영하는 시설
물들이 보험대상이 아니기 때문입니다. 경북 안동에서 팜스테이 농장
을 운영하고 있는 한 농업인의 사정도 마찬가지인데요. 서울에서 온
손님 7명에게 식사를 대접했다가 근처에서 음식점을 운영하는 사람의
신고로 벌금 400만 원을 물게 됐습니다.

4) 어떤 문제점 때문에 이러한 현상이 발생하고 있나요?

우선 보호장치가 취약하기 때문인데요. 현재 농촌관광마을은 가입할 수 있는 보험상품이 없습니다. 상품 자체가 개발되지 않았기 때문이죠. 이로 인해 식중독이나 물놀이 사고 등 안전사고가 발생할 경우 대부분 농업인이 치료비를 부담하고 있습니다. 정책자금 지원대상이 시설 개보수와 공동기반시설에 한정돼 있고 신축은 제외된 것도 농업인에게 불만을 사고 있습니다.

식품위생법 등 현행 관련 법령에 제약이 많은 것도 문제점으로 지적되고 있습니다. 고객에게 요금을 받고 식사 서비스를 제공하려면 내부가 들여다보이는 조리장을 설치해야 하며 소방 및 방화시설 설치 등 식품위생법이 정한 조건도 시설규모와 상관없이 준수해야 합니다. 이에 따라 대다수 농촌관광마을에서 묵시적으로 이뤄지고 있는 식사 제공의 경우 인근 주민이 신고를 할 경우 벌금을 물 수밖에 없는 실정인 것이죠.

5) 그렇다면 농촌관광이 농민에게 실질적인 소득으로 이어질 수 있도록 하려면 어떤 제도적 정비가 필요한가요?

농림부는 최근 보험가입 참여마을이 50곳이 넘을 경우 단체가입을 추진 중이라고 밝히고 있으나 마을당 보험비용이 200만~250만 원에 달해 정부나 지자체 지원이 필요하다는 지적입니다. 농촌관광 관련 법령을 조속히 제정 또는 개정해 관광사업을 활성화해야 한다는 의견도 많습니다. 전남 장성의 한 농촌관광마을 대표는 "일본 큐슈지방의 아즈모에서는 농촌마을이 관광사업을 할 수 있도록 요식업과 숙박업을 할 수 있는 예외 규정을 두고 있다"며 "우리나라도 이런 탄력적인 제도를 적극 도입해야 한다"고 주장했습니다.

화장실·샤워실 등 도시민 편의시설에 자금지원을 늘리고 지원대상도 기존시설의 증·개축에서 신축으로 확대해야 한다는 목소리도 높습니다. 농촌관광마을에 지원하는 자금이 지자체 조례에 의해서만 운용되도록 돼 있어 마을이 특성에 맞게 시설 현대화 및 증·개축을 하는 데 어려움이 있는 만큼, 마을이 지원자금의 일부라도 자율적으로 운용할 수 있도록 해야 한다는 여론도 제기되고 있습니다. 농림부는 이르면 내년 하반기부터 농업회사법인이나 영농조합법인도 농촌관광휴양사업을 할 수 있도록 할 방침입니다.

농림부는 이를 위해 농업회사법인이나 영농조합법인의 사업범위에 농촌관광휴양사업을 포함시키는 내용의 농업농촌기본법 개정안을 마련, 국회 심의를 거쳐 이르면 내년 하반기부터 시행한다는 방침입니다. 이렇게 될 경우 농업인도 법인을 만들어 농촌자연경관을 이용한 관광상품을 공식적으로 판매할 수 있게 되고 단체여행객을 위한 영수증 발급이나 신용카드결제도 가능해질 전망입니다.

또 내년부터는 농어촌에 실제 거주하는 주민만이 민박을 운영할 수 있도록 하는 농어촌 민박지정제가 시행될 예정인데요. 농어촌 민박지정제는 지난 1998년까지 시행되다 폐지된 것으로, 이 제도가 부활되면 민박을 하려는 농어촌 주민은 해당 시·군 등 지자체로부터 민박지정을 받아야 하며 민박에 해당되지 않을 경우 숙박업신고를 해야 합니다.

6) 이 같은 제도적 정비 외에도 농촌관광에 참여하는 농업인 스스로도 차별화된 상품 개발 등 노력을 해야 할 것 같은데요.

다른 마을과 차별화할 수 있는 장점 한 가지에 초점을 맞추라는 것이 전문가들이 제시하는 방법인데요. 농업기반공사와 삼성경제연구소가 최근 개최한 '농촌관광, 미래가 보인다' 심포지엄에서 주제발표를 맡은 강신겸 삼성경제연구소 박사는 농촌관광에서 가장 중요한 요소로 차별화를 꼽았습니다. 강 박사에 따르면 현 시점에서 질적 도약을 모색하지 않으면 어디 가나 비슷한 모습일 뿐인 농촌관광마을이 공멸할 수도 있다는 것입니다.

강 박사는 "사람이 많이 오는 것과 수익은 별개인 만큼 무차별 성장을 피해야 한다"며 "해도 좋은 사업과 꼭 해야 하는 사업을 구별하라"고 강조했습니다. 마을 각자가 추구하는 농촌관광의 비전과 사업영역을 명확히 한 뒤 상품·과정·사람의 3대 영역을 차별화시켜야 한다는 것이죠.

7) 본격 휴가철이 됐는데요. 가 볼 만한 농촌체험관광지를 알아보려면 어떻게 하면 됩니까?

농협중앙회는 주5일 근무제를 맞아 농촌지역 관광이나 휴가를 원하는 도시민에게 훌륭한 여행 길잡이가 될 '농촌체험관광' 책자를 펴냈습니다. 이 책에는 팜스테이마을 152곳과 농협이 직영하는 관광농원 및 목장 2곳이 도별로 상세히 소개돼 있습니다. 또 지역 문화행사와 인근

관광지 · 지역특산품 · 향토음식 등도 함께 수록했습니다. 지방자치단체 홈페이지에도 해당지역의 다양한 농촌관광지를 소개하고 있습니다.

농업커뮤니케이션 이론과 실제

# 농업커뮤니케이션
# 어떻게 할 것인가

**글** | 이종순
**교정 · 교열** | 김영희
**기획 · 편집** | 농민신문사 출판기획부 이종순, 김귀남
**발행처** | 농민신문사
**초판 1쇄 발행** | 2009년 12월 15일
**개정판 1쇄 발행** | 2012년 10월 30일
**마케팅** | 농민신문사 출판기획부

**등록번호** | 제 1–1218호
**주       소** | 서울시 서대문구 미근동 267 임광빌딩 15층 농민신문사
**주문 · 문의** | **전화** 02–3703–6226, 6136  **팩스** 02–3703–6204
**홈페이지** | www.nongmin.com
**편집저작권** ⓒ 2012 농민신문사

**디자인 · 인쇄** | 삼보아트 www.samboart.co.kr

ISBN 978–89–7947–123–6 (93070)
**값 17,000원**